APA GUIDES

Kreation und Leitung Hans Höfer

Pakistan

Herausgegeben von Tony Halliday
Fotografiert von Heinz Grosse, Ara Güler u. a.

APA PUBLICATIONS

ZU DIESEM BUCH

In seiner jahrtausendealten Geschichte war Pakistan das Ziel ungezählter Völker und vieler Weltreisender, doch heute liegt das Land am Indus abseits der Touristenströme. Selbst in den sechziger Jahren, als die erste große Reisewelle den indischen Subkontinent erfaßte, war Pakistan selten mit einbezogen, nahmen sich nur wenige die Zeit, das Land zu erkunden. Dies mag daran gelegen haben, daß kaum Reiseliteratur vorlag und geringe Kenntnisse davon, was den Neugierigen in Pakistan erwartete: ein Land zwischen Zentral- und Südasien, mit Wüsten und Ebenen, zerklüfteten Berglandschaften und majestätischen Hochgebirgen, ein Land, das auf uralte Traditionen zurückschauen kann.

Halliday

Den *Apa Guide Pakistan* zu planen und herauszugeben fiel **Tony Halliday** zu, einem in Oxford lebenden britischen Fotojournalisten, der Asien von zahlreichen Reisen kennt. Seine Beiträge zu diesem Buch, die das Karakorum und den Hindukusch behandeln, zeigen, daß er mit Vorliebe Pfade abseits der ausgetretenen begeht – eine viermonatige Trekking-Tour durch diese Berglandschaften 1987 ist deutlicher Beleg.

Doch die Berge im Norden des Landes – seien sie auch atemberaubend – sind nur ein kleiner Teil Pakistans. Um ein tatsächliches Bild der gesamten Vielfalt des Landes zu entwerfen, sammelte Tony Halliday ein Team von Pakistan-Kennern um sich, von denen jeder einzelne das Land am Indus nicht nur ausgiebig bereist, sondern sich überdies viele Jahre mit einem besonderen Studiengebiet beschäftigt hat.

Dhanjal

Eine starke Bindung zu Pakistan hat seit jeher **Beryl Dhanjal.** Zum einen stammt ihre Familie aus Lahore (genauer aus Bagbanpura nahe der Schalimar-Gärten), zum anderen hat sie an der School of Oriental and African Studies (SOAS) in London die Geschichte Südasiens, Anthropologie und *Panjabi,* die Sprache des Pandschab, studiert. Ihr Beitrag über den Pandschab umfaßt nicht nur die Gegenwart, sondern auch die große Vergangenheit des Gebiets.

Beryl Dhanjal schrieb Teile des Kapitels über den Sindh und anderes mehr. Ihren Autorenkollegen stand sie zudem mit Rat und Tat zur Seite. Die Reisetips am Ende des Buches sind ebenfalls ihr Werk.

Cottam

Christine Cottam kam im zarten Alter von zwei Jahren das erste Mal nach Pakistan. Seitdem ist sie wiederholt dort gewesen, entweder auf Reisen oder als Gastdozentin für Anthropologie an der Quaid-i-Azam-Universität in Islamabad. Dank ihrer wissenschaftlichen Arbeit hat sie Pakistan aus einem sehr privaten Blickwinkel sehen und erleben können. Die rauhen, aber herzlichen Pathanen im Norden haben es ihr besonders angetan. Aus ihrer Feder stammen die Artikel über die Nordwestprovinz (NWFP), Karachi und die Frauen in Pakistan.

Palmer

Alan Palmer, ein britischer Archäologe, hat an allen wichtigen Stätten Pakistans geforscht. Er schrieb die beiden Kapitel über die frühen Kulturen im Industal sowie die Beiträge über die „untergegangenen Städte" des Landes.

Warum ihn Pakistan fasziniert, faßt er so zusammen: „Die unverfälschte Lebensweise der Menschen im Norden und das bemerkenswert hochentwickelte Kulturerbe – Pakistan kann zu Recht von sich sagen, hier habe eine Wiege der Zivilisation gestanden."

In der Provinz Sindh entwickelte sich einst die erste Zivilisation Vorderindiens und trug wesentlich zum reichen Geschichts- und Kulturerbe des Landes bei. Im Sindh fand Palmer auch die wichtige Unterstützung von **Mohammad Mian,** einem bekannten Journalisten aus Karachi. Mian besuchte in der Provinz Sindh nicht nur die Schreine der Sufi-Mystiker (seine Leidenschaft für die Musik und die Dichtung der Sufis teilt er mit vielen anderen Pakistani), die Mitarbeit am *Apa Guide Pakistan* führte ihn auch in weit abgelegene Landstriche, wo er längere Zeit das einfache Leben mit den Menschen in der Indusebene teilte. Überdies ist er der Verfasser des Abschnitts über das moderne Pakistan und des Kapitels „Die Flut des Islam".

Mian

Christopher Shackle ist Professor für südasiatische Sprachen an der SOAS. Trotz seiner knapp bemessenen Zeit erklärte er sich bereit, über die Menschen in Pakistan, ihre Religionen und Sprachen sowie über die Gründe zu schreiben, die das Land zu einer Einheit zusammenschweißen. Da er für einige Zeit im Westen Pakistans gelebt hat, machte er Tony Halliday ein höchst willkommenes Angebot: er wolle auch gerne über Belutschistan, die Provinz der Einöden, geprägt von einer faszinierenden Geschichte, schreiben.

Shackle

Ebenfalls eng verbunden mit der SOAS ist **Cris Thomas**, der an dieser Hochschule sein Magisterexamen über Südasien ablegte. Ein aufmerksamer Beobachter des politischen Geschehens und der Entwicklungen in diesem Teil der Welt, verfaßte er das Kapitel über das heutige Pakistan und die Abschnitte, die das britische Kolonialreich und die Mogul-Herrschaft behandeln.

Thomas

Shahrukh Husain verbrachte die ersten 17 Jahre ihres Lebens in Karachi. Nach ihrer Übersiedlung auf die Britischen Inseln kam sie zum Journalismus und nahm sich vorwiegend Themen der südasiatischen Kultur an, insbesondere der Folklore, islamischen Kunst und der pakistanischen Küche. Für die BBC hat sie als Übersetzerin gearbeitet und steht dem Sender für alle Themen, die mit Pakistan zu tun haben, als Beraterin zur Verfügung. Im Apa Guide schreibt sie über die Küche des Landes, das Kunstgewerbe und die buntbemalten Lastwagen, die einen nicht wegzudenkenden Teil der „Straßenkultur" Pakistans darstellen.

Anthony Lambert ist ein weitgereister Mann; den gebürtigen Engländer hat von jeher das Leben der Menschen in unwirtlichen Gegenden gefesselt. So lag es nahe, daß er für dieses Buch die entlegenen und kargen Gebiete entlang der Grenzen beschrieb. Lambert hat eine Reihe von Reiseführern veröffentlicht, seine Beiträge sind öfters auch in der *New York Times* zu lesen.

Lambert

Der Text über die Schamanen stammt von der Anthropologin **Renée Holler,** und **Chris Lyles** nahm die pakistanische Leidenschaft für das Cricketspiel unter die Lupe.

Wie alle Apa Guides zeichnet sich auch der Pakistan-Führer durch hervorragendes Bild- und Fotomaterial aus. Der Münchner Fotograf **Heinz Grosse** steuerte einen Großteil der Bilder bei, **Ara Güler, Christine Osborn, Lyle Lawson** und andere professionelle Fotografen sind mit Fotos vertreten. **Chris Bonington** stellte die Bilder vom K2 zur Verfügung.

Bei **S. H. S. Jafri** in Islamabad, der am *Directorate of Films and Publications* das Archiv nach Material für den *Apa Guide Pakistan* durchstöberte, sowie bei **Kaiser Hayat** für wertvolle Tips in der Endphase der Produktion möchten wir uns bedanken.

Die Redaktion der deutschen Erstausgabe des Buchs hatte **Ekkehart Scholz,** die Aktualisierung für 1996 lektorierte **Matthias Liesendahl.**

INHALT

Einführung

Geschichte & Gegenwart

Features

Orte & Plätze

Karten

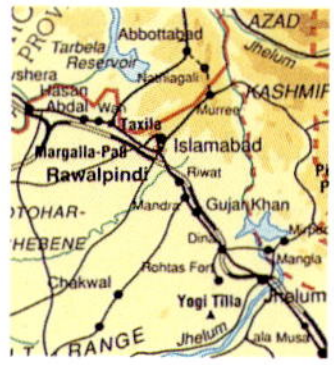

Tarbela Reservoir
Islamabad
Rawalpindi
Murree
Gujar Khan
Mangla
Rohtas Fort
Chakwal
Yogi Tilla
Jhelum
RANGE

REISETIPS

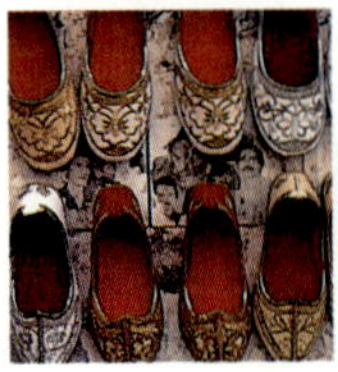

Das Land am Indus

Hoch oben, im gewaltigen Bergmassiv des Karakorum, ist der Fluß Indus noch jung, hier durchquert er eine der unwirtlichsten Gegenden der Welt. In den Ebenen des Pandschab reift er zu seiner vollen Kraft, die Gestade der zeitlosen Landschaft des Sindh erreicht er im Alter, um schließlich im Arabischen Meer seinen Lauf zu beschließen. Die lange Reise hat hier ein Ende, ewig aber währt das Fließen – seit dem Anfang der Zeit hat der Fluß Geschichte gesehen.

Seine blutgetränkten Sandbänke waren Bühne und Grabstätte zugleich für einige der größten und machthungrigsten Abenteurer, die die Welt je gesehen hat, seien sie persischen, griechischen, skythischen, türkischen oder britischen Ursprungs gewesen. Alexander der Große, Sultan Mahmud von Ghasni, Timur und zahllose andere Kriegsherren haben sich in vielen heftigen Kämpfen die Herrschaft über das weite Land erstritten.

Pakistan, Schmelztiegel zahlreicher Kulturen, war jedoch nicht nur der Schauplatz für die Verheerungen durchziehender Armeen. Vielmehr konnte es sich lange Zeit als Heimstatt menschlicher Friedfertigkeit und damit verbundenden Wohlstands rühmen. Antike Städte, zum Teil bereits vor Jahrtausenden verlassen, während andere noch heute blühen, sind Beweis dafür, daß das Land am Indus Kulturen hervorgebracht hat, die zu den bedeutendsten der Menschheitsgeschichte gehören.

Seit den Zeiten von Harappa, das vor knapp 5000 Jahren die wohl älteste städtische Hochkultur der Geschichte bildete, herrschten im Industal ständiges Werden und Vergehen. Von den Anfängen der Frühgeschichte über die Veden und den Buddhismus bis hin zur Herrschaft des Islams haben die Menschen Pakistans ein kulturelles Erbe angetreten, das einige der herausragendsten Traditionen der Menschheitsentwicklung umfaßt.

Althergebrachte Bräuche leben fort in dem Boot, das gemächlich die Fluten des Flusses kreuzt, in dem Pflug, der die Felder furcht, in dem Ochsengespann, das endlos seine Runden durch Raum und Zeit zieht. In großen epischen Werken festgehalten oder mündlich weitergegeben, gelangt die Überlieferung von Generation zu Generation, und Gesang und Tanz, Musik und Dichtung geben ihr auch heute noch ungebrochen Ausdruck. Die Geschichten erzählen vom Ruf der Berge, von der Liebe und vom Kampf in der Wüste. Die Tradition hallt wider in den Trommeln am Eingang zum Grabmal eines Heiligen, erklingt im klagenden Laut eines in der Kolonialzeit zurückgelassenen Dudelsacks.

Einer historischen Kontinuität entwachsen, die sich tief empfundenen menschlichen Werten verpflichtete, verdankt das heutige Pakistan seine kulturelle Kraft gerade der Tatsache, daß so viele Völker das Industal zu ihrer Heimat machten, ja gewaltsam von ihm Besitz nahmen, um sich die eigenen Träume zu erfüllen.

Vorherige Seiten: Wache am Grabmal von Ali Jinnah / Detail eines Frieses / Sommer in einem Tal des Nordens / Kuppeln – gen Himmel gerichtet / Pakistan ist vom Islam geprägt / Zeugnisse der Vergangenheit / Das moderne Pakistan. Links: Wo der Quell entspringt.

Die dauerhaftesten Zeugnisse des Menschen der Vorzeit sind die Werkzeuge, die er zurückgelassen hat. Von den rohen Steinäxten und Hackmessern aus dem Paläolithikum vor 500 000 Jahren bis zu den feingearbeiteten Keilen des Mesolithikums ist es in erster Linie die technische Weiterentwicklung von Steinwerkzeugen, die den Archäologen Aufschluß über die kulturelle Evolution des Menschen gibt.

Gleiches gilt auch für Pakistan. Bereits sehr früh scheinen sich hier hochentwickelte Jäger- und Sammlergemeinschaften angesiedelt zu haben. Den Rohstoff für die allmählich sich entwickelnde Palette von Werkzeugen lieferten das Kieselgestein in den Rohri-Hügeln im Norden des Sindh und der Quarz der Potahar-Hochebene und des Soan-Tals im nördlichen Pandschab.

Die großen Mengen von Splittern, die in den Steinbrüchen gefunden wurden, deuten darauf hin, daß die Werkzeuge nicht nur für den Eigenbedarf, sondern auch für den Export in andere Gegenden hergestellt wurden. Schon um 5000 v. Chr. gab es in Pakistan gut funktionierende Nachrichtenverbindungen und festgefügte soziale Strukturen; Gerätschaften wurden serienmäßig in organisierten Arbeitsprozessen gefertigt.

Erste Ansiedlungen: Die Klimaerwärmung vor etwa 10 000 Jahren veranlaßte die nomadisierenden Menschen, seßhaft zu werden und den Boden zu bestellen. In Pakistan war dies der erste einer Reihe von Schritten, die zur Gründung von Städten führten, was wiederum die Ära der Induskultur einläutete.

Wo und wann die ersten dauerhaften Siedlungen gegründet wurden, ist nach wie vor strittig. Die ältesten Städte vermutet man in den Tälern von Quetta, Loralai und Zhob in Belutschistan, wo Hirten und Bauern nebeneinander existierten. Doch scheint es sich mehr um halbnomadische Gesellschaften gehandelt zu haben, und neueste Erkenntnisse lassen darauf schließen, daß die ersten wirklich dauerhaften Siedlungen in den Schwemmlandebenen des Indus-Flußsystems zu suchen sind.

Links: Der *Fastende Buddha* von Taxila. Oben: Der *Hohepriester* von Moendscho Daro.

Älter als Mesopotamien: Das in der Übergangszone zwischen den Hochtälern Belutschistans im Westen und den Schwemmlandebenen des Indus im Osten gelegene Mehrgarh liefert den ersten eindeutigen Beweis für auf Dauer eingerichtete Siedlungsaktivität. Bereits 7000 v. Chr., also schon 1000 Jahre vor der mesopotamischen Stadtkultur, war Mehrgarh ein stattliches Dorf mit einer Flächenausdehnung von rund sechs Hektar. Um 6000 v. Chr. war das Dorf zu einer zwölf Hektar großen und 3000 Ein-

wohner umfassenden Kleinstadt angewachsen. Die Menschen lebten in Behausungen aus Lehmziegeln und errichteten mit diesem Material auch ihre Getreidespeicher.

Man baute Gerste und Weizen an, erntete Datteln und kannte bereits die Baumwolle. Nutzvieh wie der Wasserbüffel spielte eine zunehmend größere Rolle, Schafe und Ziegen waren aber noch nicht domestiziert. Zwar sind keine Reste von Tempeln und Palästen gefunden worden, doch einige der ältesten Grabanlagen der Welt weisen auf ein hohes Kulturniveau hin. Man begrub die – seitlich kauernden – Leichen mit üppigen Grabbeigaben, darunter türkisfarbene

Perlen. Nur wenige Mehrgarh vergleichbare Siedlungen sind gefunden worden. Für geraume Zeit noch zogen es die Menschen vor, ihr Auskommen als Sammler und Jäger oder nomadisierende Bauern zu suchen.

Richtung Indus: Das änderte sich schlagartig um 3500 v. Chr., als eine Wanderungsbewegung nach Osten einsetzte und sich im gesamten Einzugsgebiet des Indus dauerhafte Siedlungen entwickelten. Die Vorteile des Lebens am Fluß müssen den Menschen damals bewußt geworden sein. Wie daraus dann jedoch eine Hochkultur entstand, dieser Prozeß bleibt ein ungelöstes Rätsel.

Ein Blick auf die frühesten Siedlungen am Indus und seinen Nebenflüssen läßt gleichwohl die Entwicklung erahnen. Anhand von Töpferwaren haben Archäologen verschiedene ethnische Gruppen bestimmen können. Eine davon konnte durch Grabungen bei Amri im Sindh, eine weitere durch ebenfalls im Sindh bei Kot Diji ausgegrabene Scherben eingeordnet werden. Die Tatsache, daß diese Orte allesamt zerstört und erst nach ihrem Wiederaufbau der Induskultur eingegliedert wurden, könnte bedeuten, daß sich letztere gewaltsam durchsetzte. Jedenfalls scheint zumindest Kot Diji absichtlich in Schutt und Asche gelegt worden zu sein.

Andernorts gibt es Hinweise auf eine allmähliche und friedliche Entwicklung. An einigen Grabungsorten hat man Terrakotta-Fruchtbarkeitsgöttinnen gefunden, ebenso eine gehörnte, auf Tonscherben gemalte Gottheit, was auf eine ununterbrochene religiöse Tradition schließen läßt. Ziegen und Schafe wurden schon vor dem Aufblühen der Induskultur als Haustiere gehalten, man kannte das Kupfer und verwendete Siegel. Darüber hinaus sicherten Mauern die Städte, und die etwa um 3300 v. Chr. entstandene Straßenanlage von Rahman Dheri ist eines der frühesten Zeugnisse fortgeschrittener menschlicher Stadtplanung.

Einflußsphären: Die Induskultur wird mittlerweile nach dem Ort der ersten Ausgrabungen Harappa-Kultur genannt. Das Kernland dieser Kultur säumte zwar die Ufer des Indus, ihr Einfluß erfaßte jedoch ein wesentlich größeres Gebiet, das sich im Norden zwischen Afghanistan und dem heutigen Nordindien und im Süden von der iranischen Grenze bis östlich von Bombay erstreckte: Weder das Ägypten der Pharaonen noch Mesopotamien erreichten je eine größere territoriale Ausdehnung. Die Blütezeit der Harappa-Kultur lag zwischen 2500 und 1500 v. Chr. Die Frage, wie und warum sich gerade hier eine unabhängige Hochkultur herausbildete, bleibt unbeantwortet. Woher kam der zündende, inspirierende Funke?

Als in Harappa und Moendscho Daro die ersten Funde gemacht wurden (1920 bzw. 1922), wußten die Archäologen so gut wie nichts über die Frühkulturen im Lande. Also hielt man sich an Bekanntes und versuchte, anhand verschiedener Artefakte nachzuweisen, daß die Siedlungsgeschichte des Indus von den Kulturen ausging, die sich im Euphrat-Tigris-Gebiet und am Nil entwickelt hatten. Diese These ist mittlerweile nicht mehr haltbar, auch wenn es zweifelsohne Handelskontakte gegeben hat. Die ausgegrabenen Zeugnisse der Harappa-Kultur zeichnen sich durch eine erstaunliche Homogenität des Erscheinungsbildes aus, das die gesamte Kulturepoche prägt. Vieles davon hat tatsächlich einzigartigen Charakter. Das gilt besonders für die Architektur und den Städtebau, durch die sich die Harappa-Kultur deutlich von der Entwicklung weiter westlich unterscheidet.

Andere Welten: Während die Sklaven der Ägypter gewaltige Pyramiden errichteten und in Mesopotamien die Handwerker an prächtigen Tempeln ihre Kunst herausbildeten, begnügte man sich in Harappa mit wesentlich schlichteren, aus roten Ziegeln (Standardgröße 28 x 14 x 7 cm) gebauten Gebäuden. Im Unterscheid zu den Bauwerken anderer früher Hochkulturen waren die Häuser, die die Gassen Harappas säumten, als Behausungen für eine vielköpfige städtische Bevölkerung gedacht: Die Vorväter der Stadtplaner unserer Tage stammen vom Indus. Welche Kultur war nun die fortgeschrittenere? Sicher ist, daß der durchschnittliche Ägypter nie Aussicht hatte, besser unterzukommen als in einer Schilf- oder Lehmhütte.

Die zumeist einfache Töpferware, häufig mit roter Engobe überzogen und mit schwarzen Mustern versehen, war zwar von minderer Qualität, zeugte jedoch von einer effizienten Massenproduktion. Von der Kunstfertigkeit der Handwerker berichten aber die zahlreichen Siegel aus weichem Steatitstein. Den Avers zierten Abbildungen von Tieren und Menschen. Die meisten Siegel tragen Inschriften einer einheitlichen Schrift, die aber nach wie vor nicht entziffert worden ist. Lesen und schreiben konnte offenbar mehr als nur eine kleine Schicht.

Besonders geschickt war man in der Herstellung von Steatit-Fayencen und Karneol-Perlen. Zwar wurden bislang nur wenige Stücke ausgegraben, genügend jedoch, um im Vergleich mit Ägypten und Mesopotamien die These zu wagen, daß das handwerkliche Können der Harapparer einzigartig in der Antiken Welt war.

Eine neue Religion?: Mögen die Einheitlichkeit materieller Güter und die Stadtplanung auch auf eine zentralistische, straff strukturierte Gesellschaft hindeuten, so läßt dies nicht auch auf soziale Gleichstellung der Bewohner Harappas schließen. Im Gegenteil: Die wenigen auffälligen Größenunterschiede der Gebäude sind Hinweis auf eine überaus hierarchische Gesellschaftsform mit einer kleinen Elite an der Spitze.

Einige Forscher nehmen an, das Kastensystem der Hindus gehe auf diese elitären Strukturen zurück: Wer aber waren dann die Herrscher? Einige glauben, an den wenigen bislang entdeckten Steinskulpturen – Figuren mit engstehenden Augen, Bart und zu einem Knoten oder Zopf gebundem Haar – eine religiöse Zeichengebung entdeckt zu haben, und folgern, daß Harappa von einer Priesterkaste regiert wurde.

Anhand der Zeugnisse der Religion, der sie vorgestanden haben mögen, lassen sich tatsächlich Ähnlichkeiten mit gewissen Aspekten des Hinduismus nachweisen. Das Große Bad in Moendscho Daro und hoch-

Links: Ein Vorläufer indischen Kopfschmucks?
Oben: Früher Morgen in Moendscho Daro.

entwickelte sanitäre Anlagen in zahlreichen Haushalten belegen, daß dem Bad bereits rituelle Bedeutung beigemessen wurde. Die schönsten Tierdarstellungen auf den Steatitsiegeln zeigen den Buckelochsen (Zebu). Die darstellerische Brillanz läßt vermuten, daß mit diesem Tier schon damals mehr als nur praktische Vorstellungen verbunden waren. Auch eine Urform des Hindugottes Schiwa, dessen „Reittier" im Hinduismus der Stier, *nandi,* wurde, scheint in mannigfaltiger Form abgebildet zu sein. Möglicherweise sind die vielerorts ausgegrabenen, mit Edelsteinen verzierten und mit Kopfschmuck versehenen Terrakotta-Statuetten Vorläufer der späteren Hindu-Göttinnen.

Das Zentrum des Harappa-Reiches war vermutlich Moendscho Daro, mit etwa 80 000 Einwohnern zu ihrer Blütezeit die größte Stadt der Kulturepoche. Harappa war wohl die Schwesterhauptstadt, auch wenn Siedlungen bei Lurewala am Mittellauf des Indus und bei Ganweriwala in der Cholistan-Wüste die Existenz mehrerer Provinzhauptstädte vermuten lassen. Hierzu gehören auch größere Siedlungen im heutigen Indien, wie Kalibangan und Lothal.

Händler: Die Harappa-Kultur zeichnete sich durch das beständige Bemühen um ein einheitliches Maß- und Gewichtssystem aus, was auf rege und ausgedehnte Handelsbeziehungen innerhalb und außerhalb des Einflußgebiets hinweist.

Einzelne Handelszentren spezialisierten sich auf bestimmte Handwerkszweige und vertrauten darauf, daß über die gut ausgebauten Handelsstraßen viele Absatzmärkte erreichbar waren. Noch in Harappa und Lothal hat man Feuersteinknollen und fertige Feuersteinklingen aus den weitentfernten Rohri-Hügeln gefunden. Balakot und Chanu Daro wurden zu Zentren der Muschel- und Armringherstellung, während sich Lothal auf Karneolperlen konzentrierte. Ziegel- und Keramikproduktionsstätten sowie Kupferschmelzen hat man in der Wüste von Cholistan ausgegraben. Das bemerkenswerteste Vorhaben dürfte jedoch die Errichtung einer harappischen Kolonie in Shortugai unweit der Lapislazuli-Minen von Badakstan im heutigen Afghanistan gewesen sein.

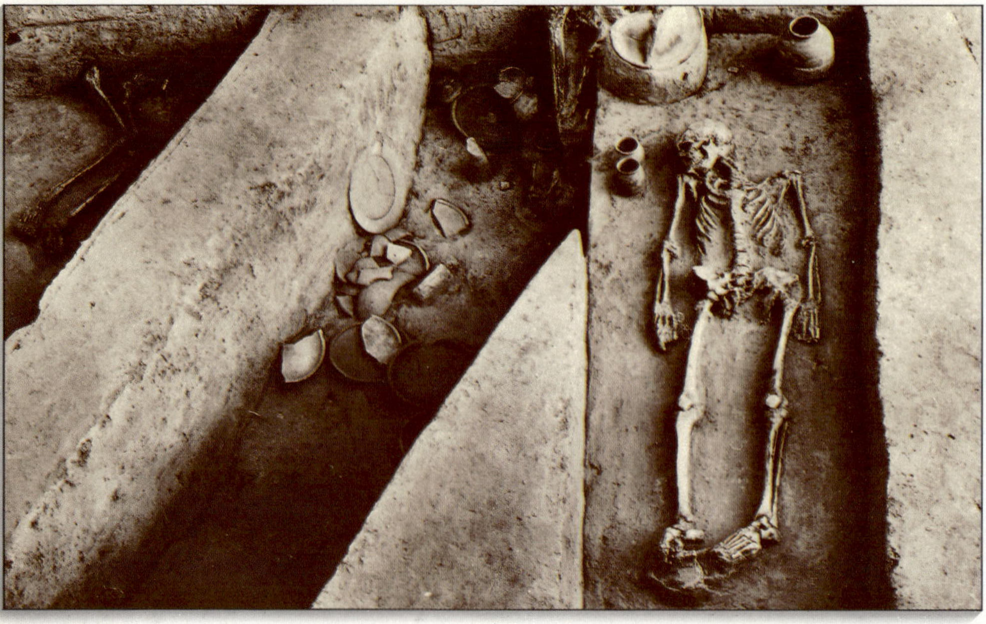

Immer mehr Rohstoffe gelangten mittlerweile ins Land: Gold aus Südindien, Silber aus Afghanistan und Persien, Kupfer aus Arabien und Jade aus Zentralasien. Zweifellos bestanden auch Handelsbeziehungen mit Mesopotamien, die vorwiegend auf dem Seeweg abgewickelt wurden. Obwohl das versunkene, längliche Bauwerk bei Lothal wahrscheinlich doch keine Werft, sondern ein Trinkwasserreservoir war, muß es sich bei einer Reihe von Orten an der Küste westlich von Karachi um Häfen gehandelt haben. Auf den Harappa-Siegeln tauchen oft Schiffe auf, und auch in mesopotamischen Texten wird der Seehandel erwähnt. Auf den strapaziösen Überlandrouten benutzte man Packochsen. Für den Binnenhandel waren die Nebenflüsse des Indus die wichtigsten Verkehrswege, aber auch Lastkarren spielten eine Rolle: Kupfer- und Bronzemodelle sowie Terrakottaspielzeuge sind an verschiedenen Stellen ausgegraben worden.

Landwirtschaft: Dennoch war es die Entwicklung effizienter landwirtschaftlicher Produktionsmethoden, die die Grundlage und das Rückgrat der Harappa-Kultur bildeten. Man züchtete Schafe, Ziegen, verschiedene Rinderrassen, hielt Ochsen und Geflügel, ja sogar Elefanten, Büffel und Kamele. Und heute wie damals lassen der Indus und seine Nebenflüsse nach ihrem Rückzug im Sommer fruchtbaren alluvialen Boden zurück, der im folgenden Frühling ohne Pflügen oder Düngen reiche Ernten gestattet.

Zwei Weizensorten, Gerste, Datteln, Erbsen, Baumwolle, Sesam und Senf wurden geerntet; in Lothal und Rangpur fand man auch Reishülsen. Trotz dieser kulturellen Errungenschaften zeugen Skelettfunde in Harappa davon, daß die durchschnittliche Lebenserwartung nur 30 Jahre betrug.

Links: Skelettfund in Harappa. Oben: Bronzestatuette einer Tänzerin.

Niedergang und Ende: Warum ist diese großartige Kultur wieder verschwunden? Skelettfunde in den oberen Grabungsschichten Moendscho Daros gaben ursprünglich Anlaß zu der Vermutung, daß das Ende Harappas auf vordringende Arier aus den zentralasiatischen Steppen zurückzuführen ist. Passagen des Rig-Weda, in denen der Name *Hariyupuya* im Zusammenhang mit der Niederlage eines nichtarischen Volkes erwähnt wird, schienen diese These zu untermauern. Daß Moendscho Daro als einzige Stadt der Harappa-Kultur ein gewaltsames Ende gefunden hätte, ist aber kaum anzunehmen. Moderne Datierungstechniken lassen eher den Schluß zu, daß die Stadt längst untergegangen war, als die Arier einfielen.

Einer anderen Theorie zufolge könnte gerade der Erfolg der Harappa-Kultur ihren Niedergang beschleunigt haben, da das Bevölkerungswachstum die natürlichen Ressourcen übermäßig beansprucht hatte und der Boden ausgelaugt war. Aber warum sollte das bei einer Gesamtbevölkerung von kaum mehr als 400 000 Menschen zum Untergang einer Hochkultur geführt haben?

Folgenreiche Überschwemmungen: Viel eher ist die Ursache in häufigen und sich ständig verschlimmernden Flutkatastrophen zu suchen. Die jahreszeitlich bedingten jährlichen Überschwemmungen des Indus waren nichts Außergewöhnliches, aber sie waren nicht das eigentliche Problem. Geologen vermuten, daß sich das südliche Pakistan durch Verschiebungen der indischen Kontinentalplatte leicht anhob, was zum Rückstau des Indus führte und den Abfluß zum Meer blockierte. Der Strom überschwemmte die fruchtbare Ebene, während die Küstenorte vom Meer abgeschnitten wurden.

Harappa zerfiel in verschiedene Kulturgruppen, die sich in der Region zertreuten. Das Ende einer außergewöhnlichen Epoche der Einheitlichkeit war gekommen. In Belutschistan verließen die Menschen die Harappa-Siedlungen und nahmen wieder jene nomadisierende Lebensweise an, die viele Belutschen bis heute pflegen. Im Pandschab und im Sindh wie auch in Kutch und im indischen Sarashtra blieben manche Orte nach wie vor bewohnt, doch die kulturelle Entwicklung wurde rückläufig. In Chanu Daro nutzten neue Siedler, die der Jhukar-Kultur zugerechnet werden, die Ziegel der Harappa-Bauten, um weit einfachere Behausungen zu bauen. Ihnen folgte die sogenannte Jhangar-Kultur auf dem Fuße; die Herkunft dieser Völker liegt weitgehend im dunkeln.

Einfall der Arier: Mit dem Auftauchen der Arier beginnt dann endgültig ein neues Kapitel in der Geschichte Pakistans. Vom archäologischen Standpunkt gesehen, haben diese zwar kaum relevante Spuren hinterlassen, Aufzeichnungen berichten aber ausführlich über sie und beenden die vorgeschichtliche Ungewißheit: Die Epoche der belegten Geschichte war eingeläutet.

Der früheste und interessanteste Text, anhand dessen sich die Herkunft der Arier nachvollziehen läßt, ist der Rig-Weda, eine Sammlung von Hymnen, die vermutlich zwischen 1500 und 1300 v. Chr. entstand. Dieses Dokument zeigt, daß die Sprache der Arier mit der indoeuropäischen Sprachfamilie verwandt und eine Frühform des klassischen Sanskrit war. Es gibt linguistische Hinweise dafür, daß die Arier aus den Steppen Eurasiens kamen und Pakistan in zwei Hauptwellen erreichten, zunächst um 2000 und dann nochmals um 1400 v. Chr., als sie aus dem Iran vertrieben wurden. Die Krieger konnten im Pandschab rasch Fuß fassen.

Auf der Suche nach den Kühen: Im Rig-Weda finden sich zahllose Hinweise auf die Zerstörung von Städten. Pferd und Streitwagen bildeten die Grundlage der militärischen Stärke der Arier. Anfänglich siedelten sie nicht in den von ihnen eroberten Städten, sondern in kleinen Dörfern. Trotz Gerste- und Weizenanbau waren sie in erster Linie Hirten. Im Rig-Weda lautet das Wort für Kampf *gavisthi,* wörtlich „Suche nach Kühen". Die Anführer der Arier vererbten ihre Stellung, waren aber in Teilbereichen einem Rat der fünf Hauptstämme verantwortlich, die nicht nur mit nichtarischen Völkern, sondern auch untereinander heftige Kämpfe ausfochten. Hie und da stellten sie sich auch Seite an Seite mit fremden Völkern gegen die eigenen Landsleute.

Von Anbeginn an war die arische Gesellschaft in *varna* („Farben") aufgegliedert: die *Brahmana* (die Priester), *Rajanya* oder *Ksatriya* (die Krieger), *Waischya* (die Gemeinen) und *Shudra,* die das „Heilige Band" nicht tragen durften und bald an gesellschaftlichem Status verloren. Hier finden sich die Anfänge des Kastensystems.

Aus dem Wort *varna* zur Bezeichnung gesellschaftlicher Schranken hat man eine rassistische Abgrenzung herausgelesen. Wahrscheinlich aber handelte es sich im Ursprung lediglich um eine Funktionszuweisung an Stammesmitglieder, die aus den Notwendigkeiten der Eroberungszüge entstanden war.

Mit der Zeit entwickelte sich ein System von Unterkasten, das die indische Gesellschaft schließlich in die Stagnation führen sollte. Obwohl ursprünglich eng mit dem Beruf verknüpft, bestimmte am Ende die Geburt die Zugehörigkeit zu einer Kaste.

Allmählich dehnten die Arier ihr Einflußgebiet nach Osten aus und vereinnahmten das gesamte Industal. Die Entwicklung der Metallbearbeitung ermöglichte die Rodung großer Waldgebiete, was die Arier endgültig ihr Hirtendasein aufgeben und seßhafte Bauern werden ließ. Funde deuten auf Städtegründungen hin. Die Stadt erwachte zu neuem Leben und brachte neuen Wohlstand.

Arische Kultur: Trotz ihres kriegerischen Rufes hegten die Arier eine große Leidenschaft für Musik, Tanz und Dichtung. Neben dem Rig-Weda sind drei weitere Hymnensammlungen erhalten, und die gewaltigen epischen Dichtungen des *Ramayana* und *Mahabharata* (Ende des 1. Jts. v. Chr.) zählen zu den großen Kulturleistungen der Menschheit. Die Texte wurden mündlich über Generationen weitergegeben und erst Jahrhunderte später schriftlich festgehalten. Dies ist um so bemerkenswerter, als es sich beim Mahabharata um das längste jemals verfaßte Gedicht handelt.

Die Religion der Arier spiegelt sich in diesen Werken. Anfangs waren die Arier von naturreligiösen Vorstellungen beherrscht, in denen Feuer eine wichtige Rolle spielte und das Opfer Teil des religiösen Rituals bildete. Kühe allerdings wurden schon damals hoch verehrt und durften nicht getötet werden. Die Vorstellung von der Seelenwanderung tauchte auf und entwickelte sich zur Lehre vom *Karma,* nach der Handlungen in früheren Leben die Grundlagen für das Schicksal im jetzigen Leben eines Menschen legten. Aus diesen frühen Vorstellungen entwickelte sich das religiöse System, das sich bis heute im Hinduismus erhalten hat.

Transportwege und -arten sind seit Jahrhunderten weitgehend unverändert.

Bis ins 6. Jh. v. Chr. blieb Pakistan ohne eine politisch einende Kraft. Gegen Ende des arischen Zeitalters entstanden zu beiden Seiten des Indus im Peschawar-, im unteren Swat- und im Kabul-Tal eine Reihe von kleinen Fürstentümern. Auch Gandhara, das Reich zwischen den heutigen Städten Peschawar und Islamabad, gehörte dazu.

Die Perser: Diese Fürstentümer kämpften um die Vorherrschaft in der Region, keines war jedoch stark genug, um das Gebiet unter seiner Führung zu einem Reich zu formen. Damit war man gegenüber den Achämeniden, den expandierenden Herrschern des persischen Reiches, im Nachteil, die ein lebhaftes Interesse am fruchtbaren Industal zeigten. Und tatsächlich überquerte um 530 v. Chr. Kyros der Große den Hindukusch und forderte von den Fürsten Abgaben. Zehn Jahre später verlor Gandhara seine Unabhängigkeit, wurde offiziell annektiert und als zwölfte Satrapie (Provinz) dem Achämenidenreich angegliedert.

Da die Perser nunmehr im Norden Fuß gefaßt hatten, konnten sie den Indus entlang bis in den Sind vordringen. Um 518 v. Chr. beherrschten sie den größten Teil Pakistans.

Damit blühten die Handelsbeziehungen Gandharas, das für seine Wollerzeugnisse berühmt war, mit Persien und Vorderindien auf. Der Landstrich stieg rasch zu einer der wohlhabendsten Satrapien des persischen Großreichs auf. Puschkalavati (Charsadda) entwickelte sich zu einer wichtigen Provinzhauptstadt, ebenso wie Taxila, das zu einem der wichtigsten Zentren der Gelehrsamkeit der Antike werden sollte; wedische und persische Studien erreichten höchstes Niveau. Persische Schriftgelehrte brachten die von links nach rechts geschriebene Kharasthi-Schrift ins Land, die später, im 3. Jh. v. Chr., für die Erlasse Aschokas verwendet wurde und bis ins dritte nachchristliche Jahrhundert in Pakistan heimisch war.

Ursprung des Buddhismus: Hauptsächlich als Reaktion auf die wirtschaftlichen und gesellschaftlichen Veränderungen der Zeit kam es in Indien zu neuen Entwicklungen. Die Blüte der Stadtkultur und die immer mehr Land einbeziehende Landwirtschaft im ausgehenden wedischen Zeitalter hatten besonders im Ganges-Tal ab dem 6. Jh. v. Chr. den Reichtum in den Händen einer kleinen Elite konzentriert. Zugleich verfestigte sich das Kastensystem zusehends. Das philosophische Denken begann, die brahmanische Orthodoxie und die unbedingte Gültigkeit der wedischen Schriften zu hinterfragen. Vardhamana Mahawira, einer der Gründer des Jainismus, und Gautama Buddha, der Schöpfer des Buddhismus, gehörten zu den herausragenden Persönlichkeiten unter den neuen Denkern. Ihre Ideen fanden schnell Anhänger, besonders bei den Angehörigen der niederen und unterdrückten Kasten. Der Jainismus blieb auf Indien beschränkt, während sich der Buddhismus in ganz Asien ausbreiten sollte, mit weitreichenden Folgen auch für Pakistan.

Griechen in Pakistan: Nachdem Alexander der Große um 330 v. Chr. die Perser bezwungen hatte, gab es niemanden in Vorderindien, der ihn auf seinem Marsch nach Osten hätte aufhalten können. 327 v. Chr. überquerte er den Hindukusch, zweifelsohne getrieben von seiner Neugier, fremde Länder kennenzulernen, ganz zu schweigen vom sagenhaften Reichtum, der auf dem indischen Subkontinent zu finden sein sollte. Pakistan war mit dem Zusammenbruch der Persermacht wiederum in einzelne Fürstentümer zerfallen, so daß er mühelos vorrükken konnte. Taxila empfing ihn freundlich, und der dortige König zollte ihm Tribut mit Soldaten und Schätzen. Erst am Jhelum stieß Alexander auf nennenswerten Widerstand, aber auch hier blieb er, wie zuvor, siegreich. Als er jedoch den Beas erreichte, meuterten seine Soldaten schließlich und weigerten sich weiterzumarschieren. Nach zehnjährigem Feldzug waren sie erschöpft und wollten nach Hause. Und vermutlich löste die Aussicht, auf die gefürchteten, in griechischen Quellen erwähnten Nandas zu stoßen, wenig Begeisterung aus.

Als Nandas wurde die als unbesiegbar geltende Armee des Maurya-Reiches bezeichnet, das im Indien der Zeit zur beherrschenden Macht heranwuchs. Alexander verzichtete auf ein Vordringen bis zum Ganges und segelte statt dessen den Indus hinunter zum Arabischen Meer, von wo aus er den

Heimweg antrat. Teile seiner Truppen machten sich zu Fuß durch die Makran-Wüste auf den Rückweg.

Alexander verließ 325 v. Chr. endgültig pakistanischen Boden, und nach seinem Tod hielt es auch die von ihm eingesetzten Gouverneure nicht mehr lange, bevor sie sich eilends nach Westen absetzten.

Trotz dieser „Niederlage“ geben die Aufzeichnungen der griechischen Historiker einen faszinierenden Einblick in die Entwicklung der damaligen Gesellschaft. Dort ist die Rede von *sati* (Witwenverbrennung) und von den Armen, die ihre Töchter auf dem Markt verkaufen. Besonders erwähnt wird die Qualität der Ochsen, von denen Alexander so begeistert war, daß er 200 000 Stück heim nach Makedonien schaffen ließ.

Viele griechische Münzen wurden in Gandhara geprägt, hier als Motiv Alexander der Große.

Der indische Subkontinent wird zwar in den griechischen Quellen erwähnt, entsprechende Hinweise auf Griechenland fehlen in den indischen Texten aber völlig, obwohl die kurze Herrschaft Alexanders weitreichende Folgen hatte. Zum ersten Mal trafen das antike Europa und das antike Asien aufeinander, so daß nicht nur neue Handelswege erschlossen wurden. Eine ganze Reihe neuer Siedlungen entstanden auch in Pakistan, so zum Beispiel Bukephala am Jhelum und Alexandria im Sind. Von diesen Städten ist nichts geblieben, viele Griechen blieben aber nach dem Abzug der Generäle. In das Machtvakuum, das Alexander hinterließ, stieß das expandierende Maurya-Reich vor.

Das Maurya-Reich: Dieses Großreich entwickelte sich aus dem Königreich Magadha, das im ausgehenden wedischen Zeitalter entstanden war und seine Machtbasis im unteren Gangesbecken hatte. Seit dem 6. Jh. v. Chr. hatte Magadha mit den Nachbarländern um die Vorherrschaft gestritten, um mit der Thronbesteigung Tschandraguptas (322–300 v. Chr.) das erste Kaiserreich auf indischem Boden zu errichten. Von der Hauptstadt Pataliputra bei Patna aus regierte Tschandragupta ein Reich, das, bis auf das Land südlich von Karnataka und Teile Afghanistans im Westen, zur Blütezeit den gesamten indischen Subkontinent umfaßte.

Die ruhmreiche Herrschaft Tschandraguptas endete mit seiner Abdankung, nach der er, jainistischen Quellen zufolge, mit einer Gruppe von Jaïna-Mönchen nach Südindien zog, wo er die jainistischen Askesepraktiken ins Extrem trieb und sich freiwillig zu Tode hungerte.

Kalinga (das heutige Orissa) an der nördlichen Ostküste Indiens war damals ein Hort des Widerstandes gegen das Maurya-Reich.

Nachdem der größte der Maurya-Kaiser Aschoka (268–232 v. Chr.), der Enkel Tschandraguptas, den Thron bestiegen hatte, führte er im Jahre 260 v. Chr. einen blutigen und schließlich erfolgreichen Feldzug gegen Kalinga. Einer Legende zufolge soll Aschoka seine 99 Brüder beseitigt haben, um den Thron selbst besteigen zu können. Durch das Gemetzel des Feldzuges jedoch geläutert, wurde er Buddhist, und nicht nur in Gandhara entfaltete sich diese Religion während seiner Herrschaft zu voller Blüte.

Die Verwaltung seines Reiches regelte Aschoka durch zahlreiche Erlasse, die er in Felsen oder eigens an Straßen und Wegen aufgestellte Sandsteinsäulen meißeln ließ.

Lange Zeit glaubte man, es handle sich dabei ausschließlich um buddhistische Inschriften, doch Aschoka ließ auch ganz praktische Dinge verkünden.

Im allgemeinen wurden die Grundsätze des *Dharma* festgehalten, ein Begriff, der im Buddhismus die elementaren Daseinsfaktoren bezeichnet, aber auch, im weiteren Sinne, ethische Vorstellungen wie Rücksichtnahme, Gehorsam, Freigiebigkeit und Ehre umfaßt. Daneben wurden alltägliche Dinge, wie die medizinische Versorgung, der Brunnenbau, der Bau von Karawansereien und die Anpflanzung schattiger Banyan-Bäume am Straßenrand, verordnet.

Über 100 Jahre wurde der Subkontinent zu einer politischen und kulturellen Einheit verschweißt. Den Unterhalt des Staates garantierten in erster Linie Grundsteuern und Handelszölle. Binnen- und Außenhandel florierten, die Landwirtschaft konnte sich entfalten, und neue Straßen erleichterten den Gütertransport. Taxila soll damals durch eine kaiserliche Staatsstraße mit Tamralipti, dem wichtigsten Hafen im Gangesdelta, verbunden gewesen sein.

Auf der Höhe der Machtentfaltung leistete sich das Reich eine gewaltige Armee: Nach Plinius soll sie 9000 Elefanten, 30 000 Reiter und 600 000 Infanteristen umfaßt haben. Das Maurya-Reich war nicht nur das erste, sondern auch größte der indischen Imperien, dessen Glanz trotz vieler Nachahmungsversuche von den nachfolgenden Herrschern nie mehr erreicht wurde.

Dennoch war die Ausdehnung des Reiches bereits 50 Jahre nach dem Tod Aschokas wieder auf das Ganges-Gebiet zusammengeschrumpft. Ein Faktor beim Zerfall mag der Widerstand der Brahmanenkaste gegen die buddhistische Staatsführung gewesen sein, auch wenn Aschoka sich nie direkt gegen diese Kaste wandte, sondern allenfalls seiner Ansicht nach sinnlose Riten und Opfer anprangerte. Viel eher dürften die hohen Kosten der Verwaltung und Armee zum Zusammenbruch des Großreiches wesentlich beigetragen haben.

Griechen, Skythen und Parther: Jedesmal wenn in Indien eine Dynastie unterging, trat Pakistan wieder ins Rampenlicht der asiatischen Geschichte, und so war es auch nach dem Zerfall des Maurya-Reiches. Doch in der Folge des Todes Alexanders des Großen zersplitterte auch die Herrschaft in Vorderindien; es bildeten sich Königreiche, die von früheren griechischen Generälen und deren Nachkommen regiert wurden. Eines davon war das in der blühenden Landschaft zwischen Hindukusch und Oxus gelegene Baktrien, das zudem von seiner Lage an der wichtigen Handelsroute zwischen Gandhara und dem Mittelmeer profitierte.

Im Jahre 185 v. Chr. überquerte der baktrische König Demetrios den Hindukusch, besetzte den Pandschab, marschierte das Indus-Tal hinunter und hatte damit große Teile Pakistans rasch erobert. Unter König Menander (von den Indern Milinda genannt), dem erfolgreichsten Herrscher dieser Dynastie, der 155–130 v. Chr. regierte und sich später zur buddhistischen Lehre bekannte, wurden das Swat-Tal, Hazara und der Pandschab im Osten bis zum Ufer des Rawi erobert. Menander unternahm sogar einen entschlossenen Versuch, das Ganges-Tal zu unterwerfen, der aber mißlang. Die Großmachtambitionen der baktrischen Griechen stießen jedoch bald an ihre Grenzen; in Baktrien selbst mußten sie sich der Angriffe von Nomadenvölkern aus Zentralasien erwehren, unter anderem der Skythen.

Die Epoche war durch eine beständige Wanderung und Verschiebung der Völker Zentralasiens in Richtung Indien gekennzeichnet. Nachdem Kaiser Shi Huang Di die Große Mauer hatte errichten lassen, konnten zahlreiche innerasiatische Nomadenstämme nicht mehr nach China einfallen. Einer davon, die Yü-tschi, zog daher an die Ufer des Aralsees und vertrieb die dort ansässigen Skythen. Diese wiederum mußten ostwärts durch die Reiche der Baktrier und Parther, über den Bolan-Paß und ins Indus-Tal ausweichen, das sie um 75 v. Chr. erreichten, ehe sie teilweise bis nach Delhi weiterzogen. Das kämpferische Reitervolk hatte keine Mühe, die Baktrier aus Gandhara zu vertreiben. Aber den Skythen war das gleiche Schicksal beschieden: Sie fielen bald der nächsten Welle von Eindringlingen, den Parthern, zum Opfer, die aus dem Gebiet östlich des Kaspischen Meeres stammten und noch vor dem Ende des 1. Jhs. v. Chr. in Nordpakistan ankamen. Doch auch die Parther wurden bald von den Kuschana hinweggefegt, einer Untergruppe der Yü-tschi, die im 1. Jh. n. Chr. Pakistan erreichte. Erst den Kuschana gelang es, sich eine Periode der Stabilität zu sichern.

Links: **Bodhisattwa mit unverkennbar griechischen Gesichtszügen: Oben: Gautamas Flucht auf einer Schiefertafel in Gandhara.**

Die Gandhara-Kunst: Die Herrschaft der Kuschana zählt zu den wichtigsten Perioden in der Geschichte des indischen Subkontinents. Auf dem Zenit ihrer Macht im 2. Jh. n. Chr. erstreckte sich ihr Staatsgebiet vom Oxus (Amudarja) bis zum Ganges; ihr Einfluß reichte jedoch wesentlich weiter, da ihre Winterhauptstadt Purusapura bei Peschawar lag, von wo aus sie die Große Seidenstraße kontrollierten, die Rom mit der chinesischen Hauptstadt Xi'an verband. Unter diesen Bedingungen ließ der Wohlstand nicht lange auf sich warten.

Die wirklich Bedeutung der Kuschana lag jedoch weder in der Größe ihres Reiches noch in ihrem Reichtum. Entscheidend war vielmehr, was sie mit dem Reichtum anfingen: Sie verwandelten Gandhara in ein „heiliges Land" der Religionen. Obwohl die Kuschana-Herrscher anfangs vermutlich noch der west-arischen Lehre des Zarathustra anhingen, zeigten sie sich gegenüber dem Buddhismus und anderen Religionen erstaunlich tolerant. Gandhara wurde von buddhistischen Klöstern und Stupas überzogen, die Pilger sogar aus China anlockten. Die Bauten waren üppig mit Statuen des Buddha, der *Bodhisattwas* (künftigen Buddhas) oder mit Szenen aus dem Leben des Buddha und seinen *Jatakas* (früheren Inkarnationen) geschmückt.

Aufgrund der nahegelegenen Seidenstraße konnten die Bildhauer Gandharas aus zahlreichen Stilströmungen schöpfen. Und es war die Mischung gräko-romanischer und indischer Elemente, die der Gandhara-Kunst ihr unverwechselbares und berühmtes Gepräge gab. Geradezu revolutionär war in diesem Zusammenhang die Darstellung des Buddha in menschlicher Form durch die Gandhara-Schule. „Altindische" Bildhauerschulen hatten Buddha bis dahin nur symbolisch etwa durch eine Lotusblüte, einen Baum, ein Rad oder eine Stupa dargestellt.

Es war auch die Zeit, in der eine neue Schule des Buddhismus, das *Mahayana* (der Weise), an Einfluß gewann, die sich einer physischen Abbildung des Buddha nicht entgegenstellte. Kanischka, der bedeutendste der Kuschana-Könige, scheint die neue Schule aus ganzem Herzen unterstützt zu haben: Er ließ die Botschaft des Buddhismus in aller Welt verbreiten und schickte Missionare über das Karakorum-Gebirge nach Zentralasien, nach China und nach Tibet. Noch heute kann man entlang des Karakorum Highway die steinernen Buddha-Bildnisse bewundern: greifbarer Ausdruck der Verbreitungswege dieser Religion.

Die Kuschana wollten ganz Vorderindien beherrschen, konnten jedoch ihren Plan nie verwirklichen. Im Gegenteil, nach dem Tode Kanischkas zerfiel das Reich. Um 250 n. Chr. gehörten nur noch Gandhara und Kaschmir dazu, und gegen Ende des Jahrhunderts hatten sich die persischen Sassaniden-Herrscher auch diese Gebiete einverleibt. Die Kuschana wurden zu persischen Vasallen, während ihre indischen Territorien nach und nach den zur Macht strebenden Gupta anheimfielen.

Das Gupta-Reich: Auch wenn die Gupta wohl zu keiner Zeit das Indus-Tal direkt kontrolliert haben, so darf diese Dynastie in der Geschichtsdarstellung Pakistans nicht fehlen: Ihre Ära wird oft als das „klassische Zeitalter" Indiens bezeichnet. Die Ära der Gupta hat vieles von dem hervorgebracht, was heute als Inbegriff indischer Kultur gilt, insbesondere auf den Gebieten der bildenden Kunst, der Literatur, Philosophie und Naturwissenschaften. Es liegt auf der Hand, daß die Entwicklung Pakistans davon nicht unberührt blieb.

Durch die Unterstützung des Gupta-Hofes kam es zu einer Renaissance des Hinduismus, in deren Verlauf der König bald selbst als Inkarnation Vischnus angesehen wurde. Die Priesterkaste der Brahmanen förderte die Tendenz zur Vergöttlichung des Herrschers nach Kräften und wurde im Gegenzug mit großzügigen Landzuweisungen bedacht. Das Kastensystem des Hinduismus wurde zunehmend komplexer.

Diese Entwicklungen wurden aber auch von Fortschritten auf dem Gebiet der religiösen (und weltlichen) Literatur begleitet: Im 4. Jh. n. Chr. wurden die beiden großen wedischen Epen, *Ramayana* und *Mahabharata,* schließlich niedergeschrieben.

Die Ursprünge der Gupta-Dynastie bleiben trotz des offensichtlichen Glanzes ihrer Herrschaft im dunkeln. Unzweifelhaft hob die Heirat von Tschandragupta I. mit einer Königstochter zu Beginn des 4. Jhs. n. Chr. das Geschlecht aus der Bedeutungslosigkeit. Ihre Blüte erreichte die Dynastie unter Tschandragupta II. (375–415). Nach einem siegreichen Feldzug gegen die Skythen in Westindien zwischen 388 und 409 geriet sowohl der Sind als auch der nördliche Teil Indiens unter ihren Einfluß. Mit der großen Maurya-Dynastie konnten sich die Gupta dennoch nicht messen: Das Fehlen einer zentralen Verwaltung verhinderte das Entstehen eines stabilen Imperiums.

Hunnen und finstere Zeiten: Wirtschaftliche Schwierigkeiten führten schließlich zum Niedergang auch dieses Reichs. Zudem bildeten die Hunnen im Nordwesten seit dem 5. Jh. eine neue Bedrohung. Ein Stamm des kriegerischen Reitervolks aus Innerasien war westwärts gezogen und hatte Teile des Römerreichs verwüstet, ein anderer war den Persern an den Ufern des Oxus zu Leibe gerückt und wandte seine Aufmerksamkeit nun auch nach Pakistan.

Während seiner Herrschaft konnte Skandragupta zwar ein Vordringen der Hunnen verhindern, doch um 466/67 überquerten sie den Hindukusch, 20 Jahre später gefolgt von einer zweiten Welle. Sie errichteten schnell ein Königreich, das sich bis in den Sind und im Osten bis nach Zentralindien erstreckte.

Ihre Herrschaft war zwar nur von kurzer Dauer, die Folgen jedoch einschneidend. Gleich zu Beginn plünderte man Gandhara, wovon sich die Gandhara-Kunst, ohnehin jenseits ihrer Blüte, nie mehr erholte.

Der Buddhismus zog sich aus den Ebenen Nordpakistans zurück und suchte Zuflucht im Swat-Tal, wo er bis ins 16. Jh. gedeihen sollte. Im weiteren Umkreis leitete der Zerfall des Gupta-Reiches eine Periode politischer Unruhen ein, in der für den größten Teil des nordindischen Subkontinents düstere Zeiten anbrachen.

Eigenartigerweise brachte aber auch diese Phase der pakistanischen und indischen Gesellschaft langfristig gesehen positive Impulse. Eine Reihe weiterer Stämme folgte den Hunnen über den Hindukusch nach Pakistan. Manche wurden seßhaft und trugen zur kulturellen Vielfalt bei, während andere nach Indien weiterzogen, darunter auch zahlreiche Hunnen selbst. Historiker sind der Meinung, daß sie dort von der Hindu-Gesellschaft assimiliert wurden und die Vorväter der berühmten Rajput-Kriegerklans in Radschastan sind. Bis zum heutigen Tag führen Radschas einiger Rajput-Klans den Titel „Huna".

Links: Chinesische Pilger hinterließen entlang der Seidenstraße Wegmarken. Oben: Einer der berühmtesten Pilger war Hsüan-tsang.

DIE FLUT DES ISLAM

Im Jahre 711 ritt der junge arabische General Imad-ud-Din Muhammad ibn al-Qasim mit 6000 irakischen und syrischen Soldaten an der öden Küste von Makran nach Osten, um den Sind zu erobern. Über das Ereignis schreibt der italienische Gelehrte F. Gabrieli: „Das heutige Pakistan, das soviel von islamischen und arabischen Wertvorstellungen hält, sollte in Muhammad ibn al-Qasim einen fernen *kistes* (Gründungsvater), ja einen Helden des Islam in Indien sehen."

Muhammed ibn al-Qasims Eroberungen waren Teil der Expansions- und Missionierungskampagne der in Damaskus residierenden Omaijaden-Herrscher. Als Feldherr des Kalifen Abd al-Malik, dessen Herrschaftsgebiet von Vorderindien bis nach Spanien reichte, eroberte Muhammed ibn al-Qasim 712 die Stadt Debal, den wichtigsten Hafen im Sind. Die Ruinen sind heute noch 40 km östlich von Karachi an der Mündung eines ausgetrockneten Seitenarms des Indus zu besichtigen. In der Stadt stand eine große buddhistische Stupa, eine *deval,* worauf der arabische Name Daibul beruht.

Aus einer persischen Chronik des 13. Jhs., der *Chachnama,* geht hervor, daß damals der Brahmanenkönig Dahir, der Sohn des Chach, im Sind herrschte. Dahirs Königreich erstreckte sich vom Indusdelta am Arabischen Meer bis nach Rur, dem heutigen Rohri am Ostufer des Indus gegenüber der Stadt Sukkur. Dahir hatte dem Hinduismus in seinem Herrschaftsbereich wieder Geltung verschafft, doch die Mehrzahl seiner Untertanen bekannte sich weiterhin zum Buddhismus. Als die Araber in den Sind vorstießen, veranlaßten sie die unzähligen Budda-Statuen dazu, das noch heute gebräuchliche Wort *budd* (Buddha) synonym für alle Götterbilder in Tempeln zu gebrauchen.

Nach der Einnahme Daibuls rückte al-Qasim nach Norden vor und eroberte die Stadt Niran bei Hyderabad. 4000 einheimische Jat-Soldaten dienten dem arabischen Heer als Verstärkung. Mit einer Brücke aus Booten überwanden sie den Indus und stellten sich der Armee Dahirs bei Rawar. Dahirs Streitkräfte wurden aufgerieben, er selbst fiel im Kampf.

Nun rückten die Araber noch weiter nach Norden vor und nahmen Dahirs Hauptstadt Brahmanabad ein, an deren Stelle sie Mansura gründeten. Als nächstes besetzten sie Rohri und schließlich auch Multan, eine der ältesten bewohnten Städte in Südasien. In Multan stand der berühmte, dem Sonnengott Aditya geweihte goldene Tempel. Hier gab es Gold im Überfluß, so daß die Eroberer weitere Feldzüge nicht mehr für nötig hielten. Über drei Jahrhunderte blieb Multan der nördlichste Stützpunkt des Arabischen Reichs in der Provinz Sind.

Vorherige Seiten: Die Türken brachten den Blätterwerkschmuck nach Pakistan und Indien. Links: Freitagsgebet in Lahore. Oben: In religiösen Gedanken versunken.

Die erstaunliche Ausdehnung des arabisch-islamischen Machtbereichs beruhte nicht allein auf forschen Kavallerieattacken, sondern hatte seine Ursache auch in dem religiösen Eifer, der die Reiter beseelte. Der Wunsch, die einheimische Bevölkerung zu bekehren und in die islamische Gemeinschaft aufzunehmen, hatte weitreichende gesellschaftliche Folgen, denn das Angebot galt für jedermann und war deshalb vor allem für Angehörige der niederen Hindukasten attraktiv, die so dem Kastendasein entkommen konnten.

Niemand wurde aber von den neuen Machthabern im Sind gezwungen, zum Islam überzutreten. In der *Chachnama*-Chronik sind Auszüge aus der historischen Charta von Brahmanabad wiedergegeben, die ein erstaunliches Niveau humanistisch geprägter Wertvorstellungen des 8. Jhs. aufweist. Die Charta versprach allen um Brahmanabad lebenden Menschen Religionsfreiheit. Ihnen wurde der gleiche Status wie den Juden, den Magiern und den Anhänger des Feuerglaubens in Syrien und im Irak zuerkannt. Sie durften weiterhin ihre Götterbilder aufstellen, Hindus und Buddhisten konnten ohne Behinderung ihre religiösen Feiern nach alter Tradition abhalten. Auch der Handel zwischen Moslems und Nichtmoslems wurde gefördert.

Muhammed ibn al-Qasim integrierte die traditionellen Verwaltungs- und Steuerstrukturen in die neue Ordnung und wählte die Beamten entsprechend ihrem Rang und ihrer Erfahrung, nicht ihrer Glaubenszugehörigkeit aus. In die inneren Angelegenheiten der verschiedenen Gruppen mischte er sich nicht ein. Als Steuereinnehmer wurden Respektspersonen mit freier Entscheidungsgewalt eingesetzt.

Auch die herrschende Kaste der Brahmanen, die am wenigsten Grund hatten zu konvertieren, fand in der Charta von Brahmanabad angemessene Berücksichtigung. Sie behielt ihre Führungsposition, und ein Großteil der Verwaltung des Landes lag in ihren Händen.

Verbindung nach Bagdad: Auf die Omaijaden folgten die Abbasiden-Herrscher: Ab 749 bestellte das abbasidische Kalifat in Bagdad die Gouverneure des Sind. Ibn Hauqal, der Mitte des 8. Jhs. das gesamte arabische Reich bereiste, erwähnt ausdrücklich den Wohlstand der Menschen und das billige Essen im Sind. Das wohlhabende Land hatte beträchtliche Steuerzahlungen an Bagdad zu leisten. Allein im Jahr 820 konnte der Kalif al-Ma'mun eine Million Dirham im Sind einstreichen.

Ein intensiver kultureller Austausch zwischen dem Nahen Osten und dem südasiatischen Subkontinent setzte ein. Das Arabische fand große Verbreitung im Sind, das heute auf die älteste Tradition arabischer Gelehrsamkeit in der Region zurückblicken kann. Der moderne Wortschatz des Sind weist viele arabische Lehnwörter auf. Sindische Gelehrte und Dichter tauchen auch in den Annalen der abbasidisch-arabischen Literatur auf; arabische und sindische Lebensformen verschmolzen, die arabischen

Neusiedler nahmen die örtliche Kleidung an, lediglich die Kaufleute hielten an den weiten arabischen Gewändern fest. Am abbasidischen Hof des Kalifen al-Mansur in Bagdad waren auch Gelehrte aus dem Industal willkommen. Ihre Arbeiten zu Medizin, Mathematik, Astronomie und Philosophie wurden ins Arabische übersetzt.

Die Türken kommen: Auch im Norden drang der Islam von Afghanistan aus in die nordwestlichen Gebiete Pakistans vor. Unermüdlich predigten islamische Missionare den Stämmen und Völkern ihren Glauben. Im Peschawar-Museum wird eine mit arabischen und Sanskrit-Schriftzeichen bedeckte Schreibtafel aus dem Tochi-Tal in Wasiristan aufbewahrt, die die Präsenz des Islams dort bereits um 857 belegt.

Der allmähliche Niedergangs des Reichs der Abbasiden machte nun den Weg frei für die Türken, die im späten 9. Jh. zunächst in Afghanistan ihre Herrschaft festigten. Aber schon 962 wurde Alaptagin Regent von Ghasni, ihm folgte Subaktagin nach, der Lamaghan aus Radscha Dschaipal besiegte und gefangennahm. Als Subaktagin 977 starb, folgte Mahmud seinem Vater nach und dehnte das türkische Großreich weiter nach Südasien aus. Seine Kriegszüge führten ihn bis ins *Aryavarta* (Heimat der Arier). Der abbasidische Kalif al-Qadir billigte ihm den Rang eines Vasallen zu und verlieh ihm den Ehrentitel „Rechte Hand des Reiches und Führer der Gemeinschaft". Mahmuds Reich erstreckte sich schließlich vom Irak bis zum Ganges und von Khwarzim bis Kathiawar am Arabischen Meer.

Links: Eine kufische Inschrift erinnert an den Bau der Moschee in Bhanbore 727–728. Oben: Traditionelles Kunsthandwerk lebt fort.

Die Nachfolger Mahmuds festigten das Reich im Industal, auch der Pandschab fiel ihnen zu. Lahore übernahm indessen allmählich die Rolle Multans als Zentrum der Gelehrsamkeit und Verwaltungssitz.

Multan gebührte aber noch die Ehre, einen der bedeutendsten Denker der islamischen Welt, den Philosophen, Mathematiker, Astronomen und verdienstvollen Kulturhistoriker Abu'l Rayhan Muhammed al-Biruni (973–1053) in seinen Mauern empfangen zu haben. Sein *Kitab tarich al-Hind* („Die Erforschung Hindustans") ist ein Maßstäbe setzendes Werk über indische Kultur. Al-Biruni war auch ein Kenner des Sanskrit, vor allem bewunderte er die Mildtätigkeit der Inder: „Es ist ihnen selbstverständliche Pflicht, täglich soviel Almosen wie möglich zu geben. Das Geld sieht hier nicht den nächsten Monat, geschweige denn das nächste Jahr, es gilt als Last für eine ungewisse Zukunft, von der man nicht einmal weiß, ob man sie erlebt."

Das größte Erbe Pakistans aus dieser Epoche aber ist die Bewegung der islamisch-mystischen Sufi-Bruderschaft, deren bedeutendster Heiliger Ali (Makdum) ibn Uthman al-Hudschwiri den Ehrennamen „Spender des Schatzes geistiger Führung", Data Gandsch Bakhsch, trägt.

Hujwiri predigte den Islam für alle, unabhängig von Schicht und Kastenzugehörigkeit. Das *Kaschf al-Mahdschub* („Die Enthüllung des Verschleierten") schrieb er für Laien. Seine Zeit sah er nicht in allzu hellem Licht: „Der Allmächtige ließ uns in einer Epoche zur Welt kommen, in der die Menschen ihre niederen Leidenschaften für ihre Religion halten. Sie verlangen nach Macht und Titeln; Stolz und Eitelkeit sind ihnen Zeichen von Ehre und Wissen. Ihre scheinheilige, zur Schau gestellte Gottesanbetung halten sie für Gottesfurcht. Sie haben ein rachsüchtiges Herz, bilden sich aber ein, mitfühlend und ehrenhaft zu sein. Exhibitionismus und primitives Gebaren legen sie als Keuschheit und Reinheit aus, Scheinheiligkeit verwechseln sie mit Frömmigkeit.“

Mitte des 12. Jhs. wurde die Ghasnawiden-Dynastie von den Ghuriden (1148–1206) abgelöst. Der Großsultan Ghayasuddin ernannte seinen Bruder Mohammad Ghuri zum Gouverneur von Ghasni, der die Grenzen des Großreichs bis an den Jumna ausdehnte und Ajmer im Aravalli-Gebirge sowie Delhi eroberte. Seine Nachfolger erweiterten ihren Herrschaftsbereich sogar bis nach Bengalen in Vorderindien. An der Wende zum 13. Jh. hatte sich das Sultanat von Delhi, das Fundament der Islamisierung Indiens, fest etabliert.

Die Verfassung des Sultanats fußte auf dem Modell des Abbasidenreichs. Absoluter Herrscher war der Sultan, dessen Macht von einer großen Armee und einer umfangreichen Zivilverwaltung getragen wurde. Die Judikative hatte der sogenannte *Qasiul Qasat* inne. Eine Polizei sorgte für Ruhe und Ordnung, Geheimdienste ließen den Herrscher ruhig schlafen, und ein Postwesen sorgte für die innerstaatliche Kommunikation; ortsansässige Hindus wurden in Armee und Verwaltungsdienst aufgenommen. Als Steuereintreiber fungierten die Dorfältesten.

Während des Sultanats verschmolzen islamische und indische Wertvorstellungen miteinander. Die politische Einheit des Subkontinents sorgte für die Gesundung der Wirtschaft und schuf weitverzweigte Handelsverbindungen. Das Handwerk gedieh, und man fertigte erstklassige Gebrauchsgüter. Das Volk begeisterte sich für Dichtung und Musik, und in der Literatur dieser Zeit liegt der Ursprung der modernen Prosa der verschiedenen Sprachen.

Die Ausbreitung des Islam war jedoch weniger auf die Prachtentfaltung und die militärischen Erfolge des von Delhi aus operierenden indisch-türkischen Großreichs zurückzuführen als auf die friedliche Missionarbeit der Sufi-Mystiker. Auch wenn schiitische Moslems im 14. Jh. wichtige Außenposten in der südindischen Dekkan-Hochebene errichten konnten, so blieb der Einfluß der moslemischen Hauptstadt in Delhi insgesamt jedoch beschränkt. Nur an den West- und Osträndern des Reiches bekannte sich die Mehrheit der Bevölkerung zum Islam – hier waren die Mystiker am aktivsten und legten den Grundstein für das spätere Entstehen der islamischen Staaten Pakistan und Bangladesch.

Die größte Herausforderung für das Sultanat war der Mongoleneinfall im 13. und 14. Jahrhundert. Dschingis-Khan stürmte mit seinen Horden 1221 bis zum Indus. 1398 folgte eine zweite Invasionswelle, diesmal angeführt von Timur. Verwüstung, Tod und Chaos brachen über Nordindien herein. Doch auf dem Schlachtfeld bei Delhi wurde Timur besiegt, und das Sultanat überlebte unter verschiedenen Dynastien bis ins 16. Jahrhundert. Dann kam Babur, ein Abenteurer und versprengter Abkömmling aus dem Geschlecht des Timur, der die Epoche der Mogul-Kaiser einläutete.

Das Sultanat von Delhi überdauerte drei Jahrhunderte, seine kulturellen Einflüsse sind noch heute spürbar. Der indische Historiker Panikar schreibt: „Der Islam brachte Indien die Vorstellung von der Gleichheit des Menschen, hauchte ihm den Stolz auf die eigene Religion ein und etablierte ein Rechtssystem, das in vieler Hinsicht einen Fortschritt gegenüber den Regeln der Zeit bedeutete. Der Islam steht am Anfang des neuen Selbstbewußtseins, das die Hindu-Herrscher später an den Tag legten.“

Die Moschee ist der Ort des Gesprächs und der Unterweisung in den Islam.

DIE SUFIS

Große Teile des Korans sind Gesetzesvorschriften, die nach und nach formuliert wurden, um das Leben der Gläubigen in allen Bereichen zu regeln. Dennoch ist die heilige Schrift der Moslems weit mehr als ein reiner Gesetzestext: Verse wie „Wohin auch immer Du Dich wendest, dort ist das Antlitz Gottes" waren von Anfang an Inspiration für diejenigen Gläubigen, die durch selbsterfahrenes spirituelles Erleben die Begegnung mit Gott suchten.

Man nannte diese Gottessucher schließlich Sufis wegen der Wollkutten *(suf)*, die sie zum Zeichen ihrer Abkehr von der Welt und des Suchens nach mystischer Erfahrung trugen. Die individuelle Suche der frühen Sufi-Meister brachte sie nicht selten in Gegensatz zu den orthodoxen Schriftgelehrten. Mit der Zeit entstand eine komplexe mystische Theologie, ein Leitfaden darüber, welche Stadien der spirituellen Suche zu durchschreiten seien, bis die ersehnte Vereinigung der Seele mit Gott erreicht würde.

Der Sufismus war nie eine einheitliche Bewegung und schöpfte aus vielen Quellen der Inspiration. Die unterschiedlichsten Schulen bestanden nebeneinander, jede mit eigener Lehre und besonderen Techniken, die der Sheikh direkt an seine Schüler weitergab. Die betonte Ablehnung des Zölibats im Islam sorgte dafür, daß die meisten Sheikhs verheiratet waren, weshalb die Erbfolge für den Fortbestand der Schulen eine große Rolle spielte. Daraus erwuchsen verschiedene, zumeist auf ein bestimmtes Gebiet beschränkte Sufi-Orden. Die Grabstätten der Gründerheiligen wurden zu Pilgerzentren, an denen Laiengruppen für den Unterhalt der jeweiligen Sheikhs und ihres Gefolges sorgten.

Aufgrund der Flexibilität der Organisation verbreiteten sich die Orden ab dem 11. Jh. auch in Indien. Zwar eroberten die Soldaten des Sultans weite Teile Nordindiens – so auch das Herzland Pakistans –, doch war es den großen Sufi-Sheikhs (auch *Pirs* genannt) zu verdanken, daß große Teile der Bevölkerung zum Islam konvertierten. Auch wenn viele anfangs vor allem vom Ruf der *Pirs,* machtvolle Wundertäter zu sein, angezogen wurden und deren spirituelle Botschaft kaum vernahmen, lag der eigentliche Grund für den Erfolg der Missionsbewegung in der von den Sufis gepredigten Toleranz und in ihrem Bemühen, die Menschen einer höheren spirituellen Bewußtseinsstufe zuzuführen.

Im engsten Kreis, wo sich die Anhänger ganz dem Weg des Sufismus verschrieben, galt das Wort des Sheikhs als Gesetz. Nur er durfte die *zikr* („Erinnerung") – die auf personale Übertragung zugeschnittene spirituelle Technik des Ordens – lehren. Dieser konnte ein einziger Satz wie „Es gibt keinen Gott außer Gott" zugrunde liegen, der in einem besonderen Atemrhythmus zu wiederholen war.

Einige Sufi-Orden entwickelten radikalere Praktiken: Ein fortgeschrittener Schüler war nach längerer Übung etwa imstande, sich einen Spieß durch die Wange zu stoßen, ohne dabei den geringsten Schmerz zu empfinden. Im indischen Umfeld mit seiner hochentwickelten Yoga-Tradition versuchten einzelne Moslem-Fakire mit ausgefallenen Praktiken, etwa dem Tragen schwerer Ketten oder mit Drogen, eine Abkürzung auf dem Weg zur Erleuchtung zu finden. Hauptsächlich jedoch bediente man sich rhythmisch vorgetragener mystischer Gesänge, den *qavvali,* um sich in tranceartige Zustände zu versetzen. Die *qavvali*-Dichtung und -Musik erfreute sich bald auch außerhalb der Orden größter Beliebtheit. Die pakistanische Dichtung ist weithin vom Sufismus inspiriert.

Die Sufi-Dichter bedienten sich gern, als Metapher ihrer spirituellen Suche, der traditionellen Liebesgeschichten, um die Qualen der Trennung vom Geliebten (Gott) und der Freude der Vereinigung mit ihm auszudrücken. Der Mann stand für das Göttliche, den Suchenden verkörperte die Frau, deren Identität am Ende mit der ihres Geliebten verschmilzt. ■

Sufis in Ekstase auf einer alten Zeichnung.

درختهای انار هم هست گرداگرد حوض تمام سبزه زار
جای عین باغ همین است در وقت زرد شدن نارنجها بسیار
عمل بشنداس چهره نامی نانها

Der Beginn des 16. Jhs. war nicht nur für Zentral- und Südasien eine ereignisreiche Zeit. Insbesondere Europa begann, seinen Einflußbereich nach allen Richtungen auszudehnen. 1492 landete Kolumbus in Amerika, die Portugiesen erschlossen mit Vasco da Gama den indischen Subkontinent und den Fernen Osten für den Seehandel. Die Welt begann, kleiner zu werden, und anscheinend jeder suchte nach neuen Reichtümern, Ländereien und Einflußsphären.

Gründung der Mogul-Dynastie: Der 1483 geborene Zahiruddin Mohammed Babur stammte aus dem Fürstentum Farghana, einer Gegend, die heute ein Teil der Republik Usbekistan ist. Babur gehörte zur Führungsschicht des Timur-Reiches, das sich im Norden von den Usbeken bedroht sah. Nach dem Verlust Farghanas hatte er zunächst Samarkand erobert und wieder verloren. Seine erste Aktion außerhalb Zentralasiens führte zur Eroberung von Kabul (1504).

Er wurde zum Herrscher ohne Reich. Die Orte, die er geliebt hatte, ließ er hinter sich und wandte sich auf seiner Suche nach einem neuen Reich gen Süden. Babur war Gelehrter, Dichter und Abenteurer; seine Taten gipfelten schließlich in der Schaffung des Mogul-Reiches, das zu den glanzvollsten in der Geschichte des Subkontinents zählt. Zu ihrer Blütezeit im 16. und 17. Jh. regierten die Mogul-Kaiser über 150 Mio. Untertanen; ihr Reich gehörte zu den mächtigsten, die die Welt je gesehen hat.

Auf seinem Zug gen Süden eroberte Babur zunächst Kandahar (1522) sowie Lahore (1524); 1526 besiegte er 50 km nördlich von Delhi in der Schlacht von Panipat den letzten Regenten des Sultanats von Delhi, Ibrahim aus der Lodi-Dynastie. Damals sah Nordindien die ersten Feuerwaffen: die Musketen und Mörser, mit denen Babur den Lodi-Soldaten eine vernichtende Niederlage bereitete. Selbst mit 100 000 Mann und 1000 Kriegselefanten hatte die Armee des Sultans keine Chance. Das Mogul-Reich läutete eine weitere große Epoche in der Geschichte Südasiens ein, und Babur schuf ein Herrschaftsgebiet, das vom Oxus im Westen bis nach Bengalen im Osten reichte und dessen Südgrenze die Radschastan-Wüste bildete.

Abgesehen von seinen militärischen Erfolgen rühmt man Babur für die herrlichen Gärten, die er allenthalben anlegen ließ, sowie für das *Baburnameh,* seine Autobiographie. Bei seiner Ankunft auf dem Subkontinent äußerte er sich nicht gerade positiv über das, was er vorfand: „Hindustan ist ein Land

von geringem Zauber. Die Menschen dort sind nicht schön; sie kümmern sich nicht umeinander und besuchen sich nicht; keine Spur von begabten Könnern; keine guten Sitten; handwerkliche Arbeiten werden ohne Formgebung oder Symmetrie, Methode oder Qualität ausgeführt; Pferde und Hunde taugen nichts. Weintrauben, Honigmelonen oder andere gute Früchte findet man nicht, ebensowenig Eis oder kaltes Wasser; das Brot ist schlecht, es gibt weder warmes Essen in den Bazaren noch heiße Bäder, Schulen, Kerzen oder Fackeln."

An ein paar Dingen fand jedoch selbst Babur Gefallen: „Das Schöne an Hindustan

Links: Babur ließ prächtige Gärten anlegen.
Oben: Die Elefanten der Moguln versetzten die Feinde in Schrecken.

ist seine Weite, sein Reichtum an Gold und Silber ... Nützlich sind auch die unzähligen Handwerker jeglicher Art. Jeder Beruf ist einer bestimmten Kaste zugeordnet, deren Mitglieder ihr Wissen von Generation zu Generation weitergeben."

Babur starb, ehe er die Früchte seiner Eroberungen wirklich genießen konnte. Vielleicht veranlaßte ihn auch sein großes Heimweh zu den Klagen. Es heißt, Babur habe sein Leben für das seines Sohnes Humajun hingegeben: Als dieser 1530 lebensgefährlich erkrankte, bot er Allah sein Leben im Tausch gegen die Genesung des Sohnes. Sein Wusch wurde erfüllt: Babur starb, der Sohn überlebte.

Doch Humajun hatte weder die Fähigkeiten noch die Tatkraft seines Vaters. Sein Heer rieb sich in Scharmützeln mit den Afghanen auf, deren Anführer Scher Schah Suri ihn schließlich zwang, Indien zu verlassen und in Persien Asyl zu suchen. Ehe Humajun endgültig indischen Boden verlassen mußte, gebar ihm seine Frau Hamida Banu Begum auf der Flucht im Sind einen Sohn: Er kam in der Wüstenstadt Umarkot zur Welt, sein Name war Akbar, und er sollte der größte der Mogul-Kaiser werden, der das Reich 50 Jahre lang regierte.

Zunächst aber war für fünf Jahre Scher Schah an der Macht; unter ihm wurden die Grundlagen einer effizienten Verwaltung und Architektur gelegt. Die Grand Trunk Road geht auf Scher Schah ebenso zurück wie eine Reihe von Befestigungsanlagen, darunter das gewaltige Fort Rohtas bei Jhelum. Seine Herrschaft wird gern als die längsten fünf Jahre in der Geschichte Indiens bezeichnet.

Schon als Knabe wurde Akbars Befähigung zur Führerschaft einem Test unterzogen, als er gegen seines Vaters Feind Scher Schah zu Felde zog. Auf dessen Seite diente Hemu, ein Hindu niederer Herkunft, der im Dienste eines Neffen Scher Schahs zu Amt und Würden gekommen war. Hemu war bei Hindus und Moslems gleichermaßen beliebt und allen gegenüber gleich freigiebig. Er verwaltete sein Lehen mit Umsicht und führte sein Heer zu vielen Siegen. Obwohl er kein Schwert führen konnte, fand man ihn immer im dicksten Schlachtgetümmel, wo er seine Leute kühn kommandierte. Da sein Ruf furchteinflößend war und er auf eine ununterbrochene Siegesserie zurückblikken konnte, tat sein schwächliches Äußeres seinem Ansehen keinen Abbruch.

In der Schlacht von Panipat gegen Akbar traf Hemu ein Pfeil ins Auge, und sein Elefant ging mit ihm durch; mit dem Fall des Anführers zerstoben Hemus Truppen in wilder Flucht, und er konnte gefangengenommen werden. Bairan Khan befahl Akbar, der damals noch ein Knabe war, den Feind zu enthaupten. Nach einigen Berichten gehorchte Akbar diesem Befehl.

Festigung des Reichs: Erst mit dem Tode Scher Schahs 1556 konnte Humajun wieder indischen Boden betreten, doch er sollte nur noch sieben Monate regieren. Er starb, als er die Stufen seiner Bibliothek in Delhi hinabstürzte. Es heißt, er habe stark dem Opium zugesprochen.

Im Alter von 13 Jahren bestieg Akbar den Kaiserthron. Seine gesamte Regierungszeit war von dem Bemühen gekennzeichnet, die Hoheit über ganz Indien zu erringen. Er schätzte die Bedeutung einer starken, disziplinierten Armee hoch ein und war der Meinung, daß „ein Monarch stets auf Eroberungen aus sein sollte, da seine Nachbarn sonst die Waffen gegen ihn erheben. Das Heer sollte gut ausgebildet sein, sonst geben sich die Soldaten der Zügellosigkeit hin."

Akbar stürmte über Indien hinweg und schuf ein Reich, das vom Arabischen Meer bis Bengalen im Osten, von Kaschmir bis ans Dekkan-Plateau im Süden reichte.

Die Moguln übernahmen das wohldurchdachte Verwaltungssystem des Sultanats von Delhi, und Akbar sorgte für Ruhe im Reich, indem er sich der Loyalität seiner Beamten versicherte. Er verteilte Ämter, *mansabs* genannt, wobei ein *mansabdar* gemäß seinem Rang eine bestimmte Anzahl von Kavalleristen anwerben und versorgen mußte. Dafür erhielt er Land *(jagir)*, das entsprechenden Gewinn abwarf. Dieses System sorgte für Konkurrenz zwischen jenen, die nach Ruhm und Titeln strebten, gleichzeitig aber verhielten sie sich Akbar gegenüber loyal und stellten ihm ein Heer zur Verfügung. Als eine Art Steuer trat der *mansabdar* darüber hinaus einen Teil seiner Einnahmen an den Kaiser ab. Als umsichtiger Mann verhinderte Akbar, daß sich die *mansabdars* zu Gruppierungen zusammenschlossen, die seinen Machtanspruch hätten bedrohen können, indem er die *mansabdars* beständig die *jagirs* austauschen ließ.

Unter Akbar stieg die Zahl der Hindus, die Regierungsämter im Verwaltungsapparat erhielten, drastisch an. Bestimmte Steuern für Hindus, etwa die *dschizya,* die Kopfsteuer, schaffte er sogar ab. Akbars Toleranz den Hindus gegenüber blieb jedoch nicht auf die Verwaltung beschränkt; seinen Harem bevölkerten auch viele Hindu-Frauen, die er zur Stärkung der Bündnisse heiratete.

Damit ließ er es jedoch nicht bewenden. Um zu sehen, wie die Menschen tatsächlich lebten, verkleidete er sich zuweilen und besuchte die Elendsviertel. Dabei hörte er ein melancholisches Lied über Rupmati, einer Schönen, die im Harem Bas Bahadurs, des Herrschers von Malwa, schmachtete. Die Worte des Liedes erfüllten Akbar mit Eifersucht und Verlangen nach Rupmati. Akbar ersann daraufhin einen Grund, Malwa anzugreifen. Aber auch Bas Bahadur rüstete sich zum Kampf und ließ alle Frauen mit dem Befehl, sie im Falle seiner Niederlage zu töten, an einen sicheren Ort bringen. Akbar siegte, Bas Bahadur floh, und seine Frauen wurden niedergemetzelt – nur Rupmati überlebte schwer verwundet.

Als die Truppenführer der Moguln sie fanden und zu retten versuchten, entnahm sie ihrem Gewand ein Giftfläschchen und tötete sich selbst. Akbar war untröstlich über ihren Tod. Die Geschichte ist seither Gegenstand vieler Lieder.

Kunst der Mogul-Zeit: Je länger seine Regierung währte, desto mehr interessierte sich Akbar für Fragen der Religion und Phi-

Links: Buchillustration aus der Zeit Akbars. Oben: Der Zugang zum Fort von Lahore.

losophie; Diskussionen mit Vertretern aller Glaubensrichtungen – Hindus, Parsen und Christen – beeinflußten sein Denken. Während der zweiten Hälfte seiner Herrschaft gründete er den *Din-i-Ilahi,* einen Orden, der in unbedingter Loyalität dem Kaiser göttliche Züge verlieh. Akbars Toleranz läßt sich gleichwohl daran ermessen, daß er die Hindu-Epen *Mahabharata* und *Ramayana* ins Persische übersetzen ließ.

Die Kunst der Mogul-Zeit war stark von Persien beeinflußt. Schon Humajun hatte persische Künstler aus dem Exil mitgebracht. Akbar förderte die persische Tradition weiter und ermunterte einheimische Künstler, sie mit ihren eigenen Vorstellungen zu verbinden. So entstand eine indopersische Schule, aus der vor allem profane Kunstwerke wie Porträts und Szenen bei Hof, Natur-, Historien- und Legendendarstellungen hervorgingen. Besonders schöne Beispiele sind die klassischen Mogul-Miniaturen, mit denen die *namas,* die Herrscherbiographien, illustriert wurden.

Die Bautätigkeit Akbars, die eine Verschmelzung traditionell indischer und moslemischer Elemente förderte, ist von nicht minderer Bedeutung. Sein größtes Projekt war der Bau einer neuen Hauptstadt in Fatehpur Sikri bei Agra; doch er blieb nur 15 Jahre (1570–1585), dann zog er in das strategisch günstiger gelegene Lahore und ließ die dortige Festung errichten. Akbar starb im Jahre 1605.

Die Regierungszeit Dschahangirs: Die Regierungszeit Dschahangirs (1605–1627), Akbars Sohn, stand unter dem Einfluß seiner ebenso klugen wie schönen Frau Nur Dschahan, einer gebürtigen Perserin. Aus Persien strömten Künstler und Politiker ins Land. Dschahangir galt als kenntnisreicher Sammler von Kunstgegenständen, von Juwelen und all den kostbaren Dingen, die ihm seine Edelleute zum Geschenk machten. Auch während seiner Kriegszüge, die er im Süden gegen das Maratha-Königreich auf dem Dekkan-Plateau führte, ging Dschahangir seiner Lieblingsbeschäftigung, dem Sammeln und Zerlegen unterschiedlichster Tierarten, nach.

Über die Trinkgelage und die Brutalität des Kaisers ist viel geschrieben worden. Wenn er wütend war oder seine Macht bedroht sah, ließ er seine Opfer bei lebendigem Leib häuten, pfählen, oder von Elefanten in Stücke reißen. Während einer Jagd verscheuchten seine Männer einmal versehentlich das Wild. Dschahangir war darüber so erbost, daß er in seinen eigenen Erinnerungen ohne Scham gesteht: „In großem Zorn befahl ich, den Knecht auf der Stelle zu töten; den Trägern ließ ich die Achillessehnen durchschneiden und auf Eseln durchs Lager führen, damit sich nie mehr jemand erdreisten werde, Ähnliches zu tun."

Höhepunkt der Mogul-Pracht: Mit Dschahangirs Tod setzte ein blutiger Kampf um die Thronfolge ein, den sein ältester Sohn Schah Dschahan schließlich für sich entschied. Schah Dschahan wird in allen Geschichtsbüchern als Erbauer des Tadsch (Taj) Mahal in Agra gewürdigt, das er zum Gedächtnis an seine geliebte Gemahlin Mumtas Mahal errichten ließ. Sie gebar dem Kaiser in 17 Jahren acht Söhne und sechs Töchter. Seine Herrschaft (1627–1658) markiert die Blütezeit der Moguln, und das Tadsch Mahal ist trotz seiner Bedeutung nur eines von vielen Beispielen für die Prachtentfaltung dieser Epoche. Dreißig Jahre lang war der Thron nicht gefährdet, das Reich von Angriffen verschont. Abgesehen von ein paar Feldzügen ins südliche Dekkan, wo Schah Dschahans Sohn Aurangseb als Vizekönig eingesetzt wurde, gab es keine Versuche, das Reich zu erweitern.

Schah Dschahan war ein leidenschaftlicher Juwelensammler, und die Entfaltung höfischen Prunks bereitete ihm größtes Vergnügen – sein legendärer Reichtum sprach sich bis nach Europa herum. Nach der offiziellen Inthronisation ließ er sich mit einem prächtigen Pfauenthron feiern. Die Fertigstellung dieses Throns dauerte sieben Jahre: Er hatte die Form einer auf goldenen Beinen ruhenden Bettstatt, der emaillierte Baldachin wurde von zwölf Smaragdsäulen getragen. Auf dem Baldachin saßen zwei juwelengeschmückte Pfauen, zwischen denen sich ein diamanten-, rubin-, smaragd- und perlenbesetzter Baum erhob.

Unter Schah Dschahan erreichte die Mogul-Ära die höchste Entfaltung von Architektur und Kunst. Akbar und Dschahangir hatten ihre Bauten aus rotem Sandstein errichten lassen, Schah Dschahan gab sich nur mit Marmor und üppigem Zierrat zufrieden: Der Tadsch Mahal und die Perlen-Moschee in Agra sind die besten Beispiele.

Auch Lahore erblühte unter Schah Dschahan: Er ließ die Schalimar-Gärten anlegen, eine der schönsten Gartenanlagen der Welt, und auch sein Grabmal steht hier. Damals prägte man den Satz: „Die persischen Städte Isfahan und Schiras sind zusammen nicht halb so schön wie Lahore!"

Schah Dschahans Ende war jedoch trist. Sein Sohn Aurangseb kerkerte ihn ein, wohl auch, wie manche meinen, um seines Vaters exzessive Bauwut zu stoppen. Als Gefangener in der Festung zu Agra, mit Ausblick auf seinen Tadsch Mahal, starb er 1666.

Orthodoxer Mystizismus: Die begabtesten Söhne Schah Dschahans waren Aurangseb (1659–1707) und sein älterer Bruder Dara Schikoh. Ihre Meinungen, wie das Mogul-Reich zu führen sei, gingen weit auseinander: Während Dara Schikoh – ähnlich wie Akbar – glaubte, das Reich könne nur durch eine Verschmelzung von Islam und Hinduismus fortbestehen, hielt Aurangseb – nicht zu Unrecht – all den Reichtum, die Ausschweifungen und den Götzendienst seiner Vorgänger für die Ursache des moralischen Verfalls. Nach Aurangsebs Überzeugung konnte nur die strikte Einhaltung islamischer Vorschriften, verbunden mit einem orthodoxen Mystizismus, Rettung bringen.

Links: Schah Dschahan mit Hofstaat. Oben: Der Naulakha-Pavillon im Fort von Lahore.

Bereits hier sind die Wurzeln der späteren Spaltung Nordindiens zu suchen. Aurangsebs Herrschaft basierte auf strikten Prinzipien, denen er niemals untreu wurde.

Noch vor dem Tod des Vaters besiegte Aurangseb seinen Bruder und ließ ihn nach der Inthronisation hinrichten.

Die erste Zeit seiner Regierung galt der Abwehr eindringender Perser und innerasiatischer Türken. Er war wegen seiner Klugheit und Tapferkeit gefürchtet und geachtet, seine Untertanen priesen ihn als wenn auch strengen, so doch gerechten Herrscher. Als hochgebildeter Mann kannte Aurangseb den Koran auswendig und folgte in jeder Lebenslage den Vorschriften des

Islams. Je älter er wurde, umso mehr vertiefte er sich ins Gebet und führte ein einfaches Leben. In seiner Freizeit bestickte er Hüte.

Obwohl er selbst abstinent lebte, gaben sich einige seiner Frauen dem Alkohol hin. Er soll versucht haben, modische Kleidung und Wein vom Hof zu verbannen. Daraufhin lud eine seiner Frauen die Gattinnen aller Schriftgelehrten zu einem Fest ein – alle kamen modisch gekleidet und tranken Wein. Sie zeigte Aurangseb all die betrunkenen Frauen und sagte: „Wenn die Frauen der Gelehrten, die die Gesetze auslegen, sich so verhalten, wie kannst du es dann den einfachen Frauen der Familie verbieten?"

Aurangseb büßte bald durch allerlei unpopuläre Maßnahmen die Loyalität der Hindu-Bevölkerung ein. So führte er die *dschizya* wieder ein und ließ die Hindu-Tempel zerstören: „Die juwelenbesetzten Götterbilder aus den heidnischen Tempeln soll man nach Agra bringen und in die Stufen der Nawab-Begam-Sahib-Moschee einfügen, auf daß sie für immer von den wahrhaft Gläubigen mit Füßen getreten werden."

Doch dann verheiratete er wiederum seinen Sohn mit einer Rajput-Prinzessin und beschäftigte auch weiterhin Hindus als Staatsbeamte. Insgesamt stellte kein Mogul-Kaiser mehr Hindus in seine Dienste, als es Aurangseb tat.

Aurangseb wandte sich gegen die Schiiten, ließ sie vertreiben und verbot ihre langen Schnurrbärte. Er bestellte sogar einen Offizier, der die Bärte zu messen und abzuschneiden hatte.

Er war entschlossen, sich dem im Dekkan expandierenden Maratha-Königreich militärisch entgegenzustellen, weshalb er die Hauptstadt von Delhi nach Aurangabad verlegte. Seine Feldzüge gegen die von Schivadschi, einer bis heute legendären Figur in Bombay, geführten Maratha-Truppen waren jedoch wenig erfolgreich. Die verbleibenden 26 Jahre seines Lebens war Aurangseb in diesen bitteren Konflikt verwickelt, der Unsummen verschlang. Die Verwaltung des Reichs wurde wegen des finanziellen Drucks immer schwieriger. Durch die Kämpfe im Süden hatte der Kaiser auch den Norden nicht mehr richtig im Griff, und das Reich begann zu zerfallen.

Auch das von Akbar eingeführte *mansabdari*-System funktionierte nicht mehr: Die Abschaffung des Rotationsprinzips bei der Landvergabe hatte zur Folge, daß sich lokale Herrscher etablierten, die eigene Bündnisse eingingen. Der Aufstieg innerhalb des kaiserlichen Hofs war kaum noch möglich, auch versäumte es Aurangseb, sich treuer Gefolgsleute zu versichern, wie Akbar es getan hatte. Er starb 1707, und sein Begräbnis fiel entsprechend bescheiden aus – die Geldmittel dafür kamen aus dem Verkauf seiner bestickten Hüte.

Aurangseb hinterließ nur wenige Prachtbauten, wobei die Badschahi-Moschee in Lahore das Prunkstück sein dürfte.

Niedergang und Verfall: Aurangseb war der letzte große Mogul-Kaiser. Das Scheitern seiner Nachfolger verdeutlicht, wie sehr das Kaiserreich einer starken Persönlichkeit bedurfte. Keiner der späteren Kaiser hatte das Charisma der Vorgänger oder war wenigstens militärisch in der Lage, das Reich zusammenzuhalten. Fortwährende Kriege schwächten die Wirtschaft, und das Großreich versank in Chaos und Anarchie.

Die folgenden Herrscher verzettelten sich entweder in Konflikte mit andrängenden Afghanen, Persern, Sikhs, Rajputs und den Maratha oder begnügten sich mit ihrem Luxus und ließen sich willfährig als Marionetten mißbrauchen. Immer größere Gebiete gingen verloren, und die vielleicht größte Schmach war der Verlust des Pfauenthrons an die Perser, die 1739 Delhi plünderten. Der Pandschab und Kaschmir fielen dem Afghanen Ahmad Schah Durrani in die Hände und blieben bis ins frühe 19. Jh. afghanisch, als die Sikhs die Afghanen am Khyber-Paß zurückschlugen.

In dieser unruhigen Zeit machte sich eine gänzlich andere Macht nach bescheidenen Anfängen in Bengalen daran, sich auf dem Subkontinent auszubreiten: die Briten unter Federführung der East India Company.

Oben: Im Innenhof der Wasir-Khan-Moschee.
Rechts: Mit dem Tod von Aurangseb zerfiel das Mogul-Reich.

Es war nicht das Häuflein britischer Händler, das zu Beginn des 17. Jhs. am Hofe des Mogul-Kaisers Dschahangir vorstellig wurde, das den Beginn des europäischen Handels mit dem indischen Subkontinent setzte: Bereits 1498 waren den Briten die Portugiesen zuvorgekommen, als Vasco da Gama den Seeweg nach Indien entdeckte. Dann kamen die Holländer und gründeten Handelsgesellschaften in Hinterindien, so daß die Briten vorerst keine Möglichkeit hatten, dort zu fassen. Indien aber war groß genug,

und jeder hatte hier eine Chance, sich von den sagenumwobenen Reichtümern des Subkontinents eine Scheibe abzuschneiden.

Mitte des 17. Jhs. kamen die Franzosen nach Indien, und mit ihnen erfolgte eine Militarisierung der Handelsinteressen. Denn angesichts der politischen Lage in Europa waren bewaffnete Auseinandersetzungen auf indischem Boden unausweichlich. Nach 100 Jahren aber waren die Franzosen am Ende und die Briten zur stärksten Macht auf dem Subkontinent avanciert.

Der Einfluß der Briten wuchs durch klug eingefädelte Bündnisse mit verschiedenen indischen Fürsten, die oft seit Jahren erbitterte Fehden miteinander ausgefochten hatten. Und war ein Maharadscha einmal zu keinem Bündnis bereit, war die schlecht ausgebildete indische Kavallerie selten in der Lage, ernsthaften Widerstand zu leisten.

Als 1775 ein Korruptionsskandal die allmächtige Stellung der East India Company erschütterte, wurden die Geschäfte staatlicher (britischer) Kontrolle unterworfen. Und 1784 verfügte ein Gesetz, der *India Act*, daß sich die Gesellschaft ausschließlich auf wirtschaftliche Belange beschränken solle.

Indien erhielt einen Generalgouverneur mit nahezu absolutistischen Machtbefugnissen, auf der Basis des bewährten imperialen Musters begann man mit der Annektierung von Gebieten und bot den Fürsten Schutztruppen gegen lästige Nachbarn an, wenn sie sich loyal verhielten und Abgaben zahlten. Um 1818 waren Bengalen, Bihar, Orissa und ein Landstreifen nördlich des Ganges bis Delhi fest in britischer Hand.

Sikhs in Pakistan: 200 Jahre nach ihrer Ankunft in Indien hatten sich die Briten fest etabliert und konnten beginnen, vom reinen Taktieren zum großen strategischen Spiel überzugehen: Nun waren auch die Geschikke Pakistans betroffen. Der Blick nach Nordwesten zur afghanischen Grenze weckte die Befürchtung, Rußland könne aus dem innerasiatischen Raum Expansionsgelüste hegen. Afghanistan galt daher als wichtiger Pufferstaat. Doch jeder Versuch, das indische Kolonialreich nach Norden hin abzusichern, hatte den Pandschab miteinzubeziehen, wo der mächtige Herrscher der Sikhs, Maharadscha Randschit Singh, nicht übergangen sein wollte.

Die Rolle der Sikhs im Ringen um die Macht im nördlichen Indien war von derart großer Bedeutung, daß eine Geschichte Pakistans unvollständig wäre, bezöge sie nicht auch die Enstehungsgeschichte der Sikhgemeinschaft im Pandschab mit ein.

Seit dem ausgehenden 15. Jh. lebten die Sikhs, die Anhänger der von Guru Nanak (1469–1538), dem ersten der zehn Gurus der Sikhs, begründeten Religionsgemeinschaft, im Pandschab. Die ersten fünf Gurus waren bekannte Dichter, deren Werke den Grundstock des *Adi Granth,* des heiligen

Buchs der Sikhs, bilden. Es heißt, daß der religiös aufgeschlossene Mogul-Kaiser Akbar einer Tochter des dritten Gurus das Stück Land in Amritsar schenkte, auf dem die Sikhs 1577 ihr Heiligtum erbauten.

Zwischen den Sikhs und den örtlichen – meist moslemischen – Statthaltern kam es zunehmend zu Spannungen. Die Gurus bewaffneten sich und wurden von wehrhaften Gefolgsleuten und Söldnern begleitet. Sie waren nicht grundsätzlich antimoslemisch eingestellt, doch unter Aurangseb, der den neunten Guru Teg Bahadar töten ließ, wurden sie verfolgt.

Der Sohn des neunten Guru, Govind Rai, gründete den Khalsa-Orden und legte die äußeren Kennzeichen wie Bart, ungeschnittenes Haar und eiserne Armreifen fest. Govind übernahm den Ehren-Titel *Singh* (Löwe) des kriegerischen (Hindu-)Rajput-Klans, den alle Sikhs ihren Namen beifügen. 1708 wurde er von einem Pathan-Pferdehändler ermordet.

Einer seiner Freunde, ein Heiliger namens Banda Bahadar (*banda* = Sklave, *bahadar* = mutig), führte die Sikhs in einen Bauernaufstand, der den Pandschab in eine Epoche des Chaos und Aufruhrs stürzte: Gewalt und Blutvergießen sollten bis weit ins 18. Jh. andauern. Die Unruhen im Landesinnern gingen meist von den Sikhs aus, zusätzlich mußten sich die Mogul-Statthalter auch der Eindringlinge von außen erwehren.

Abgesehen vom Eroberungszug des Persers Nadir Schah (1739) erlebte das Land zwischen 1747 und 1769 neun Überfälle der afghanischen Durrani. Die Statthalter versuchten, durch Bündnisse wo immer möglich ihre Regierungsgewalt aufrechtzuerhalten; manchmal bemühten sie sich, die Sikhs zu befrieden, ein anderes Mal wieder verfolgte sie sie – oder beides gleichzeitig.

Im 18. Jh. bestimmten Sikh-Kriegsherren das Geschehen. Zwar bekriegten sie sich zumeist gegenseitig, doch wenn nötig, kämpften sie auch gegen Statthalter oder afghanische Invasoren. Am Ende des Jahrhunderts waren diese Kriegsherren entweder tot oder alt geworden – als ein Mann auf den Plan trat, der die Sikhs unter seiner Macht vereinen sollte: Randschit Singh.

Links: Robert Clive machte aus der East India Company einen Militärapparat. Oben: Von legendärer Häßlichkeit: Randschit Singh.

Randschit Singh war kein schöner Mann, die Pocken hatten sein Gesicht entstellt und ihm ein Auge geraubt. Als ihn seine moslemische Frau Mohran fragte: „Wo warst Du, als Gott die Schönheit verteilte?“soll er geantwortet haben: „Während du mit deinem Aussehen beschäftigt warst, habe ich um die Macht gerungen!“

1799 nahm er Lahore ein und ließ sich zum Kaiser ausrufen. 1806 fiel ihm Ludhiana in die Hände, 1818 und 1819 Multan und Kaschmir, 1833 Ladakh und 1834 schließlich Peschawar. Mit einem starken Herrscher im Nordwesten Indiens konnten die Briten beruhigt schlafen und Randschit Singh für sich arbeiten lassen: Der ge-

wünschte Pufferstaat war ohne viel Aufhebens entstanden. Sein Reich gründete auf sein Charisma, die religiöse Toleranz und das kriegserprobte Heer.

Unter Randschit Singh blieben dem Pandschab die Kämpfe erspart, die andere Teile Indiens erschütterten. In seiner Armee, die 75 000 Mann zählte – der stärksten Indiens –, dienten vor allem Angehörige der Pathan-Stämme unter der Leitung ausgemusterter italienischer und französischer Generäle. Die hochwertige Ausrüstung stammte aus französischen Beständen, die nach dem Sturz Napoleons außer Landes geschmuggelt worden waren.

Bis 1839, als nach Randschit Singhs Tod das Sikh-Reich zerfiel, hielten die Briten still. Trotz der folgenden Anarchie stießen die britischen Invasionstruppen auf erbitterten Widerstand, der sich in zwei kurzen, aber äußerst blutigen Auseinandersetzungen, den sogenannten Sikh-Kriegen, niederschlug. Von diesem Zeitpunkt an verhielten sich die Sikhs loyal gegenüber den Briten, und der Pandschab wurde zur reichsten Provinz Britisch-Indiens.

Wurzeln des Kaschmir-Problems: Die Folgen des ersten Sikh-Krieges von 1846 wirkten sich auch entscheidend auf Kaschmir aus. Ehe Randschit Singh hier die Macht innehatte, war das Land von Moguln und Afghanen beherrscht worden, 90 % der Menschen waren Moslems. Nach der Belagerung von Multan 1819 allerdings machte Randschit Singh seinem hinduistischen Heerführer Gulab Singh das Gebiet von Jammu zum Geschenk.

1841 gestattete Gulab Singh den britischen Soldaten Durchmarsch nach Afghanistan und erhielt den erwarteten Lohn: 1846 wurde ihm im Vertrag von Amritsar Kaschmir zugesprochen, wofür der „Maharadscha Gulab Singh die Oberhoheit der britischen Regierung anerkennt und dieser jährlich ein Pferd, zwölf Ziegen und drei Paar Kaschmirschals zukommen läßt". Die Herrschaft eines Hindu über Kaschmir legte die Ursache für Auseinandersetzungen, die auch heute noch andauern.

Die Briten bezogen auch den Sind in ihre strategischen Überlegungen ein, wie eine bereits 1809 ausgesandte diplomatische Abordnung unter Lord Minto zu den Mirs von Talpur zeigte. Man einigte sich auf einen Vertrag, der den Franzosen den Zugang in den Sind verwehren sollte. 1832 wurde vereinbart, den Indus als Handelsstraße zu erschließen, und zwar unter der Bedingung, daß keine Kriegsschiffe oder Kriegsmaterial befördert werden dürften. Allerdings brachen die Briten die Vereinbarung und eroberten 1839 Karachi, Sukkur und Bukkar.

Sir Charles Napier war für den Sind verantwortlich, und dieser „exzentrische, skrupellose Bramarbas" meinte zur Strategie der Engländer: „Wir haben nicht das Recht, den Sind zu besetzen, tun es aber trotzdem. Eine für uns äußerst vorteilhafte, nützliche und menschliche Schurkerei!" Nach der Annexion dieser Provinz ließ er die simple Botschaft *peccavi!*, „Ich habe gesündigt.", verbreiten. Als Provinzgouverneur regierte er vier Jahre lang mit eiserner Faust, und 1843 wagte niemand mehr, die britische Herrschaft über den Sind anzuzweifeln.

Ablehnung der Europäisierung: Die Engländer führten auf dem indischen Subkontinent aber nicht nur Krieg. Die gesamte indische Gesellschaft wurde einem Europäisierungsprozeß unterworfen. Das wissenschaftliche Denken wies Indien den Weg in die Ökonomie des Industriezeitalters, und auf dem Bildungssektor entstanden Privatschulen und Universitäten nach westlichem Vorbild.

Die arabisch-persischen Traditionen, die unter den Mogul-Kaisern große Förderung erfahren hatten, wurden zusehends unterdrückt: Urdu und andere Regionalsprachen wurden gefördert, das Persische zurückgedrängt und Englisch zur Sprache der Universitäten gemacht. In seinem imperialen Wahn war das britische Weltreich davon überzeugt, daß nur seine Präsenz Indien vor Chaos und Rückständigkeit bewahren könne. Von diesem Gedanken geleitet, stellte man die Grundlagen der Mogul-Gesellschaft völlig auf den Kopf. Sobald Ländereien annektiert wurden, erließ man mit oder ohne Einbeziehung der örtlichen Herrscher Abgabenverordnungen. Grundbesitz war plötzlich etwas, was einen Preis hatte und verkauft werden konnte. Das Feudalsystem wurde abgeschafft und westliches Wirtschaftsleben installiert. Eine neureiche Schicht von britischen Gnaden ersetzte allmählich die alten Eliten. Das höfische Umfeld des Mogul-Reiches war überflüssig geworden, Handwerker, Bedienstete und Soldaten verloren ihre Arbeit. Auch ein neues Erbfolgerecht schürte die Unzufriedenheit. Starb ein Herrscher ohne Thronfolger, fiel das Land an die Briten.

Die britische Herrschaft stieß also nicht überall auf Kollaborationsbereitschaft und Anbiederung, sondern auch auf Ablehnung, vor allem bei jenen, die zu kurz kamen. Die Armee klagte am lautesten, denn nachdem der Sind 1856 besetzt worden war, schaffte man alle bisherigen Vergünstigungen ab, und die Soldaten, von denen viele aus Oudh stammten, erhielten keine Zulagen mehr für die „Stationierung auf fremdem Terrain".

Links: Sikhs kämpften auf seiten der Briten während der Militärrevolte (1857). Oben: Britisches Erbe: der Khodschak-Tunnel in der Wüste von Beluchistan.

1857 brach in verschiedenen Teilen Britisch-Indiens, so in Meerut, Delhi, Kanpur und Lucknow eine Militärrevolte aus. Die britische Reaktion war äußerst brutal. Die Aufständischen ersuchten den letzten Mogul-Fürsten Bahadar Schah Zafar, die Führung zu übernehmen. Der ließ sich nicht lange bitten, woraufhin ihn die Briten nach Birma verbannten, wo er 1862 starb.

Britische Oberherrschaft: Die East India Company wurde aufgelöst, Indien wurde zum Vize-Königreich gemacht, und in London waren nun ein Staatsminister und ein 15köpfiger Beirat für den Subkontinent zuständig. Die Krone wurde durch einen Vizekönig mit weitreichenden Vollmachten repräsentiert. Ihm waren ein Exekutivrat untergeordnet, der sich ausschließlich aus Engländern rekrutierte, sowie ein Gesetzgebungsrat, dem auch Inder angehörten.

Indien wurde zum Juwel des Britischen Weltreiches. Die Steigerung der landwirtschaftlichen Produktion, rasch expandierender Handel und die aufkommende Industrialisierung ließen das Land gedeihen. Umfaßte das Eisenbahnnetz 1858 noch ganze 320 km, so waren 1914 bereits 56 000 km Schienen verlegt. Die Kohle-

reviere in Bihar und Orissa steigerten die Fördermenge von 500 000 Tonnen im Jahre 1868 auf 20 Millionen Tonnen 1920. In Bengalen nahm die Jute- und Textilproduktion einen Aufschwung, und der Tee-Export stieg gewaltig an.

Nur die Nordwestgrenze war noch unsicher. Im Hochland nordwestlich des Pandschab behaupteten die Pathan-Stämme ihre Unabhängigkeit. Seit der Annektierung des Pandschabs kam es aber immer wieder zu heftigen und blutigen Auseinandersetzungen. Anfangs hatten die europäischen Herren eine gewisse Unabhängigkeit der Stammesgebiete toleriert, übten aber bald durch Geiselnahmen, Wirtschaftsblockaden, Schutzgeldforderungen und Strafexpeditionen fortwährend Druck aus.

Im Zuge des zweiten Afghanischen Krieges (1878–1880) und angesichts des russischen Vormarsches in Zentralasien leiteten die Befürworter einer direkten Kontrolle eine Phase der Expansionspolitik ein, in deren Folge in den Stammesgebieten ein engmaschiges Netz von militärischen Außenposten geknüpft wurde. Die Gebiete der Afridi, Maschud und Wasiri wurden offiziell britischer Regierungsgewalt unterstellt.

Auch wenn nun das nordwestliche Grenzgebiet fest in der Hand der britischen Krone war, fürchtete sie doch weiterhin ein Vordringen der Russen über den Hindukusch.

Unter dem Eindruck der folgenden Hysterie entstand Kiplings Roman *Kim;* Spionagefälle, Intrigen und allgemeine Gereiztheit bestimmten das politische Klima. Die Aktivitäten verlagerten sich in den Norden des heutigen Pakistan. Um den britischen Einfluß bis nach Chitral und Hunza auszudehnen, gründete man die Gilgit Agency; 1891 wurde Hunza von den Truppen Algneron Durands besetzt.

1893 legten die Briten den Grenzverlauf zwischen Britisch-Indien und Afghanistan fest. Die nach dem Bruder von Algneron Durand benannte Durand-Linie führte mitten durch das Gebiet der Pathanen. Nach einem Aufstand, zu dessen Niederschlagung 35 000 Soldaten benötigt wurden, machte Vizekönig Lord Curzon aus dem Grenzgebiet eine eigene Provinz, die North West Frontier Province (Nordwestprovinz), da es seiner Meinung nach unpraktikabel war, das Grenzland als Teil des Pandschab zu regieren. Auch der Westen, Belutschistan, mit seiner Grenze zu Persien und Afghanistan war von großer strategischer Bedeutung. Die Straße über den Bolan-Paß nach Quetta war lebenswichtig. Auch hier gab es Probleme mit den Stämmen, die jedoch in bewährter Manier gelöst wurden. Um 1895 war Belutschistan weitgehend befriedet und stabil.

Sektierertum: Der Großteil der indischen Gesellschaft ergab sich nach der Militärrevolte von 1857 der britischen Herrschaft, dem British Raj, in bedingungsloser Loyalität. Andererseits stellte sich die gebildete islamische Schicht die Frage, wie sie sich den gegebenen Verhältnissen anpassen sollte, ohne die eigenen Traditionen zu verleugnen. Mit Bahadur Schah war auch die letzte Führungspersönlichkeit verschwunden.

Während der Hinduismus auch im europäischen Ausland gebührende Anerkennung als spirituelles Fundament Indiens fand, blieb dem islamischen Teil die Würdigung als unabhängiges Element mit eigener kultureller Identität verwehrt.

Unter den liberaleren, westlich beeinflußten Moslems wurde Sir Sayyid Ahmad Khan (1818–1898) zum wichtigsten Befürworter einer Reform der moslemischen Gesellschaft. Er repräsentierte eine Strömung, der zufolge der Islam in Indien bei einer Ablehnung des englischen Einflusses in der Bedeutungslosigkeit versinken würde. Er forderte eine Besserstellung der Moslems und trat für eine Bildungsreform ein. Wissenschaftliches Denken widersprach nach seinem Dafürhalten nicht islamischen Grundsätzen. 1875 unterstützten die Briten die Gründung des Muhammadan Anglo-Oriental College, aus dem später die Universität Aligarh hervorging, die zahlreiche Moslems auf den Staatsdienst vorbereitete.

Moslemische Bewegung: 1885 konstituierte sich der Indische Nationalkongreß und kämpfte alsbald vehement für den Übergang der Staatsgewalt in indische Hände. Allerdings stieß er bei der moslemischen Mehrheit auf Mißtrauen: Man befürchtete, der Kongreß würde allein Hindu-Interessen wahrnehmen. Die Teilung Bengalens, die 1905 von Lord Curzon verfügt wurde, trennte die Provinz in ein vorwiegend hinduistisches Westbengalen und ein moslemisches Ostbengalen; der Nationalkongreß opponierte entschieden gegen die Teilung.

Nach dem klassischen *divide et impera* („teile und herrsche") suchte Großbritannien nun die Unterstützung der Moslems. Dies brachte der moslemischen Bewegung großen Auftrieb, und 1906 wurde in Dakha die Allindische Moslemliga ins Leben gerufen. Eine der Hauptforderungen der Liga an den Vizekönig Lord Curzon war die Berücksichtigung moslemischer Belange bei allen politischen Entscheidungen. 1909 wurden im India Councils Act den Moslems separate Wahlkreise zugestanden, mittels derer sie ihre Repräsentanten direkt in den Gesetzgebungsrat entsenden konnten: Der Weg zur Gründung Pakistans war eingeschlagen.

1911, als die Proteste der Hindus immer lauter wurden, machte die Krone die Teilung Bengalens rückgängig; nun fühlten sich die Moslems hintergangen. Die Angriffe der Europäer auf Bastionen des Islam – Italiens Einfall in Libyen, Frankreich setzte Marokko zu, und England und Rußland teilten sich Persien – schürten das Mißtrauen der Moslems zusätzlich.

Als Großbritannien im Ersten Weltkrieg gegen die Türkei Krieg führte – der Sultan galt als geistliches Oberhaupt des Islams –, schien in den Augen der Moslems ein christlicher Kreuzzug in Gang gekommen zu sein.

Nicht zuletzt deshalb engagierten sich jetzt Moslems zunehmend in der Kongreßpartei, und 1916 kam es zur Unterzeichnung des Paktes von Lucknow: Die Hindus erklärten sich mit eigenen Moslemwahlkreisen einverstanden und erwarteten dafür Unterstützung bei der Vertreibung der Engländer.

Quaid-e-Azam: Einer der Väter dieser Allianz war Muhammad Ali Jinnah (1875 bis 1948). Nach einem Jurastudium in London hatte er in Bombay eine Anwaltskanzlei eröffnet, widmete sich jedoch zunehmend der Politik. Als Mitglied des Nationalkongresses setzte er sich zunächst für die Einigung von Moslems und Hindus ein, was ihm den

Links: Sir Sayyid Ahmad Khan. Oben: Dr. Iqbal denkt über die Zukunft nach.

Beinamen „bester Botschafter der Einheit von Hindus und Moslems" einbrachte.

Ab etwa 1920 war Mahatma Gandhi die herausragende Figur der indischen Politik. Sein Ziel, die Selbstbestimmung Indiens, verfolgte er durch Verweigerung der Zusammenarbeit mit der Kolonialmacht, durch Streiks, Boykottaufrufe und gewaltlosen Widerstand. Gandhi bezog auch bewußt Moslems an führender Stelle in seine Kampagnen ein.

Jinnah jedoch warf Gandhi verfassungswidrige Methoden und einen allzu hinduistischen Ansatz vor. Er verließ den Kongreß bereits 1920, zum endgültige Bruch kam es 1928, als der Kongreß die moslemische Forderung nach einem Drittel der Sitze im künftigen Parlament und nach eigenen Wahlkreisen ignorierte. Jinnah war zutiefst verletzt, und mit Tränen in den Augen sagte er: „Das ist das Ende des gemeinsamen Weges." Er zog sich aus der Politik zurück und ging 1930 für fünf Jahre nach London. Dort vertiefte er sich in Studien über das Leben des türkischen Führers Kemal Atatürk und gelangte zu der Überzeugung, auch er könne sein Volk anführen: Was er brauchte, war ein Ziel, für das er kämpfen konnte: Pakistan wurde zu seinem Lebensinhalt.

1930 forderte der berühmte Dichter und Politiker Dr. Allama Muhammad Iqbal aus dem Pandschab einen selbständigen Staat der indischen Moslems im Nordwesten Indiens. Gleichzeitig prägten der islamische Visionär Chaudhuri Rahmat Ali mit ein paar Gleichgesinnten an der Universität Cambridge aus P (Pandschab), A (Afghania), K (Kaschmir), I (Indus/Islam), S (Sind) und „stan", dem persischen Suffix für „Land", den Begriff Pakistan. Pakistan bedeutet auch „Land der Reinen".

Der Staat Pakistan entsteht: 1937 überging der Kongreß die Moslemliga bei der Besetzung von Provinzregierungsämtern, obwohl die Briten 1935 im Government of India Act die Machtübergabe zu regeln versucht hatten. Hindus hatten nun ihre Wahlkreise, Moslems aber nicht. Nach diesem Affront verlor der inzwischen zurückgekehrte Ali Jinnah endgültig sein Vertrauen zum Kongreß, vor allem zu dessen Führer Nehru, der die Moslemliga nur als Vertretung einer Volksgruppe betrachtete und nur molemische Kongreßmitglieder akzeptierte. Nun suchte Jinnah mit allen Kräften die Moslemliga zur einzig wahren Interessensvertretung der indischen Moslems zu machen. Im Zuge der Umorganisation der Partei wurden auch in den entlegensten Dörfern Büros eröffnet und die Parole ausgegeben: „Der Islam ist in Gefahr."

Im März 1940 legte Jinnah die Lahore-Resolution, besser bekannt als Pakistan-Plan, auf den Tisch, in der die Grundsätze eines Staates Pakistan dargelegt waren: „Moslems und Hindus sind Anhänger verschiedener Religionen: Sie heiraten nicht untereinander und essen nicht gemeinsam ... beide zu vereinen, eine Minderheit und eine Mehrheit, brächte Unmut mit sich ... die Muselmanen sind keine Minderheit im üblichen Sinne, sondern ein Volk, das Anspruch auf ein Vaterland, ein Hoheitsgebiet, einen eigenen Staat hat."

Die neue Labour-Regierung in London wollte 1945 endlich das leidige „Indien-Problem" aus der Welt schaffen. Die Idee eines eigenen Moslemstaates gewann trotz der ablehnenden Haltung Gandhis, Nehrus und des Kongresses zunehmend Anhänger in britischen Regierungskreisen. Diese Atmosphäre der Unsicherheit führte zu schweren Auseinandersetzungen zwischen den verfeindeten Gruppen.

1946 kamen in Kalkutta innerhalb von drei Tagen 5000 Menschen ums Leben. Der britische Plan, Indien alsbald in die Unabhängigkeit zu entlassen, mußte aufgeschoben werden, um weiteres Blutvergießen zu verhindern. Lord Mountbatten kam zu der Überzeugung, daß die einzige Lösung darin bestand, „Jinnahs Pakistan Wirklichkeit werden zu lassen". In Bengalen und im Pandschab, wo Hindus und Moslems Seite an Seite lebten, war die territioriale Aufteilung schwierig, da Mountbatten dem Wunsch Jinnahs, beide Provinzen ungeteilt Pakistan anzugliedern, nicht nachkam. Jinnah mußte sich mit „einem mottenzerfressenen Land" begnügen, und sein Ausspruch, „mir ist gleichgültig, wie wenig ich erhalte, wichtig ist, daß ich es ohne Wenn und Aber

Der britischen Verwaltung aber blieb die unlösbare Aufgabe überlassen, eine den Bevölkerungsgruppen gemäße Grenze in Bengalen und im Pandschab zu ziehen. Die Bekanntgabe der neuen Grenzen löste die größte Völkerwanderung der Menschheitsgeschichte aus: 7 bis 8 Mio. Moslems verließen Indien, etwa ebenso viele Hindus machten sich in die Gegenrichtung auf.

Es kam zu furchtbaren Zusammenstößen am Rande des Weges. Der Pandschab war am schwersten betroffen, wo 55 % Moslems, 30 % Hindus und 15 % Sikhs lebten. Die neue Grenze verlief zwischen Lahore und Amritsar, den beiden größten Städten der Provinz. Hindus und Sikhs stoppten die

bekomme", kennzeichnet den dramatischen geschichtlichen Augenblick.

Die Unabhängigkeit: Lord Mountbatten kündigte an, daß Pakistan am 14. August 1947 die Unabhängigkeit erhalten werde. Zunächst wurde per Wahl die Meinung der betroffenen Bevölkerung eingeholt. Belutschistan, die Nordwestprovinz und der Sind entschieden sich für Pakistan; ebenso Gilgit, Hunza und andere Königreiche im Norden, obgleich sie ursprünglich Teil des hinduistischen Kaschmir werden sollten.

Links: Jinnah in jungen Jahren. Oben: Jinnah bei einer Kundgebung im Jahre 1940.

Züge nach Westen und metzelten die Moslems nieder. Das gleiche Schicksal ereilte Hindus und Sikhs auf ihrer Reise nach Osten. Vor der Unabhängigkeit machten die 500 000 Hindus und 100 000 Sikhs noch die Hälfte der Bevölkerung Lahores aus; nach der Abwanderung waren es ganze 1000. Schätzungen zufolge kamen wärhrend des Umsiedlunsgprozesses 250 000 Menschen ums Leben, aber auch eine Zahl von 500 000 dürfte nicht zu hoch gegriffen sein.

Am 14. August 1947 wurde in Karachi erstmals die pakistanische Flagge gehißt. Der Generalgouverneur der neuen islamischen Republik hieß M. A. Jinnah.

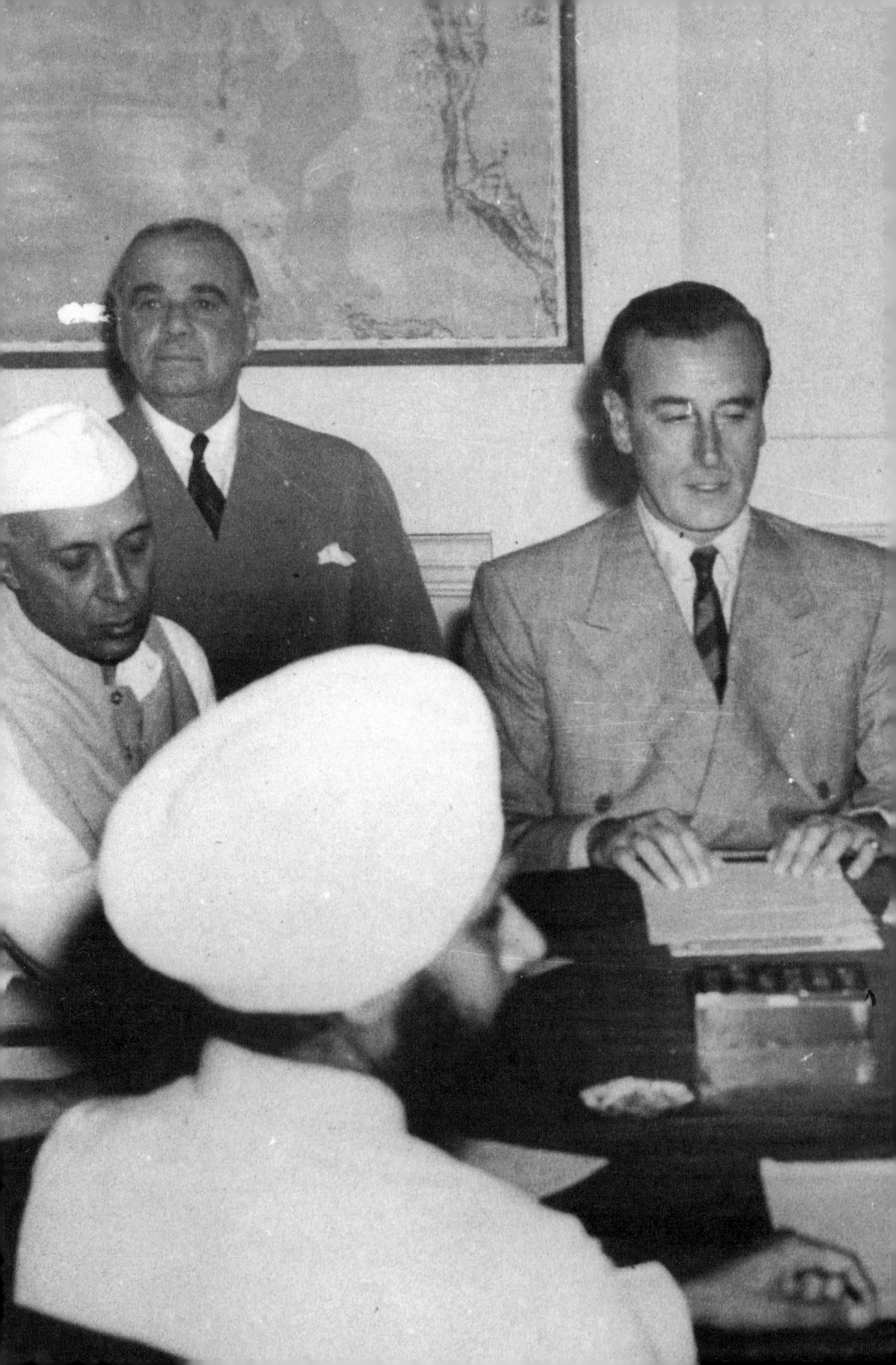

Der islamische Staat Pakistan war geboren. Im Gegensatz zu Indien konnte man in Pakistan auf keinen erfahrenen Regierungsapparat zurückgreifen. Das Land mußte praktisch von vorn anfangen. Zunächst galt es, für das wirtschaftliche Überleben zu sorgen. Dazu kam das Problem der Flüchtlinge aus Indien, den sogenannten *Mohajirs,* die jedoch rasch integriert werden konnten und sich in Karachi ansiedelten, das von den Hindus verlassen worden war.

Ein Land – zwei Länder: Geographisch betrachtet, war Pakistan einzigartig. Kein anderes Land der Welt wurde durch 1600 km Fremdterritorium in zwei Hälften geteilt. Ostpakistan war der kleinere Teil (ein Siebtel der Gesamtfläche), während seine 45 Millionen Einwohner 55 % der Gesamtbevölkerung ausmachten. Beiden Ländern gemeinsam war die Religion; kulturell, sprachlich und wirtschaftlich lagen Welten zwischen Ost- und Westpakistan.

Im Osten lebten die selbstbewußten Bengali. Der Westteil dagegen war ein buntgemischter Vielvölkerstaat mit den Provinzen Sind, Pandschab, Belutschistan und der Nordwestprovinz sowie einigen halbautonomen Königreichen im Norden. Um die Minderheiten zu vereinen, sollte Urdu Amtssprache werden. Dagegen wendeten sich die Bengali, und schon kurz nach der Staatsgründung kam es zu Demonstrationen. Von Anfang an waren die Beziehungen zwischen beiden Landesteilen gespannt.

Schweres Erbe: Kaschmir war für die Geschicke des neugegründeten Staates ausschlaggebend und ist bis heute Stein des Anstoßes zwischen Indien und Pakistan geblieben. Am Unabhängigkeitstag hatte sich die zu 80 % moslemische Bevölkerung noch immer nicht für Indien oder Pakistan entschieden. Es bestanden enge geographische und religiöse Bindungen zu Pakistan, und für Jinnah und seine Landsleute war es unvorstellbar, Kaschmir könne sich der Indischen Union anschließen.

Vorherige Seiten: Gesandte des englischen Kabinetts bei Jinnah, 1946. Links: Lord Mountbatten entläßt Pakistan in die Unabhängigkeit. Oben: Das Militär ist allgegenwärtig.

Die Briten hatten jedoch im Jahre 1846 Gulab Singh Dogra als Maharadscha anerkannt, und seine Nachkommen waren seitdem an der Macht. Hari Singh war in der Zwickmühle: Würde er Kaschmir Pakistan anschließen, müßte er, ein Hindu, abdanken, während die Angliederung an Indien gegen den Willen seines Volkes wäre. Seine Unentschlossenheit wurde als Versuch gewertet, die Unabhängigkeit zu erlangen. Die pakistanische Regierung glaubte, handeln zu müssen, und die Pathanen begannen ei-

nen heiligen Krieg zur Rettung ihrer Glaubensgenossen. Am 22. Oktober 1947 marschierten sie in Kaschmir ein.

Als die moslemischen Krieger 30 km vor Srinagar standen, verlor Hari Singh die Nerven und unterzeichnete ein Abkommen mit Indien. Premierminister Nehru, selbst ein Hindu Kaschmirischer Abstammung, schickte 100 000 Soldaten, um das moslemische Heer, das „indisches" Territorium überfallen hatte, zurückzuschlagen. Nach dem Waffenstillstand legten die Vereinten Nationen eine Demarkationslinie fest. Vom Neelum-Tal im Süden und einer als „Azad (Freies) Kaschmir" bezeichneten, zu Pakistan gehörenden Pufferzone schlängelte sich die Demarkationslinie nach Nordosten und teilte Baltistan und Ladakh in zwei Teile. Damit gehörte das Quellgebiet des Indus und anderer Ströme – Lebensadern der pakistanischen Landwirtschaft – zu Indien. Erst 1959 schloß man einen Vertrag, der die Wasserrechte regelte.

Verfassungsberatungen: Am 11. September 1948 starb Jinnah an Tuberkulose; Pakistan trauerte um seinen Führer. Sein Tod hatte schwerwiegende Folgen. Jinnah war derjenige gewesen, der die verschiedenen Oppositionsparteien, die eine Verfassung ausarbeiten sollten, an einem Tisch gebracht hatte. Doch die Tagespolitik wurde auch überschattet vom Streit über die Rolle des Islams: Sollte die Verfassung islamisch sein? Für manche war der Islam zwar Verhaltensrichtschnur, nicht aber Grundlage der Politik. Andere wiederum erachteten ihn als die Basis einer Verfassung schlechthin. Mullahs und moslemische Aktivisten starteten Propagandafeldzüge, die den Führungsanspruch des Islams gegenüber weltlich orientierten Politikern und der westlich erzogenen Führungsschicht sichern sollten.

Jinnahs Nachfolger als Generalgouverneur wurde der Bengale Khwaja Nasimuddin; zum Premier wurde Liaquat Ali Khan ernannt, ein enger Freund Jinnahs und ein Mann der Mitte, der aber 1951 ermordet wurde. Daraufhin übernahm Nasimuddin das Amt des Premiers, Ghulam Muhammad wurde Generalgouverneur.

Die Führung sah sich bald mit Kräften konfrontiert, die, für die „Säuberung der Nation durch den Islam" stritten. Nach Kämpfen zwischen rivalisierenden Moslemgruppen im Pandschab mußte die Armee die Ordnung wiederherstellen. 1952 kam es in Ostpakistan wegen der Sprachregelung erneut zu Demonstrationen. Um weiteren nationalistischen Bestrebungen entgegenzuwirken, wurden die vier westlichen Provinzen zusammengelegt. Aus den Wahlen zur Nationalversammlung 1954 ging im Ostteil die neugegründete United Front Party als Sieger über die Moslemliga hervor. Dieser Sieg zeigte, wie weit sich die beiden Lager voneinander entfernt hatten.

Militärcoup: 1956 wurde eine Verfassung verabschiedet, die Pakistan zur Islamischen Republik innerhalb des Commonwealth erklärte. Ghulam Muhammad trat aus gesundheitlichen Gründen zurück, und General Iskander Mirza wurde erster Staatspräsident.

Äußerst mißtrauisch hatten die Militärs die politischen Entwicklungen und die zunehmenden Autonomiebestrebungen Ostpakistans verfolgt. Viele Generäle, die unter den Briten hohe Posten bekleidet hatten, hielten sich für fähiger als die Politiker. Der Zersplitterung, des Regionalismus und der Sektiererei müde, entschlossen sie sich zum Eingreifen. 1958 wurde das Kriegsrecht verhängt und die Verfassung außer Kraft gesetzt. Mirza mußte abdanken, Staatspräsident wurde General Muhammad Ayub Khan. Es kam zu politischen Säuberungsaktionen, und Beamte wurden durch Offiziere

ersetzt. General Ayub Khans Maxime lautete „Demokratie und Disziplin". Er gab dem Land auf der Basis kommunaler Selbstverwaltung eine neue Verfassung. Man wählte 80 000 „Basisdemokraten", die ihrerseits Präsidenten und Parlament wählten.

Während Industrie und Handel florierten und die Landwirtschaft einen Aufschwung erlebte, wuchs die Kluft zwischen Arm und Reich; das Analphabetentum (80 %) blieb ein großes Problem. Trotz intensiver Bemühungen Ayub Khans, Ostpakistan nicht auszuklammern und an staatlichen Leistungen teilhaben zu lassen, wollten dort die nationalistischen Stimmen nicht verstummen.

Plebiszit: Auch die Kaschmir-Frage blieb nach wie vor ungelöst. 1948 hatten Pakistan und Indien eine UNO-Resolution unterzeichnet, wonach die Kaschmiri selbst entscheiden sollten, welchem Staat sie angehören wollten. Doch im Jahre 1964 weigerte Indien sich, freie Wahlen in Kaschmir abzuhalten. Im August 1965 brach deshalb ein 17tägiger Krieg aus, in dessen Verlauf die pakistanische Armee eine schwere Niederlage hinnehmen mußte. Kaschmir, mit seiner überwiegend moslemischen Bevölkerung, blieb ein Teil Indiens.

Die Pakistani waren zwar für den Krieg gewesen, dennoch bildete sich eine Opposition gegen Ayub Khan. Viele waren enttäuscht von seiner Politik der Zentralisierung und der eingeschränkten Demokratie. Der General wurde zunehmend in die Isolation gedrängt, und nach einem Attentatsversuch ersetzte ihn im März 1969 General Yahya Khan als Staatschef. Yahya Khan wollte die parlamentarische Demokratie wieder einführen und kündigte für das folgende Jahr Wahlen an.

Die wichtigsten Widersacher waren Zulfikar Ali Bhutto mit seiner Pakistanischen Volkspartei (PPP), die Ende der sechziger Jahre in Westpakistan sehr populär wurde, sowie Scheich Mujibur Rahman von der Awami-Liga, stärkste Partei Bengalens.

Während in Westpakistan die PPP die meisten Stimmen auf sich vereinen konnte, feierte die Awami-Liga im Osten einen überwältigenden Wahlsieg; sie errang 167 der 169 Parlamentssitze. Da Ostpakistan über mehr Einwohner verfügte, hatte die Liga auch in der neuen Nationalversammlung die Oberhand. Beide Politiker gingen auf Konfrontationskurs. Bhutto weigerte sich, in der von bengalischen Parlamentsabgeordneten beherrschten Nationalversammlung in Dacca den Oppositionsführer zu stellen. Yahya Khan versuchte, die Einheit des Landes zu retten, verschob deshalb die Einberufung der Nationalversammlung und zeigte sich kompromißbereit. Im Ostteil kam es zu vereinzelten Streiks, schließlich zum Generalstreik, und im März 1971 erklärte Mujibur Rahman Ostbengalen für unabhängig. Das war in den Augen Yahya Khans Landesverrat; es kam zum Krieg.

Bangladesch: Nun entluden sich die Spannungen, die sich über die Jahre zwischen den beiden Flügeln angestaut hatten. Während die pakistanische Regierung versuchte, das Land zusammenzuhalten, setzte die Awami-Fraktion alles daran, die Abspaltung

Links: 1948 – Moslemische Frauen aus Kaschmir hoffen auf Gerechtigkeit. Oben: 1965 – Pakistan verteidigt seine Grenzen.

durchzusetzen. Unzählige Menschen kamen während der bewaffneten Aufstände im Osten ums Leben, und beide Seiten machten sich der furchtbarsten Verbrechen schuldig, als Millionen von bengalischen Zivilisten über die Grenze flohen. Indien erklärte am 12. Dezember 1971 Pakistan den Krieg, und nach zwölf Kampftagen hatte Pakistan die Hälfte seiner Marine, ein Viertel der Luftwaffe, fast ein Drittel der Armee und gut 13000 km^2 Land verloren. In Ostpakistan wurde der Staat Bangladesch ausgerufen.

Vater der Armen: Die Niederlage wirkte demoralisierend, Yahya Khan trat zurück und machte Platz für Zulfikar Ali Bhutto, einen sindischen Großgrundbesitzer mit westlicher Erziehung, der lange schon eine wichtige Rolle in der politischen Szene gespielt hatte. Er hatte Charisma; die Massen folgten begeistert seinem Ruf nach „roti, kapda aur makan" – Brot, Kleidung und Wohnung.

Seine Volkspartei war in den Dörfern und Industriegebieten immer populärer geworden, namentlich im Sind. Er setzte sich wie kein Politiker vor ihm für die Bevölkerung ein und zeigte den Armen, daß auch sie in der pakistanischen Gesellschaft zählten. Unterstützung fand er bei den Gewerkschaften und linksgerichteten Studenten.

Nachdem Großbritannien Bangladesch anerkannt hatte, erklärte Bhutto 1972 den Austritt Pakistans aus dem Commonwealth. 1973 trat eine neue Verfassung in Kraft, und das allgemeine Wahlrecht wurde eingeführt; das Land beruhigte sich. Die Beziehungen zu anderen islamischen Ländern wurden intensiviert, pakistanische Arbeiter gingen in die Golfstaaten. Es kam auch zu einer Annäherung an China und die Sowjetunion, die unter Ayub Khan begonnene Politik der „Blockfreiheit" wurde fortgesetzt.

Bhutto verstaatlichte Schlüsselindustrien und Banken und machte sich an die Reform des Bildungs- und Gesundheitswesens. Als Verfechter des Zentralismus war Bhutto kein Freund der Regionalautonomie: Das Königreich Hunza und andere wurden direkt der Zentralregierung unterstellt.

Belutschistan wurde zunehmend zu einer Krisenregion, denn es hatte sich unter der Bevölkerung das Gefühl breitgemacht, gewaltsam eingegliedert worden zu sein und jetzt finanziell zu kurz zu kommen. Als Bhutto 1973 die Machtbefugnisse der Stammesführer beschnitt, erhoben sich diese und schickten 55 000 Krieger gegen 70 000 Soldaten in den Kampf. Es gab 10 000 Todesopfer. Schwere Luftangriffe entschieden den Krieg zugunsten Bhuttos, doch kam es auch später noch zu Scharmützeln.

Bhuttos Verstaatlichung verschiedener Betriebe und Industrien riefen die Unternehmer auf den Plan. Orthodox islamische Kreise waren ebenfalls nicht einverstanden mit seiner Regierungsweise. Seine beherrschende Stellung brachte außerdem den linken Flügel seiner Partei gegen ihn auf. Der Staat war er, und die wachsende Opposition des Landes unterdrückte er durch seine paramilitärische Schutztruppe, den Federal Security Service.

Bhuttos Sturz: 1977 fanden wieder Wahlen statt; neun Oppositionsparteien hatten sich zur Pakistanischen Nationalallianz (PNA) zusammengeschlossen. Bhuttos Volkspartei war wie ehedem sehr populär und vereinigte mühelos 155 der 200 Sitze auf sich. Für die Opposition ein wenig zu mühelos: Die PNA bezichtigte Bhutto der Wahlfälschung und organisierte Demonstrationen, bei denen in sechs Monaten 300 Menschen ums Leben kamen.

Trotz der Verhängung des Kriegsrechts in Karachi, Lahore und Hyderabad drohte das Land ins Chaos zu stürzen. Am 5. Juli 1977 stürzte General Zia ul-Haq die Regierung

Bhutto, der unter Hausarrest gestellt wurde, und nahm die Zügel in die Hand: Das Militär war wieder an der Macht.

General Zia hatte ursprünglich beabsichtigt, noch im selben Jahr freie und gerechte Wahlen abzuhalten. Doch das war leichter gesagt als getan. Die für 1977 geplanten Wahlen blieben aus, und der General war bis zu seinem Tod durch einen Flugzeugabsturz 1988 an der Macht.

General Zia entstammte der Mittelschicht und war aus dem indischen Jullundur nach der Teilung des Landes 1947 nach Pakistan übergesiedelt. Ursprünglich wollte er Rechtsanwalt werden, ging dann aber zur Armee. Als überzeugter Anhänger einer Politik von Recht und Ordnung warf er Bhutto vor, das Land an den Rand des Bürgerkriegs gebracht und die Wirtschaft ruiniert zu haben.

Er wollte die Farce unter dem Deckmantel der Demokratie der vergangenen Jahre nicht wiederholen, und glaubte daß Pakistan Stabilität brauchte. Um dieses Ziel zu erreichen, war ihm jedes Mittel recht.

Oppositionsführer und Zia selbst forderten, daß Bhutto wegen Mordes der Prozeß gemacht werden müsse, bevor er als Politiker rehabilitiert werde: „Erst Rechenschaft, dann Wahlen“, so Zia.

Man verdächtigte Bhutto, die Ermordung seines politischen Gegners Muhammad Ahmed Khan Kasuri veranlaßt zu haben, und ließ ihn am 3. September 1977 in Karachi festnehmen. Trotz dürftiger Beweislage verurteilte ihn der Gerichtshof von Lahore zum Tode. Er legte Revision gegen das Urteil ein, die mit vier gegen drei Stimmen verworfen wurde. Gnadengesuche aus aller Welt halfen nicht: Zia bestätigte das Urteil.

Am 4. April 1979 wurde Bhutto in Rawalpindi gehängt, die Leiche in seine Heimatstadt Larkana überführt. Seine Hinrichtung wurde erst bekannt, als die Leiche bereits auf dem Friedhof seiner Vorfahren begraben war. In Pakistan selbst reagierte die Öffentlichkeit kaum auf die Nachricht.

Links: Zulfikar Ali Bhutto. Oben: Der Tarbela-Damm ist der größe Erddamm der Welt.

Repression und Islamisierung: Nach der Hinrichtung Bhuttos ließ Zia 3000 Mitglieder der Volkspartei und Arbeiter ins Gefängnis sperren, ein Teil von ihnen blieb bis zu Zias Tod inhaftiert. Auch andere Gegner wurden mundtot gemacht. Im Oktober 1979 kam es zum Verbot aller politischen Parteien, ihre Büros wurden geschlossen, das Vermögen konfisziert.

Der Westen war über die Hinrichtung Bhuttos und den neuen Kurs Pakistans bestürzt. Doch Pakistan orientierte sich nicht mehr am Westen, sondern immer mehr an der islamischen Welt, insbesondere an Saudi-Arabien. Die gewaltige Faisal-Moschee in Islamabad ist ein Symbol für den großen Einfluß Saudi-Arabiens auf Pakistan zur Regierungszeit Zias.

Er rief auch den Rat für Islamische Ideologie ins Leben, der die Islamisierungskampagne koordinierte. Der Rat sollte bestehendes Recht an islamisches Recht angleichen. Auf der Grundlage der Scharia wurden 500 Gesetze modifiziert, oder, falls mit dem Koran nicht vereinbar, für nichtig erklärt. Zia verwahrte sich gegen den Vorwurf des „islamischen Fundamentalismus" mit den Worten: „In einem wirklich islamischen Staat, der auf der Grundlage des Korans steht, ist kein Platz für Fundamentalismus."

Schwenk des Westens: Als 1979 die Sowjetunion in Afghanistan einmarschierte, wirkte Zias Versprechen, Afghanistan zu unterstützen, Wunder: Plötzlich galt sein Land als „Bollwerk" der freien Welt gegen den Kommunismus.

Zia regierte das Land weiterhin nach seinen Vorstellungen. Widerspruch wurde nicht geduldet. Als 1981 die Opposition die „Bewegung zur Wiederherstellung der Demokratie" zu bilden versuchte, ließ er über 15 000 Menschen verhaften. Die Gefängnisse platzten aus allen Nähten. Amnesty International zufolge wurden in 15 Gefängnissen politische Gefangene und Journalisten ausgepeitscht und brutal gefoltert. Gewerkschaftsführer starben nach „Zusammenstößen mit den Sicherheitskräften".

Die Invasion in Afghanistan war für Zia ein Geschenk des Himmels. Amerikaner und Europäer pumpten Milliardenbeträge in das Land. Seit der Invasion betrug das Wirtschaftswachstum im Schnitt 7 %. Daß der Löwenanteil dabei dem Militär zugute kam und nicht dem Volk, beweist der Weltwirtschaftsbericht 1984: Nur fünf Länder gaben demnach weniger Geld für den Bildungssektor aus als Pakistan.

Die Rolle Pakistans bei der Unterstützung der afghanischen Mudschaheddin war jedoch entscheidend und galt damals als herausragende Leistung Zias. Das Land gewährte fast drei Millionen Afghanen Zuflucht. Im August 1988 schrieb die *Washington Post:* „Ohne Zias Standfestigkeit wäre die Entscheidung des Kremls zum Rückzug undenkbar gewesen."

Die Unterstützung des Nachbarlandes verschaffte ihm auch den Respekt anderer islamischer Staaten, und Zia wurde die große Ehre zuteil, im Namen der gesamten islamischen Welt vor der UN-Vollversammlung sprechen zu dürfen.

Den Zwist mit Indien mußte auch er hinnehmen, doch versuchte er, die Wogen zu glätten. Er bereiste Indien mehrmals, wobei der wichtigste Besuch Jaipur galt, wo er anläßlich eines Cricketspiels zwischen Pakistan und Indien mit Premier Rajiv Gandhi zusammentraf. Der Begriff der „Cricket-Diplomatie" war geboren.

In Pakistans Provinzen herrschte bis 1983 Ruhe, als die Bewegung für die Wiederherstellung der Demokratie (MRD) einen Massenprotest gegen das Kriegsrecht auf die Beine stellte und freie Wahlen forderte. Erfolge konnte man nur im Sind verbuchen, wo Zia aufgrund der Popularität Bhuttos verhaßt war.

Die Sindis fühlten sich gegenüber anderen Volksgruppen im Sind benachteiligt. Gerade 2 % von ihnen waren in der Armee und nur 5 % im öffentlichen Dienst beschäftigt. Am 14. August fielen in Karachi Bomben, und binnen kurzer Zeit herrschte Aufruhr: Polizisten wurden gelyncht, Soldaten angegriffen. Die Armee schlug zurück, inoffiziellen Berichten zufolge kamen 1000 Menschen ums Leben. 21 000 Personen wurden festgenommen.

Die Ausschreitungen schienen Eindruck auf Zia zu machen, und er reagierte mit der Ankündigung von Wahlen für 1985. Zunächst führte er ein Referendum durch, um herauszufinden, wie die Islamisierung bei der Bevölkerung ankam. Die Beteiligung an der Volksabstimmung lag bei 10 %. Bei den darauffolgenden Wahlen waren Parteien nicht zugelassen, sie wurden deshalb von der MRD boykottiert. 53 % der Wähler sprachen sich für eine Nationalversammlung aus. Doch ehe diese zusammentreten konnte, änderte Zia die Verfassung dahingehend, daß er das Parlament nach Belieben auflösen konnte. Das geschah dann auch 1988. Wenig später kam Zia ul-Haq ums Leben, als sein Flugzeug kurz nach dem Start explodierte.

Zia ul-Haq kam im August 1988 bei einem Flugzeugabsturz ums Leben. Der Unfall erwies sich später als Attentat.

جنرل اختر عبدالرحمن خان شہید
جنرل محمد حسین اعوان شہید

Der Januar 1946 war ein Wendepunkt in der Geschichte des Industals. Unter dem politischen Druck der Öffentlichkeit hatte die britische Kolonialmacht das Wahlrecht einführen müssen. Mit dem Stimmzettel bekundete die Bevölkerung nun ihren Wunsch, in einem unabhängigen und demokratischen Staat leben zu wollen.

Die Vorbilder: Muhammad Ali Jinnah, ehrfurchtsvoll *Quaid-e-Azam,* „Größter Führer", genannt, war demokratischer Politiker einer Gesellschaft, in der jahrtausendelang Stammesführer, Geistliche und Beamte autoritär über das Volk geherrscht hatten. Die gesellschaftliche Hierarchie stabilisierte das Feudalsystem; Bauern und Handwerker unterstanden einer Handvoll Privilegierter. Auch unter der britischen Kolonialmacht, die das Land mit Hilfe einer strengen Militärbürokratie regierte, waren die Beamte Angehörige der Oberschicht.

Jinnah – er hatte die Zeichen der Zeit erkannt und zehn Jahre lang an der Bildung einer demokratischen Partei gearbeitet, die die Interessen der Landbevölkerung vertreten sollte – versuchte, das feudalistische System zu verändern, indem er die Zusammengehörigkeit aller Bevölkerungsschichten propagierte und das Volk zum Kampf für einen unabhängigen, demokratischen Staat ermutigte. Schließlich gelang es ihm, den englischen Kolonialherren die Unabhängigkeit abzutrotzen.

Entscheidend waren dabei zum einen die Existenz einer demokratischen Partei und zum anderen das allgemeine Wahlrecht. Es wurde eine Nationalversammlung gebildet, deren Aufgabe Jinnah bei der ersten Sitzung am 11. August 1947 so definierte: „Diese verfassunggebende Versammlung muß vor allem zwei Aufgaben erfüllen. Als erstes hat sie die verantwortungsvolle Pflicht, eine Verfassung auszuarbeiten. Als zweites muß sie sich als souveränes Organ der pakistanischen Legislative behaupten. Dafür müssen wir unser Bestes geben." Er verteidigte die uneingeschränkte Autorität des gewählten Parlaments: „Als ersten und wichtigsten Punkt möchte ich betonen, daß Sie die gesetzgebende Versammlung sind und daß in Ihren Händen alle Macht liegt." Auf die Rechte der Bürger wies er eindringlich hin: „Wenn wir eine Gesellschaft gründen, in der jeder von uns – unabhängig von Hautfarbe, Klassenzugehörigkeit oder Glaubensbekenntnis – ein Staatsbürger mit gleichen Rechten und Pflichten ist, dann wird der Fortschritt durch nichts aufzuhalten sein."

Sein Rat wurde nicht beherzigt. Demokratische Verhältnisse waren in der Zeit seit 1947 selten; die meiste Zeit regierten die Militärs, einmal 15 Jahre lang, dann 11 Jahre lang. Und die Streitkräfte üben weiterhin einen großen Einfluß auf das Land aus.

Neuanfang als Fehlstart: Als im Jahre 1988 die Kandidatin der Pakistanischen Volkspartei (PPP) Benazir Bhutto, die Tochter des ehemaligen Premiers und später hingerichteten Zulfikar Bhutto, Ministerpräsidentin wurde, wurde das Ereignis im Ausland und auch in Pakistan – besonders bei der westlich orientierten Elite – als die ersehnte Rückkehr zur Demokratie gefeiert.

Vorherige Seiten: Garanten für die Zukunft. Volkssport Polo. Gläubige feiern ihren Heiligen. Links: Willkommen in Pakistan. Oben: Optimistisch trotz drängender Probleme.

Die PPP errang 93 von 217 Parlamentssitzen und bildete eine Koalition mit der Mohajir Quaumi Movement (MQM), der Partei der in Sind lebenden moslemischen „Flüchtlinge“ aus Indien. Dadurch war sie gezwungen, gegen die Interessen der Sindhis zu arbeiten, der Stammwählerschaft von Frau Bhutto. Dieses Bündnis konnte nicht von Dauer sein – die Regierungszeit von Frau Bhutto dauerte nur 20 Monate.

Am 6. August 1990 wurde sie von Präsident Ghulam Ishaq Kahn abgesetzt und der „Korruption, Vetternwirtschaft und Ineffizienz“ bezichtigt. Die Schockwelle ging um die ganze Welt: man prophezeite ein politisches Chaos, die Machtergreifung durch das Militär oder religiöse Fanatiker, ja sogar einen Bürgerkrieg. Doch in Pakistan selbst löste der „verfassungsmäßige Staatsstreich“ nicht einmal Demonstrationen aus.

Für die Niederlage Benazir Bhuttos gab es zahlreiche, schwer faßbare Gründe. Bis zu einem gewissen Maße war sie ein Opfer der Berichterstattung in den Medien und deren völlig unrealistischen Erwartungen an sie. Von Anfang an hatte sie mit der alten Macht- und Obrigkeitsstruktur zu kämpfen. In dieser Hinsicht waren drei Faktoren von besonderer Bedeutung. Zum ersten behielt die Armee die Kontrolle über wesentliche Bereiche der Politik und vermittelte oft den Eindruck, Benazir sei bei der vereinbarten Teilung der Macht der kleinere Koalitionspartner. Der zweite und damit in Zusammenhang stehende Faktor war die in der Verfassung festgelegte Stellung des Präsidenten. Unter General Zia-ul-Haq, dem Präsidenten aus den Reihen des Militärs, war die Verfassung von 1973 wiederholt modifiziert worden, so daß schließlich der Präsident effektiv die Kontrolle über den Premierminister innehatte. Schließlich und endlich übernahm Benazir die Regierungsgeschäfe zu einer Zeit, da die Regierung der bedeutenden Provinz Pandschab von Gruppen kontrolliert wurde, die der Bundesregierung mit offener Feindseligkeit begegneten.

Selbst für eine erfahrene politische Partei wäre es schwierig gewesen, unter diesen Umständen zu arbeiten. Für die unerfahrene PPP war die Lage nahezu unmöglich zu meistern. Die inneren Schwächen der Partei, wie z. B. die übermäßige Dominanz der Großgrundbesitzer sowie die Unfähigkeit, der Korruption Einhalt zu gebieten, trugen zusätzlich zur Niederlage bei.

Die Wahlen im Oktober 1990 bestätigten den Niedergang Benazirs und ihrer Partei. Die PPP tat sich mit vier kleineren Parteien zusammen, die sich innerhalb der PDA (Pakistan Democratic Alliance) neu formierten. Obwohl die Allianz 36,84 % der Stimmen

(2 % weniger als 1988) für sich gewinnen konnte, nahm sie nur 45 Sitze ein, also weniger als die Hälfte der zuvor übertragenen Mandate. Die Mehrheit der Wählerschaft sprach sich für die IDA (Islamische Demokratische Allianz) aus, ein Bündnis, das sich ursprünglich aus der Moslem-Liga und einer Reihe anderer „islamischer“ Parteien zusammensetzte. Zusammen vereinten diese Parteien 36,86 % der Stimmen auf sich und errangen 105 Mandate.

Nawaz kommt und geht: Nawaz Sharif, der neue Premierminister, konnte mit Unterstützung der MQM und anderer Regionalparteien sowohl im Staat als auch in den Provinzen regieren. Bei den Provinzwahlen mußte die PPP sogar in ihrer Hochburg Sind eine Niederlage einstecken. Ironischerweise war zum ersten Mal seit dem Sturz von Zulfikar Ali Bhutto, Benazirs Vater, eine demokratisch gewählte Regierung in der Lage, ganz Pakistan zu regieren.

Nawaz konnte nicht nur auf die Unterstützung aller vier Provinzregierungen zählen, sondern auch auf Rückhalt im Militär. Aber trotz dieser wesentlich günstigeren Rahmenbedingungen stürzte auch seine Regierung bald. Präsident Ishaqs zweite Amtsenthebungsrede glich der Rede zur Entlassung Benazirs aus dem Amt so sehr, daß man allgemein von einer „Amtsenthebung durch Textverarbeitungsprogramm“ sprach: In dem ansonsten identischen Text waren nur die Namen ausgetauscht. Nawaz' Amtsenthebung bestätigte die Verwirrung, die an der Spitze des Machtapparats von Pakistan herrschte. Gewählte Zivilregierungen konnten unter Vorgabe von nicht greifbaren und willkürlichen Gründen entlassen werden. Die Herbeiführung eines Regierungswechsels liegt unglücklicherweise nur zum Teil in den Händen der Wähler. Ranghohe Militärbeamte üben zusammen mit ihren Kollegen in den Zivilbehörden weiterhin enormen Einfluß und beträchtliche Macht über eine gewählte Regierung aus.

Nach Nawaz' Amtsenthebung schlug ein kurzerhand eingesetztes Interimsregime einen Kurs hin zu Strukturreformen ein, die einer Regierung mit einem längeren Mandat den Weg bereiteten sollten. Die neue Regierung fand innenpolitisch und international breite Zustimmung zur Anklageerhebung gegen Mitglieder der politischen Elite, die sich unterschiedlichter Vergehen schuldig gemacht hatten. Diese „Säuberungsaktion“ galt allgemein als Indikator für längerfristige Pläne; und es drängten sich Erinnerungen an das „Interimsregime“ von Zia auf, das 1977 für 180 Tage die Macht übernommen sollte, aber 11 Jahre lang regierte. Daher kamen die 1993 abgehaltenen Wahlen etwas überraschend.

Benazir ist wieder da: Diese Wahlen brachten die Rückkehr Benazir Bhuttos an die Macht, wobei Nawaz Sharif seinen Rückhalt in der Stadtbevölkerung festigte und die Rolle des Oppositionsführers übernahm.

Zusammen verdrängten beide Parteien die Parteien der Fundamentalisten aus dem Wahlkampf, was der Entwicklung hin zu einem modernen islamischen Staat Pakistan zugutezukommen schien.

Aber der Kampf zwischen den Befürwortern einer Modernisierung und den konservativen Religionsführern ist nur ein Aspekt einer vielschichtigen Gesellschaft. Pakistans unsichere Demokratie steht großen Problemen gegenüber: Der wachsende städtische Mittelstand fordert die traditionelle Elite der Landbesitzer heraus. Das Militär ist sich über seine zukünftige Rolle in der Politik unschlüssig. Die Kluft zwischen den

Links: Benazir Bhutto hat großen Erwartungen zu entsprechen. Oben: Mädchen aus Baltistan.

Volksgruppen bedroht auch weiterhin den Frieden im wirtschaftlich wichtigen Sind. Unter den zahlreichen Volksgruppen wächst die Ablehnung der Einheit Pakistans, während die Ursprünge der Volksgruppen und Stämme zunehmend betont werden. Die Grenzstämme fühlen sich häufig ihren Stammesbrüdern jenseits der Grenze zu Afghanistan und sogar ihren Freunden in Zentralasien mehr verbunden als Islamabad.

Kalaschnikow-Kultur: Afghanistan hat nach wie vor Einfluß auf die Innenpolitik Pakistans. Nach dem Rückzug der Russen aus Kabul ging man in der internationalen Völkergemeinschaft und in Afghanistan selbst davon aus, daß das Blutvergießen vorüber

war und der Prozeß des Neuaufbaus beginnen konnte. Aber die Machtkämpfe und die bewaffneten Auseinandersetzungen zwischen den verschiedenen afghanischen Splittergruppen gehen weiter, genauso wie der Exodus der Zivilbevölkerung nach Pakistan trotz der immer wieder erfolgenden Grenzschließung. Derzeit halten sich 4 bis 5 Millionen Afghanen mit oder ohne Aufenthaltserlaubnis in Pakistan auf. In engem Zusammenhang mit dem Staatenkonflikt steht die sich ausweitende „Kalaschnikow-Kultur“ – das gewalttätige organisierte Verbrechen, das angeblich von Afghanen, die mit führenden Pakistanis unter einer Decke stecken, kontrolliert wird und zu brutalen Kämpfen in den heruntergekommenen Vierteln von Städten wie Karachi geführt hat.

Landflucht: Eine der größten Herausforderungen, denen das Land gegenübersteht, ist die Landflucht. Während sich das Los des Großteils der Pakistanis seit 1947 durch die Wirtschaftsentwicklung verbessert hat, haben zahlreiche Menschen kaum davon profitiert. Das gilt insbesondere für diejenigen, die auf der Suche nach Arbeit gezwungen waren, in die Städte abzuwandern. Mit 4 % ist Pakistans Geburtenrate eine der höchsten der Welt. Die derzeitige Bevölkerung von etwa 128 Millionen wird sich wahrscheinlich bis zum Jahre 2030 verdoppeln.

Momentan wohnen 30 % der Bevölkerung in der Stadt, 70 % immer noch auf dem Land. 50 % der Arbeitskräfte sind in der Landwirtschaft beschäftigt. In der Massenproduktion finden kaum 20 % der Arbeitskräfte Arbeit. Während ein Teil der übrigen Arbeitskräfte in kleinen, hochproduktiven Werkstätten beschäftigt ist, arbeiten viele immer noch in einem stark aufgeblähten und ineffizienten Dienstleistungssektor.

Zur Wirtschaft: Die wirtschaftliche Entwicklung Pakistans ist höchst widersprüchlich und läßt Raum für unterschiedliche Interpretationen. Die Optimisten verweisen auf ein beständig hohes Wachstum, das sich seit der Unabhängigkeit stabilisiert hat. Pakistans Rekordleistung bei der Verringerung des Armenanteils an der Bevölkerung ist zweifelsohne beeindruckend, doch die meisten Einwohner leiden noch immer unter Armut. Die wirtschaftliche Dynamik geht zum großen Teil auf die Entscheidung der Gründungsväter des Landes zurück, sich auf den privatwirtschaftlichen Sektor zu stützen. Diesbezüglich läßt sich Pakistans Wachstum mit dem der hocheffizienten ostasiatischen Wirtschaftssysteme vergleichen. Da hört die Ähnlichkeit jedoch auch schon wieder auf, und die Pessimisten weisen auf die geringen Investitionen im Bereich Ausbildung, Gesundheitswesen, Kanalisation,

Landwirtschaft und Industrie: Die wichtigsten Erzeugnisse des Landes kommen aus der Landwirtschaft: Weizen, Reis, Zuckerrohr, Hülsenfrüchte und Ölpflanzen. Die Wachstumszahlen für die landwirtschaftlichen Produkte sind aufgrund der perfekten Klimabedingungen vielversprechend. Die Bewässerung weiter Wüstenstriche, besonders im Pandschab und im Sind, gewährleistet zumindest einstweilen die Bedarfsdekkung einer wachsenden Bevölkerung.

Pakistan ist neben Japan einer der besten Rindfleischproduzenten in Asien. Das Land zählt weltweit zu den größten Baumwoll- und Reisexporteuren. Beide Erzeugnisse erfordern einen hohen Einsatz an körperlicher

Transport, Fernmeldetechnik und Erholung hin, um nur einige der elementaren Dienstleistungsbereiche zu nennen, die dem westlichen Standard hinterherhinken.

Der Tourismus könnte sich zu einer wichtigen Einnahmequelle entwickeln, aber es wird noch immer zu wenig unternommen, um für die herrlichen Naturschönheiten und das reiche kulturelle Erbe des Landes zu werben. In der Zwischenzeit werden zahlreiche altertümliche Denkmäler einfach dem Verfall anheimgegeben.

Links: Landflucht läßt die Städte überquellen.
Oben: Ismaili-Zentrum in Karachi.

Arbeit, der die Landbevölkerung seit Tausenden von Jahren nachgeht. Der Fischfang entwickelt sich derzeit ebenfalls zu einer beachtlichen Exporteinnahmequelle. Der Export von Industriegütern ist mäßig. Dazu zählen Lederwaren und Baumwollkleidung. Aufgrund seiner billigen Arbeitskräfte ist Pakistan zu einem der größten Exporteure von handgeknüpften Teppichen geworden. In der Tat leistet das pakistanische Handwerk, dessen Wurzeln vielfach weit in die Vergangenheit zurückreichen, einen erheblichen Beitrag zur Wirtschaft des Landes.

Die Wirtschaftsentwicklung in Saudi-Arabien und anderen ölreichen Staaten am

Persischen Golf ist zum Teil auch den Fähigkeiten pakistanischer Handwerker zu verdanken. Mit ihren in diesen Gastländern hart erarbeiteten Devisen haben sie nach ihrer Rückkehr viel zur Ankurbelung der Konjunktur Pakistans beigetragen.

Seit Erlangen der Unabhängigkeit hat auch die Industrie große Fortschritte gemacht. In den fünfziger Jahren erlebten die Branchen der Baumwolltextilien und Baumwollgarne einen Aufschwung. Auf der Grundlage kleiner Handwerksbetriebe entstanden Gießereien, Werkstätten und Elektrobetriebe. Schiffsbau, Kfz-Montage und die Herstellung von Kfz-Ersatzteilen, Fernmeldetechnik, Werkzeugmaschinen, Düngemittel, Zement, Glas, Instrumente für die Chirurgie, Zuckerraffinierien, großtechnische Anlagen, Nahrungsmittelverarbeitung und Textilien sind nur ein paar der zahlreichen Industriezweige, in denen ein bemerkenswerter Fortschritt stattgefunden hat. Aber die unzureichende Entwicklung bei Bergbau, Stromerzeugung, Chemie, Maschinenbau und Elektronik behindert den Aufschwung der Industrie ernsthaft.

Die europäischen Zigeuner sollen ursprünglich aus dem Indus-Tal gekommen sein. Heutzutage gibt es kaum einen westlichen Industriestaat, der keine Gemeinde mit pakistanischen Arbeitern und Unternehmern vorzuweisen hat. Außerdem haben sich zahlreiche Pakistanis entschlossen, sich auf Dauer im Ausland niederzulassen, insbesondere in Großbritannien und in den USA. Viele Pakistanis in England sind z. B. Ladenbesitzer, Geschäftsleute, Ärzte, Zahnärzte, Rechtsanwälte, Busschaffner, Programmierer, Gastronomen und Professoren.

Viele der Menschen, die in letzter Zeit ausgewandert sind, verfügen zudem über umfangreiches Know-how. Sie arbeiten an den Universitäten und Krankenhäusern. Zu ihnen zählen Neurologen und Gehirnchirurgen. Während solche Wissenschaftler Industriestaaten wie die USA überschwemmen, fehlen einem Entwicklungsland wie Pakistan diese hochqualifizierten Arbeitskräfte.

Das Leben geht weiter: Aber Pakistan ist keineswegs ein düsteres Land zum Leben. Eher im Gegenteil. Seine Menschen haben eine reiche Tradition mit einer über nahezu zehn Jahrtausende überlieferten Lebensphilosophie geerbt. Ein amerikanischer Soziologe führte einmal in einem Dorf im Pandschab eine Umfrage durch. Als man die Menschen dort fragte, was ihnen im Leben am wichtigsten war, war die Antwort unweigerlich 'ihre Ehre'.

In religiösen Fragen sind die Pakistanis im allgemeinen tolerant. Die Geistlichen haben nicht so großen Einfluß wie in den Nachbarstaaten. Allerdings hat auch in Pakistan der religiöse Fundamentalismus starken Zulauf. In letzter Zeit sieht sich das Land immer häufiger religiös und ethnisch motivierten Unruhen ausgesetzt.

Die Dorfkultur hat in Pakistan eine lange Tradition, und jedes Dorf hat seine Künstler. Barden und Minnesänger tragen alte Liebeslieder vor. Dem Dorfheiligen ist ein Schrein geweiht, an dem alljährlich ein Fest abgehalten wird. Die Dichtkunst wird überall mit Leidenschaft betrieben. In Pakistan ist das öffentliche Rezitieren von Gedichten eine feste Einrichtung.

Einige der weltbesten Künstler stellen erlesenes Kunsthandwerk her. Aus den abgelegensten Dörfern und den Hinterhöfen der Städte kommen weltberühmte Sportler, unter ihnen die besten Squash- und Cricketspieler der Welt. Die Hockeymannschaft Pakistans gilt bei den Olympischen Spielen jedesmal als Anwärter auf eine Medaille.

Dudelsäcke sind in Pakistan noch relativ neu.

Cricketfieber

Im Jeep, der sich am steilen Lowari-Paß in die Höhe windet, sitzen fünf Männer aus Chitrali, eingemummt in wärmende Tücher; in 3000 m Höhe wird spätnachmittags die Luft schon sehr kalt. Das erst am Tag zuvor auf einem Basar in Peschawar gekaufte Radio thront zwischen ihnen auf einem Haufen Steinsalz, das sie mitnehmen in ihr Heimatdorf Drosh auf der anderen, dem Chitratal zugewandten Seite des Passes. Eben hat die Reportage wieder vom Englischen ins Urdu gewechselt, was sie gut genug verstehen, um ihr einigermaßen folgen zu können. Zusammengekauert hören sie zu.

Soeben wird das Endspiel im Cricket World Cup aus dem 600 km entfernten Lahore im Radio übertragen. Die fünf Männer aus dem Chitratal lauschen gebannt: Tausende von Zuschauern jubeln begeistert, als Imran Khan, einer der populärsten Cricketspieler Pakistans, auf das Tor zustürmt, um den Schlagmann ein drittes Mal zu besiegen.

Der Schlagmann am anderen Ende des Spielfelds ist der legendäre Vivien Richards von den Westindischen Inseln. Es gibt wahrscheinlich nicht einen Jungen in ganz Pakistan, der nicht gerne in diesem Augenblick an Imrans Stelle wäre. Der Traum aller Pakistani ist es, einmal ein Nationalheld sein zu können und auf den Cricketplätzen rund um die Welt zu spielen.

Viele Pakistani sind geradezu fanatische Cricketfans; Spieler wie Imran Khan werden von der Jugend vergöttert. Folglich wollen immer mehr dieses Spiel lernen, um ihren Idolen nacheifern zu können. Imran Khan, dessen Eltern beide aus Grundbesitzerfamilien in Pathan stammen, wohnte in Zaman Park in Lahore, einem vornehmen Wohngebiet im Grünen. Jedoch nicht alle Cricketspieler stammen aus der Oberschicht. Viele lernten das Spiel unter schwierigen Verhältnissen in einer Seitenstraße auf einem Fleckchen bespielbarer Erde. Wenn man den Iqbal-Park in Lahore durchquert, kann man zehn oder mehr Mannschaften aus begeisterten Kindern beim Cricketspiel beobachten.

Seinen größten Auftrieb erlebte der Sport 1978, als nach einer achtzehnjährigen Unterbrechung wieder Spiele mit Indien stattfanden. Auf Grund der politischen Spannungen zwischen den beiden Ländern lösen Sportveranstaltungen immer starke Emotionen aus. Als Pakistan die Mannschaft von Indien in Lahore besiegte, brach das ganze Land in Jubel aus. Der folgende Tag wurde offiziell gar zum nationalen Feiertag erklärt. Als Pakistan 1986 und 1987 zwei Siege in Folge über Indien auf indischem Boden verbuchen konnte, säumten bei der Heimkehr der Cricketmannschaft mehr als 250 000 Menschen die Straßen und jubelten den Helden zu.

Cricket wird in Pakistan überall gespielt.

In Pakistan sind das Interesse und das Engagement der Menschen für Cricket größer als in anderen Nationen, wo es gespielt wird. Als Ende 1987 Javed Miandad seinen Posten als Mannschaftskapitän zur Verfügung stellte, forderten Demonstranten vor dem Haus Imran Khans dessen Rückkehr als Kapitän; einige Demostranten drohten gar mit Hungerstreik für den Fall, daß er sich weigern sollte. Schließlich mußte Präsident Zia intervenieren und Imran überzeugen, wie unersetzlich er als Mannschaftsführer sei. Zia sagte, er könne wohl Imrans Entscheidung respektieren, auf dem Höhepunkt seiner Laufbahn das Spiel an den Nagel zu hängen, aber andererseits brauche das Land ihn; manchmal, so sagte er, „müsse man eben über sich selbst hinauswachsen".

Einer der größten Momente in der pakistanischen Cricketgeschichte war der Weltcup-Sieg gegen England in Australien im Jahre 1992.

Durch den Einfluß von Fernsehen und Radio hat Cricket in Pakistan eine breite Fangemeinde gefunden. Während sich ärmere Familien einen Fernseher teilen müssen, haben die meisten jedoch inzwischen genügend Geld, um sich ein Radio leisten zu können. Dadurch konnte sich dieser Sport bis in die letzten Winkel des Landes verbreiten. ■

Nehmen wir einmal an, daß der Besucher aus dem Westen den ersten Schock angesichts der Menschenmasse in den Straßen asiatischer Städte überwunden hat, dann wird er in Karachi oder Lahore allmählich die unglaubliche ethnische Vielfalt der Bevölkerung entdecken.

Augenfällig ist die Art und Weise, wie die Menschen sich kleiden; die Kluft zwischen Arm und Reich ist deutlich erkennbar. Man sieht Menschen in ihren verschiedenen Trachten, elegant gekleidete, die der Oberschicht angehören, aber auch Bettler, in Lumpen gehüllt. Stark ausgeprägt ist, anders als bei uns, der Unterschied zwischen den Bekleidungen der verschiedenen Geschlechter: Frauen tragen in der Regel einen Gesichtsschleier, oft ist der Kopf ganz verhüllt. Man sieht sie selten ohne Begleitung auf die Straße gehen.

Neben diesem oberflächlichen Bild der pakistanischen Gesellschaft, in der enorme soziale und wirtschaftliche Unterschiede existieren und das Sozialverhalten stark vom Islam geprägt ist, fällt schnell die Mannigfaltigkeit der Menschentypen ins Auge. Die Hautfarbe reicht vom schwachen Oliv bis zu einem fast schwarzen Dunkelbraun, man entdeckt hochgewachsene, stämmige, aber auch schmächtige, geradezu zerbrechliche Menschen. Des weiteren unterscheiden sich die Pakistani durch ihre Regionalsprachen sowie die zahllosen Dialekte, die in diesem Vielvölkerstaat gesprochen werden. Die Frage: „Wer sind die Pakistani?“ läßt sich also gar nicht so leicht beantworten. Diese Frage wird auch von den Pakistani selbst auf der Suche nach der eigenen Identität seit der Staatsgründung immer wieder gestellt. Eine stereotype Antwort, gleichgültig ob man sie aus dem Mund eines Reichen oder Armen hört, lautet: „Wir sind Moslems, und diese Tatsache macht uns trotz aller Unterschiede zu Pakistanis.“

Für die meisten Fremden erledigt sich die Frage ohnehin, sobald sie dem eindringlichen Gebetsruf des Muezzin vom Minarett einer Moschee gelauscht haben. Um sich die Antwort auf die Frage, wie Pakistani sich und die Menschen anderer Nationen sehen, leichter zu machen, ist es hilfreich, sich mit den Unterschieden zu beschäftigen. Zum Teil sind diese in den regionalen Eigenheiten, der Kultur und Tradition oder der Religion zu finden. Gesellschaftliche und wirtschaftliche Faktoren spielen natürlich auch eine Rolle, sei es auf dem Lande, auf dem der überwiegende Teil der Bevölkerung lebt, oder in den Metropolen und Städten, die aufgrund der ständig wachsenden Einwohnerzahl aus allen Nähten platzen.

Die Einteilung der Pakistani in Volksgruppen beruht mehr auf kulturellen, nicht auf physischen Gesichtspunkten. Letztere Klassifikation erlebte übrigens in einer speziellen Abart der Vererbungslehre der viktorianische Epoche ihre Blüte. Doch selbst britische Kolonialbeamte, die die Völker des Raj nach „Rassen" unterscheiden sollten, konnten damals keine Anhaltspunkte finden, daß zum Beispiel ein kräftiger Körperbau oder eine spezifische Schädelform einen kriegerischen Charakter bedingen.

Pakistan, das Land am Indus mit einer jahrtausendealten Siedlungsgeschichte, war einst Hauptdurchzugsgebiet für Invasionstruppen aus Zentralasien und Indien. Früher eingewanderte Völker hinterließen ihre Spuren; die Stammbäume der meisten Pakistani wurzeln aber im menschenreichen Südasien, der Geburtsstätte eines Fünftels der Menschheit. Für einen Fremden sind die Unterschiede zwischen dem kräftigen, hellhäutigen Typ des Pandschabi und dem schlanken, dunkelhäutigen des Sindhi weniger offenkundig als ihre Gemeinsamkeiten.

Ein heller Teint und persische oder zentralasiatische Gesichtszüge sind auf dem Heiratsmarkt der oberen Schichten besonders „gefragt". Diese hellhäutigen „nichtindischen" Menschen, etwa die Bewohner der nördlichen Grenzgebiete oder die Pathanen, sind Nachkommen von Völkern, die einst während der Völkerwanderung durch dieses Gebiet zogen.

Entscheidend sind auch die regionalen Unterschiede, die sich allerdings durch die Verwaltungsprovinzen Pandschab, Sindh, Belutschistan, Nordwestprovinz sowie die autonomen Stammesgebiete nur vage bestimmen lassen, da dic Grenzzichung während der Kolonialzeit vielfach willkürlich und ohne Rücksicht auf Stammesgebiete oder Sprachgrenzen vorgenommen wurde.

Sprachen: Das Thema Sprache schiebt sich zunehmend in den Mittelpunkt der Diskussion über die Identität des Landes. Noch aber sind die Beziehungen der einzelnen Dialekte untereinander sowie ihre Eigenarten nicht hinreichend geklärt.

Alle in Pakistan gebräuchlichen Sprachen gehören – wie die meisten europäischen Sprachen – zur indogermanischen Sprachfamilie. Die Arier, die vor 3000 Jahren Vorderindien beseidelten, sprachen Sanskrit, das uns in den Weden überliefert worden ist. Die modernen indo-arischen Sprachen, die in dem Gebiet zwischen Pakistan und Bangladesch gesprochen werden und das Ergebnis einer anhaltenden Durchmischung mit anderen, auch bereits toten Sprachen sind, gehen im wesentlichen auf das Sanskrit zurück und sind in ihrer Entstehung vergleichbar mit der des Französischen und Spanischen aus der lateinischen Sprache.

Zur indoarischen Sprachfamilie gehört auch das *Urdu,* die Amtssprache Pakistans. Es entwickelte sich aus der *Hindi*-Sprache Delhis, stark beeinflußt vom Persisch der eindringenden Moslems, zur Lingua franca des Mogul-Reiches. Eng verwandt mit dem *Urdu* ist das *Pandschabi,* das deshalb – unberechtigterweise – oft als dessen „Vetter vom Land" bezeichnet wird, wohingegen das *Sindhi* eher ein entfernter Verwandter mit stärkeren Unterschieden ist. Als eigenständige Sprache gilt das *Siraiki,* das im

Links: Das Volk von Hunza gibt viele Rätsel auf.
Oben: Der Turban ist in Pakistan alltäglich.

Südwesten des Pandschab und in den Randzonen der drei angrenzenden Provinzen gesprochen wird. Wenig verbreitete Sprachen, zum Beispiel das in Gilgit gesprochene *Shina,* gehören zwar ebenfalls zur indoarischen Sprachfamilie, haben sich indes unabhängig weiterentwickelt.

Innerhalb der großen indogermanischen Sprachfamilie findet man im Westen die nah verwandte Gruppe der indoiranischen Sprachen, wobei das Persische *(Farsi)* der Hauptvertreter ist. In der Nordwestprovinz breitet sich das von den nomadisierenden Pathanen gesprochene *Pashto* bis heute aus, das wegen seiner Konsonantenhäufung beinahe so klingt, als spreche jemand mit Steinen im verwandten Exoten zu handeln, wenngleich mancher Sprachforscher gerne das Gegenteil beweisen würde.

In Pakistan werden also zahlreiche Sprachen gesprochen – aber wie so oft wird Mannigfaltigkeit durch Gemeinsamkeiten ausgeglichen. Wichtiges verbindendes Element ist die arabische Schrift, in der man die meisten Sprachen schreibt; sieht man einmal vom *Sindhi* und *Pashto* ab, die eine eigene Buchstabenschrift verwenden. Überdies lassen sich in allen Sprachen sehr viele arabische und persische Elemente nachweisen – Überbleibsel des einst mächtigen islamischen Einflusses. Abgesehen von strukturellen Ähnlichkeiten erleichtert ein ge-

Mund. Das *Pashto* ähnelt weniger dem Persisch oder den indoarischen Sprachen als einer anderen indoiranischen Sprache, dem *Baluchi.* Es ist neben dem *Brahui* die Sprache Belutschistans; angemerkt sei noch, daß *Brahui* nicht zur indogermanischen Sprachfamilie, sondern zu den Drawidensprachen gehört, die in erster Linie in Südindien gesprochen werden.

Außer dem *Balti,* das die im Norden des Landes lebenden Tibeter sprechen, gibt es in Pakistan nur noch eine nicht-indogermanische Sprache, nämlich das in Hunza gesprochene *Buruschaski.* Dabei scheint es sich um einen mit keiner anderen Sprache der Welt

meinsamer Grundwortschatz (mit etlichen dem Englischen entlehnten Wörtern) die gegenseitige Verständigung vor allem in den Städten, wo in der Regel nicht nur eine Sprache gesprochen wird.

Soziale Spannungen: Gerade in den Großstädten – hier stoßen viele unterschiedliche Volksgruppen aufeinander – kommt es immer wieder zu sozialen Spannungen. Ein gutes Beispiel dafür ist Karachi: Die Stadt ist zwar Hauptstadt der Provinz Sindh, die Sindhi aber sind in dieser ständig wachsenden Metropole längst zur Minderheit geworden. Die Mehrheit bilden Pathanen und Pandschabi – ohnehin die dominierenden

Volksgruppen des Landes –, die selbst den Anteil der Belutschen übertreffen.

Karachi ist außerdem die Hochburg der fünften Volksgruppe Pakistans, der Mohajir, was wörtlich übersetzt „Flüchtling" heißt. Als Moslems hatten sie nach der Gründung Pakistans ihre indische Heimat verlassen. Woher sie auch stammen mochten, fast alle von ihnen sprachen die gleiche Sprache: *Urdu*. Das unterschied sie von den anderen Pakistanis, die die Amtssprache erst in der Schule lernen mußten. Die meisten Mohajir hatten in Indien in der Stadt gewohnt – im Gegensatz zur Mehrheit der Pakistani, die auf dem Land lebt. Nach ihrer Ankunft übernahmen sie jene Beschäftigungen, die vorjedoch seit je von der Landwirtschaft geprägt – hier verdienen die meisten Pakistani ihr Brot. In den entlegenen Bergregionen aber ist das Leben hart, und viele Männer müssen sich als Saisonarbeiter in weiterentwickelten Gebieten ein Zubrot verdienen. Im Pandschab und im Sindh, wo künstliche Bewässerung intensive Landwirtschaft ermöglicht, steht immer noch die Dorfgemeinschaft im gesellschaftlichen Mittelpunkt. Überreste des traditionellen Kastensystems sind – wenngleich ohne die in Indien verbreitete Diskriminierung der unteren Kasten – im Handwerk zu finden, bei den Hufschmieden oder Wäschern, die für Großbauern oder Pächter arbeiten.

dem von der nach Indien ausgewanderten Hindu-Minderheit ausgeübt worden waren. Die verbesserten Bildungschancen verstärkten bei den Sindhi das Gefühl, sie, „die Söhne der Scholle", sollten eigentlich in eben diesen Berufen arbeiten.

Da durch die rasche Urbanisierung des Landes immer mehr Menschen unterschiedlicher Herkunft gezwungen sind, auf engem Raum zusammenzuleben, kommt es zunehmend häufiger zu Spannungen. Das Land ist

Links: Das Militär ist allgegenwärtig. Oben: Den traditionellen *salwar kameez* sieht man auf der Straße neben westlicher Kleidung.

Der Status der Landwirte ist von Region zu Region verschieden. Im Herzen des Pandschab sind die meisten Eigentümer des von ihnen bestellten Landes, während sie im Südwesten des Pandschab, wo *Siraiki* gesprochen wird, und im Sindh ihr Land von Großgrundbesitzern gepachtet haben, die trotz Landreformen nach wie vor fest im Sattel sitzen. Diese „Feudalherren" nennen manchmal 100 000 ha Land ihr eigen und bilden eine aristokratische Schicht, aus der Pakistan wie ehedem seine Führungselite rekrutiert; die Bhuttos entstammen eben dieser Oberschicht. Jedoch ist die Macht des Landadels eng verknüpft mit der Wirtschaftslage der Städte, die sich in den letzten Jahren verbesserte und es den Neureichen, die in den Kreis der „22 Familien" eindringen konnten, möglich machte, Vermögen zu erwirtschaften. In den sechziger Jahren unter der Regierung Ayub Khans soll das Kapital Pakistans buchstäblich in den Händen dieser paar Menschen gelegen haben. Den Reichen geht es wie eh und je gut. Durch eine gute Schulbildung nach englischem Vorbild, die die Wohlhabenden ihren Kindern angedeihen lassen, sind deren Chancen ungleich besser als die des Gros der pakistanischen Kinder. Auf diese Weise ist ihr ohnehin höherer gesellschaftlicher Status von vornherein gesichert.

Selbst die religiösen Minderheiten – sie machen 3 % der Bevölkerung aus – stehen, wenngleich weniger stark, unter dem Einfluß des Islams.

Neben den Parsen, einer vor Jahrhunderten aus dem Iran eingewanderten zoroastrischen Gemeinde, leben noch etwa 2 % Hindus in Pakistan, vorwiegend im Sindh; die meisten wohnen in den an Indien grenzenden Wüsten. Sie haben sich weitestgehend der Islamisierung oder Christianisierung entzogen und pflegen ihren eigenen *Balmiki*-Kult. Die größte religiöse Minderheit stellen die Christen. Ihre Vorfahren, zumeist „Unberührbare", hatten sich während der Kolonialzeit scharenweise von den engli-

schen Missionaren taufen lassen. Außerdem leben hier Anhänger der Anglikanischen Kirche und Katholiken aus Goa.

Der Islam ist weniger monolithisch, als Nichtmoslems gemeinhin annehmen. Es gibt eine Vielzahl von Spielarten dieser Religion, die nicht erst in jüngerer Zeit, sondern bereits in der Frühphase entstanden sind. Kurz nach dem Tode des Propheten Mohammed kam es zu einer Spaltung zwischen den Anhängern seines Schwiegersohns Ali, den Schiiten, und den Sunniten; erstere glauben, Ali und seine Nachkommen, die Imame, seien von Gott mit der Führung der Moslems betraut worden, wäh-

Ein anderer bedeutender Machtfaktor in Pakistan ist die Armee, die bereits häufig die politischen Geschicke der relativ jungen Republik lenkte. Die Präsenz der Streitkräfte ist landesweit spürbar. Die meisten Soldaten stammen aus den Armutsgebieten im Nordwesten des Pandschab und aus der Nordwestprovinz, in der viele Pathanen leben. Sie stellen zwar einen guten Teil des Offizierskorps, doch wird es von nationalistisch eingestellten Großgrundbesitzern des Pandschab beherrscht.

Religionen: Die überall dominierende Kraft ist der Islam, und im Sinne islamischer Ideale erfolgte bereits die Staatsgründung.

rend letztere der Meinung sind, Ali gehöre zu den Kalifen, die mit der Führung der islamischen Gemeinschaft beauftragt seien, einer Gemeinschaft, die ihr Leben nach der Sunna oder nach dem vorbildhaften Leben des Propheten ausrichtet.

Seit den Eroberungszügen der Araber im Mittelalter sind die Sunniten im Gebiet des Indus die stärkste islamische Glaubensgemeinschaft. Genauer gesagt ist es die Spielart, die der *Hanafi*-Schule folgt. Deshalb richtet sich in den meisten Moscheen, die das orthodoxe Regime unter Zia ul-Haq dutzendweise bauen ließ, die tägliche Liturgie nach dem *Hanafi*-Ritual, das auch während des gemeinsamen Betens bei Festlichkeiten oder in eigens dafür erbauten *Idgahs* den Ablauf bestimmt.

An der Spitze der Sunniten stehen Gläubige, die im islamischen Recht versiert sind und in ihrer Gesamtheit als *Ulema* bezeichnet werden; im Singular heißen sie *Maulvis* – Widersacher des von ihnen vertretenen Fundamentalismus bezeichnen sie abwertend als *Mullahs*. Zahlreiche religiöse Gruppen sind aus den Reformbewegungen des 19. und 20. Jhs. hervorgegangen, die die Prinzipien des Islams in ihrer ursprünglichen Form wiederaufleben lassen beziehungsweise in eine zeitgemäße Form bringen wollten. Viele von ihnen verfolgten daneben politische Ziele, wobei die Gemeinde der *Jamaat-e-Islami,* die unter Zia ul-Haq sehr einflußreich war, am bekanntesten wurde. Sie bildete lange Zeit die Speerspitze im Kampf gegen die *Ahmadiyya*-Sekte, die im 19. Jh. von einem pandschabischen Geistlichen begründet worden war. Dieser Geistliche behauptete von sich, Nachfolger des Propheten zu sein. Doch da Mohammed in Pakistan leidenschaftlich verehrt wird, stufte man seine Anhänger offiziell als Nichtmoslems ein.

Darüber hinaus gibt es auch bei den Schiiten zahlreiche Splittergruppen, die größte sind die Imamiten (oder Zwölfer-Schiiten), die im Iran die Mehrheit bilden. Sie gehen davon aus, daß die Linie der Imame mit dem zwölften zu Ende gegangen ist. Zwar lassen sich Parallelen zu den Sunniten feststellen, doch sind bei den Schiiten die Zaiditen höher angesehen. Diese sind direkte Nachkommen des Propheten Mohammed. Die in ganz Pakistan verbreiteten sogenannten Zwölfer-Schiiten haben eigene religiöse Führer, beten in eigenen Moscheen und feiern auf dem Höhepunkt des Glaubensjahres die *Muharram,* eine Trauerzeremonie.

Links: Die Oberschicht bleibt unter sich. Oben: Minderheiten in der vom Islam beherrschten Welt – die Kalasch des Hindukusch.

Am strengsten halten sich die Ismailiten, die den Aga Khan für den lebenden Imam halten, an ihre religiösen Bräuche. Die Andacht halten sie in den sogenannten *Jamaatkhanas,* die vornehmlich im Sindh das Stadtbild prägen. Die Bewohner des nördlichen Pakistans um Hunza wurden von ismailitischen Missionaren zu dieser islamischen Konfession bekehrt.

Schreine: Da die Zahl der Einwanderer aus anderen islamischen Ländern nie besonders hoch war – und mit dem Zusammenbruch des Mogulreiches eher abnahm –, sind in Pakistan die meisten Sunniten die Nachkommen von Einheimischen, die einstmals zum Islam konvertierten. Bei diesen groß-

angelegten Missionierungsversuchen während des Mittelalters spielte die orthodoxe Priesterschaft eine geringere Rolle als die *Pirs,* Adepten der mystisch-islamischen Lehre des Sufismus.

Die Gräbstätten, die um die Schreine der großen *Pirs* herum errichtet wurden, bildeten jahrhundertelang das Zentrum des religiösen Lebens und zogen sowohl diejenigen an, die spirituelle Hilfe vom Heiligen suchten, als auch die zahlreichen Bittsteller, die in der Hoffnung auf praktische und materielle Unterstützung Gelübde ablegten. Zu jedem Heiligengrab von Bedeutung gehört eine Moschee, in der die Gläubigen ihre Gebete verrichten. Ihre eigentlichen Anliegen tragen die Bittsteller indes direkt am Schrein vor, der zumeist mit einem blumenbedeckten Tuch verhüllt ist; sie berühren die Einfassung oder die Vergitterung, um den Kontakt mit dem Heiligen herzustellen, erheben hierauf die Hände zu einem stillen Gebet – üblicherweise die *Fatiha,* die gleich am Anfang des Korans geschrieben steht –, und machen ein Geldgeschenk.

Dank des Heiligennimbus der *Pirs* erweisen ihnen ganze Familien und Gruppen von Anhängern ihre Ehrerbietung; die Führer berühmter *Pir*-Familien sind nach wie vor hoch angesehen. Dabei handelt es sich häufig um altehrwürdige Mitglieder einer Feudalgesellschaft, die auch heute noch – nach der Verstaatlichung der Heiligengräber – ein nicht unbeträchtliches Einkommen haben. Das Mäzenatentum wohlhabender Pilger garantiert, daß die älteren Gräberanlagen, aber auch die erst jüngst verstorbener Heiliger oft ungewöhnlich sorgsam gepflegt werden. Bei dem Besucher wird sofort der Eindruck hervorgerufen, daß es sich um bedeutende Persönlichkeiten handelte.

Wie stark die Heiligengräber als Anziehungspunkte für Menschen aller Schichten wirken, läßt sich am besten an einem Donnerstagabend ermessen, wenn die Gläubigen den rhythmischen Klängen der mystischen Lieder lauschen, den sogenannten *qavvali.* Beeindruckend sind auch die jährlich stattfindenden Gedenkfeiern am Todestag des Heiligen oder – nach der Anschauung der Gläubigen – seiner „Vermählung“ mit Gott. Solche Feste ziehen Tausende von Pilgern beiderlei Geschlechts an, die mit Bussen und Zügen von oft weither anreisen. Die gleichzeitig stattfindenden Märkte *(mela)* sind zusätzlicher Magnet. Bei einigen herangereisten Menschen hat man den Eindruck, daß sie nur selten, wenn überhaupt einen Fuß über die Schwelle einer Moschee setzen, um am Gottesdienst teilzunehmen.

Die jedem offenen Heiligengräber erlauben es dem Pilger und *mela*-Besucher, jederzeit einzutreten, seine Bitte um Erfüllung eines Wunsches vorzutragen oder einfach der Menschenmassen draußen zu entfliehen und sich in der Gegenwart des Toten der Kontemplation hinzugeben.

Oben: Der Koran bestimmt ein ganzes Leben.
Rechts: Im Innern eines Schreins.

Frauen in Pakistan

Die Wahl von Benazir Bhutto zur Premierministerin Pakistans zeigte, daß das Geschlecht allein nicht ausschlaggebend ist, um in diesem Land ein hohes Amt bekleiden zu können. Mit der Wahl 1988 war Frau Bhutto die erste Premierministerin eines islamischen Staates geworden, eine von fünf Premierministerinnen auf der Welt.

Eine Frau in der nationalen Politik ist gleichwohl nichts Neues in Pakistan. Moslemische Frauen spielten im Kampf um die Unabhängigkeit eine führende Rolle ; so gehörte Pakistan zu den ersten Ländern, die eine Frau zur Botschafterin ernannten.

Der Ehrgeiz vieler Frauen Pakistans, eine Arbeit aufzunehmen, gründet auch in der Verfassung des Landes, die die aktive Teilnahme der Frauen in allen Lebensbereichen fördert und jede Diskriminierung der Geschlechter verbietet.

Anders als in benachbarten Ländern müssen sich die Frauen Pakistans nicht auf einige wenige Frauenberufe beschränken. Hier arbeiten Frauen als Ärztinnen oder Rechtsanwältinnen, sie sind Bankmanagerinnen, sie haben leitende Positionen in Werbe- und Personalabteilungen oder in der Abteilung für Öffentlichkeitsarbeit inne. Sie arbeiten in den oberen Etagen internationaler Firmen oder aber sind erfolgreiche Unternehmerinnen. Emanzipierte Frauen mit guter Allgemeinbildung und entsprechender Fachausbildung können es in Pakistan weit bringen. Pakistan International Airways hat mehr Pilotinnen als jede andere Fluggesellschaft angestellt. Die Universität von Islamabad hat allein mehr Professorinnen als alle Universitäten Großbritanniens zusammen.

Doch wie sieht das Leben für das Gros der pakistanischen Frauen aus: Sie leben noch wie ihre Urgroßmütter. Das soziale Umfeld, in dem sie aufwachsen, läßt ihnen nur wenige Chancen, einen Beruf zu ergreifen. Einer offiziellen Statistik zufolge haben nur 14 % aller Frauen eine Schulausbildung absolviert. In 15 der 75 Verwaltungsbezirke Pakistans kann weniger als ein Prozent der Frauen lesen und schreiben.

Das Verhältnis von Mann zu Frau beträgt in Pakistan 10 zu 9,6. In kaum einem anderen Land auf der Welt ist der Frauenanteil derart niedrig. Die durchschnittliche Lebenserwartung beträgt 52 Jahre – 20 Jahre weniger als in Skandinavien. In wirtschaftlich unterentwickelten Gebieten, wo die Familien hart ums Überleben kämpfen müssen, wird die Geburt eines Mädchens als Unglückszeichen verstanden. Kinderkrankheiten sind für Mädchen mit einem höheren Risiko verbunden, da sie grundsätzlich schlechter ernährt werden. In der Regel wird ein Mädchen im Alter von 14 Jahren verheiratet, bekommt im Laufe ihres Lebens neun Kinder und hat meist ebenso viele Fehlgeburten. Versuche der nationalen wie internationalen Entwicklungshilfe-Organisationen, die Schulausbildung und die medizinische Versorgung der Frauen zu verbessern, werden durch die kaum auszurottende Vorstellung von der traditionellen Rolle der Frau in der Gesellschaft behindert. Das gilt für die Stadt wie für das Land.

Die Feministinnen in Pakistan wie auch in anderen Ländern vertreten die Ansicht, daß der Islam den Frauen ihre Rechte verweigert. Ihnen halten die *ulemas,* Gelehrte des Islams, entgegen, daß die Rechte der Frauen ein zentrales Anliegen des Islams sei. Ganz im Gegensatz zu anderen Religionen, wie dem orthodoxen Judentum, dem Christentum und dem Hinduismus, besteht der Islam auf dem Recht der Frau auf Schulausbildung und eigenem Einkommen, auf dem Recht zu erben und Besitz zu haben, über den sie unabhängig von ihrem Ehemann verfügen kann – sowie auf völlige Unabhängigkeit von ihm. Diese Rechte sind in der *scharia,* der islamischen Gesetzessammlung, verankert.

Die Wirklichkeit sieht jedoch anders aus. Während man sich bei der Schaffung des pakistanischen Gesetzes stark an die *scharia* anlehnte, beherrschen doch nach wie vor jahrhundertealte Bräuche und Sitten den Alltag. Beim Pathanen-Stamm der Mohmand dürfen Frauen weder

Land noch Haus besitzen oder dergleichen erben. Sie werden ohne Rücksicht auf ihre Gefühle verheiratet, sie können sich nicht scheiden lassen. Selbst über ihre persönliche Habe verfügt ihr Vater oder der Ehemann.

Möglicherweise sind dies Überbleibsel einer Religion, die hier vor dem Islam herrschte, oder aber Fehlinterpretationen der islamischen Lehre. Keinesfalls fußen diese Bräuche auf dem orthodoxen Islam. Entgegen dessen Richtlinien müssen Entscheidungen, die eine Frau treffen möchte, mit einem männlichen Blutsverwandten besprochen werden. Das geht zurück auf eine Reihe von Bräuchen, die zusammen als *purdah* bezeichnet werden und tief in der Tradition wurzeln. Eine Untersuchung hat ergeben, daß sich 82 % der Frauen in der Stadt und 47 % der Frauen vom Land an die Vorschriften der *purdah* halten. Dieses Wort bedeutet so viel wie „Vorhang" oder „Schleier": Die Einhaltung der *purdah* läuft auf eine Geschlechtertrennung hinaus. Besteht kein enger Grad der Verwandtschaft zwischen einer Frau und einem Mann, so müssen sie gebührenden Abstand wahren; man spricht sehr förmlich, vermeidet jeden Blickkontakt und hält sich nicht lange auf. Der Tradition eng verbundene Familien trennen das Leben in zwei Bereiche: in den privaten – den Haushalt – und in den öffentlichen Bereich. In der Öffentlichkeit sollte eine Frau anstandshalber von einem Mann, einer anderen Frau oder zumindest einem Kind begleitet werden und den Schleier tragen. Daheim verbergen nur in sehr religiösen Familien die Frauen ihr Haar, sobald ein Mann in der Nähe ist.

Das Haus ist die Domäne der Frau und *harem* – verboten – für Männer, die nicht zur Familie gehören. Die Männer empfangen ihre männlichen Besucher an speziellen Orten. In den Stammesgebieten steht in jedem Dorf ein sogenanntes *hujra*, ein Gästehaus, in den Städten haben alle Wohnungen ein Wohnzimmer – *baithak*. Bei einigen landbesitzenden Familien, wie im Sind, haben die Frauen ihre eigene Unterkunft *(zenana)*.

In den Großstädten ist der hohe sozioökonomische Status eng verbunden mit der Lösung von derartigen traditionellen Verhaltensmustern. In Karachi, Islamabad oder Lahore tragen die Frauen der Oberschicht nur mehr selten den Schleier, häufig sieht man sie in Kleidern westlicher Mode. Je kleiner oder abgelegener dagegen eine Stadt liegt, desto stärker ist das Alltagsleben an die Tradition gebunden.

In Belutschistan oder in der Nordwestprovinz sieht man äußerst selten eine Frau auf der Straße. Wenn, dann sind sie entweder eingehüllt in eine *burqa* (ähnlich einer Nonnenkleidung) oder in eine *chaddar* (nur ein schmaler Schlitz für die Augen bleibt frei).

Geschlechtertrennung ist in den ländlichen Gebieten nicht verbreitet, da Frauen wie Männer für die Feldarbeit notwendig sind. Ungefähr 75 % der Landarbeit wird von Frauen verrichtet, hier würde der herkömmliche Schleier bei der Feldarbeit oder beim Wasserholen nur stören. Die Frauen in den ländlichen Gebieten des Pandschab oder des Sind tragen in Gegenwart von Männern gewöhnlich einen *chunni* oder *dupatta* (ein Schal, der um Kopf und Schulter geschlungen wird).

Die *purdah* spielt vornehmlich für die Menschen der provinziellen Mittelklasse eine Rolle; hier ist ihre Einhaltung sowohl Frage der Geltung als auch Zeichen für religiöse Ergebenheit. Einer Frau, die sich an die *purdah* hält, wird Keuschheit vor der Heirat und Fruchtbarkeit nach der Heirat garantiert. Sie weiß, daß – was immer geschehen mag – es stets Männer geben wird, sie sich um sie kümmern. Sie wird von den Frauen beneidet, die arbeiten müssen, um die Familie zu versorgen.

Jüngste Untersuchungen haben ergeben, daß es nun nicht mehr nur die Männer sind, die ihre Frauen dazu drängen, sich an diese Traditionen zu halten, sondern daß es in vielen Fällen eine Entscheidung der Frauen selbst ist. Immerhin wird durch die *purdah* der Frau die harte Feldarbeit unter der sengenden Sonne erspart – kein Zweifel, dies ist ein Vorteil. ■

Links: Auf geheimer Fahrt. Oben: Die Braut in voller Pracht.

DIE KÜCHE PAKISTANS

Die Frage, welche Gerichte typisch für Pakistan sind, ist nicht ohne weiteres zu beantworten. Eine klare Trennungslinie zwischen der Küche Pakistans und Indiens kann man so gut wie nicht ziehen; wenn es überhaupt einen Unterschied (von den Einschränkungen, die die Religion auferlegt, einmal abgesehen) gibt, dann den, daß in der pakistanischen Küche das Essen weniger scharf gewürzt wird. Dies ist auf den Einfluß der arabisch-persischen Küche zurückzuführen, die Joghurt und Sahne geradezu verschwenderisch verwendet.

Die „Küche der Moguln", die sich an den Höfen der moslemischen Herrscher in Indien entwickelte, nimmt in Pakistan breiten Raum ein. Exotische Zutaten und edle Gewürze wie Safran, Kardamom, Sesam oder Mohn verleihen den Speisen ein zartes Aroma, das scharfe Gewürze zerstören würden, wendete man sie in großen Mengen an. Für Gaumen, die allzu scharfe Speisen nicht gewohnt sind, ist die pakistanische Küche sicherlich ideal.

Die pakistanischen Gerichte sind in der Regel Fleisch- oder Geflügelgerichte, die mit würzigen Soßen abgeschmeckt werden. Häufig wird das Wort *mughlai* – nach Art der Moguln – irreführend an den Namen des Gerichts angehängt, um seine aristokratische Herkunft zu betonen und auf die oben beschriebene Zubereitungsart zu verweisen. Auch andere Wörter geben Auskunft über die Art der Zubereitung: *bhuna gosht* bedeutet, daß das Fleisch mit Gewürzen kurz angebraten und mit einer dicken Soße serviert wird, *machli ka salan* ist ein Fischgericht, mit Curry gewürzt, und *bheja masala* ist ein extrem scharf gewürztes Hirngericht. Bei *korma* (Fleisch in Joghurtsoße), das man nahezu überall im Land auf der Speisekarte findet, wird neben *mughlai* oder *zafrani* (mit Safran) der Name des Küchenchefs, des Restaurants oder der jeweiligen Region angehängt. Sehr populär in Pakistan sind Gerichte wie *khara masala gosht* (gewürztes Fleisch), *dopiaza* (Hühnchen oder Hammel mit Zwiebeln; beim Garen werden zweimal Zwiebeln zugegeben) und *roghan gosht* (garniertes Fleisch). Zum Garnieren der Speisen dienen angebratene Zwiebeln, Rosinen, Cashewnüsse, Pistazien und Mandelsplitter, aber auch mit Tomatenscheiben, hartgekochten Eiern und Salatblättern werden die Speisen appetitlich und farbenfroh angerichtet. In einfachen Lokalen oder an Imbißständen werden sehr häufig große Mengen billiger Zutaten wie Tomaten, Zwiebeln, Knoblauch, Ingwer, Kurkuma

und Peperoni verwendet, weshalb die Gerichte dort schärfer sind.

Auch das fast schon Legende gewordene *haleem,* angeblich das Leibgericht Kaiser Akbars, steht in der Tradition der „Mogul-Küche": Saftige Fleischstücke werden in einem dicken Brei aus Linsen und Körnern von sieben Getreidesorten gekocht. *Khichra,* eine Variante des *haleem* mit Hackfleisch, ist um einiges zähflüssiger, doch mindestens ebenso beliebt in Pakistan. Beide Speisen erhält man in Lokalen und an Imbißbuden ebenso wie andere Gerichte auf wiederverwendbarem Steingutgeschirr. Edle Varianten sind *dalcha* mit viel Fleisch

Vorherige Seiten: Frisch zubereitet auf den Tisch. Links: Imbiß nach pakistanischer Art. Oben: Festliches Hochzeitsessen.

und *channe ki dal* in brauner Soße; sie stehen ab und an auf einer Speisekarte.

Ein weiteres beliebtes Gericht ist *nihari* mit großen Rindfleischstücken von Nacken und Schulter, zubereitet mit Hirn, Zunge und Knochenmark in Bratensaft. Ursprünglich wurde es von Arbeitern als Frühstück gegessen, das den ganzen Tag über reichen mußte. Merkwürdigerweise ist es unterdessen eine bei allen Pakistanis begehrte Delikatesse, die – zubereitet mit Ingwer, Zwiebeln, frischen Peperoni, zerstoßenem Koriander und Limonensaft und mit *naan* (im *tandoor* gebackenem Brot) als Beilage – in einigen Restaurants lediglich an bestimmten Tagen angeboten wird.

Pakistans bekanntestes Gericht – und unter Feinschmeckern sehr beliebt – ist *tandoori,* ein Hähnchengericht, das in einem unterirdischen Lehmofen, einem *tandoor,* gegart wird. *Tikka kebabs* mit Riesengarnelen, Huhn, Hammel- oder Rinderstücken werden sehr gern gegessen und in allen Variationen zubereitet, zum Beispiel am Spieß oder ebenfalls im *tandoor* gebraten. Eine andere schmackhafte Variation ist der *karhai kebab,* der im Wok-ähnlichen *karhai* mit Zwiebeln und Gewürzen zubereitet wird. Als *seekh kebab* wird das zu Würstchen geformte Hackfleisch bezeichnet, das ebenfalls im *tandoor* oder am Spieß *(seekh)* gebraten wird. Sehr häufig im Angebot findet man *shami kebab* – Frikadellen, die mit feingehackten Zwiebeln, Minze und Koriander gefüllt sind; ein Spritzer Limonensaft gibt ihnen den frischen Geschmack.

Nargisi koftas sind fritierte Fleischbällchen, die von einem würzigen Teig überzogen sind. Sie werden mit einer delikaten Zwiebelsoße serviert. Für ein *ghulvan kebab* (aufgelöster *kebab*) oder einen *dam kebab* (gedämpfter *kebab*) muß man bereits tiefer in die Tasche greifen. Sie werden mit einem natürlichen Zartmacher wie roher Papaya oder *kachri,* einer Melonenart, behandelt; obgleich sie teurer sind, sollte man sie einmal probieren: Sie zergehen buchstäblich auf der Zunge.

Kebabs werden nach altem Brauch mit *naan* oder mit *kulcha* gegessen, einer mit Sesam bestreuten Brotsorte. Eine Alternative zu *naan* und *kulcha* sind *parathas,* die aus luftigem Blätterteig gebacken werden. Je nach Zubereitungsart können sie dicken, fritierten *chapatis* ähneln; *parathas* erhält man auch mit Hackfleisch oder Gemüse gefüllt. *Puri* – ein leichtes rundes Brot – wird gern zu Fleisch, Gemüse und Linsen oder zum Nachtisch serviert. In manchen Orten oder Gegenden Pakistans findet man regionale Brotspezialitäten, wie zum Beispiel *shirmal,* das mit Milch und Eiern gebacken wird und neben *naan* eines der wenigen Hefebrote ist. Weich und leicht süßlich ist *roghni,* das häufig zu *kebab* gereicht wird.

Ebenfalls ganz oben in der Beliebtheitsskala rangiert *biryani,* gekochter Reis mit Zutaten wie Fleisch, Huhn, Fisch oder Garnelen; es wird allerdings nur an bestimmten Tagen gegessen. Wie viele andere Festtagsgerichte und Delikatessen wird es mit Safran zu einem appetitlichen Orange gefärbt und mit eßbarem Silberpapier überzogen.

Eine köstliche Variante, indes nicht so schwer, ist *pulao,* das mit Fleisch, Huhn oder Fisch in klarer Brühe gekocht wird.

Nelken, Kardamom, Pfeffer und Zimt geben Reisgerichten ihr typisches Aroma, das zudem durch einige Spritzer Rosenwasser und *kevra* verfeinert wird. Auch *khichri,* ein sonst eher farbloses Gericht aus Reis und *channe ki dal,* einer gelben Linsenart, wird durch eben diese Aromastoffe aufgewertet; als Heilmittel soll es zusammen mit einer Soße aus Minze und Joghurt gegen Durchfall helfen.

Die meisten Reisgerichte werden serviert mit *raita,* einer Joghurtsoße, die mit Salz, Pfeffer, Koriander und Peperoni abgeschmeckt ist. Weltberühmt ist die *raita* mit geraspelter Gurke und Minze. Raffinierte Rezepte verlangen die Beigabe von gebratenem Gemüse – beispielweise Okra, Aubergine oder Kürbis – oder gerösteten Senfsamen oder Kreuzkümmel und Kurkuma.

Joghurt ist eine der am weitaus häufigsten benutzten Ingredienzien für scharf gewürzte Speisen, die zum Brunch oder Tee gegessen werden. In diese Sparte gehören die als *chaat* – wörtlich: „lecken" – bezeichneten Gerichte, die zeigen, was alles aus gekochten Kartoffeln und Kichererbsen gemacht werden kann. Sie kommen in eine Soße aus Joghurt, Peperoni und *chaat masala,* einer scharfen Gewürzmischung. Außerdem werden Obst, gehackte Peperoni, geschnittene Zwiebeln, scharfe Chillisoße, süße und saure Tamarinden oder grüner *chutney* aus Limonensaft und gemahlenen grünen Peperoni sowie Minze oder Koriander beigefügt.

Als *chutney* bezeichnet man scharfe Dips, die anstelle von Soßen oder Ketchup zum Eintunken serviert werden. Als Imbiß beliebt sind *pakora* (fritierte Teigbällchen mit Gewürzen) und *bhajia* (ausgebackenes Gemüse); die Dips dazu sind Chili-*chutney,* gewürzte Joghurt- oder Tamarindensoße. *Samosa* aus Blätterteig mit Fleisch- oder Gemüsefüllung oder *kachori,* mit einer Linsenpaste gefülltes Gebäck, ißt man mit den Fingern. Diese kleinen Delikatessen kann man nur bei den Straßenhändlern kaufen – erfahrungsgemäß gelingen sie zu Hause nicht. Andere Snacks, die es auf der Straße zu kaufen gibt, sind geröstete Erdnüsse *(mumphali)* oder Hülsenfrüchte *(channa).* *Kabuli channa* sind mit Salz, gemahlenen Peperoni und Limonensaft gewürzt.

Es empfielt sich, zum Essen *lassi* zu trinken, ein kaltes Joghurtgetränk (pikant, süß oder mit Fruchtgeschmack), das den scharfen Geschmack mildert. Kohlensäurehaltige Erfrischungsgetränke sind völlig ungeeignet und verschlimmern das Brennen im Rachen. Je nach Jahreszeit werden *nimbu pani* (frischgepreßter Limonensaft) und eine ganze Reihe anderer frischer Säfte angeboten, beispielsweise aus Granatäpfeln, Mangos, Zuckerrohr, Wassermelonen oder aus *falsa,* einer Beerenart.

Bereits zum Frühstück lieben die Pakistani ein deftiges Mahl. So kommen auf den Tisch neben *khagina* (Rührei mit Zwiebeln, Peperoni, Knoblauch, Ingwer und Tomaten) auch Nieren *(gurda),* Leber *(kaleji),* Hirn *(bheja)* und Bries *(kapoora)* mit Teigwaren wie *paratha* oder *chapati.* Sehr gerne gegessen wird *alu-puri* (Kartoffeln mit *puri*). Abgerundet wird ein gutes Frühstück häufig mit *suji ka halva* (Griesauflauf mit *puri*) oder mit *jalebi,* einem knusprigen Sirupgebäck, mit Safran versetzt.

In kleinen verschnürten Päckchen aus getrockneten Blättern verbergen sich meistens *jalebi* oder andere süße Köstlichkeiten: dunkelbraunes *habshi halva,* das es nur in Karachi und der Provinz Sind gibt, oder das hellere *halva* aus *akhrot* (Walnüssen) sowie das *sohan halva* mit Pistazien und Mandeln, eine weitere Abart, die die Kiefer zusammenklebt. Ein unbedingtes Muß für Feinschmecker ist *andey ka halva.* Als Nachtisch werden *shahi tukra,* ein Brotauflauf mit Sahne, Pistazien und Mandelsplittern, sowie *gajar ka halva* aus Karotten gegessen; letzteres dient auch als Kraftnahrung für Ringer und Bodybuilder.

Die Pakistani essen leidenschaftlich gern Fleisch, Geflügel und Meeresfrüchte. Lin-

Einige der wesentlichen Ingredienzien der pakistanischen Küche.

sen und anderes Gemüse sind in aller Regel nur Beilagen, obgleich sie häufig genug eine Delikatesse sind. Rindfleisch ist, da es nicht so beliebt ist wie Hammelfleisch oder das teure Huhn, vergleichsweise billig. In Fünf-Sterne-Restaurants muß man allerdings häufig tief in die Tasche greifen, wenn das angebotene Fleisch aus Argentinien oder Australien importiert wird.

Geschlachtet wird nach den Regeln des *halal,* d. h. die Metzger lassen das Tier ausbluten und entfernen dann soviel Fett wie möglich, um die Haltbarkeit im heißen Klima zu verlängern. Trotz dieser Vorliebe der Pakistani für Fleisch nehmen sie an einigen Tagen nur fleischlose Kost zu sich.

der jeweiligen Provinzen an. Hauptnahrungsmittel der am Indus lebenden Sindhi sind Reis und Fisch, hauptsächlich der hervorragende *palla* und weißer Flußlachs; die Küstengebiete des Sindh und besonders Karachi sind berühmt für ausgezeichnete Fischgerichte. Jeden Abend bringen die Kutter Unmengen von Fisch, Hummer und Riesengarnelen in den Hafen von Karachi. Sehr beliebt ist Pomfret, ein Salzwasserfisch, der in einer Schicht aus Knoblauch, Ingwer, Kurkuma und dem Mark roter Peperoni fritiert oder gebacken und mit Limonenscheiben serviert wird. Köstliche Riesengarnelen, so groß wie Hühnerkeulen, erhält man zu Spottpreisen.

Die Hauptmahlzeit einer Durchschnittsfamilie besteht aus Fleisch, Geflügel oder Fisch, gekocht mit einer würzigen Soße. Dazu werden eine oder zwei Beilagen gereicht, einfacher Reis und Brot (meist *chapati* oder seine leichtere Variante, das *phulka,* die gängigste aller Brotsorten in Pakistan). In ärmeren Haushalten wird Fleisch gewöhnlich durch sättigendes Gemüse, beispielsweise Kartoffeln, ersetzt.

Was auf den Tisch kommt, hängt stark von den Anbauprodukten der verschiedenen Regionen ab. Leider bieten nur wenige Restaurants in den größeren Städten wie Karachi, Rawalpindi und Lahore die Spezialitäten

Die Sindhi lieben ihr Essen scharf; deshalb würzen sie ihre Gerichte oftmals mit *amchur,* einem Pulver aus rohen Mangos, das dem Beilagengemüse einen pikanten, zitronenartigen Geschmack verleiht. Im Sindh wachsen nahezu alle Sorten von Mangos, weshalb eine unübersehbare Zahl von Rezepten zum Einmachen und Einkochen dieser Frucht existiert. Eines der delikatesten Gerichte der Region ist *sajji,* ein Lamm- oder Rinderbraten, der in einer Joghurtmarinade eingelegt und auf Reis gekocht wird. *Sajji* findet man auch in Belutschistan.

Die Pandschabi haben eine Abneigung gegen die säurehaltigen Tamarinden, Limonen und rohen Mangos und bevorzugen deftige Gerichte aus Kartoffeln oder Linsen *(dal)*. Sehr delikat ist *tarka,* auch *baghar* genannt: Linsen mit Knoblauch, roter Peperoni, Curry, Kreuzkümmel oder in Butter *(ghee)* angebratenen Zwiebeln. Das Grundnahrungsmittel im Pandschab ist Brot, und besonders auf dem Land besteht das Essen sehr oft aus kaum mehr als Brot, rohen Zwiebeln, einer oder zwei grünen Peperonis und einem Krug Milch oder *chach,* einer Variante des *lassi* aus Buttermilch. Als Nachspeise gibt es einen Klumpen *gur,* eine aus gekochtem Zuckerrohr hergestellte Masse, die auch anstelle raffinierten Zukkers zum Süßen verwendet wird.

ergibt das *alu gobi. Sarson ka sag* (Senfblätter), im Tontopf gekocht und mit ungesäuertem Maisbrot serviert, sowie *channa bhatura* (Kichererbsen und Kartoffeln mit einer gröberen Art *puri*) gehören zu den Spezialitäten des Pandschab.

In Lahore und dem Umland ißt man gerne *bekti,* einen Fisch aus dem Ravi; er wird im Teigmantel und mit Gewürzen zubereitet. Außerhalb der ummauerten Stadt Lahore werden eine Vielzahl regionaler Spezialitäten angeboten. Auf dem Speiseplan stehen unter anderem knusprig gebratenes oder geschmortes Hammelfleisch, schlicht als *karhai gosht* (Pfannenfleisch), oder, für den Abenteurer unter den Reisenden, *kalla*

Brot wird im Pandschab aus verschiedenen Getreidesorten gebacken, auch aus Hirse oder Mais. Die Pandschabi bezeichnen übrigens ihr Essen nicht als *khana* (Mahlzeit), sondern sagen dazu *roti* (Brot). Fleisch wird vorwiegend zusammen mit Gemüse als Eintopf gekocht – beliebte Kombinationen werden dabei mit Tomaten *(tamatar gosht),* Kartoffeln *(alu gosht),* Blumenkohl *(gobi gosht)* oder Spinat (*palak* oder *sag gosht*) zubereitet. Einen wohlschmeckenden Gemüseeintopf ohne Fleisch

Links: *Naan* wird im *tandoor* gebacken. Oben: Nüsse in Hülle und Fülle.

pacha, eine Variante des *siri-paya* – die stark gewürzte und sülzige Suppe, gekocht aus Kopf und den Füßen der Tiere.

Ein beliebtes Gericht der Pathanen ist *naan kebab.* Genauso gern gegessen wird *biryani.* Die berühmten *chappli-kebabs* von Peschawar verdanken ihren Namen ihrer Ähnlichkeit mit *chappals* – Pantoffeln. Je bergiger das Land ist, desto weniger abwechslungsreich ist das Nahrungsangebot. Meist bestehen die Mahlzeiten nur aus Brot, Bohnen und selbstgemachtem Käse *(panir);* einziger Fleischlieferant ist das Huhn.

Obst aus Quetta und aus dem Tal von Hunza und Swat ist als saftig und wohlschmeckend bekannt. Außer unterschiedlichen Sorten von Melonen und Zitrusfrüchten kann sich Pakistan seiner Pflaumen, Aprikosen, Pfirsiche, Walnüsse, Maulbeeren und Trauben rühmen, die in Gebieten mit gemäßigtem Klima neben Äpfeln und Birnen gut gedeihen. Auf den Ebenen wachsen Granatäpfel, Papayas, Guaven, Zuckerrohr, Bananen und Mangos, deren edelste Sorten Sindri, Alphonso und die grünhäutigen Langra sind.

Wie in vielen anderen Ländern bedeutet in Pakistan essen nicht nur bloße Nahrungsaufnahme. An Feiertagen werden traditionelle Festtagsgerichte zubereitet. So auch an den beiden *Eids* (Festtagen), wo *sevayyan*

und *sheer khorma* (Fadennudel-Auflauf) gereicht werden. Anläßlich einer Hochzeit bereitet man *biryani* und *korma* zu.

In Pakistan werden außergewöhnliche Anlässe nicht mit einer Flasche Sekt begossen wie bei uns, sondern man ißt Süßigkeiten und Konfekt – daher auch der Brauch, Süßes zu verschenken *(mithai khilao)*. „Naschmärkte" sind wahre Paradiese für Leckermäuler. Angeboten werden Süßigkeiten wie *barfi* (Schnitten mit Kokos-, Pistazien- oder Mandelgeschmack), *pera* (ähnlich wie *barfi*, doch rund, härter und brösliger), *karachi halva* (rosa, gelbe oder grüne Schnitten, mit Nußsplittern bestreut), sirupgetränkte *gulabjamun, rasgullah, cham cham* oder verschiedene *laddoos* (weiches, kugelförmiges Konfekt).

Für westliche Gaumen sind diese Häppchen viel zu süß und die pakistanische Küche zu scharf. Wird man von Einheimischen eingeladen, sollte man dennoch als Zeichen des guten Willens zumindest eine Kleinigkeit essen und an den Getränken wenigstens nippen – eine Ablehnung nimmt schnell den Charakter einer Kränkung an. Pakistani sind ausgesprochen gastfreundliche Menschen; sie fühlen sich verpflichtet, Gäste gut zu bewirten. So wird man mit dem Satz: „Aber Sie haben doch noch gar nichts gegessen!" gedrängt, wieder und wieder zuzulangen, selbst dann noch, wenn man schon völlig satt ist. Man sollte auch bedenken, daß Pakistan ein islamisches Land ist: Der Gebrauch der linken Hand beim Essen – und viele Speisen, zumal in ländlichen Gebieten, ißt man mit den Händen – ist verpönt.

Bei Familienbesuchen und selbst in Geschäften wird Tee angeboten, und in den Basaren stehen strategisch günstig plazierte Händler, die *chai* als kleine Erfrischung reichen. Im allgemeinen ist der Tee sehr süß, er wird zusammen mit Milch, Zucker und vielen Gewürzen (Muskat, Zimt, Nelken, Kardamom) aufgebrüht. Nur gelegentlich wird zu schwarzem Tee (*sulaimani chai* – Tee Salomon) warme Milch separat gereicht. Zum Abschluß des Essens trinkt man in Pakistan *sabz* (grünen Tee) oder den duftenden Yasmintee. Tibetanischen Buttertee erhält man in Baltistan.

Die Sitte, *paan* (Betelblätter) zu kauen, ist im ganzen Land weit verbreitet. Verschiedene Gewürze werden, mit einer Betelnuß in ein Blatt gewickelt, den ganzen Tag über, außer direkt vor dem Essen, gekaut. Für viele Pakistani ist das Betelnußkauen eine Sucht geworden wie in anderen Ländern der Kautabak. Sie kauen und kauen und spukken ab und an den roten Saft aus.

Pakistan ist sicherlich eine kulinarische Entdeckungsreise wert. Schnellimbisse, Lebensmittelläden und Restaurants der mittleren bis gehobenen Preisklasse bemühen sich auch um Speisen oder Gerichte aus der internationalen Küche, wenngleich nicht immer zu aller Zufriedenheit.

Oben: Eine Schüssel voller Nachtisch. Rechts: Nachdenklich im Gemüsemeer.

Das Kunsthandwerk einer Provinz ist immer auch Ausdruck ihrer Eigenheiten. Farbe, Form und Stil der künstlerischen Objekte, so in den hellen Patchwork-Decken aus dem Sindh, den *kaghazi*-Töpferwaren von Bahawalpur, den Keramikziegel von Hala und Chiniot, verweisen auf die kulturelle Identität und die Entwicklung einer Region.

Das Kunsthandwerk gehört zum Alltag vieler Pakistani, die auf dem Land leben – und das sind immerhin 70 % der Bevölkerung des Landes. Das Erblühen oder der

Niedergang eines kunsthandwerklichen Zweiges zu einem bestimmten Zeitpunkt in der Geschichte erlaubt Rückschlüsse auf gesellschaftliche Umwälzungen.

Aus einer Fülle von Beispielen soll an dieser Stelle nur eines herausgegriffen werden: Das allmähliche Verschwinden der Kamelhaardecken im Sindh und in Belutschistan ist die Folge einer Entwicklung vom Nomadentum zur Seßhaftigkeit einiger Stämme. Gleichzeitig wurden mehr und mehr Teppiche hergestellt. Die Motive, die man sonst auf den Schutzdecken der Lasttiere fand, wurden auf die Teppiche übertragen. Die mobilen Webstühle, wie man sie im Sindh, dem Pandschab und Bahawalpur verwendete, wurden durch schwerere, im Boden verankerte verdrängt. Ähnlich verhält es sich mit dem Verschwinden der Flötenköcher aus Umarkot, zu dem Zeitpunkt, als Teile der Bevölkerung – darunter viele Schlangenbeschwörer-Yogis – durch Dürre und Hungersnöte vertrieben wurden.

Einflüsse: Aus den Veränderungen und Entwicklungen der einzelnen Handwerkserzeugnisse läßt sich – natürlich mit Einschränkungen – auch die Geschichte eines Landes ablesen. Anfang des 8. Jhs. eroberten die Araber das Land: Allenthalben begannen sich die strengen geometrischen Muster der islamischen Kunst durchzusetzen. Nach der Invasion durch die Perser drangen die Blumen- und Pflanzenmotive als dekoratives Element in das Kunstgewerbe ein. Ob bei der Edelmetallverarbeitung oder der Teppichherstellung, das gesamte pakistanische Kunstgewerbe zeigt Einflüsse aus verschiedenen Richtungen.

Die aufgenommenen Elemente stammen einerseits aus der Kunst und Architektur des Islams und andererseits aus der Südasiens mit seinen asymmetrischen Kompositionen und weichen, fließenden Formen. Diese Einflüsse wird jeder Reisende entdecken, der mit wachen Augen über die Handwerksmärkte Pakistans schlendert.

Auch die britische Kolonialherrschaft ging nicht spurlos an der Kunst des Landes vorüber: Sie veränderte den Geschmack der Stadtbevölkerung nachhaltig. Jahrelang bevorzugten die Städter alles, was irgendwie nach Europa aussah, stellten es in ihrer Wohnung für jedermann sichtbar auf oder kleideten sich nach westlicher Mode.

Selbstverständlich konnte dieser Trend nicht ohne Schaden für das heimische Kunsthandwerk bleiben, dessen Motive – paradoxerweise – das Design der abendländischen Konfektionsware beeinflußten. In Pakistan wandte man sich von der Förderung des eigenen Kunsthandwerks ab und fand mehr Gefallen an fabrikgefertigten ausländischen Waren. Viele Stadtbewohner kauften sich lieber importierte Kristallglasschalen oder Kristallgläser aus China als die Handwerkserzeugnisse aus den Dörfern des eigenen Landes, wo Becher, Tabletts, Schalen und Töpfe aus Kupfer und Messing getrieben werden, die in jedem Haushalt auf dem Land ganz selbstverständlich zum Hausrat gehören.

Vorherige Seiten: Holzschnitzerei an einer Moschee in Skardu. Links: Kamelleder wird zu Lampenschirmen und Vasen verarbeitet. Glasierte Töpferware. Oben: Metallarbeiten zieren teilweise jahrhundertealte Muster.

Jeder Stamm hatte einst seine eigenen Kunsthandwerker. Bei den Luri-Belutschen etwa übernahmen die Schmiede zwei wichtige Aufgaben: die Waffenherstellung und den Gesang. Beides läßt sich durchaus verknüpfen, denn die heroischen Schilderungen und Berichte über Kriege wurden in Form von Liedern überliefert. Als jedoch das Kriegsgerät immer mehr an Bedeutung verlor, verlegten sich die Handwerker auf die Herstellung von Töpfen und Pfannen.

Artikel von ausgezeichneter Qualität, die in Heimarbeit entstanden, wurden an Touristengeschäfte verkauft, die sich auf „Kuriositäten" mit einem gewissen Gebrauchswert spezialisiert hatten. Es entstanden Zwittergegenstände, die modernes Design im Sinne der westlichen Industrieländer und traditionelle Techniken miteinander verknüpften. Ein Beispiel sind die Lederstickereien. Ledergürtel, -taschen und -geldbörsen verdrängten die Stickereien, die getriebenen Messerscheiden, Patronengurte, Tierdecken und Sattel. Handbemalte Kamelhäute und Vasen mit den Motiven von irakischen und syrischen Mamelucken-Moscheen sind Zeugnisse dafür, daß die Kunst des Bogenschießens und die des Köcherschmiedens überflüssig geworden sind.

In den Regalen der Geschäfte findet man neben violettfarbenen Schultaschen mit goldenen und silbernen Arabesken und den Spiegelblumen der Pathanen-Westen Stöße von Sindhi-Mützen mit winzigen Pailletten. Dies alles weist darauf hin, das sich das Kunsthandwerk einer veränderten Welt angepaßt hat. Kunsthandwerksartikel sind nach wie vor gefragt, doch in ganz anderer Form. Die Hersteller haben sich darauf eingestellt und fabrizieren, was sich heutzutage verkaufen läßt: Touristensouvenirs.

Veränderungen in einem Kunsgewerbezweig sind also die Reaktion auf gesellschaftlichen Wandel; dieselben Veränderungen können auch zum Aussterben eines Berufszweiges führen. Um dem Kunstgewerbe in Pakistan wieder seine ihm gebührende Beachtung zurückzugeben, wurde im Jahre 1974 das Institute of Folk Heritage in Islamabad gegründet. Die verschiedenen Projekte dieser Gesellschaft konzentrieren sich auf die Entwicklungen des heimischen Kunstgewerbes. Dadurch wird das bessere Verständnis des Kunstgewerbes und seiner elementaren Eigenschaften gefördert, ohne daß man darauf beharrt, die Tradition unberührt zu erhalten und gegen moderne Strömungen abzuschotten.

Schmuck: Die am kunstvollsten gearbeiteten Schmuckstücke, die man in Pakistan findet, stammen aus der Epoche der Mogul-Kaiser. Es sind meist goldene Halsketten, emaillierte Armreife und Ohrringe, mit Einlegearbeiten versehene Perlenhalsketten sowie Schnallen und Anhänger mit wertvollen Rubinen oder Smaragden. Die von der Kunst Südasiens beeinflußten, solide gefertigten Schmuckstücke werden ebenso gerne getragen. Die aus massivem Silber getriebenen Halsbänder und Halsketten sollen den Wohlstand ihres Trägers zur Schau stellen.

Viele Frauen, vor allem in den Stammesgebieten und den Gebirgsregionen, stechen sich gleich mehrere Löcher in den äußeren Ohrrand, um sich mit Ringen und Anhängern zu schmücken. Besonders im Pandschab sind Arm- und Fußringe sehr weit verbreitet, hergestellt entweder aus Gold, Perlen oder Rubinen. Das *damani,* ein mit Juwelen geschmücktes Stirnband, *tika* (ein Edelstein, der mit einem Band auf der Stirn getragen wird) und *jhumar* (ein Kettengehänge, das den Kopf vom Scheitel abwärts schmückt) sind immer noch populäre Brautgeschenke oder Mitgiften. Schmuck ist in den ländlichen Regionen wie ehedem Ausdruck eines gewissen Wohlstands; das Vermögen einer Familie ist nicht die Geldsumme auf einem Bankkonto, sondern der Gold- und Silberschmuck.

Metallschmiedekunst: Wer es sich leisten kann, kauft sich Geschirr aus Gold oder Silber: Servierteller, Schalen, Kelche und *pan-dans* (auf denen man Betel anbietet). Metallarbeiten findet man in Pakistan in sehr unterschiedlicher Qualität. Viele dieser Produkte sind mittelalterlichen Vorbildern nachempfunden. Das Angebot reicht von Möbelstücken bis hin zu Vasen, Krügen und Wandschmuck. Erwähnenswert sind die *koftgari* (Drähte, teilweise aus Edelmetall, die auf metallene Objekte gearbeitet sind) aus Gujrat und Sialkot (Pandschab) oder die bunt glasierten Einlegearbeiten aus Multan, Karachi und Hyderabad. Die wohl bekanntesten Motive bei Handwerkserzeugnissen aus Metall sind die Rosetten und Arabesken, die man auf etlichen Objekten aus dem Pandschab findet. Die Halbmonde, der achtstrahlige Stern und andere Symbole des Islam erscheinen in beeindruckendem Kontrast zu Motiven wie Löwe oder Elefantenkopf und Fisch; dieses Sammelsurium ist in

jüngster Zeit um die Darstellung des Menschen erweitert worden – ein Rückgriff auf die Ghandhara-Kunst. *Bidri,* eine Silbereinlegearbeit in Amalgam, wird seit dem 17. Jh. hoch geschätzt. Eine andere Silberschmiedearbeit – zum Teil mit Gold – ist *gangajamni* aus Rawalpindi und Karachi. Filigran auf Türen, Fensterrahmen und Paravents aus Holz findet man allenthalben. Metall oder auch andere Materialien, ob graviert oder damasziert, lassen sich jederzeit gut an Holzschnitzereien anbringen.

Holzarbeiten: Die Holzschnitzerei ist lange Zeit als Kunsthandwerk der Könige angesehen worden. Hassam Schah, ein Poet aus dem Pandschab des frühen 19. Jhs., be-

schreibt in einem seiner Gedichte eine Kiste, in der ein König seine Tochter aussetzt, da ihm Familienschande durch sie vorausgesagt worden ist:

Vom Meister will ich berichten
Für Sassi eine Kiste kunstvoll er baute
Wie Plato oder Aristoteles
Alle Kunst und jedes Wissen lernten
Die Schönheit des Orients
In sich barg

Des Meisters Schnitzkunst
Geringste Verzierung.
Sieh, Hassam! Wie fachgerecht
Jedes Stück von ihm gedrechselt.

Ein Stück Sandelholz ward gebracht
Dem der Meister
Arabesken abrang, golden,
Besetzt mit Schmuck und Edelstein.

Moslemische Holzschnitzer aus Kaschmir ließen sich zur Zeit der Gründung Pakistans in Swat, Peschawar, Karachi und Pindi nieder. Bemerkenswert sind ihre Einlegearbeiten aus Metall, Büffelhorn und Elfenbein. Die Holzschnitzer von Dera Ismail Khan und Chiniot sind bekannt für ihre Arbeiten, in die sie Messingteile einfügen und mit Schnörkeln verzieren.

Töpferei: In der Töpferei und im metallverarbeitenden Handwerk bezieht man sich häufig auf die Tradition. Die Technik wird von Generation zu Generation weitergegeben. Die Töpferei von heute stammt aus Persien und den arabischen Ländern. Die blau-weißen Keramikglasuren wurden vor mehr als 1000 Jahren im Irak und in Syrien vervollkommnet. Diese damals erworbenen Techniken benutzt man nach wie vor für die großartigen türkisfarbenen Kacheln der Moscheen und der eindrucksvollen Multan-

Links: Hüte aus dem Sindh. Oben: Schuhe in türkischem Stil. Geometrischen Mustern arabischen Ursprungs begegnet man häufig.

idgah: Flußschlamm wird sorgfältig zu Kacheln geformt, gebrannt und glasiert, meist in Familienbetrieben, von denen viele um Hyderabad angesiedelt sind, namentlich in Hala. Auch bei der *kaghazi*-Töpferei aus Bahawalpur arbeitet man mit zum Teil sehr alten Techniken.

Die Gitterverzierung erfreut sich nach wie vor großer Beliebtheit, die kalligraphischen Schriftzüge und Miniaturmalereien auf Vasen, Geschirr und Wandtellern sind erst in jüngerer Zeit dazugekommen. Figuren von Rhinozerossen, Leoparden, Bullen, Bären und Hunden, wie man sie in Mohenjo-daro fand, werden ebenso hergestellt wie Spielbretter aus Terrakotta, Einlegearbeiten mit Muscheln und Gußformen aus Marmor und Elfenbeinwürfeln. Erstaunlicherweise werden noch die fußbetriebenen Töpferscheiben benutzt und die Rohprodukte eher unter freiem Himmel als in einem Ofen gebrannt – so geschieht es seit Jahrtausenden.

Die meisten Töpferwaren aus dem Gebiet von Bahawalpur sind aus Terrakotta hergestellt, doch erhält man auch Keramiken. Die Töpferwaren aus dem Sindh erkennt man an ihrer schwarzen und kastanienbraunen Glasur, während die Arbeiten mit blauen, senfgelben und ziegelsteinroten Mustern einen lebhaften Kontrast zur Eintönigkeit des Landes darstellen. Die zumeist zweifarbigen Waren aus Jhang und Sargodha sind mit Spiegeln versehen.

Korbwaren: Vielerorts werden Flechtwaren hergestellt. Matten, Blenden, Fächer, Slipper und Mützen werden aus Blättern von Palmen, Binsen, Schilf und Getreidehalmen gewoben. Dieses Handwerk wird mehrheitlich von Frauen ausgeführt, die seit je Körbe flochten, in denen sie das frisch gebackene Brot warmhielten. Andere nützliche Haushaltswaren sind Gitter, mit denen man die Spreu vom Getreide trennt, und Netzkörbe, um Lebensmittel zu tragen oder zu lagern. Interessanterweise sind Frauen von der Arbeit an Hüten und Körben, die von den Schlangenbeschwörer-Yogis und den hinduistischen Stammesgemeinschaften gebraucht wurden, ausgeschlossen. Die Tatsache der monatlichen Menstruation „verunreinigt" die heiligen Gegenstände. Am gefragtesten sind Flechtarbeiten mit geometrischen Mustern, hergestellt aus gefärbten Grashalmen, Schilf oder Blättern. Geflochtene Einkaufstaschen sieht man auf nahezu jedem Markt in Pakistan. Einen geflochtenen Sichtschutz stellt man häufig dort auf, wo man den privaten vom geschäftlichen Bereich optisch trennen will.

Im ganzen Land haben sich Abnehmer von Korbwaren niedergelassen, die die Massenproduktion geflochtener Artikel fördern;

solche Waren können von Männern, Frauen und Kindern jederzeit neben anderen Arbeiten hergestellt werden, und sie können sich so ein kleines Zubrot verdienen.

Frauen und Kunstgewerbe: Der Beitrag der Frau zum Kunsthandwerk in Pakistan wird häufig nicht ausreichend gewürdigt. Frauen aus allen Landesteilen und allen Stämmen stellen ausgezeichnete Stickereien her. Die Frauen beschränken sich nicht auf eine Arbeit, sondern sind sehr vielseitig. So entstehen Teppiche, Ledersandalen und Kleidung aus handgewebten Stoffen. Die komplizierten und unendlich variationsreichen Stickereien, wie man sie in ganz Pakistan findet, tragen zum kulturellen Profil des Landes bei.

Ein anderes weitverbreitetes Kunsthandwerk in Pakistan ist die Herstellung von Patchwork-Decken. Diese wurden vom modernen Sufismus als Sinnbild der Vereinigung übernommen; ursprünglich war der *rilli* bei den Stämmen am Manchhar-See sehr verbreitet, heute dagegen findet man ihn vornehmlich am Keenjhar-See. Frauen aller Altersgruppen sitzen in der Sonne, um kleine Stoffquadrate, die sie aus alten Kleidern herausgeschnitten haben, zu den vielfarbigen karierten *rillis* zusammenzunähen.

Links: Kleines Handwerkszentrum in Quetta. Oben: Teppiche aus Belutschistan.

Rillis werden als Erbstücke weitergegeben. Man findet sie heute überall im Sindh; sie unterscheiden sich allerdings von Region zu Region. In einigen Gebieten bevorzugt man geordnetere Muster, auch hinsichtlich der Farbwahl gibt es Unterschiede. So werden im unteren Sindh klare Schwarzweißmuster favorisiert. Durch angenähte Muscheln, Goldfäden und Perlen können die *rillis* noch verschönert werden.

Teppiche: Decken aus Kamelhaar oder Schafwolle mit beigemischter Baumwolle werden in ersten Linie von den Stammesgemeinschaften hergestellt. Die meisten Teppiche und Decken mit einer breiten Palette von Variationen werden in Belutschistan produziert. Ähnlich anderen kunsthandwerklichen Gegenständen entstehen auch sie vornehmlich für den eigenen Gebrauch. Etliche Teppicharten, wie der *jhool* aus Belutschistan, der einst eine Decke für Tiere war, sind so selten geworden, daß sie mittlerweile unersetzlich sind. Es sind teure Erbstücke, die mit Leder verstärkt werden, damit sie so lange wie möglich halten; man erkennt sie an dem Quadrat in der Mitte und den Quadraten in allen vier Ecken. Ein Grund, warum das Teppichweben seinen Niedergang erlebt, ist die offene Weigerung mancher Weberinnen, ihr Wissen an Lehrlinge weiterzugeben – aus Angst, sie könnten ihre Vormachtstellung in ihrem Gewerbe durch den Nachwuchs einbüßen.

Der *farashi* wird aus einer Mischung aus Kamelhaar, Schurwolle und gebleichter Baumwolle hergestellt und ist äußerst populär. Die Weberinnen haben meist das Muster, das ihnen als Grundlage dient, im Kopf. Bevor sie ihre Arbeit beginnen, sprechen sie das Muster und die Farben mit den anderen Weberinnen durch, um Wiederholungen zu vermeiden. Nicht selten kann es aber passieren, daß die ursprünglich getroffene Entscheidung für Muster und Farbe während der Arbeit noch einmal modifiziert wird. Ist der Bruch sehr kraß, ist er am Endprodukt gut zu erkennen.

ten, die sich zu Mustern zusammenschließen. Aufseher kontrollieren die Arbeit, entwerfen die Muster der Teppiche und Läufer und geben Anweisungen an die Arbeiter, die weben und knoten, ohne Überblick über ihre Arbeit zu haben. Nach alter Tradition wird in jeden Teppich ein kaum sichtbarer Fehler eingearbeitet, da ein perfekt gearbeiteter Teppich die Aufmerksameit des Teufels auf sich ziehen würde. Die *chappay-walas* von Lahore und die Kunsthandwerker von Karachi sind die anerkannten Meister in ihrem Fach. Quetta, Multan und Peschawar sind blühende Zentren der Teppichherstellung.

Heute werden gerne Teppiche mit verspielten Blumenmustern gekauft. Medaillon-Teppiche mit einem vasenähnlichen Muster in der Mitte, das sich an den Rändern wiederholt, sind so beliebt wie Teppiche mit Jagdmotiven oder mit Tieren. Zur klassischen Gestaltung hinzu kommt ein neuzeitliches Motiv, das Kalaschnikow-Symbol, das einmal mehr Ereignisse aus dem Leben des Teppichwebers repräsentiert – diesmal die mit dem Krieg in Afghanistan verbundenen Probleme im Grenzland.

Die populären Musterentwürfe verbinden unterschiedlichste dekorative Elemente, wie Quadrate, Kartuschen und Oktagone. In Belutschistan sind stilisierte Kamele besonders beliebte Motive. Eine regionale Spezialität sind die Sämischlederdecken aus dem Sindh, verziert mit vielfarbigen Stickereien in Gold oder Silber.

Beim Teppichweben – wie häufig beim Kunsthandwerk – arbeiten alle Familienmitglieder mit. Kinder sind in den ärmeren Gebieten eine unersetzliche Hilfe. Sie spinnen die Wolle, spulen die Fäden und arbeiten an den Webstühlen. Dank ihrer kleinen Finger können sie die feinen Fäden verkno-

Organisationen: Wachsende Nachfrage rief nationale Hilfs- und internationale Entwicklungshilfeorganisationen auf den Plan, um das traditionelle Kunsthandwerk zu unterstützen. Bald konnte der Handel nicht mehr alle Wünsche befriedigen. Es bildeten sich Organisationen wie die APWA (All Pakistan Women's Organisation), PIDC (Pakistan Internal Development Corporation) und die PTDC (Pakistan Tourist Development Corporation), die Aufträge für bestimmte kunsthandwerkliche Artikel vergeben, die laut Untersuchungen auf dem Markt die gefragtesten sind.

Man entdeckte, daß die Arbeitskräfte nicht ausreichten, und lehrte in den Dörfern und in den Kunsthandwerkszentren der Städte den Umgang mit den alten Techniken des Kunsthandwerks. Das Trainingsprogramm der APWA inspirierte das Patient's Welfare Project, das den Frauen und Töch-

tern kranker, also arbeitsunfähiger Männer Sticken und Nähen beibringt. Tischtücher, Matten oder andere Artikel, die während des Trainingsprogramms hergestellt werden, verkauft man zur Finanzierung des Projekts; ganz allmählich lernen die Frauen, ihre Waren selbst zu verkaufen. Durch das Raana Liaquat Ali Industrial Home – unter der Schirmherrschaft der APWA, die besonders die Frauen unterstützt – begann die Zahl der Frauen im Kunsthandwerk nach und nach zu steigen. Sie arbeiten am Webstuhl, stellen Handdrucke oder Ähnliches her. Diese Frauen und ihre männlichen Kollegen schlossen sich zu zahlreichen Organisationen zusammen, die vornehmlich für den Export produzieren. Solche Gruppen, die man hauptsächlich in Dörfern findet und die stets mit Aufträgen eingedeckt sind, verdienen nicht soviel, wie man eigentlich von einem so florierenden Industriezweig wie dem Kunsthandwerk erwarten würde.

Alle Kooperativen und Organisationen, die sich zusammengeschlossen haben, um die Interessen des Kunstgewerbes durchzusetzen, haben es nicht geschafft, das Verdienstniveau zu heben – die Einkommen der pakistanischen Kunsthandwerker sind verglichen mit denen aus anderen Ländern nach wie vor sehr niedrig. Handelsorganisationen aus dem Westen kaufen die Kunstgewerbeprodukte, darunter Messingwaren, Holzdosen und Leinenkleider, sehr gerne vor Ort auf und verkaufen sie in ihren Ländern als Geschenkartikel weiter.

Ungeachtet gelegentlicher Aufmerksamkeit der Weltöffentlichkeit ist das pakistanische Kunsthandwerk auf dem Weltmarkt bis heute weitgehend unbekannt. Die Pakistanreisenden finden deshalb ein reichhaltiges und einzigartiges Angebot vor – überdies zu sehr niedrigen Preisen.

Links: Stück für Stück entstehen komplizierte Muster. Oben: *Rillis* sind kostbare Patchwork-Decken vom Manchar-See.

نہ چھیڑو دردمندوں کو نہ جانے دل سے کیا نکلے
بھلا نکلے برا نکلے مبادا بد دعا نکلے

خُدا حافظ

In kaum einem Reiseführer wird auf die Fahrzeuge eines Landes aufmerksam gemacht, doch im Falle von Pakistan verdienen Lastwagen und Busse, die in wahre Kunstwerke verwandelt werden, ein Kapitel für sich. Bunt bemalt, zeigen sie dem Betrachter eine farbenfrohe Welt: schneebedeckte Berge vor einem violettfarbenen Himmel und sattgrüne Täler oder eine gelbe Eisenbahn, die sich vor einer roten Sonne durch die Bergwelt schlängelt. Neben Wahlsprüchen und Symbolen in lebhaften Farben bilden Herzen und Schnörkel einen Rahmen um Blumen sowie Vögel, Fische und andere Tiere. Zusätzlich sind die Autos rundum mit Ketten, Plastikblumen und Glücksbringern behangen; alles erinnert an die prächtig herausgeputzten Kamelkarawanen früherer Tage. Mitten durchs Verkehrsgewühl schlängeln sich ähnlich dekorierte Motorrikschas mit Bewegungen, als wären sie aus einem Karussell ausgebrochen.

Über und über sind die Fahrzeuge mit verschiedenen Motiven verziert, und man fragt sich, woher diese ungewöhnliche Kunstform stammt. Sicherlich dienten die bemalten Laster Afghanistans als Vorbild für die etwas größeren der Pakistani, doch drängt sich – geht man noch weiter zurück – gleichzeitig der Vergleich mit den Kamelkarawanen auf, die einst dem Handel als Transportmittel dienten, heute weitgehend verdrängt durch die Lastwagen.

Auf der Straße herrschen fast unverändert Bedingungen wie seit je: Nur wenige Polizeistationen oder Militärposten schützen den Reisenden vor Überfällen; bei politisch motivierten Kämpfen kann er durchaus einmal zwischen die Fronten geraten, und da es nur wenige Tankstellen oder Rasthäuser gibt, kann man sich nicht häufig Ruhepausen erlauben. Früher wurden die Kamele mit Glücksbringern, Glocken und Ketten behängt, um böse Geister fernzuhalten. Gebete und Gebetssprüche sollten den Reisenden beschützen. Inzwischen haben Lastwagen die Kamele ersetzt, doch die Glocken, Ketten und Amulette sind geblieben.

Auch heutzutage mag man auf den göttlichen Schutz nicht verzichten: Die Abbildungen von Schutzheiligen bezeugen die Gottergebenheit des Fahrers, der in einsamen und gefährlichen Gebieten mit fremden Menschen und deren Eigentum unterwegs ist, und lassen den Geschäftsmann angesichts der Frömmigkeit, die die bemalten Autos verheißen, Vertrauen fassen.

Das häufigste Wort auf den Wagen ist „Allah“, das von stilisierten Pfauen, Fischen, Blumen oder Arabesken umrahmt ist. Oft entdeckt man auch ein *burraq* (halb Frau, halb geflügeltes Pferd), das an den Aufstieg des Propheten Mohammed in den Himmel, ins Paradies erinnert. Dieses Ereignis ist übrigens der Hintergrund für den Feiertag *Shab-e-Me'raj* (Die Nacht der Himmelfahrt Mohammeds). Weitverbreitete Motive sind zudem die heilige Pilgerstätte Mekka und Medina, die Geburtsstadt des Propheten, Schreine und Moscheen.

tige Rolle. Die Lastwagen dienen meist als Warentransporter und befahren immer dieselben Routen. Durch möglichst augenfällige Bemalung versuchen sie, die Aufmerksamkeit auf ihre Firma zu lenken, um neue Kunden zu gewinnen.

Die Bedeutung der Lastwagen als Werbeträger liegt auf der Hand. Je bunter und auffälliger der Wagen gestaltet ist, desto stärker drückt er Stolz und beruflichen Erfolg des Fahrers aus. Fröhliche Sprüche, wie „Be happy!“ und „Keep smiling!“, kecke Worte aus Filmen sowie Gedichte werben für die Firmen ebenso effektiv, als würden sie im Rundfunk und Fernsehen als Sponsoren auftreten.

Von den Bildern geht eine verträumte Exotik aus, die sich widerspiegelt in taubenblauen, rosa und gelben Zuckerwatte-Wolken, die über Seen voller Lotosblumen ziehen. Zweifellos bestärken sie den Glauben des Fahrers und zerstreuen seine Angst, wenn er nachts unterwegs ist, während sie tagsüber ein Genuß und eine Wohltat für die Augen sind.

Daneben spielt die kommerzielle Seite dieser schwelgenden Bemalung eine wich-

Vorherige Seiten: Land in Sicht. Links: Ein Stück Zuhause auf der Straße. Oben: Träume und Phantasien.

Busse sind da keine Ausnahmen; gehören sie einem privaten Busunternehmer, werden sie vor ihrem Einsatz erst einer Sonderbehandlung unterzogen. Der Bus, der später zwischen Islamabad und Rawalpindi die Haltestellen anfährt, hat kaum mehr Ähnlichkeit mit dem Fahrzeug, das einst vom Band rollte, und seine Ausstattung erinnert mehr an einen Schrein denn an einen Bus.

Wenn der Schaffner aussteigt und „Radscha Bazaar, Radscha Bazaar“ ruft, findet sein über und über bemalter Bus bei den Fahrgästen sicherlich mehr Aufmerksamkeit als eine alte Klapperkiste, die auf weniger wählerische Passagiere angewiesen ist.

Der Beruf des Fahrers ist in Pakistan sehr beliebt, vornehmlich bei den Pathanen, die Unabhängigkeit über alles lieben. Sie schätzen es, ihre Arbeit unbehelligt verrichten zu können. Viele ehemalige Landarbeiter, die sich in der Stadt eine Arbeit suchen mußten, betrachten motorbetriebene Fahrzeuge als die zeitgemäße Form des Ochsenkarren. Selbst diejenigen ohne Ausbildung haben bald Erfahrung gesammelt und sich gewisse Kenntnisse über Automechanik angeeignet, die sie mit Stolz erfüllen und sich den Hausangestellten und Fabrikarbeitern überlegen fühlen lassen.

Der Lkw-Fahrer ist Angestellter eines Transportunternehmers, der einen Fuhrpark besitzt. Für gute und sichere Arbeit erhält er zusätzlich zum Lohn Bonuszahlungen. Rikschafahrer hingegen mieten ihr Fahrzeug von einem Fuhrparkbesitzer. Nach Abzug sämtlicher Unkosten bleibt nicht viel Verdienst übrig; viele von ihnen müssen deshalb täglich bis zu 16 Stunden arbeiten. Ihr Traum ist es, eines Tages eine Rikscha ihr Eigentum nennen zu dürfen. Mit solcher Art von Eigentum ist es möglich, hoch hinaus zu kommen, etwas zu werden, darum ist man ja in die Stadt gekommen.

Solcherart zutiefst menschliche Hoffnungen und Sehnsüchte machen jene Darstellungen verständlich, die gerade auf den Schwertransportern eine ländliche Idylle vorgaukeln. Da entdeckt man Wasserfälle inmitten üppigen Grüns, Bäume, in denen sich Vögel tummeln, Sträucher in voller Blüte; ein Bauer bearbeitet seine Felder, vor den Pflug hat er einen kräftigen Ochsen gespannt; die Felle der im Hintergrund grasenden Tiere glänzen gesund, die Flüsse sind sauber, die Ernte ist gut, und die Menschen machen glückliche Gesichter. In diesen romantisch verklärten Bildern manifestiert sich das Heimweh der Fahrer, die in der Großstadt, fern der Heimat, ihren Lebensunterhalt verdienen müssen.

Die Bilder idealisieren aber nicht nur das einfache Leben auf dem Land, wo er seine Kindheit und Jugend verbracht hat, sondern auch die Vorstellungen, die er einst mit der Stadt verband. Auf den Bussen und Lastwagen sieht man romantische Städte mit akkurat angelegten Straßen und Häusern im Stil der Mogul-Zeit. Ein blitzsauberer Bus fährt durch Straßen, in denen weder Dreck noch Abfall herumliegt, und er bleibt nicht in einer Masse von Menschen stecken, die verzweifelt versuchen, pünktlich das Büro zu erreichen. Flughäfen werden abgebildet, Flugzeuge an einem wolkenlosen Himmel, Bahnhöfe mit eleganten Uhrentürmen, auf deren tadellos sauberen Bahnsteigen keine drangvolle Enge herrscht – die Züge schwe-

ben lautlos dahin. Diese Abbildungen halten in den Fahrern aus der Provinz das Bild wach, das sie sich einst von der Stadt machten, um ihr Glück zu suchen. Die riesigen Passagierdampfer in den Häfen schüren den Ehrgeiz aufs neue.

Diese Bilder erlauben auch, seine Enttäuschung über sein früheres und seine Ernüchterung angesichts seines jetzigen Lebens zu verdrängen. Außer den beschriebenen Phantasiebildern findet man allenthalben Motive aus der Mythologie. Jedem bekannte Helden ringen mit Fabelwesen. Telefone, Raketen und andere technische Attribute unserer Zeit preisen die Errungenschaften des 20. Jahrhunderts. Gelegentlich ist zwischen Tulpen, Perlenschnüren und Rosensträußen ein Politiker abgebildet, doch Bilder mit politischen Themen bleiben äußerst selten.

Populäre Filmstars und weibliche Schönheiten mit schwarzglänzenden Augen, die ihre Reize zur Schau stellen, zeigen sich auf dem Autoblech wie auf Plakatwänden.

Der Einfluß der westlichen Werbung aus den fünfziger Jahren ist offenkundig. Wie meist bei Straßenkunst wird die Aussage der Bilder durch ihre Unvollkommenheit betont. Menschen, Tiere und Landschaften sind „falsch" proportioniert und die Darstellungen vereinfacht: Sie sind naiv. Ihnen mangelt es an Originalität, die Farben erinnern an die in Indien massenhaft produzierten religiösen Bilder.

Gemalt werden sie meist von Designern und Kunstmalern, die Plakate auch für die Filmindustrie entwerfen und zeichnen oder Kalender und Notizbücher illustrieren. Ebenso übernehmen sie Auftragsarbeiten für Privatleute oder Galerien, die die Bilder als „Pop-art" ausstellen.

Viele dieser Künstler erlangen – ohne eine Ausbildung genossen zu haben – einen gewissen Bekanntheitsgrad, ihr Namenszug hebt den Wert. Mit Schablonen oder nach Vorlagen bemalen sie routiniert das ganze Fahrzeug, oder – was oft der Fall ist – lediglich einzelne Teile des Wagens, auf die sie sich spezialisiert haben.

Angefangen bei den Stoßstangen, Kotflügeln, Fensterrahmen, Spiegelhalterungen und Türgriffen, weiter zu den Sitzen im Wageninneren, bleibt am und im Fahrzeug nichts ohne Verzierung. Tiara-Formen schmücken die Motorhaube der Busse und Lastwagen; Plaketten, Kreise, Quadrate und Dreiecke runden die Bemalung zum Gesamtkunstwerk ab.

Über Arbeitsmangel können sich die Künstler nicht beklagen. Zudem liegt ihr Lohn weit über dem der Fahrer, die ihre Wagen bemalen lassen. Zusätzliches Geld bringen Sonderwünsche, wie künstliche Blumen und eine Vielzahl von Motiven, geprägt in farbige Plastikmatten, die dem Wagen einen Pfiff geben sollen.

Das Ergebnis sind jene kitschig-bunten Fahrzeuge, die gleich Kunstgalerien auf Rädern durch die Städte und Dörfer fahren und der Bevölkerung ein idyllisches Leben vorgaukeln. Die dargestellte Harmonie erweckt Hoffnungen auf ein besseres Leben und gibt dem Fahrer, wenngleich nur für kurze Zeit, ein Gefühl von Sicherheit.

Selbstredend stehen die Bilder in krassem Gegensatz zur Realität in Pakistan – ja, die bemalten Autos selbst tragen in den Städten, die im Verkehr zu ersticken drohen, wesentlich zu dieser unschönen Realität bei. Sitzt man indes bei Staub und Hitze im Stadtverkehr fest, dann ist dieser farbenfrohe Ausdruck nationaler Straßenkunst eine willkommene Abwechslung.

Links: Je bunter der Bus, desto erfolgreicher das Busunternehmen. Oben: Mit einer *scooter*-Rikscha kommt man schnell durch die Stadt.

جمعہ
۲۴
فروری
سے
جوشیلا دشمن
رنگین
اردو
ڈائریکٹر
جی-ایم-دین
میوزک
کمال احمد
M-M 89
SUKKUR

صوبیا • اسمٰعیل شاہ
مصطفٰے قریشی
سنگیتا
شہناز • عدالت حسین
(لونگ مین)

BEDFORD
BAR 9645
BAR 9645

DAS LAND

Welchen Wegen auch immer der Reisende in Pakistan folgt, seien dies der letzte Anstieg vor einem 5000-Meter-Paß oder die halbdunklen Gassen eines geschäftigen und von Menschen brodelnden Basars einer Altstadt, die Eindrücke, die man in sich aufnimmt, haben eines gemeinsam: Pakistan, so stellt man fest, ist ein Land des Abenteuers und der großen Kontraste.

Am deutlichsten springen die Gegensätze in der Provinz Sind ins Auge. Hier fiebert die moderne Metropole Karachi ehrgeizig der Zukunft entgegen, während auf dem Land das Leben wie seit Jahrhunderten seinen Gang geht: in den fruchtbaren Ebenen des Indus ebenso wie in der unwirtlichen Thar-Wüste. Im Sind hat auch der Sufismus seine stärkste Verwurzelung. Vor den Schreinen der Sufi-Heiligen singen, tanzen und feiern Derwische und Gläubige.

Fünf Nebenflüsse des Indus fließen durch den Pandschab, eine großteils bewässerte, fruchtbare Ebene, wo der neue Wohlstand nicht verbergen kann, daß die Provinz im Laufe der Geschichte das Objekt vieler imperialer Wunschträume war, die ihre deutlichen Spuren hinterlassen haben. Lahore war während der Herrschaft der Moguln eine prachtvolle Stadt, in Multan findet man Kunst und Architektur aus vergangenen Zeiten. Städte gingen unter, andere überdauern in der Gegenwart und blühen inmitten eines Erbes von Legenden und romantischen Geschichten.

Der sicherlich abweisendste Teil Pakistans ist Belutschistan, westlich des Indus. Wegen seiner weiten, lebensfeindlichen Wüsten lag es stets abseits der Entwicklungen im Osten. Doch die Geschichte und die Kultur der in Stammesverbänden lebenden Bewohner sind etwas, das entdeckt werden will von mutigeren Reisenden und denjenigen, die willens sind, die ausgetretenen Pfade zu verlassen.

Die North West Frontier Province (Nordwestprovinz) hat seit je Abenteurer angelockt. Es ist das Land des Khyber-Passes, der unabhängigen kämpferischen Pathanen-Stämme und der märchenhaften Stadt Peschawar. Hier haben der Buddhismus ebenso wie das Britische Kolonialreich ihre Spuren hinterlassen; die NWFP, so die Kurzform, schlägt fast alle anderen touristischen Konkurrenten aus dem Feld. Das Land im Nordwesten hat viele Seiten; die schneebedeckten Berge um das grüne Swat-Tal haben der Gegend sogar das Attribut einer pakistanischen Schweiz eingetragen.

Eine solche Beschreibung wird jedoch der atemberaubenden Kulisse der Gebirgszüge des Karakorum und des Hindukusch kaum gerecht. Nur unterbrochen von den Tälern Baltistans, Gilgits, Hunzas und Chitrals, sieht sich der Trekker und Bergsteiger hier der Welt mächtigsten Zusammenballung hoher Berge gegenüber. Jeder Schritt hier ist begleitet von unvergeßlichen Eindrücken und von den Spuren der großen Abenteurer und Entdecker.

<u>Vorherige Seiten</u>: Der K2, mit 8611 m der zweithöchste Berg der Welt / Hütten klammern sich an die Flanken des Berges / Drachen am Himmel begrüßen im ganzen Land den Frühling / In Karachi werden mehr Filme als in Hollywood produziert. <u>Links</u>: Fast zu schade für die Straße.

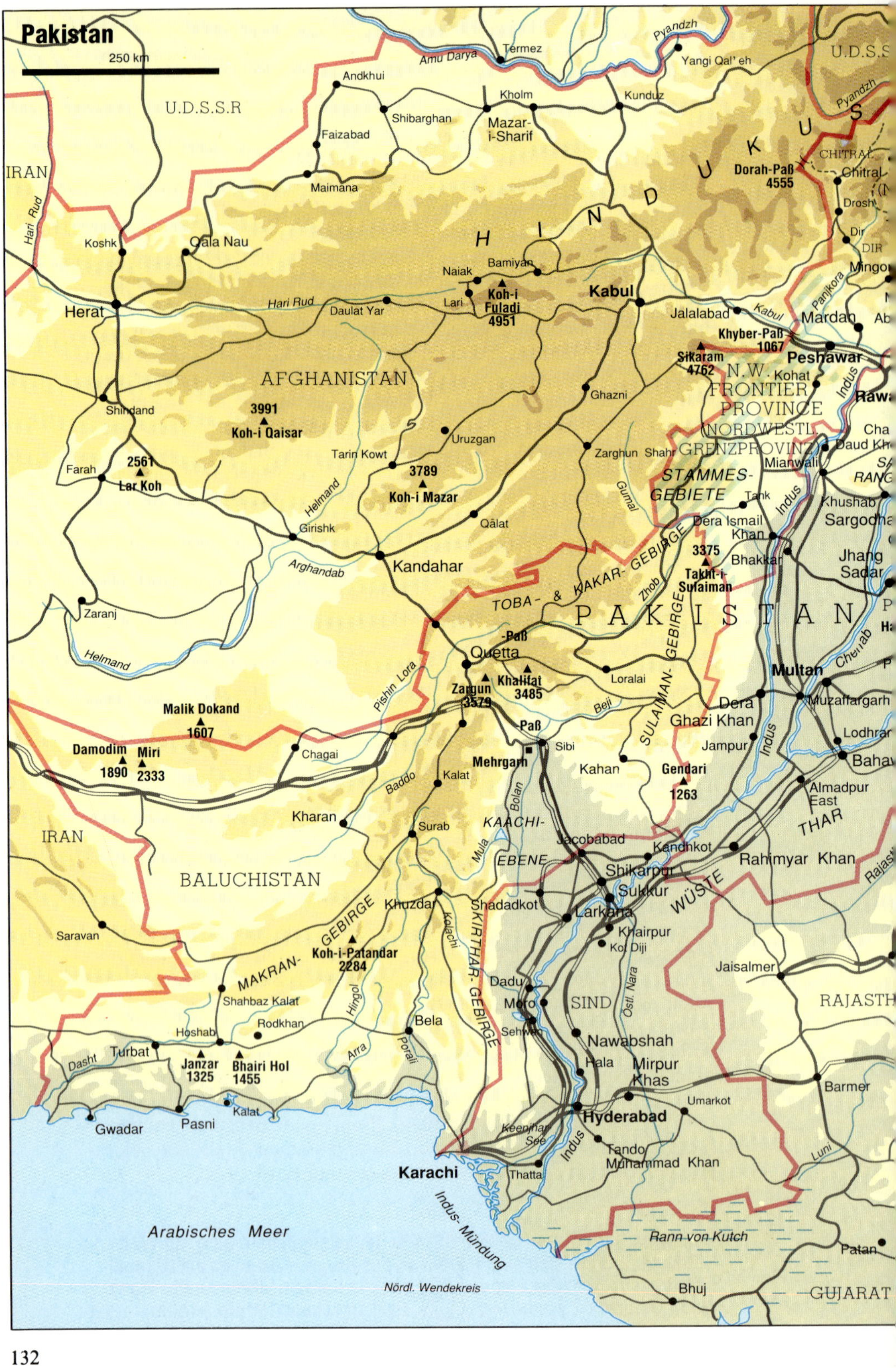
Pakistan
250 km
U.D.S.S.R
IRAN
Hari Rud
Koshk
Qala Nau
Herat
Andkhui
Faizabad
Maimana
Shibarghan
Termez
Amu Darya
Pyandzh
Yangi Qal'eh
Kholm
Mazar-
i-Sharif
Kunduz
U.D.S.S
Pyandzh
H I N D U K U S
Dorah-Paß
4555
CHITRAL
Chitral
Drosh
Dir
DIR
Mingora
Naiak
Bamiyan
Lari
Koh-i
Fuladi
4951
Kabul
Daulat Yar
Hari Rud
Jalalabad
Kabul
Panjkora
Mardan
Khyber-Paß
1067
Sikaram
4762
Peshawar
Kohat
N.W.
FRONTIER
PROVINCE
(NORDWESTL.
GRENZPROVINZ)
Indus
AFGHANISTAN
3991
Koh-i Qaisar
Shindand
Ghazni
Uruzgan
Tarin Kowt
Zarghun Shahr
Mianwali
Farah
2561
Lar Koh
3789
Koh-i Mazar
STAMMES-
GEBIETE
Tank
Khushab
Sargodha
Helmand
Girishk
Qalat
Gumal
Dera Ismail
Khan
Kandahar
Arghandab
TOBA- & KAKAR- GEBIRGE
3375
Takht-i-
Sulaiman
Bhakkar
Jhang
Sadar
Zhob
Zaranj
P A K I S T A N
Helmand
-Paß
Quetta
Khalifat
3485
Zargun
3579
Loralai
SULAIMAN-GEBIRGE
Multan
Chenab
Muzaffargarh
Pishin Lora
Malik Dokand
1607
Beji
Dera
Ghazi Khan
Lodhran
-Paß
Damodim
1890
Miri
2333
Chagai
Sibi
Mehrgarh
Jampur
Kahan
Gendari
1263
Bahawalpur
Kalat
Baddo
Bolan
Almadpur
East
Kharan
Surab
KAACHI-
EBENE
THAR
IRAN
Mula
Jacobabad
Kandhkot
Rahimyar Khan
BALUCHISTAN
Shikarpur
Sukkur
WÜSTE
Khuzdar
Shadadkot
Larkana
MAKRAN-GEBIRGE
Kolachi
KIRTHAR-GEBIRGE
Khairpur
Kot Diji
Saravan
Koh-i-Patandar
2284
Jaisalmer
Dadu
Moro
SIND
Östl. Nara
RAJASTHAN
Shahbaz Kalat
Hingol
Rodkhan
Hoshab
Bela
Sehwan
Nawabshah
Dasht
Turbat
Janzar
1325
Bhairi Hol
1455
Arra
Porali
Hala
Mirpur
Khas
Barmer
Umarkot
Gwadar
Pasni
Kalat
Hyderabad
Keenjhar
See
Indus
Tando
Muhammad Khan
Luni
Karachi
Thatta
Indus-Mündung
Arabisches Meer
Rann von Kutch
Patan
Nördl. Wendekreis
Bhuj
GUJARAT

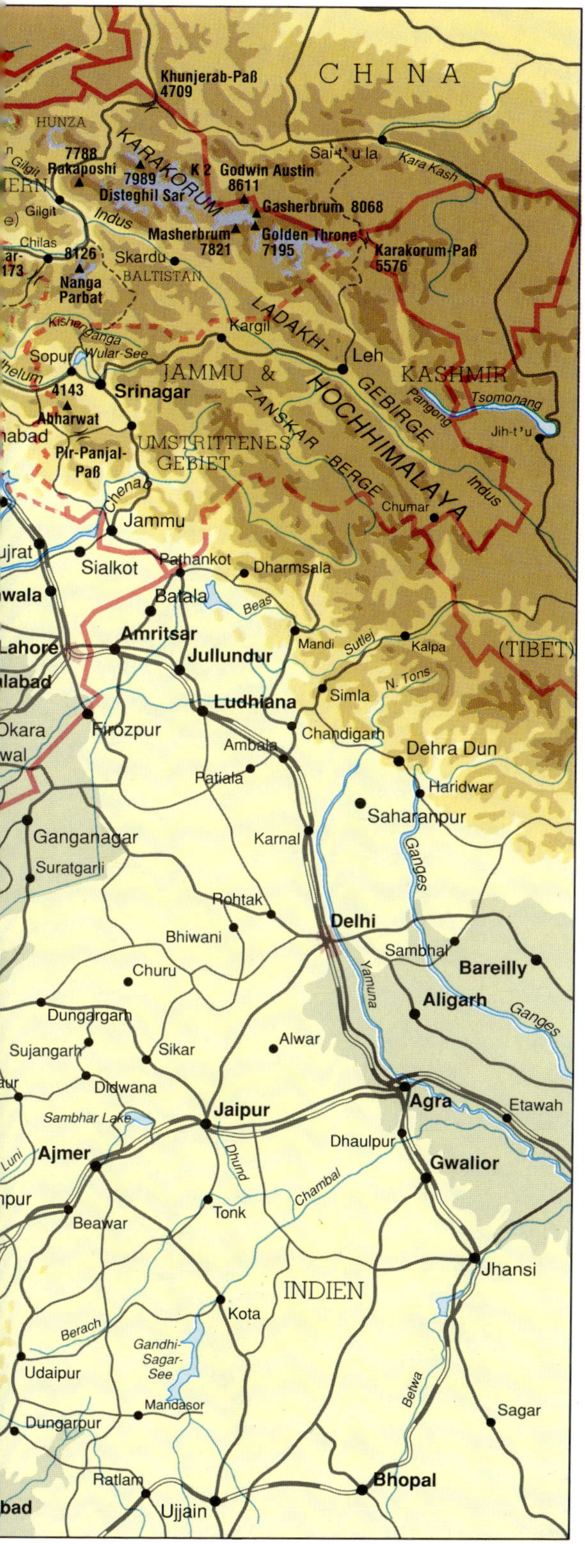

ISLAMISCHE REPUBLIK PAKISTAN FAKTEN UND ZAHLEN

Provinzen:
Sindh, Pandschab, North West Frontier Province (NWFP), Belutschistan, die Pakistan zugesprochenen nördlichen Gebirgsregionen Kaschmirs, die sogenannten Northern Areas (einschließlich Gilgit, Hunza, Baltistan)

Hauptstadt: Islamabad (350 000 Einwohner, mit Vorstädten 1,5 Mio.)

Provinzhauptstädte:
Karachi (Sindh; 5,2 Mio. Einw.), Lahore (Pandschab; 3 Mio. Einw.), Quetta (Belutschistan; 290 000 Einw.), Peschawar (NWFP; 570 000 Einw.)

Fläche: 796 095 km^2

Berge und Wüsten: 450 000 km^2

Der höchster Punkt:
K2: 8611 m

Die heißesten Gebiete:
Sibi in Belutschistan
(Im Sommer über 50 °C)

Die größten Flüsse:
Indus, Jhelun, Sutlej, Chenab, Ravi

Bevölkerung: 123 Millionen

Bevölkerungswachstum: 3,1 %

Die verbreitetsten Sprachen:
Urdu (Nationalsprache Pakistans), Sindhi, Pandschabi, Siraiki (Im Süden des Pandschab und Sindh), Pushtu (NWFP), Baluchi (Belutschistan)

Religionen:
Moslems (97,2 % der Bevölkerung, davon 90 % Sunniten, 10 % Schiiten), Christen (1,5 %), Hindus (1 %), 10 000 Parser, 4000 Buddhisten

Der Sindh

Die Provinz Sindh ist benannt nach dem großen Strom Indus, in dessen fruchtbarer Ebene seit der Harappa-Kultur vor 5000 Jahren, als hier zum ersten Mal in größerem Stil Landwirtschaft betrieben wurde, zahllose andere Kulturen lebten. Begrenzt wird die Provinz im Osten von der Wüste Thar, im Westen vom Kirthar-Gebirge und im Süden vom Arabischen Meer.

Die Arier glaubten, der Fluß entspringe *Sinh-ka-bab,* dem Maul eines Löwen. Wegen seiner enormen Größe nannten sie ihn Sindhu, was im Sanskrit „Ozean" bedeutet. Bei den Griechen hieß er Sinthus, bei den Römer Sindhus, den Chinesen Sintau und den Persern Abisind. Die Araber schließlich nannten ihn Sindh, in Anlehnung an Hind, das ferne Land weit im Osten. Plinius gab dem Fluß den Namen Indus: daher auch der Name Indien.

Zur Zeit der Harappa-Kultur führte der Indus erheblich mehr Wasser. Die Ebenen der Provinz Sindh waren hier Steppe, dort dicht bewaldet, die Heimat einer mannigfaltigen Fauna: Auf alten Siegeln aus Moendscho Daro erkennt man Elefanten und Tiger. Die Sonne dörrte das Land aus, andererseits wurde es in regelmäßigen Abständen auf einer Breite von 50 km überflutet. Die jährlichen Überschwemmungen verteilten die Pflanzensamen und machten den Boden fruchtbar. Nach und nach gelang es den Menschen, sich das Land nutzbar zu machen. Sie fingen an, Weizen, Gerste, Ölbäume, Baumwolle, Gemüse und Obst anzubauen.

Der Rig-Weda zeichnet uns ein mystisches Bild vom Indus: „Der lebendige, golden schimmernde Fluß, der von den schneebedeckten Bergen herabstürzt, fließt durch die dichten Wälder und, immer breiter werdend, entlang den fruchtbaren Feldern, bis er sich schließlich ins Meer ergießt, hinter dem die Sonne versinkt."

Im Verlauf seiner Indienreise durchquerte der britische Reisende Masson zwischen 1827 und 1831 den Sindh zu

Fuß. Er beschrieb die Provinz als „gesittet und gut organisiert im Vergleich zu den ungestümen Ländern, die ich bisher gesehen habe". Er schildert, wie in einem kleinen Ort ihn die Leute zum Frühstück eingeladen und ihm „sechzehn oder siebzehn Töpfe mit Weizengrütze sowie gezuckerten Milchreis und Buttermilch" angeboten hätten.

Etwa 70 km nordöstlich der Städte Sukkur und Rohri erreicht der Indus die Provinz Sindh und durchfließt ein niedriges Kalksteingebirge. Nördlich von Sukkur steht der Gaddu-Staudamm, und auf der Höhe von Sukkur errichtete man 1932 einen massiven steinernen Damm. Im südlich gelegenen Kotri steht ein dritter Staudamm. Mit dem gestauten Wasser werden die Bewässerungkanäle gespeist, die im umliegenden Land eine intensive Agrarwirtschaft ermöglichen.

Während der kühlen Jahreszeit wächst auf den bewässerten Anbauflächen des Sindh der junge, dunkelgrüne Weizen ebenso wie Hirse und Baumwolle. Auch Mangos, Guaven, Zitrusfrüchte und anderes Obst von ausgezeichneter Qualität gedeihen in den großen Obstplantagen. Unzählige kleine Kanäle transportieren das notwendige Wasser auf die mosaikförmig angelegten Felder, die den Fluß säumen: Das bewässerte, landwirtschaftlich intensiv genutzte Gebiet ist 500 km lang und zwischen 50 und 130 km breit. Wie kleine Schmuckstücke nehmen sich die pittoresken Gutshöfe und Stallungen dieser Gegend aus. Die fruchtbarsten Äcker liegen in unmittelbarer Nähe zum Fluß; alljährlich werden sie vom Indus überschwemmt. Der mitgeführte Schlamm setzt sich ab und verwandelt sich in Humus. Die nach der Überschwemmung zurückbleibenden Weiher und Altwasser werden Biotope für Wildenten und -gänse und andere Wasservögel. Dichte Tamariskenwälder, typisch für den Sindh, vermitteln einen Eindruck davon, wie die Provinz vor langer Zeit aussah.

Nördlich der bewässerten Anbaugebiete zeigt sich die Natur ursprünglich und karg. Der einstige Dschungel wich sandigen Hügeln mit wildem Dornengestrüpp und Unkraut. In dieser unwirtlichen Landschaft wachsen auch dürre, reisigartige Sträucher und die *aks* mit ihren großen Blättern und den hellvioletten Blüten, die man beinahe überall finden kann. Regelmäßige Sandstürme tragen ihren Teil zur fortschreitenden Bodenerosion bei.

Einige Flecken Land, salzverkrustet und ohne jedes Leben, erwecken den Eindruck einer Mondlandschaft. Doch sogar dieses Brachland verwandeln die Bauern in fruchtbare Scholle; zunächst werden Felder angelegt, dann werden sie gründlich bewässert, und schließlich kann man Reis anbauen. Nach einer Überschwemmung dörrt der Schlamm aus, es entsteht ein knochentrockener Boden, auf dem nur dornige Sträucher und andere widerstandsfähige Pflanzen wachsen, die nur wenig Wasser zum Leben benötigen.

Hinter Hyderabad verzweigt sich der Indus, er bildet ein sumpfiges Flußdelta, an dessen Ostrand die Stadt Karachi liegt. Diese Sumpflandschaft, voll von Tamarisken, Gestrüpp, Salzwas-

<u>Vorherige Seiten</u> und <u>links</u>: Der Reichtum des Sindh ist ohne den Indus nicht denkbar.

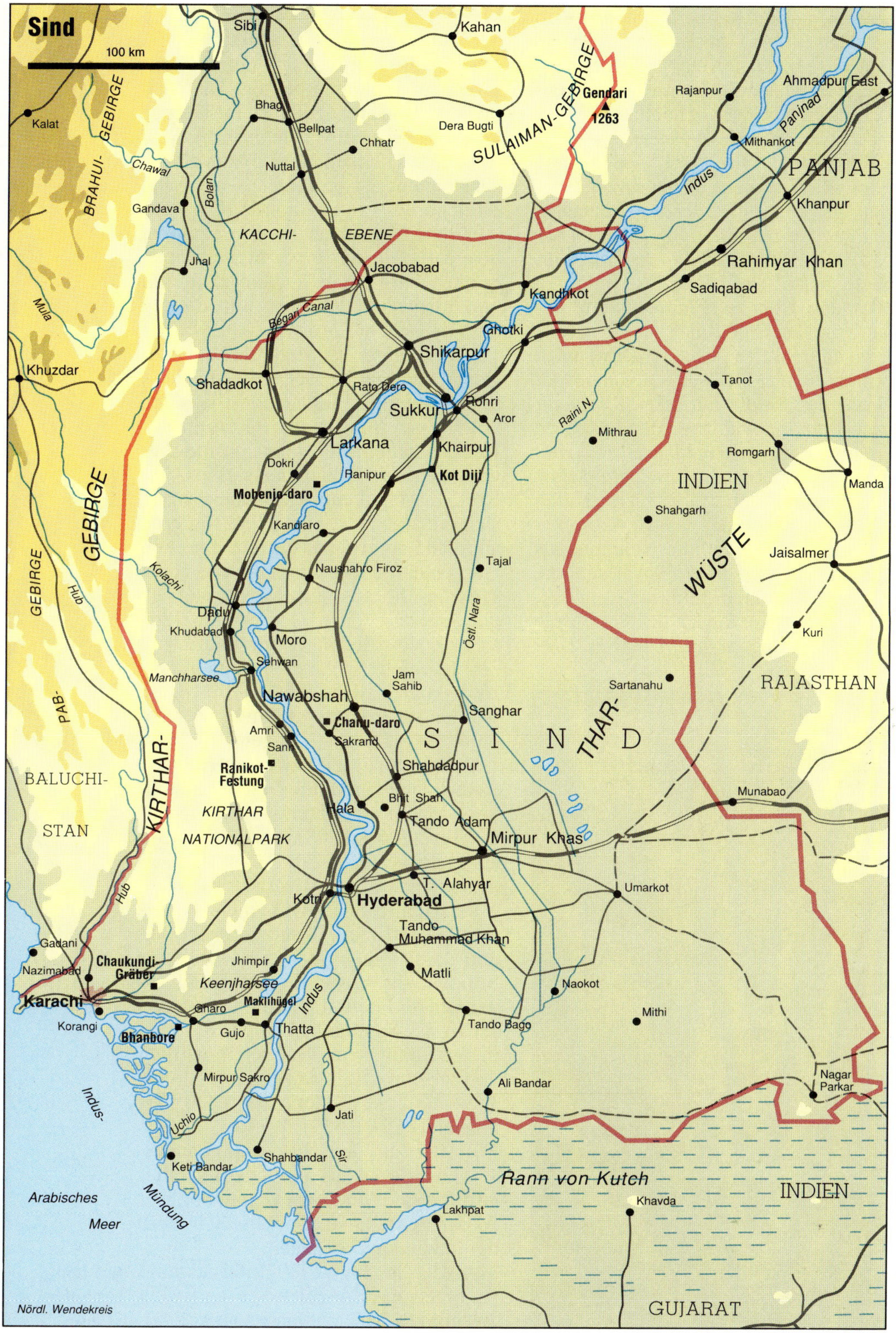
Sind
100 km
Sibi
Kahan
Kalat
BRAHUI-GEBIRGE
Bhag
Bellpat
Chhatr
Dera Bugti
SULAIMAN-GEBIRGE
Gendari
1263
Rajanpur
Ahmadpur East
Panjnad
Mithankot
PANJAB
Chawal
Nuttal
Bolan
Gandava
KACCHI-
EBENE
Indus
Khanpur
Jhal
Jacobabad
Kandhkot
Rahimyar Khan
Sadiqabad
Mula
Begari Canal
Ghotki
Shikarpur
Khuzdar
Shadadkot
Rato Dero
Sukkur
Rohri
Aror
Tanot
Raini N.
Mithrau
Larkana
Khairpur
Romgarh
Dokri
Ranipur
Kot Diji
INDIEN
Manda
Mohenjo-daro
GEBIRGE
Shahgarh
Kandiaro
Tajal
Jaisalmer
Kolachi
Naushahro Firoz
WÜSTE
GEBIRGE
Hub
Dadu
Östl. Nara
Khudabad
Moro
Kuri
Sehwan
Manchharsee
Jam Sahib
Sartanahu
RAJASTHAN
Nawabshah
PAB-
Chanu-daro
Sanghar
Amri
Sakrand
S I N D
THAR-
San
Ranikot-Festung
Shahdadpur
BALUCHI-
STAN
KIRTHAR-
KIRTHAR
NATIONALPARK
Hala
Bhit Shah
Munabao
Tando Adam
Mirpur Khas
T. Alahyar
Hub
Kotri
Hyderabad
Umarkot
Tando Muhammad Khan
Gadani
Nazimabad
Chaukundi-Gräber
Jhimpir
Keenjharsee
Matli
Naokot
Karachi
Gharo
Maklihügel
Indus
Mithi
Korangi
Bhanbore
Gujo
Thatta
Tando Bago
Mirpur Sakro
Nagar Parkar
Ali Bandar
Indus-
Uchio
Jati
Keti Bandar
Shahbandar
Sir
Rann von Kutch
INDIEN
Arabisches
Meer
Mündung
Lakhpat
Khavda
GUJARAT
Nördl. Wendekreis

serbinsen und Alraunen, erstreckt sich bis nach Indien. An der Stelle, wo der Fluß sich in das Arabische Meer ergießt, färbt der Schlamm, den er mit sich führt, das Wasser noch zehn Kilometer weit ins offene Meer.

Geschichte: Die erste bedeutsame Expedition in diese Gegend von „Westen" aus unternahm der aus Kleinasien stammende Geograph Skylius, den der persische König Darius im 6. Jh. v. Chr. damit beauftragt hatte, den Indus zu erkunden. Über zwei Jahre dauerte seine Reise den Fluß hinab.

Im Jahre 325 v. Chr. erreichte nach zehnmonatiger Flußfahrt Alexander der Große den Sindh. Für seine Rückkehr nach Babylon wählte er den Landweg entlang der Küste von Makran, ließ aber einige seiner Männer mit dem Schiff nach Manora weiterfahren. Den Hafen von Karachi, wo das Schiff vor Anker ging, beschrieb Kapitän Nearchus als „groß, tief und vor Wellen geschützt, mit einer schmalen Einfahrt".

Nachdem Alexander der Große die Provinz verlassen hatte, fielen zwei skythische Volksstämme von Norden her ins Industal ein, die Jat und die Med. Noch heute rechnen sich einige Menschen zum Stamme der Jat. Die Med dagegen sind bis auf eine kleine Gruppe von Fischern aus Mohana, die sich selbst Med nennen, verschwunden.

Der chinesische Pilger Xuan Zang erreichte den Sindh im 7. Jh. n. Chr. Auf dem Weg durch die Wüste kam er in die Hauptstadt eines nichtarischen Sudra-Königs; eine Stadt mit zahllosen buddhistischen Klöstern und dreißig hinduistischen Tempeln.

Als im Jahre 711 Muhammad ibn al-Qasim den Sindh eroberte, islamisierte er die Provinz; unter den Abbasiden konnte sie sich an den Grenzen des Kalifats halten. Besonders für die Entwicklung des Erziehungswesens, der Landwirtschaft und des Handels wirkte sich die arabische Herrschaft fördernd aus. Die Somra-Dynastie (1058–1249), eine einheimische moslemische Herrscherfamilie aus dem Sindh, vertrieb die Araber. Von diesen Somra-Herrschern, von denen es im Laufe von 300 Jahren 21 gegeben haben soll, erzählte man sich noch lange. Im 14. Jh. wurden sie im unteren Sindh von den Samma (1351–1517) abgelöst.

Die Samma rebellierten auch gegen das Sultanat von Delhi. Den Höhepunkt ihrer Macht erreichten sie unter Nisamuddin (1460–1508), der noch heute als Held verehrt wird. Hauptstadt all dieser frühen Dynastien war Thatta.

Persisch löste allmählich das Arabische als offizielle Landessprache ab, und damit brach auch der Damm für Sufi-Mystik sowie für eine außergewöhnliche Poetik. Während der Herrschaft der Samma kam auch Humajun in den Sindh, seine Herrschaft wurden von der Dynastie der Arghune (1519 bis 1554) und die wiederum von den Tarkhanen (1554–1625) abgelöst – beides Dynastien aus dem Norden des Landes. 1592 wurde der tarkhanische Herrscher gestürzt und Sindh vom Mogul-Kaiser Akbar besetzt. 1625 schließlich starb der letzte der Tarkhane.

Als Nadir Schah 1739 Delhi ausraubte, brach das Mogul-Reich endgültig zusammen. Nur acht Jahre später, 1747,

Der Indus entspringt in Tibet.

starb Nadir Schah und machte damit den Weg für neue Herrscherhäuser frei. Das Geschlecht der Kalhoras wählte zunächst Khudabad, später Hyderabad als seine Hauptstadt. Die Talpur Mir aus Belutschistan waren ehemalige Söldner der Kalhoras. All diesen moslemischen Dynastien verdankt Sindh die reich geschmückten Moscheen, Mausoleen und Festungen.

Ende des 18. Jhs. entwickelte sich der Pandschab unter der Führung Randschit Singhs zu einem mächtigen Konkurrenten. Singh wollte zwar sein Reich ausdehnen, doch machte er aus Respekt vor den Mir um den Sindh einen Bogen. Ein Jahr nach Ausbruch des Afghanischen Krieges – 1839, dem Todesjahr Randschit Singhs – wurde der Sindh britisches Protektorat.

Die Mir widersetzten sich den Engländern, mißachteten deren Befehle und riefen zu den Waffen. Trotz anfänglicher Erfolge wurden sie in der entscheidenden Schlacht von Miani geschlagen und mußten die Annektierung Sindhs durch Sir Charles Napier hinnehmen. Napier schrieb dazu: „Mit verzweifelter Entschlossenheit sprangen die tapferen Belutschen über die Barrikaden und feuerten aus ihren Gewehren und Pistolen; doch dann mußten sich die kühnen Fechter unter der Übermacht unserer Musketen und Bajonette geschlagen geben.“ Es war ein Kampf zwischen mittelalterlicher Feudal- und moderner Industriegesellschaft.

Die Briten legten die ersten Dämme und Bewässerungskanäle an und machten so das Wasser des Indus für eine kontrollierte Agrarwirtschaft in Wüstengebieten nutzbar. Darüber hinaus bauten sie zahlreiche Straßen und Eisenbahnlinien.

Sindh unterstand der britischen Kolonialregierung in Bombay, bis es 1937 zur autonomen Provinz erklärt wurde. 1947 verließen viele Hindus und Sikhs, die zur gesellschaftlichen Elite gehört hatten, die Provinz; im Gegenzug immigrierten zahlreiche Moslems aus Indien in die Provinz. Heute ist der Sindh eine der vier Provinzen Pakistans mit der Hauptstadt Karachi.

Diese Art von Lastschiff ist seit Tausenden von Jahren in Gebrauch.

Die Völker des Sindh

Die ethnische Vielfalt des Sindh ist auf dem Subkontinent in dieser Ausprägung eine Seltenheit. Hier gibt es Anhänger der alten Weltreligionen, Hinduisten, Dschainisten, Buddhisten und Zoroastrer, wie auch der neueren, Christen, Moslems oder Sikhs. Die allermeisten der nicht-moslemischen Minderheiten sind hier im Sindh zu finden.

Das Kernland der Provinz ist der Indus, die Heimat der einheimischen Fischer. Ihr Lebensstil hat sich über die Jahrtausende kaum gewandelt. Auch heute noch bauen sie ihre einfachen Häuser aus Schilfrohr. Die arabisch-, afghanisch- und türkischstämmige Bevölkerung dagegen wohnt in den alten Häusern der Ortschaften und Städte entlang des Flusses. Viele Siedlungen tragen in ihrem Namen noch das Wort „Schah", das an die arabischen Eroberer erinnert, die einst den Islam auf den Subkontinent brachten.

Etliche von der Landwirtschaft lebende Stämme, wie etwa die Samma, Jat, Sumro, Mohana, Rajput oder Belutschen, leben in der Deltaebene. Die Menschen auf dem Lande bewohnen einfache Lehmhütten, ausgestattet mit hölzernen Betten *(charpoi)*, Baumwollmatten *(durri)*, bunten Steppdecken und tönernen Kochtöpfen.

Frauen und Männer tragen weite Hosen und lange Gewänder. Die häufig grellbunten Kleidungsstücke werden mit großer Geschicklichkeit selbst geschneidert. Einzigartig sind die dekorativen Stickereien der Frauen, in die eine Unmenge kleiner Spiegel eingearbeitet werden – auf den Gewändern entstehen so farbenprächtige Muster. Auch die Kopfbedeckung der Männer ist mit diesen Spiegeln verziert. Feine, mit Blütenblattmotiven bedruckte Halstücher, wie sie schon vor 5000 Jahren von den „Priestern" getragen wurden, gehören zur traditionellen Bekleidung der Männer und Frauen.

Das Melken der Ziegen, Kühe und Büffel sowie das Wasserholen sind Aufgaben der Frauen. Sie helfen bei der Ernte, pflücken Baumwolle, verscheuchen Vögel von den Feldern und sammeln Holz und Kuhfladen zum Feuern.

Doch hinter der ländlichen Idylle vollziehen sich auch im Sindh gewaltige gesellschaftliche Umwälzungen. Die Landwirtschaft erfährt eine Modernisierung, und durch die wachsende Industrialisierung wird ein Großteil der Landbevölkerung in die Städte gezogen. Moderne Bewässerungssysteme befördern das Wasser des Indus auf die Baumwoll- und Zuckerplantagen in Zentralsindh. Die hochentwickelte Technik wird von Menschen bedient, die wie mittelalterliche Leibeigene bis zu 80 % ihrer Ernte an ihre Gutsherren abgeben müssen. Die landwirtschaftlichen Strukturen in Pakistan entsprechen noch weitgehend denen einer feudalen Ordnung.

Frondienste oder auch Arbeit zur Tilgung von Erblastschulden sind bis heute nichts Ungewöhnliches. Nach Meinung vieler Pakistani hat auch die Willkür der Gutsherren zugenommen, seit die britischen Verwalter und die hinduistischen Spekulanten gegangen sind. Alteingesessene Bauernfamilien werden aber auch durch die wachsende Mechanisierung vertrieben. Kleinbauern zwingt man mit Waffengewalt, ihr Land zu verkaufen. Manche müssen in den Privatarmeen der sich ständig befehdenden Gutsbesitzer Dienste leisten.

In den Randgebieten der Provinz spürt man diese Entwicklung weniger. Im westlich gelegenen Kirthar-Gebirge leben robuste Nomadenstämme. Inmitten von Stein- und Sandwüsten, wo im Sommer die Temperatur oft bis auf 50 °C im Schatten steigt, erheben sich schroffe Bergketten. Stämme wie die Marri, die Bugti, die Brahui oder die Hur ähneln zwar in vielerei Hinsicht ihren Nachbarn, den Pathanen, doch werden sie von Häuptlingen, den sogenannten *maliks,* angeführt. Diese residieren in befestigten Häusern unmittelbar neben den raren Wasserquellen. Dattelpalmplantagen sowie Obst- und Gemüsegärten offenbaren ihren Reichtum.

Das einfache Volk dagegen hat keine feste Bleibe. Es lebt in Zelten und provisorischen Hütten. Die Männer hüten die Schaf- und Ziegenherden, die Frauen kümmern sich um die Felder, auf denen sie Getreide anbauen, oder sie sammeln an den Ufern der ausgetrockneten Flußbetten Wurzeln und Beeren. Aus Palmblättern flechten sie Sandalen, Matten und Körbe, die ihre Männer in der Stadt verkaufen. Überdies knüpfen sie wunderschöne Teppiche und Satteltaschen und fertigen kunstvolle Stickereien an. Ihr Leben ist hart, doch sind die Nomaden für ihre Dichtung und Liebeslieder bekannt.

Auf der gegenüberliegenden Seite des Indus, in der Wüste Thar, leben ebenfalls verschiedene Stämme, unter ihnen die Vaghris, Bhils, Meos, Minas und Kolis. Auch auf Stammesangehörige der hinduistischen Rajputs trifft man. Sie wohnen in kegelförmigen Holzhütten und leben von der Viehzucht. In der Regel halten sie Schafe und Ziegen, gelegentlich auch Kühe, die klein und mager sind. Esel dienen als Lasttiere, Kamele werden vor den Pflug gespannt. Wo immer ein Tropfen des kostbaren Wassers zur Verfügung steht, versucht man, etwas anzubauen.

Die Frauen verstehen es, herrliche Decken zu weben, und die Männer brennen Dachziegel und Keramikwaren. Rajputfrauen, die sich selbst als direkte Nachkommen des königlichen Geschlechts der Uljjain betrachten, trifft man häufig in der Altstadt Karachis. In ihren voluminösen Röcken, rückenfreien Miedern und engen Gamaschen sind sie unverwechselbar. Außerdem tragen sie niemals Gesichtsschleier. In einem berühmten Gedicht der Radschastani heißt es: „Beim Anblick ihrer Nase wurde mein Herz wie von ein Schwert getroffen ...“ ■

<u>Links</u>: Auf dem Weg in die Stadt. <u>Oben</u>: Den Frauen sind schwere Arbeiten überlassen.

Karachi

Karachi war lange Zeit eine unscheinbare Stadt gewesen, bis die Mirs aus Talpur sie 1795 der Herrschaft des Khan von Kalat entrissen und bei Manora eine Burg erbauten. Unter ihrer Protektion wuchs die Einwohnerzahl bis 1818 auf 13 000 an. Die Jahre danach verliefen ereignislos. Doch am 1. Februar 1839 ging ein britisches Schiff, die *Wellesley,* bei Manora vor Anker, und zwei Tage später war die Festung ohne Blutvergießen in den Händen der Engländer. Dieses Ereignis sollte die weitere Geschichte der Stadt maßgeblich beeinflussen, das verschlafene Provinznest entwickelte sich nach und nach zu einer Weltstadt.

Stadt im Sumpfgebiet: Das ursprüngliche Karachi war umgeben von Sümpfen und riesigen Einöden. Doch hatte es einen offenen Zugang zum Meer. Ungeachtet seiner ungünstigen Lage wurde Karachi innerhalb von vier Jahren zur Hauptstadt des Sindh ausgebaut. Eine Volkszählung im Jahre 1848 ergab eine Einwohnerzahl von 50 000. Um die Versorgung der Stadt zu gewährleisten und ein Chaos zu verhindern, wurde ein Ausschuß gebildet, der auch die Aufgabe hatte, Gelder aufzutreiben. 1848 betrugen die Einkünfte der Stadtverwaltung 6000 Rupien; 1849 waren es bereits 18 000 Rupien und 1850 27 000 Rupien – ein Hinweis auf das rapide Bevölkerungswachstum.

Im heutigen Zentrum der Stadt legte man ein breites Straßennetz an, die Straßen erhielten die Namen der Ausschußmitglieder. Die Preedy Street wurde nach dem Steuerkommissar, die McLeod Road nach dem Zollbeauftragten benannt. Und das Verkehrsproblem ist, wie der Fall Karachi zeigt, keine Entwicklung des 20. Jahrhunderts. Der unzähligen Pferdewagen und Handkarren wegen mußten die Straßen asphaltiert werden – in London dachte man längst nicht soweit. Dank Steuererhöhungen konnte man neue öffentliche Gebäude errichten. Die **Frere Hall** (Museum und Bibliothek) wurde 1865 fertiggestellt, der Mereweather Clock Tower 1867, der Boulton Market 1883 und der Empress Market 1889. Karachi reifte zu einer Großstadt heran.

Der anhaltende Zustrom von Tausenden von Menschen verschärfte das ohnehin schwierige Trinkwasserproblem. Da es rund um Karachi keine natürlichen Quellen gibt, mußte das Wasser von weit außerhalb herangeschafft werden. Im vergangenen Jahrhundert zogen Karawanen zwischen Stadt und Indus hin und her, um Karachi mit Wasser zu versorgen. Wer es sich leisten konnte, schickte mit Fässern beladene Eselskarren zu den Süßwasserquellen bei Clifton. Der ärmere Teil der Bevölkerung kaufte Wasser von den Wasserträgern der Stadt; später wurden Wasserleitungen verlegt. Heute ist die Versorgung Karachis mit Wasser weitgehend gewährleistet, doch gibt es in den ärmeren Vierteln wie Korangi noch immer kein sauberes Trinkwasser.

Um die Jahrhundertwende richtete man eine Straßenbahnverbindung zwischen Saddar und dem neuen Hafen in

Links: Hotel Pearl Continental – islamischer Einfluß in der modernen Architektur. Rechts: Mausoleum M.A. Jinnahs.

Kiamari ein. Zum Schutz vor der Sonne setzte man den Zugpferden Strohhüte auf, und die „Trinktrog-Gesellschaft von Karachi“ stellte ihnen Wasser bereit. Hie und da sieht man noch Wassertröge aus jener Zeit.

Im Jahre 1860 begann man, den Hafen zu modernisieren, 1882 war die Mereweather-Landungsbrücke fertig, und bereits um die Jahrhundertwende hatte Karachi einen der größten und modernsten Häfen der Welt. Nach dem Ersten Weltkrieg gelang es endlich, die sanitären Anlagen so zu verbessern, daß man immer wieder auftretende Seuchen unter Kontrolle bekam.

Der Krieg segnete die Geschäftsleute Karachis mit immensem Reichtum. Sir Jehangir H. Kothari OBE schenkte der Stadt 1919 die Clifton-Promenade, die Landungsbrücken und den Park. Diese Anlage kostete 300 000 Rupien – in der damaligen Zeit ein Vermögen. Auch der **Zoo** an der Garden Road wurde seinerzeit angelegt. Als die Einwohnerzahl sich der Viertelmillion näherte, zogen die Reichen in die Vororte und schufen dort eine Art „Südasiatisches Hollywood“. Im Zuge des stark zunehmenden Pendlerverkehrs baute man in Karachi eines der ersten Schnellbahnsysteme der Welt.

Schmelztiegel: Der wirtschaftliche Aufstieg Karachis zog Köche aus Goa, anglo-indische Barkeeper, Maurer, die der Sikh-Sekte angehörten, sowie chinesische Wäscher an. Kaufleute der Parsi, Hindus und Dschainisten kamen aus Gudscharat und Radschastan. Bis zur Gründung Pakistans hatten ihre Kamel-Karawanen die Thar-Wüste regelmäßig durchquert. Einige Villen der reichen Kaufleute existieren heute noch. Neben Libanesen trifft man auch zahlreiche Schwarzafrikaner in und um Karachi. Ihre Vorfahren – so heißt es – seien einem arabischen Sklavenhändler davongelaufen, dessen Schiff vor der Mündung des Hubs gestrandet war; sie werden „hubschi“ genannt.

Nach der Gründung Pakistans verließen zahllose Hindus, Armenier und Juden die Stadt, ihren Platz nahmen die moslemischen Flüchtlinge aus Indien

Kaufleute bauten Karachi auf.

ein, die sich selbst Mohajir nannten. In Karachi, der Hauptstadt des neuen Staates, wurde die Wohnungsnot so groß, daß Regierungsangestellte in den Stadtparks campieren mußten.

Auch in den folgenden Jahrzehnten hielt der Zustrom von Menschen nach Karachi unvermindert an. Das städtische Planungsreferat registrierte eine massive Verschlechterung der allgemeinen Wohnsituation. Durch den Bau neuer Wohnanlagen, öffentlicher Gebäude, Straßen, Schulen, Märkte und Basare sowie von Geschäftszentren versuchte man, die Entwicklung in kontrollierte Bahnen zu lenken. Fahrrad-Rikschas wurden zu Tausenden durch Motor-Rikschas ersetzt.

Nach dem Bürgerkrieg 1971 kamen Tausende von Biharis (Urdu-sprechende Moslems aus Bangladesch) nach Pakistan, und 1980 gesellten sich Flüchtlinge aus Afghanistan zu den vielen Tagelöhnern der Stadt, von denen unzählige im Hafen arbeiten. In der Hoffnung auf Arbeit drängen inzwischen Menschen aus den unterentwickelten Regionen Pakistans in die Stadt, insbesondere aus Gilgit, Chitral oder Hunza. Die gebürtigen Karachi werden allmählich eine Minderheit.

Frere Hall ist Museum und Bibliothek.

Das Gas für die Haushalte und Industrie kommt über Pipelines aus Sui in Belutschistan. Durch den Hub-Damm ist die Wasserversorgung im Großraum Karachi sichergestellt, ein Bahnverkehrsnetz wurde in Betrieb genommen. In den sechziger Jahren baute man zwei riesige Industriegebiete aus. In den siebziger Jahren kamen drei weitere Industrieanlagen hinzu: das Exportzentrum, der Stahlhütten-Komplex von Pakistan und der Mohammad-bin-Qasim-Containerhafen. Im darauffolgenden Jahrzehnt begannen die Arbeiten am KANUPP, dem Atomkraftwerk Karachis, das die Stromversorgung der Stadt endgültig sicherstellen sollte.

Reich und arm: In Karachi, dem Musik- und Filmzentrum Pakistans, wurden in den achtziger Jahren mehr Filme als in Hollywood produziert und ins Ausland exportiert. Die Technik der Studios ist auf dem neuesten Stand.

Da immerzu ältere Häuser abgerissen und durch neue ersetzt werden, liegt die Stadt ständig in einer Staubwolke, die von den unzähligen Baustellen produziert wird. Sieben bis acht Millionen Menschen verteilen sich auf einem einige hundert Quadratkilometer großen Gebiet, das sich die Küste entlangstreckt und in die Wüste hineinreicht. Die Menschen wohnen teils in hohen, modernen Apartmenthäusern oder Siedlungen, „Colonies“ genannt, teils in Barackenstädten, in denen eine erschreckende Armut herrscht. In den Fabriken, in denen die elegante Kleidung der Besserverdienenden angefertigt wird, arbeiten die Kinder der Armen und Jugendliche für einen Hungerlohn bis zu 16 Stunden am Tag.

Um die Neubauten und Hotels herum stapelt sich der Bauschutt. Sowohl Limousinen als auch Rikschas müssen sich Tag für Tag durch den Dschungel der allgegenwärtigen Baugerüste kämpfen. Einige Bauwerke jüngeren Datums brachten Karachi in den Ruf, eine der architektonisch reizvollsten Städte Asiens zu sein. Eine herausragende Leistung ist das **Masjid-e-Tuba** in der Defence-Siedlung – eine gigantische fliegende Untertasse aus weißem Marmor mit dem größten Gebäudedurchmesser Pakistans. In der weitläufigen Eingangshalle reicht bereits ein leises Flüstern gegen die Wand, um die Kronleuchter leicht klirren zu lassen.

Besonders rings um den Golf Course erwecken die Siedlungen den Eindruck von moderner, aber durchaus national geprägter Architektur; man spürt den Einfluß eines Buckminster Fuller oder Frank Lloyd Wright.

Das **Mausoleum des Quaid-e-Azam** an der M. A. Jinnah Road ist ebenfalls aus weißem Marmor. Um das Grab des Gründers Pakistans gegen Erdbeben zu schützen, verstärkte man die Gewölbe mit insgesamt zwölf Tonnen Bronze. Nach altem Brauch liegen der Leichnam Jinnahs und die seiner nächsten Verwandten in einer Gruft. Das Geländer rings um den Schrein ist aus massivem Silber, und der Kronleuchter ist ein Geschenk der moslemischen Gemeinde der Volksrepublik China. Der Weg zurück zur Straße wird von 15 Zierwasserbecken gesäumt. Im Stadtkern, dem Geschäftszentrum Karachis, stehen als Paradebeispiele für moderne Architektur und Innenarchitektur das Gebäude der **Staatsbank,** das **Habib Bank Plaza** und die Luxushotels – allen voran das Taj Mahal und das restaurierte Metropole. Beim Bau der **Holy-Trinity-Kathedrale** im 19. Jh. sorgte man sich zunächst noch um ihre „gefährlich" hohen Türme. Heute dagegen sind zwanzigstöckige Gebäude nichts Ungewöhnliches mehr. Das Hotel **Avari Towers,** das einem vermögenden Parsi-Geschäftsmann gehört, ist der bisher letzte große Neubau der Stadt.

Karachi ist – ungeachtet des chaotischen Verkehrs und der Menschenmassen – eine sympathische Stadt. Das kulturelle Angebot ist vielfältig; die zahlreichen Theater und Museen sowie Kunstgalerien bieten jedem Besucher etwas nach seinem Geschmack. In Karachi hat nahezu jede Interessensgruppe einen Klub, so gibt es für Segler den exklusiven Bootsklub, für Politiker und

In der Altstadt findet man unzählige Basare.

Staatsbeamte den **Sindh Club** und für Geschäftsleute den **Gymkhana Club.**

Ein Großteil der Spezialkliniken und Forschungsinstitute Pakistans ist in Karachi angesiedelt. Das Lepra-Krankenhaus von Frau Dr. Ruth Pfau ist für seine hervorragende medizinische Versorgung weltberühmt. Besucher sind – nach vorheriger Anmeldung – willkommen. Dr. Pfau arbeitet oft in den Armensiedlungen, wo die auf engstem Raum lebenden Menschen weitaus anfälliger für Krankheiten sind.

Spaziergang durch die Stadt: Trotz seiner Geschäftigkeit ist Karachi eine Stadt, in der ein Stadtbummel Spaß macht. Die Restaurants bieten dem Gast eine vielfältige einheimische Küche; alles dreht sich um Fisch und Meeresfrüchte. Die südindische Küche der Goa-Restaurants hat einen portugiesischen Einschlag; sie gehören neben den chinesischen und libanesischen Restaurants zu den besten in ganz Pakistan. Etliche von ihnen findet man im **Saddar-Basar,** dem Geschäftszentrum zwischen Abdullah Haroon Road und Zaibunissa Street – besser bekannt als Victoria Road und Elphinstone Street.

Im Süden schließt sich der **Zainab Market** an. Neben größeren Fachgeschäften entdeckt man hier kleine Nippes-Läden mit Kupfer- und Messingwaren, bestickten Schals, lackierten Einlegearbeiten und Marmordosen. Berühmte Handwerkserzeugnisse aus dem Sindh, wie bemalte Lampenschirme aus Kamelhaut, handglasierte Fliesen und Töpferwaren, die auch ins Ausland verschickt werden, handgewebte Baumwolltücher *(sussi),* Tagesdecken mit Applikationen *(rilli),* kastanienbraune und blauviolette handbedruckte Stoffe *(ajrak)* und Stickereien mit kleinen Spiegeln, gibt es in nahezu jedem Geschäft zu kaufen. In einigen Läden werden Schmuckantiquitäten seit jeher nach Gewicht verkauft.

Der nördliche Teil des Geschäftsviertels heißt **Bohri-Basar.** Dort gibt es Stoffe, Anzüge und Kostüme von der Stange, Modeschmuck, Sandalen und Schuhe aus echtem Leder. Abseits der Hauptverkehrsadern zwischen Zainab

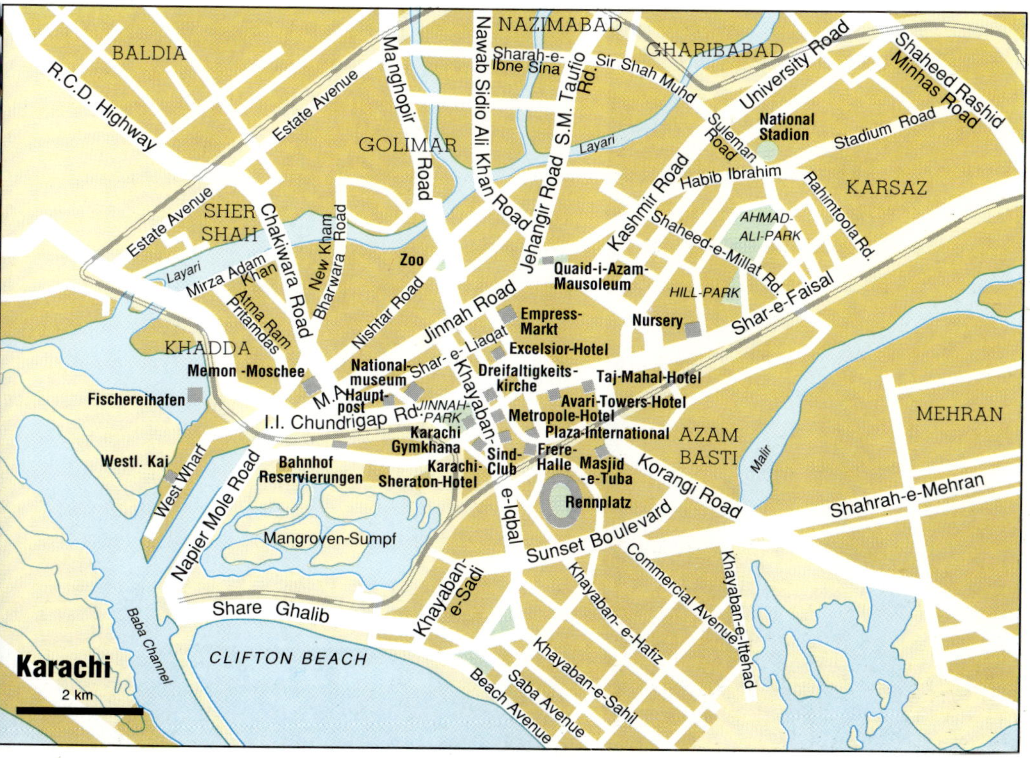

Market und Bohri-Basar befinden sich mehrere kleinere Märkte, auf denen Teppiche, gebraucht und fabrikneu, Landkarten und Bücher sowie alte Radiogräte und andere gebrauchte Artikel feilgeboten werden. Was für den einen altes Gerümpel ist, das sind für den anderen Antiquitäten.

Die **St. Patrick's Cathedral,** das Kloster und der Bischofspalast der römisch-katholischen Glaubensgemeinde St. Patrick von Karachi, der größten in Südasien, liegen nur fünf Minuten entfernt. Seit dem letzten Jahrhundert wird hier die Oberschicht Pakistans ausgebildet. An der Trinity-Kathedrale und der **St.-Andrews-Kirche** endet der Saddar-Basar, der ehemals den Briten vorbehalten war.

Etwas weiter nördlich liegt der **Empress Market,** ein überdachter Basar, dessen Turmuhr und Arkaden denen der nordenglischen Markthallen nachempfunden wurden. 1857 wurden hier während des Unabhängigkeitskriegs 15 Nationalisten, sogenannte „Meuterer", exekutiert – daher rührt sein zweiter Name: Markt der Schahid-Märtyrer. Obst- und Gemüsestände reihen sich aneinander. Unweit des Marktes liegen einige der besten chinesischen Restaurants der Stadt.

Wer die M. A. Jinnah Road Richtung Hafen hinuntergeht, sollte in den Altstadtmärkten die kulinarischen Spezialitäten probieren, die hier angeboten werden. Auf dem **Lea Market,** dem **Boulton Market** und in der Napier Road kann man sich die Schuhe putzen oder die Haare schneiden lassen oder aber eine kleine Mahlzeit, wie *nihar* (gebratenes Hirn), *pursindah seekhi* (Lammfilet am Spieß) oder *machli pakora* (Fisch in Eierteig), zu sich nehmen. Diese Märkte umschließen den **Sarafa-Basar,** wo die Händler Besteck aus Edelmetall und allerlei Antiquitäten, darunter restauriertes Geschirr gesunkener Schiffe, verkaufen.

Am Hafen: Der **Fischmarkt** liegt am **West Wharf** (Westkai), dem Westende der M. A. Jinnah Road. Die Markthalle stammt noch aus viktorianischer Zeit. Jeden Morgen und jeden Abend wird

Links: St. Andrew. **Unten:** Das Habib Bank Plaza steht für die moderne Architektur Karachis.

das Fanggut der Fischerboote versteigert; die Krustentiere – Langusten, Krabben, Garnelen – und Fische werden anschließend verfrachtet und verschickt oder zunächst konserviert und dann in alle Welt exportiert.

In der Bucht kreuzen zahlreiche kleine Segelboote, sogenannte *bheddi* oder die etwas größeren *hora*. Die Boote sind prächtig bemalt: Motive sind Schwertfische, Haie und riesige Augen, die das Böse abhalten sollen, sowie Hubschrauber, Kampfflugzeuge und Guerillakämpfer mit Raketengeschützen, die wohl durch den Krieg in Afghanistan inspiriert sind. Man kann diese Boote für einen Tag zum Tiefseefischen oder zum Tauchen mieten.

Die Kräne des neuen Containerhafens sieht man hinter dem Fischerhafen aufragen. Der alte Hafen liegt jenseits der Hafeneinfahrt in **Kiamari.** Man erreicht ihn über die Napier-Mole, die Verlängerung der Napier Road am Ost-Pier. Auch dort kann man Boote mieten, um die Küste entlangzusegeln oder Krebse zu fangen; ein Abenteuer, das man sich nicht entgehen lassen sollte. Der Skipper stellt Ausrüstung und Köder für den Krebsfang zur Verfügung und sorgt auch für die Töpfe, in denen der frische Fang gekocht wird.

Rund eine Stunde lang segelt man gemächlich die **Ghizri-Bucht** entlang und passiert die **Hindu Ghats** (Badetreppen). Auf längeren Törns gehen die Boote in **Oyster Rocks** zwischen Clifton und dem Leuchtturm von Manora vor Anker. Auf dem größten der Felsen steht ein kleiner Hindu-Tempel.

Clifton ist ein nobler Küstenvorort und diente im letzten Jahrhundert als Kurort für britische Offiziere und Regierungsbeamte sowie wohlhabende Geschäftsleute. Der Mohatta-Palast war einmal der Wohnsitz der Familie Jinnah; die Familie Bhutto wohnt noch heute in einer der prachtvollen Villen.

In Clifton gibt es außerdem ein Aquarium, einen Zoo und ein Kasino, das allerdings niemals in Betrieb genommen wurde. **Jabees Playland** heißt ein Amüsierbetrieb für Kinder und Jugendliche. Im **Funland** stehen auch Auto-

Fliegender Händler im Hafen.

scooter, Minizüge und eine Bowlingbahn bereit. Donnerstags und freitags kommen die Familien Karachis mit Kind und Kegel nach Clifton und reiten auf Kamelen und Pferden den Strand entlang, machen in den Parks Picknick oder spazieren über die Promenade.

Hinter dem Strand führt eine Treppe zum grün bemalten **Ziarat des Qasi Abdullah Schah,** eines in Pakistan verehrten Heiligen, der im 16. Jh. lebte. Händler verkaufen an die Besucher Rosengirlanden, Jasminblüten und *patasi*-Ketten (süßes Sesamgebäck) sowie Halstücher, die als Ehrenbezeigung aufs Grab gelegt werden.

In **Manghopir** bewachen Krokodile den Schrein eines moslemischen Heiligen. Der Legende nach soll im 13. Jh. der Heilige die Krokodile in Form von Läusen in seinem Haar aus Arabien mitgebracht haben. Gepeinigt vom Juckreiz, trampelte er mit den Füßen so heftig auf den Boden, daß die beiden Wasserbecken entstanden, in die die Krokodile hineinsprangen. Die Becken werden von zwei heißen Schwefelquellen gespeist, die angeblich Hautleiden, Rheumatismus und Frigidität kurieren.

Der Leuchtturm von Manora markiert die Spitze von **Manora Point** oder Manora Island, wie es auch genannt wird. Hier endet die Landzunge **Sandspit,** die den Hafen vor dem offenen Meer schützt. Früher kontrollierten die Kanonen der alten Festung den Kanal; hier ergaben sich die Talpur Mirs. Zwischen Juli und November, wenn der Monsun stürmt, graben Riesenschildkröten ihre Eier auf der dem Meer zugewandten Seite der Landzunge in den Sand. Der World-Wildlife-Fund-Beauftragte von Karachi – man erreicht ihn über die All Pakistan Women's Association in der Garden Road – bietet Führungen zu diesen bemerkenswerten und scheuen Tieren an, die nur zur Eiablage das Meer verlassen.

Die Küste entlang: Zwischen der Landzunge Sandspit und Paradise Point reiht sich auf einer Strecke von etwa 50 km ein Strand an den nächsten. **Sandspit Beach,** ein beliebter Badeort, ist besonders an den Wochenenden und Feiertagen stark frequentiert. In warmen Vollmondnächten werden ausgelassene *purdah*-Parties gefeiert. Die Frauen der Stadt kommen mit ihren Kindern hierher: Eingehüllt von Kopf bis Fuß in schwarze *burqas,* die ein wenig an Nonnenkutten erinnern, picknicken sie hier und nehmen ab und an ein Bad im Meer. Über die gesamte Länge des Strandes verteilen sich zahlreiche Verkaufsbuden und Teehütten, drumherum herrscht ein buntes Treiben. Pferde und Kamele werden vermietet, man kann die Zukunft weissagen lassen oder Schlangenbeschwörern zusehen; Affen vollbringen kleine Kunststücke, und Bären tanzen auf Befehl.

Hawkes Bay liegt an der Küste Richtung Paradise Point. Die Bucht trägt den Namen eines britischen Offiziers, der hier ein Haus für seine Frau baute, die sich vom Sumpffieber erholen sollte. Hawkes Bay ist heute mit Strandhütten übersät. Manche von ihnen sind bereits ziemlich heruntergekommen, so daß die Bucht am Ende der Landzunge einer Geisterstadt gleicht. Weiter oben aber sind sie noch recht gut erhalten,

Haie sind vor der Küste Karachis häufig.

und an ihren grün gestrichenen Wänden und den Sonnenterrassen erkennt man, daß sie vornehmlich in den dreißiger Jahren erbaut wurden; manche werden vermietet.

Konsulate und multinationale Firmen mit einer Geschäftsstelle in Karachi besitzen am abgelegeneren Ende der Bucht feudale Häuser. Der feine Sand ist hier sauberer, und auch das Schwimmen ist ungefährlicher (bei Sandspit kann es zwischen Juli und August aufgrund der Strömungen gefährlich werden) als an anderen Stellen. Mit dem Bus, der nur unregelmäßig fährt, ist man bis zu diesem Strandabschnitt – etwa bis zum Dada's Chai Shop –, ein paar Stunden unterwegs. Den exklusiven französischen Abschnitt der Bucht erreicht man nur mit dem Privatwagen. Wer zu Fuß hinmarschiert, wird von einem Wächter abgewiesen.

Die Häuserreihe reißt allmählich ab, bis man sie schließlich ganz hinter sich gelassen hat. Wer weiterläuft, der sollte sich mit Proviant versorgen, denn hier gibt es keine Strandverkäufer mehr. Hinter **Baleji Beach** biegt die Straße ins Landesinnere ab, um einen Bogen um das Atomkraftwerk zu machen, und führt an Weilern vorbei durch Ödland. Dann erreicht sie wieder die Küste, wo steinige Pfade in ruhige Felsbuchten hinabführen; einladende, aber sehr abgelegene Buchten. Wer schwimmen geht, muß mit starken Strömungen rechnen. Ab **Paradise Point** führt die Straße über Cape Monze zur Gadani Beach an der Klippenküste entlang. Von Karachi benötigt man für die gesamte Strecke etwa drei Stunden.

Es existieren Pläne, **Gadani Beach** in einen modernen Urlaubsort zu verwandeln, mit Luxushotels, Swimmingpools, Einkaufszentren usw. Die Fischer von Gadani fangen die größten und saftigsten Garnelen der Welt. Im Winter fischen sie mit Netzen nach Rochen *(pichar),* die sie nach Karachi verkaufen. Die *hakim* (eine Art Heilpraktiker) verwenden das Gift des Rochenstachels als Grundlage eines homöopathischen Arzneimittels, das überall im Nahen Osten verkauft wird.

Gefahrloses Lachen.

DER SÜDLICHE SINDH

Von Karachi aus erreicht man Hyderabad auf zwei verschiedenen Wegen. Entweder fährt man über die 164 km lange Autobahn – das geht schnell, die Strecke ist aber uninteressant – oder über die ältere Staatsstraße. Auch der Kirthar-Nationalpark und der Kotri-Damm, der letzte der drei Indus-Staudämme, sind über die Autobahn recht einfach zu erreichen.

Reiche Vergangenheit: An der Staatsstraße, etwa 27km außerhalb Karachis, liegen die **Chaukundi-Gräber** auf einem jahrtausendealten Friedhof. Die braunen Steine der ungewöhnlichen Stufengräber sind zum Teil mit komplizierten Mustern verziert. Blumen- und Schmuckmotive zieren die Gräber der Frauen, Pferde und Schwerter die der Männer. 64 km von Karachi entfernt liegt an der Nationalstraße nahe Gharo der Ort **Bhanbore.** Dort entdeckten Archäologen bei Grabungen Siedlungen aus verschiedenen Epochen, der des Hinduismus, des Buddhismus und des Islams. Einige Funde haben große Ähnlichkeit mit denen, die man in Taxila bei Islamabad machte. Manche Wissenschaftler halten Bhanbore für den Ort des antiken Daibul, wo 711 die arabischen Invasoren unter Muhammad ibn al-Qasim an Land gingen, um den Sindh zu erobern. Da durch die abgelagerten Schlammassen des Indus die Küste vorverlagert wurde, liegt Daibul heute etwas im Landesinneren.

Bei **Gujo,** 87 km von Karachi entfernt, brachte der Spaten Keramiken aus der Kupferzeit zutage. Im Felsgestein sind symbolische Zeichen eingraviert – ähnlich wie in Moendscho Daro. Der **Haleji-See** unweit von Gujo ist ein Wasserspeicher, an dem Zugvögel überwintern. Ein Uferweg führt zu einem Rasthaus, und von Unterständen aus kann man die Vogelwelt beobachten. Im See gibt es Krokodile.

Über die Staatsstraße erreicht man nun das antike **Thatta.** In der kleinen Stadt verdrängen die neuen Gebäude

Die Grabmäler von Chaukundi.

allmählich die alten. Zwischen den Berghängen und den lilafarbenen Sanddünen liegen Ruinen – inmitten einer verfallenen und staubigen Altstadt. Thatta war viele Jahre die Hauptstadt des Sindh mit einer hohen Einwohnerzahl, einem geschäftigen Hafen und insgesamt 400 Schulen.

Seine eigentliche Blütezeit erlebte Thatta im 16. und 17. Jh. Doch nach der Plünderung durch Nadir Schah und sein persisches Heer im Jahre 1742 verebbte der Ruhm der Stadt. Die Hauptstadt wurde verlegt, erst nach Khudabad, später nach Hyderabad.

Der Glanz der alten Tage manifestiert sich in der Pracht der **Schah-Dschahan-Moschee,** deren Bau unter Schah Dschahan begonnen und unter Aurangseb fertiggestellt wurde. Die Moschee ist – der Legende nach – ein Geschenk Schah Dschahans an die Stadt, die ihn einst vor seinem zornigen Vater versteckte. Die große Moschee hat mehr als 90 Kuppeln, die eine hervorragende Akustik schaffen. Angeblich hört man vor dem Mihrab Betende im gesamten Gebäude. Die Moschee steht auf einer Grundfläche von 6000 km^2. Ihre besonderen Merkmale sind die in vergoldete Steine gravierten Kalligraphien, die Ziegeln und Keramikfliesen, die sie zu einem der prachtvollsten Bauwerke ihrer Zeit machen.

Die Moschee Schah Dschahans zeigt die islamische Kunst auf ihrem Höhepunkt.

Die **Dabgir-Moschee** wurde im 16. Jh. von Amir Khusrau Khan, einem Gouverneur Thattas, gebaut. Der Mihrab, die Gebetsnische, ist so kunstfertig aus dem Stein gemeißelt, daß sie wie eine Holzarbeit wirkt.

Die **Makli-Hügel** im Westen sind ein riesiger Friedhof – angeblich der größte der Welt. Er ist gut 15,5 km^2 groß und wird auch verallgemeinernd Nekropolis genannt, was angesichts der etwa eine Million Gräber berechtigt scheint. Die Grabmonumente, die das größte Interesse auf sich ziehen, kann man drei Epochen der Geschichte zuordnen.

Die Gräber der Summa sind die ältesten. Diese Herrscher, die den Titel „Dschan" trugen, regierten von der Mitte des 14. bis zum Ende des 16. Jhs. In die zweite Epoche gehören die Grä-

ber der Tarkhane und der Arghune und in die dritte die Grabmonumente der Mogul-Kaiser.

Das Grab von Nisamuddin stammt aus dem Jahr 1508. Das schmückende Beiwerk erinnert stark an hinduistische Arbeiten; die Bögen sollten eine Kuppel stützen, die nie gebaut wurde. Ein Teil des Grabes wurde geplündert, doch sind die Steinmetzarbeiten immer noch glänzende Beispiele für das Kunsthandwerk jener Epoche.

Nahe der Straße liegt das 1573 errichtete Grab des Mirsa Isa Tarkhan. Er war der Begründer der Tarkhan-Dynastie im Sindh. Sein Grab ist übrigens auf der Rückseite des pakistanischen 10-Rupien-Scheins abgebildet.

Auf mehreren anderen Tarkhan-Gräbern haben die Kunsthandwerker Rosen und Sonnenblumen in den Stein gemeißelt. Gräber späterer Regenten wurden verkleidet mit Keramikfliesen und blau bis türkisfarben emaillierten Ziegeln. Der einstige Reichtum der Herrscherhäuser wird durch diese Grabstätten eindrucksvoll bezeugt.

Südlich des Friedhofs liegt vor einem See eine Terrasse, deren Dach von zwölf Säulen getragen wird. Hier soll sich Dschan Tamachi in ein Fischermädchen namens Nuri verliebt haben.

Der **Keenjhar-See,** einer der größten künstlichen Seen Pakistans, liegt etwa 125 km von Karachi entfernt. Ursprünglich gab es hier zwei natürliche Seen; man baute für ein Bewässerungssystem einen Damm und ließ beide Seen zusammenfließen. Der See lädt zum Angeln oder Schwimmen ein, wer will, kann sich ein Boot mieten. In den vergangenen Jahren begann man mit dem Bau einer Erholungsanlage; klimatisierte Badehütten und zahlreiche Sporteinrichtungen wurden gebaut. Da der See nur 24 km von Thatta und 83 km von Hyderabad entfernt liegt, ist er idealer Ausgangspunkt für Erkundungen ins Umland.

Im Indus zwischen Küste und Hyderabad tummeln sich besonders viele Fische. Ein eindrucksvolles Schauspiel im August und September ist das Fischen der *pallas,* der Indus-Lachse. Das Fanggerät der Fischer ist eine stabile, 2,40 m lange Stange, an deren Ende zwei V-förmige Gabeln ein kleines Netz halten. Die Öffnung des Netzes kann man durch Anziehen einer Schnur, die an der Spitze der Stange befestigt ist, schließen. Bedient wird dieses Gerät von einem einzigen Mann, der zumeist nur mit Lendenschurz und Turban bekleidet ist. Zudem ist er mit Harpune und einem Behälter für die erbeuteten Fische ausgerüstet. Der Flaschenkürbis, den der Fischer um den Bauch gebunden hat, hält ihn an der Wasseroberfläche. In der Flußmitte, wo die Strömung am größten ist und die Lachse stromaufwärts zu ihren Laichgründen schwimmen, taucht er das Netz ins Wasser und zieht es zu, sobald sich ein Fisch darin verfangen hat. Der Lachs wird mit der Harpune getötet und in den Behälter gesteckt.

Hyderabad: Fährt man auf der Staatsstraße von Karachi weiter Richtung Lahore, erreicht man nach 197 km **Hyderabad,** eine der größten Städte Pakistans. Sie hieß früher Nerun Kot (Festung Neruns). Vor der Eroberung

Britische Hinterlassenschaft in Hyderabad.

durch die Araber war die Stadt vom Buddhismus geprägt. Bedeutung erlangte sie jedoch erst 1757, als der Indus die damalige Provinzhauptstadt Khudabad überschwemmte und der Kalhora-Herrscher Ghulam Muhammad Nerun Kot zur Hauptstadt erklärte. Zu dieser Zeit wurde ihr Name nach dem Heiligen Hazrat Ali Hyder in Hyderabad geändert. 1783 mußten die Kalhora dem Herrscherhaus der Talpur weichen, die der Stadt ein neues Gesicht gaben. Als später die Briten den Sindh annektierten, machten sie Hyderabad zu einem Verwaltungzentrum. Der Uhrenturm stammt aus dieser Zeit.

Selbstredend hat die Stadt auch einen Basar. Tatsächlich ist er der längste Pakistans; in zahllosen Geschäften und an den Ständen erhält man alle Dinge des täglichen Bedarfs. Auf den Hausdächern sind die charakteristischen *badgirs* angebracht, die den Wind in die unter dem Dach liegenden Räume leiten, um sie zu kühlen.

Einst stand hier eine Festung aus der Zeit der Talpur und Kalhora, die allerdings 1906 durch eine Explosion fast zerstört wurde – die Engländer hatten sie als Munitionsdepot benutzt. Ihren einstigen Glanz – Sir Charles Napier gab hier große Empfänge – kann man heute nur noch erahnen.

Die Festung Schaikh Makai ist nach einem Derwisch aus Mekka benannt worden, der sich hier um 1260 niedergelassen hatte. Sein Grabmal wurde erst 1671 in einer Lehmburg errichtet.

Die Mausoleen der Mirs sind mit Emailkacheln, einige auch mit Gemälden ausgekleidet. Die Kalhora-Gräber stammen aus dem späten 18. Jh., die der Talpur aus der Zeit zwischen 1823 und 1878. Eine Talpur-Privatsammlung und ein Museum stehen dem Besucher offen. Bei Miani nahe Hyderabad schlug die britische Armee die Mirs und besetzte daraufhin den Sindh. Das einstige Schlachtfeld ist heute ein beliebter Picknickplatz; eine Gedenkstätte erinnert an die Gefallenen der Truppen Sir Charles Napiers.

Um Hyderabad herum liegen einige Seen mit Angelmöglichkeiten.

Beeindruckende Grabmäler der Sindh-Herrscher auf den Makli-Hügeln.

MÄRCHEN AUS DER THAR-WÜSTE

Jenseits der Bewässerungskanäle im Osten der Indusebene erstreckt sich die **Thar-Parkar-Wüste.** Der stete Südwestwind, der von der Küste kommt, hat die Wüste in ein Wellenmeer verwandelt; die Dünen stehen quer zur Windrichtung. Die Regenfälle des Monsuns verwandeln im Sommer die Einöde in eine grüne, üppig bewachsene Landschaft, wo Rinder und Ziegen weiden; stellenweise wird Getreide angebaut. In Niederungen läuft das Regenwasser zusammen, und kleine Seen bilden sich – falls der Regen nicht ausgeblieben ist: Eine Dürre droht immer wieder. „Jedes zweite Jahr ist ein schlechtes, und jedes dritte Jahr ist ein Hungerjahr", so heißt es. Doch wenn es einmal geregnet hat, dann beginnt die Wüste Thar zu blühen.

Ein beliebtes Volkslied erzählt die Geschichte des eingeborenen Mädchens Marvi, das nicht die Frau des Prinzen Omar werden wollte. Der Poet und größte Heilige des Sindh, Schah Abdul Latif, greift in einem seiner Gedichte das Lied wieder auf. Marvi, gefangen in einem Palast, sehnt sich nach dem einfachen Leben in der Wüste und nach ihrem Liebsten aus dem Dorf:

Die Menschen müssen glücklich sein,
im Thar fällt der Regen.
Die einen scheren die Schafe, die anderen krampen die Wolle,
und mächt'ge Wollhaufen allerorten.
Beglückt weben sie
Decken an ihren Webstühlen.
In der Wüste blühen wunderschöne Blumen – nur nicht für mich.
Meine Freundinnen streifen durch die Oasen,
und vermissen wohl Marvi, ihre Freundin …

Es stimmt mich traurig,
daß die Leute glauben, ich sei auf und davon.
Frage doch einer meinen Geliebten,
ob er je an mich denke.
Ich wünschte, er käme hierher,
gekleidet in seine gewebte Wüstentracht.

Links: Die Rajputs scheuen das Auge der Kamera. **Unten:** An dieser Stelle soll Akbar zur Welt gekommen sein.

Ein Wüstensohn: Von Hyderabad aus kann man in die Wüste fahren und den Geburtsort des Kaisers Akbar bei Umarkot besuchen. Die Straße führt durch das etwa 67 km entfernte **Mirpur Khas,** das von dem Talpur-Herrscher Ali Murad Talpur gegründet wurde. Die Stadt liegt in der Nähe der Eisenbahnlinie und des Jamroa-Kanals und erlangte durch die Briten Bedeutung. Die Ruinen Kahudscho Daros und eine buddhistische Stupa sind Zeugnisse einst blühender Kulturen.

Umarkot war bis 1906, als die Regionalverwaltung an Mirpur Khas überging, eine Art Hauptstadt der Gegend. Angeblich wurde sie von einem Herrscher namens Umar gegründet. Das auffälligste Gebäude der Stadt ist die Rajput-Festung. Das Museum, dem Leben Akbars gewidmet, besitzt leider nur wenige Ausstellungsstücke; im Gästebuch haben sich bereits unzählige Besucher über den Verfall beschwert.

Die Geburtsstätte Akbars, der hier 1542 geboren wurde, liegt etwas außerhalb der Stadt; ein steinernes Denkmal erinnert an die große Herrschergestalt des Subkontinents. Seine Eltern waren auf der Flucht vor dem Fürsten Scher Schah und mußten den weiten Weg von Jodhpur hierher marschieren. Der dortige Herrscher hatte ihnen freundliche Gesinnung vorgetäuscht, insgeheim aber wollte er Humajun, Akbars Vater, an Scher Schah verraten. Die Flucht war hart und voller Entbehrungen. Rana Virsal Prasad, der Herrscher von Umarkot, empfing das Paar freundlich und gewährte ihm großzügige Unterstützung. Humajun jedoch gab sich einem vergnügungssüchtigen Leben hin, konnte sein Reich trotz aller Hilfe nicht halten und mußte nach Persien fliehen.

Es gibt auch eine Liebesgeschichte, die in diesem Umarkot unter einem späteren Herrscher spielt.

Das verliebte Paar waren Momal, die Prinzessin eines Nachbarlandes, und Rano, ein Höfling. Die Prinzessin – auf der Suche nach einem passenden Ehemann – hatte ihren Palast mit einer Reihe von Hindernissen gesichert: Um den Palast lief ein flacher Graben, der aber durch unter Wasser liegende Spiegel tief wirkte. Außerdem bestand zwischen Graben und Meer eine Kanalverbindung, so daß die Oberfläche immer aufgewühlt war. Ferner hielten steinerne, aber echt wirkende Löwen mit finsterem Blick Wache. Und überdies standen in dem Palast sieben Betten, sechs aus schwachem Baumwollgewebe und nur eins aus festem Stoff. Freier mußten erst all die Hindernisse überwinden. Viele waren schon gescheitert, als eines Tages Umar, der König von Umarkot, mit seinen Gefolgsleuten vor dem Palast stand; doch auch er gab auf. Sein Wesir Rano war hartnäckiger. Er stach mit seiner Lanze in den Graben und erkannte, wie flach er war. Da durchquerte er ihn. Auf der anderen Seite stehend, schienen die Löwen seltsam sanft zu sein. Er stupste einen und sah, daß er aus Stein war. Schließlich löste er auch das Geheimnis der Betten, indem er mit seiner Lanze hineinstach.

Wunderheiler in Umarkot.

Die Prinzessin heiratete ihn, und sie wurden ein glückliches Paar. Der König von Umarkot war eifersüchtig und befahl Rano, bei ihm zu bleiben. Er gehorchte, schlich sich jedoch jede Nacht heimlich davon und ritt zu Momal. Eines Nachts hatte der König wichtige Gäste geladen, und Rano konnte nicht fort. Momal begann zu grübeln und war schließlich überzeugt, daß der Grund für Ranos Fernbleiben nur Untreue sein konnte. Spät nachts kam Rano doch noch. Als er an Momals Bett trat, sah er mit Schrecken einen anderen Mann neben ihr liegen. Am nächsten Tag suchte die Prinzessin überall nach ihm. Rano indes hatte beschlossen, als Eremit zu leben. Beharrlich weigerte er sich, mit Momal zu sprechen. Kurze Zeit später starb sie an gebrochenem Herzen. Sie hatte Rano nicht mehr erklären können, daß ihre als Mann verkleidete Schwester neben ihr gelegen hatte. So hatte sie ihn für seine vermeintliche Untreue bestrafen wollen.

Von Hindus und Dschainas: Alte dschainitische Städte liegen vor allem um **Nagar Parkar:** In der Nähe der Stadt Virwah stehen die Ruinen mehrerer Tempel der Dschainas. Ein Marmorblock aus dem Tempel ist im Museum von Karachi ausgestellt. Die Tempel von Bhodesar – sieben Kilometer von Nagar Parkar entfernt – stammen aus dem 14. und 15. Jh. Ebenfalls dieser Zeit entstammt das in der Nähe liegende Wasserbecken. Da es nicht wasserdicht war, mußte sein Erbauer den eigenen Sohn der Göttin der Stadt opfern.

Sardhara liegt unweit von Nagar Parkar in den Karunjhar-Hügeln. Während *Sivrati* (die Nacht Schiwas) fand am Schiwa-Tempel alljährlich ein Fest statt. Der nahe Teich und die Festung sind vermutlich uralt. Ungefähr 1,5 km entfernt kann man eine steinerne Kuh bestaunen, deren Euter ein Becken mit Wasser speist. Ein weiterer hinduistischer Wallfahrtsort ist das nahe gelegene **Ancheleser,** das die Hindus für eine Lunge Schiwas halten. Quellen speisten Wasserbecken, und eine Treppe mit über hundert Stufen führte zu einer Quelle in den Hügeln.

Die Rajput-Festung hätte viel zu erzählen.

An den Ufern des Indus

Von Hyderabad aus kann man über die Autobahn am Westufer des Indus nach Kotri zurückkehren oder am Ostufer flußaufwärts nach Norden fahren.

Bhit Schah, 55 km von Hyderabad entfernt, liegt etwa drei Kilometer östlich der Nationalstraße. Die Hauptattraktion von Bhit Schah ist die Grabstätte des heiligen Schah Abdul Latif. Er wurde 1690 hier geboren und später in dieser Ortschaft begraben. Sein Grabmal liegt auf einem *bhit* (Hügel), der der Stadt ihren Namen gab: Bhit Schah, Hügel des Königs. Der Heilige entstammte zwar einer reichen Familie, aber er entsagte einem Leben in Wohlstand. Wie alle Heiligen dieser Gegend stand Schah Abdul Latif auf der Seite der frommen Armen, und seine Lieder übten auf das Leben der einfachen Leute starken Einfluß aus. Seine Abscheu vor Machthunger und Tyrannei faßte er in folgende Worte:

Weiß ist ihr Gewand, schwarz ist ihre Seele
und jeder ist nur der Sklave seiner Tiere.

Seine Lebensphilosophie lautete:

Ab heute sei tot,
denn tot ist am Ende jeder.

Das mit blauen glasierten Kacheln verzierte Grab des Schah Latif wurde von den ersten Kalhora errichtet und später von den Talpur Mir verschönert. Jedes Jahr strömen Tausende von Pilgern zu dem Fest von Bhit Schah, um den Heiligen zu ehren. Seine Worte haben allgemeine Gültigkeit:

Steht auf! Ihr habt keine Stimme,
Gott erhört die Sanftmütigen.
Singt und musiziert zum Gefallen Eures Gottes,
auf daß er eure Gebete erhöre.
Lasset die Saiten nicht verstummen,
spielt die Laute, schlagt die Trommeln.
Gott kümmert weder Name noch Herkunft.
Seine Gunst erlangt, wer die Arbeit gewissenhaft verrichtet.

Das **Bhit-Schah-Kulturzentrum** mit Parks, Zierbäumen und dem Kirarsee ist acht Hektar groß und beherbergt ein Auditorium, eine Bibliothek, ein Museum und einen Ruheraum.

An der Abzweigung der Staatsstraße nach Bhit Schah steht das **Schah Abdul Latif Highway Memorial Centre** mit einem Kunsthandwerkszentrum und einem Restaurant; das Zentrum ist Leben, Lehren, Dichtung und Musik des Heiligen gewidmet.

Weiter nördlich liegt **Hala,** bestehend aus einer historischen und einer neuen Siedlung aus dem Jahre 1800, die von einem Mir gegründet wurde. In Hala befindet sich das berühmte Mausoleum des Mir Makhdum Nuh, auch er ein Heiliger der Sindhi, der 1592 starb. Sein jetziges Grabmal stammt allerdings aus dem Jahre 1790. Hala ist auch wegen seiner Töpferwaren, Kacheln und Lack-

Links: Die Völker des Indus-Tals leben nach altem Brauch. **Rechts**: Die berühmten blauen Kacheln in der Moschee von Hala.

arbeiten bekannt. Einen Besuch lohnt auch die gekachelte Moschee.

Auf der Fahrt von Nawabshah nach Sakrand kommt man an den drei Grabhügeln von **Chanu Daro** vorbei. Man entdeckte hier Reste eines Bewässerungssystems ähnlich dem Moendscho Daros. Außerdem fand man bemalte Tongefäße, Geräte zur Herstellung von Perlen sowie Siegel und Figuren aus Kupfer und Bronze.

Kot Diji (Didschi), ebenfalls eine wichtige archäologische Fundstätte, liegt etwa 35 km südlich von Rohri an der Nationalstraße. Auf den Hügeln wohnten vermutlich die Reichen, während das gemeine Volk in der Ebene lebte. Den Höhepunkt diese Kultur datiert man in die früh-harappische Zeit (bis 3000 v. Chr.), also vor den von Moendscho Daro. Ihr Ende fand die Stadt offenbar in einer großen Feuersbrunst. Beeindruckend ist die Talpur-Festung aus dem 18. Jahrhundert.

Obersindh: 310 km nördlich von Hyderabad liegt am Ostufer des Indus **Rohri,** eine wesentlich kleinere und ruhigere Stadt als das gegenüberliegende Sukkur. Rohri hat etliche historische Bauwerke aufzuweisen: Die **Dschamia-Moschee** wurde 1564 von Fateh Khan errichtet, einem Höfling Kaiser Akbars; die **Idgah-Moschee** stammt aus dem Jahre 1593. Der Schrein von **Mau Mubarak,** erbaut 1545, diente allein zur Aufbewahrung eines Barthaares des heiligen Propheten.

Die Wälder im Umland wurden von den Talpur und den Briten gepflanzt. Die Ruinen der alten Stadt **Aror** liegen 8 km östlich von Rohri an der Ostseite einer langgestreckten Hügelkette. Aus deren Gestein fertigten die Menschen der Steinzeit Werkzeuge. Die Hügelstraße führt über eine alte Brücke, angeblich eine der ältesten Pakistans.

Alexander der Große hielt sich während seines Asienfeldzuges längere Zeit in Aror auf. Er besetzte die Stadt mit einer Garnison und befestigte ihre Zitadelle, dann segelte er flußabwärts zum Delta. Der Chinese Xuan Zang, ein buddhistischer Pilger, besuchte Aror im 7. Jahrhundert. Im Jahre 712 besiegte

Das Kot-Diji-Fort wurde im 18. Jh. von den Talpur Mir erbaut.

Muhammad ibn al-Qasim den hinduistischen Herrscher der Stadt.

Sukkur liegt auf der anderen Seite des Flusses und ist vor allem wegen seines Staudamms bekannt. Oberhalb von Sukkur sind die Kanäle knapp 200 Meter breit, bei Hochwasser in der Ebene dagegen mißt der Indus von Ufer zu Ufer bis zu 20 km. Mit dem gestauten Wasser werden sieben Bewässerungskanäle gespeist. Der Rohri-Kanal ist breiter und auch länger als der Suez- oder Panamakanal. Er bewässert mehr als 2,5 Millionen Hektar Land, das vormals nur eine große Einöde war.

Im Fluß liegen mehrere Inseln. Auf **Bukkur,** einem riesigen Kalksteinfelsen, thront eine Festung, deren Tore nach Sukkur und nach Rohri blicken. Alte Dynastien hielten Bukkur für einen strategisch wichtigen Punkt, der seiner Bedeutung entsprechend befestigt werden mußte. Diese Dynastien kämpften mit den Sultanen von Delhi um die Herrschaft auf Bukkur; die Machthaber wechselten in dieser Zeit mehrfach. Die Festung wurde wiederholt verstärkt und von den Moguln, Afghanen, Kalhora und Talpur erobert. 1838 wurde sie von den Briten eingenommen, die sie als Waffenkammer und Gefängnis nutzten. In der Nähe liegen zwei weitere Inseln. Auf der einen, die Khwaja Khizr geweiht ist, ist eine Moschee errichtet worden. Khwaja Khizr wird auch Zinda Pir, „der lebende Heilige" genannt; Hindus und Moslems verehren ihn gleichermaßen. In der Mythologie wird er als eine Art Wassergott beschrieben.

Sadbela, die andere Insel, war einst ein Heiligtum der Hindus mit einem Udasi-Kloster. Der Udasi-Orden geht auf einen der Söhne Guru Nanaks, des Gründers der Sikh-Religion, zurück. In der Nähe überspannen zwei wichtige Brücken den Indus: Die **Landsdowne-Brücke,** eine Hängebrücke von 250 m Länge, verbindet Sukkur und Rohri; die **Ayub-Brücke** ist eine der größten Eisenbahnbrücken der Welt. Sie wurde im Jahre 1961 eröffnet.

Sukkur entwickelte sich unter den Briten allmählich zu einer Stadt. Es

Waschtag in Sukkur.

existieren noch einige sehr alte Gebäude: die Mausoleen aus der Kalhora-Periode und der schiefe Turm, der **Masum-Turm.** Genau 84 Stufen führen nach oben, er ist 25,6 Meter hoch und hat angeblich denselben Umfang.

Die Straße von Sukkur nach Sibi in Belutschistan führt durch die Stadt **Jacobabad.** Sie wurde nach dem englischen General John Jacob (1812–1858) benannt, der die Stadt als Hauptquartier nutzte. In den von ihm angelegten Straßen und in seinem einstigen Wohnhaus findet man noch Zeugnisse seines Wirkens. Jacob ließ in Jacobabad eine fünf Meter hohe Pyramide als Grabstätte seines Pferdes „Messenger" errichten.

Am Westufer flußabwärts: Südlich von Sukkur liegt **Larkana,** eine moderne Stadt des Sindh. Sie ist vor allem wegen „Al Murtaza", dem Haus der Bhutto-Familie, und der mit ihm verbundenen tragischen Lebensgeschichte bekannt. Das Land wird von Sukkur aus mit Wasser versorgt, und Larkana ist nicht nur eine schöne, sondern auch reiche Gartenstadt. Die Sindhi sagen, daß Reiche unbedingt Larkana besuchen sollten. Die breite, von Bäumen gesäumte Straße, die zum Familiengrab der Bhuttos führt, macht deutlich, was möglich wäre, würde man die ganze Provinz bewässern. Die meisten Besucher jedoch kommen nach Larkana, um von hier aus Ausflüge nach Moendscho Daro *(siehe S. 168)* zu unternehmen und die Überbleibsel der Harrapa-Kultur zu besichtigen.

100 km flußabwärts liegt **Dadu,** das als Verwaltungszentrum eine bedeutende Rolle im Sindh spielt. Auf den Hügeln der Umgebung stehen die Ruinen antiker Städte, die bereits vor Moendscho Daro oder um die gleiche Zeit erbaut wurden. Bei Amri, 110 km vor Hyderabad, hat man ein acht Hektar großes Gelände freigelegt, auf dem noch vor der Zeit der Harrapa-Kultur Menschen siedelten.

Im 18. Jh. erlebte **Khudabad** einen kurzen Höhepunkt in seiner Geschichte: Mian Yar Muhammad machte es zur Hauptstadt des Kalhora-Reiches. Doch bereits 1757 wurde die Stadt bei einer

Links: Boote der Mohana-Fischer. Rechts: Die Einsamkeit der Insel Bukkur.

Überschwemmung des Indus zerstört. Heute ist Khudabad eine kleine Stadt, in der noch eine prächtige Moschee aus der Zeit Mian Yar Muhammads steht; sie ist mit wunderschönen glasierten Kacheln verziert. Auch das Grabmal des Herrschers steht in Khudabad.

Auf einem konisch geformten Hügel liegt die alte Stadt **Sehwan Scharif.** Am Stadtrand steht die Ruine einer mächtigen Festung, die Alexander der Große errichtete, als er sich im Sindh aufhielt. Sehwan Scharif war einst die Hauptstadt eines buddhistischen Herrschers, des Bruders von Tschandragupta II., der im 4. Jh. das Land regierte.

Das bedeutendste Gebäude der Stadt ist das **Mausoleum** mit dem Grabmal von Scheich Osman von Marwand, den man Lal Schahbas Qalandar nannte – „Roter Königsadler" – und der 1274 in Sehwan starb. Im Jahre 1260 war er aus seiner Geburtsstadt Marwand nahe Tabriz im Iran hierher gekommen.

Das Gebäude ist mit blauglasierten Kacheln verziert und wurde von Herrschern verschiedener Dynastien erweitert und verschönert. Einige Abschnitte des Gebäudes stammen von tarkhanischen Herrschern und ihren Nachfolgern. Die mit Silber verkleideten Holztore und die silbernen Kuppelspitzen stammen von den Talpur. Eine Portaltüre wurde vom ehemaligen Schah von Persien gestiftet.

Im Hof des Gebäudes kündet wie einst in den Palästen der weltlichen Herrscher der kupferne Gong täglich von der Erhabenheit und der Herrschaft des Heiligen über sein geistiges Reich; Hindus wie Moslems verehren den Heiligen gleichermaßen. Für die Moslems verkörpert er die Ablehnung weltlicher Macht und starrer Rituale. Fakire haben sich im Yogasitz niedergelassen, ihre Arme sind mit Metallreifen geschmückt. Der Heilige wird von unzähligen Menschen des Sindh und aus anderen Gegenden Pakistans verehrt.

Scheich Osman von Marwand gehörte einem iranischen Sufi-Orden namens Qalandar an. Dieses persische Wort bedeutet „ungeschliffen, unpoliert". Die Qalandar kleideten sich in derbe Woll-

Scheich-Osman-von Marwand-Mausoleum in Sehwan.

gewänder, die sie mit Rindestreifen gürteten, während sie in der Rechten einen Mandelholzstock als Symbol der Entsagung trugen. Wie Zigeuner lebten sie ohne Wohnsitz, Familie oder Beruf. Durch Entbehrung und Meditation versetzten sie sich in Ekstase. Scheich Osmans Anhänger nennen ihn Roter Qalandar, „der Ekstatische". Sein Glaubensbekenntnis offenbart er in einem Lied, das seine Anhänger während ihrer Rituale und Zeremonien singen, begleitet von Instrumenten:

Ich blicke ins Gesicht Gottes
und tanze stolz vor ihm.
Gesegnet seien die Ungläubigen, die die Frömmelei mit Füßen treten.
Seht mich im Gewand eines Heiligen tanzen. Seht!
Ich bin Osman von Marwand, ein Komplize Mansurs.
Die Welt zieht an mir vorüber,
da ich baumle am Galgen.

In dem Vers steckt ein Wortspiel: „Mansur" ist arabisch und bedeutet einerseits „der Sieger", andererseits hieß so ein Sufi, der für seine unorthodoxen Ansichten gehängt wurde.

Osmans Todestag wird jährlich von seinen Anhängern drei Tage lang gefeiert; an seinem Todestag fuhr er gen Himmel und vermählte sich mit Allah. Heute ziehen Hochzeitsprozessionen zu seinem Grabmal. Am ersten Tag beginnt die Prozession am Haus des moslemischen Grabwächters (ein erblicher Titel) und an den beiden folgenden Tagen an den Häusern zweier Hindus, die dieses Privileg ebenfalls weitervererben. Geschenke und ein Teller mit Hennapaste bleiben über Nacht neben dem Grab stehen. Am nächsten Morgen sind in der Paste zwei Handabdrücke zu erkennen: Das bedeutet, die Vermählung hat stattgefunden.

Von überall her kommen Menschen zu diesem Fest, das bis in die Nacht hinein dauert. Pausenlos werden die kupfernen Gongs geschagen. Männer und Frauen tanzen rituelle Tänze nach der Derwisch-Tradition, um die Gnade Gottes zu erlangen. Sie tanzen mit schnellen Schritten und werfen wieder und wieder ihre Arme in die Höhe. Qalandar ist der Schutzheilige der singenden Mädchen: Sie wirbeln herum, schütteln wild ihre Köpfe, die langen Haare fliegen. Schweißgebadet und vor Raserei stampfend, geraten sie in den Zustand des *hoot la makan,* des Kein-Raum-kein-Selbst.

Westlich von Sehwan Scharif liegt in einer Bodensenke der **Manchar-See,** der vom Wasser des Indus gespeist wird. Wenn der Wasserspiegel fällt, fließt das Seewasser zurück in den Fluß. Man sagt, daß Elfen und Seejungfrauen im Manchar-See baden. Fauna und Flora sind mannigfaltig, man kann viele Fische und Vögel beobachten.

Am See leben viele Fischer, ihre Boote haben einen typisch hochgezogenen Bug. Sie fangen den Fisch auf traditionelle Art mit Netzen und Leinen. Wenn eine ganze Bootsflotte die Fische in die Netze jagt, geht es laut zu. Wasservögel werden auf eine merkwürdige Art gejagt: Während die Männer durchs Wasser waten, tarnen sie sich mit ins Haar gesteckten Reiherfedern. Es heißt, daß

Anhänger des „Roten Königsadlers", Lal Schahbas Qalandar.

die Fischer vom Manchar-See die direkten Nachkommen der Indus- und Präinduskultur sind. Mit ein wenig Verhandlungsgeschick kann man sich von einem Fischer zu einer der zahlreichen Inseln des Sees fahren lassen.

Zum Kirthar-Gebirge: 57 km flußabwärts von Sehwan (und 90 km vor Hyderabad) liegt am Westufer des Indus der kleine Ort **Sann.** Von dort aus führt eine schmale Straße etwa 20 km durch menschenleere, wilde Gegend zur Festung **Ranikot,** angeblich die größte der Welt. Der äußere Mauerring ist 24 km lang und erinnert an die Chinesische Mauer. Die Festung steht an einer alten Handelsstraße durch das Kirthar-Gebirge. Weder das Alter noch die Erbauer von Ranikot sind bekannt. Einige jüngere Gebäudeteile scheinen von den Talpur Mir errichtet worden zu sein. Die Straße zur Festung ist in schlechtem Zustand und nur auf dem Rücken eines Kamels (in Sann zu mieten) oder mit dem Jeep zu erreichen.

Fern hinter Ranikot erstreckt sich das **Kirthar-Gebirge** in einer unendlich langen Kette bis zur Mangrovenküste hinunter. Der graue bis weiße Kalkstein des Kirthar-Gebirges ist ein hervorragender Baustein. Die vielfältige Vegetation der Region ernährt große Schaf-, Ziegen- und Kamelherden.

In den Bergen liegt der **Kirthar-Nationalpark,** in dem seltene Tierarten wie der Sindh-Steinbock, Gazellen, Leoparden, wilde Schafe und andere Wildtiere zu Hause sind. Für Besucher hat man Versorgungseinrichtungen geschaffen. Tiere bekommt man allerdings selten zu Gesicht.

Das Gehen über glühende Kohlen, ein Brauch, den man eher aus Südindien kennt, wird auch in dieser Gegend praktiziert. Ein neun Meter langer Graben wird mit Glut gefüllt, die mit grünen Salbeiblättern und den lilafarbenen Blüten der Akblume abgedeckt wird. Andernorts ist dieser Brauch eine Art Glaubensbekenntnis, hier indessen ist er eine Feuerprobe für diejenigen, die man des Diebstahls verdächtigt: Wer über die Glut gehen kann, ohne sich zu verbrennen, ist unschuldig.

Die Fischerboote am Manchar-See dienen zugleich als Wohnung.

MOENDSCHO DARO

Staubwolken umhüllen die Dächer, sobald die Büffel nach der Feldarbeit die Karren über die ungepflasterten Wege heimwärts ziehen. Es ist Abend, die Sonne versinkt langsam hinter den Bergen im Westen, ein paar Kinder spielen ihr letztes Murmelspiel, bevor sie sich auf den Heimweg machen.

Zwei Arbeiter klettern aus einem Straßenschacht. Stundenlang haben sie versucht, einen verstopften Abfluß freizubekommen – eine Nebenstraße ist deshalb überflutet. Ein Vater kommt nach einem harten Arbeitstag in der Töpferei nach Hause, findet aber keine Ruhe. Die Mutter beklagt sich, Wasser sickert durch die Wände. Macht nichts – morgen in aller Frühe kommen die Handwerker: So ungefähr kann man sich das Leben in Moendscho Daro vor 4500 Jahren vorstellen.

Damals war die Umgebung indes grüner als heute. Die Felder waren fruchtbarer, das Klima kühler. Es regnete häufiger. Nur die fernen Berge stehen wie ehedem, so auch Teile der Stadt. In Moendscho Daro findet man eindrucksvolle Zeugnisse der vorgeschichtlichen Induskultur. Der Fluß, an dem sich diese Kultur entwickelte, der Indus, fließt fünf Kilometer weiter östlich.

Die ersten Grabungen wurden 1922 vom Indian Archaeological Survey unter Leitung von John Marshall begonnen. Moendscho Daro (auch: Moenjo Daro oder Mohenjo-daro) wurde eigentlich zufällig entdeckt. Das einzige sichtbare Zeichen früher menschlicher Besiedlung war die buddhistische Stupa auf der Hügelkuppe gewesen. Doch die Archäologen legten nach und nach eine ganze Stadt frei – befreit von der Erdlast der nachfolgenden Jahrtausende. Mit ein bißchen Phantasie kann man sich das Leben in dieser einst blühenden, effizient organisierten Handelsstadt gut vorstellen.

Herrscher und Untertanen: Moendscho Daro, „der Hügel der Toten“, besteht aus zwei Teilen. Zum einen aus dem

Ihr Führer durch Moendscho Daro.

Hügel im Westen und zum anderen – dem größeren Teil – aus der Unterstadt im Osten, in der die meisten Menschen wohnten. Die gesamte Stadt hat einen Umfang von etwa fünf Kilometern.

Ein Hügel, die sogenannte Zitadelle, wurde von den Bewohnern künstlich angelegt. Der Herrscher, der auf der Hügelkuppe residierte, hatte also freien Blick über sein Reich, und die Untertanen im Tal wurden ständig daran erinnert, daß sie einer höheren Macht unterstanden. Wie manche Rathäuser, Finanzämter und andere Verwaltungsgebäude des 20. Jhs. muß der Hügel etwas Einschüchterndes gehabt haben. Die Zitadelle war, wenn man die Türme an ihrer Südostseite betrachtet, offenkundig schwer befestigt: die Induskultur muß von Feinden bedroht gewesen sein. Archäologen fanden Tonkugeln, die – so vermutet man – mit einer Art Schlinge abgeschossen wurden.

Unter der erst viel später erbauten Stupa ist noch nicht gegraben worden, aber an den Flanken des Hügels wurden etliche Hauptgebäude freigelegt.

Der Kornspeicher: Eines dieser Gebäude bildete höchstwahrscheinlich das Fundament eines gewaltigen Kornspeichers. Da Getreide eines der wichtigsten Lebensmittel war, wollten es die Stadtväter an einem zentralen Platz wissen, wo es bei Bedarf an die Einwohner verteilt werden konnte. Der rechteckige Bau, der anfangs 45 auf 23 Meter maß, wurde später vergrößert. Das Fundament besteht aus 27 Ziegelsteinsäulen, durch die Zwischenräume wurde das oberhalb gelagerte Getreide belüftet. In den Speicher hinein kam das Getreide über eine Laderampe aus Ziegeln; von dem hölzernen Aufbau des Speichers ist nichts erhalten.

Das Große Bad: Von zentraler Bedeutung für diese alte Stadtkultur war das Große Bad, das einige Zeit nach dem Kornspeicher errichtet wurde. Durch seinen Bau wurde ein Teil der Laderampe zerstört. Sein Becken, in das an zwei Seiten Stufen hinabführen, mißt 12 mal 7 Meter und ist 2,5 Meter tief.

Die Einwohner der Stadt gaben sich die größte Mühe, das Becken abzudich-

Restaurationsarbeiten in Moendscho Daro; im Hintergrund die Zitadelle.

ten. Boden und Seitenwände wurden aus gebrannten Ziegeln gefertigt, die mit Gipsmörtel ausgefugt sind.

Die Seitenwände wurden zusätzlich mit einer Schicht Erdpech ausgekleidet. Die Ziegelsteinstufen waren ursprünglich in Holz gefaßt und ebenfalls mit Pech gedichtet worden. Das Bekken speiste man ständig mit dem Wasser eines Brunnens, den man in einem der anliegenden Räume entdeckte, während das überschüssige Wasser über einen etwa zwei Meter hohen Ziegelsteinbogen abfloß.

Das Becken war von einem Wandelgang umgeben, an drei Seiten schlossen außerdem verschiedene Räume an. In einem von ihnen fand man eine Treppe, was vermuten läßt, daß das Gebäude zweistöckig war. Die Archäologen entdeckten Holzkohle- und Aschereste, die möglicherweise von einem Holzfußboden des zweiten Stockwerkes stammen. Ungeklärt ist, warum der nördliche Teil des Gebäudes später massiv befestigt wurde. Wollten die Baumeister Überflutungen vorbeugen?

Nördlich des Hauptgebäudes schlossen sich sechs kleinere Baderäume an, die zwei mal drei Meter maßen. Diese Bäder mit sehr sorgfältig verlegtem Ziegelsteinboden waren ebenfalls solide gebaut und an den Zentralabfluß angeschlossen. Zweifellos leisteten die Handwerker und Architekten Qualitätsarbeit. Von keinem Raum kann man in einen anderen hineinblicken; vielleicht kann dies als Achtung vor der Privatsphäre interpretiert werden.

Die Priesterklasse: Manche Deutungen gehen noch weiter. So behauptete der Archäologe Mackay, daß im oberen Stockwerk des Großen Bades Priester wohnten, denen die kleineren Bäder zu religiösen Kulthandlungen dienten, während im großen Bassin die Einwohner ihren täglichen Waschritualen nachgingen. Vergegenwärtigt man sich die Bedeutung der rituellen Waschungen im modernen Hinduismus, macht diese Erklärung durchaus einen Sinn.

Mackay folgerte weiter, daß eine Gebäudeanlage nordöstlich des Bades die Residenz eines hohen Beamten oder

Das Große Bad.

vielleicht des höchsten Priesters war, nicht ausschließen kann man auch ein Priesterseminar. Der Gebäudekomplex besteht aus mehreren barackenähnlichen Häusern mit Veranden an drei Seiten und einem offenen Hof.

Der Versammlungssaal: Einige Gebäude konnten nur mit Hilfe modernster Technik ausgegraben werden: Dazu gehört auch der sogenannte Versammlungssaal im Süden der Zitadelle. Ursprünglich wurde der Saal durch fünf Säulenreihen unterteilt – die Sockel aus Ziegelstein trugen wahrscheinlich hölzerne Säulen. In späterer Zeit wurden zahlreiche Veränderungen vorgenommen. Der Boden bestand, wie in den Wasserbecken, aus Ziegelsteinen.

In einem der Westzimmer wurde die Steinstatue eines sitzenden Mannes gefunden. Unweit hiervon entdeckten die Archäologen eine Reihe großer Steinringe, die entweder architektonische Elemente waren oder Segmente einer rituellen Steinsäule. Diente der Versammlungssaal möglicherweise als Tempel? Die drei Gebäude lassen vermuten, daß die Zitadelle als Sitz der weltlichen wie der religiösen Macht galt. Es gibt schlüssige Hinweise, daß in der Induskultur diese beiden Bereiche nicht voneinander getrennt wurden.

Am Fuß des Hügels: Die Unterstadt von Moendscho Daro, in der die Häuser, Geschäfte und Werkstätten lagen, ist Beispiel einer ausgezeichneten Stadtplanung. Die Hauptstraßen sind etwa neun Meter breit und stoßen im rechten Winkel aufeinander. Die Fläche zwischen vier Hauptstraßen mißt 360 auf 240 Meter; darauf verlaufen mehrere Gassen, ebenfalls im rechten Winkel, die zwischen anderthalb und drei Meter breit sind. Die kleinen Einzimmerhütten an den Straßenecken erwecken den Eindruck von Polizeiposten. Falls dies tatsächlich der Fall gewesen ist, dann wurden die Einwohner von den Machthabern streng kontrolliert.

Hochentwickelte Kanalisation: Obwohl die Straßen noch nicht gepflastert waren, gab es bereits eine Kanalisation aus Ziegelsteinen. Nicht nur für vorgeschichtliche Verhältnisse ist das eine architektonische Meisterleistung, auch heute noch sucht man in Asien ihresgleichen. Offensichtlich waren die Kanäle häufig verstopft, aber den Einstiegschächten nach zu urteilen, wurden die Kanäle gewartet und repariert. Wasserleitungen aus Ton, manchmal im Mauerwerk verlaufend, verbanden die Haushalte mit den Hauptabwasserkanälen. Die Röhren wurden ähnlich den modernen durch Nuten verbunden.

Öffentliche Brunnen, die heute noch wie Schornsteine in den Straßen stehen, dienten der Wasserversorgung. Da auf den Ruinen der alten Häuser neue gebaut wurden, hob sich das Bodenniveau im Lauf der Zeit. Die Archäologen haben sich durch alle Schichten in die Tiefe gearbeitet und selbst die Brunnenschächte ausgegraben. Interessanterweise läßt sich an den Brunnen der Niedergang der Baukunst nachvollziehen: von der soliden Maurerarbeit der Frühzeit bis zur immer nachlässiger werdenden Bauweise der Spätphase.

Privatsphäre: Zusätzlich zu den öffentlichen Brunnen verfügten viele Häuser über Privatbrunnen. In der Tat

Die sanitären Anlagen der Harapparer stehen den heutigen kaum nach.

ist die Privatsphäre ein sich wiederholender Aspekt des Lebens in Moendscho Daro. Haustüren öffneten sich zu den Gassen und nicht zu den belebten Hauptstraßen. Fenster gab es nur wenige, und die Überreste der Alabaster- und Terrakottagitter, die man gefunden hat, deuten darauf hin, daß die Fenster mit einer Art Jalousie versehen waren. Die Häuser der wohlhabenden Bürger hatten einen Innenhof, was zusammen mit den verwinkelten Gassen eine Atmosphäre der Zurückgezogenheit und Abgeschlossenheit schaffte. Alkoven verstärken den Eindruck, daß die Privatsphäre von einiger Bedeutung war.

Hausbau und Innenausstattung: In der Blütezeit der Induskultur stand die Architektur profaner Bauwerke auf einem hohen Niveau. Gebrannte Ziegel wurden im Stil des modernen „English bond" verwendet. Es scheint, daß die Innenwände verputzt waren, über die Gestaltung der Außenwände sind sich die Wissenschaftler noch uneins.

In den meisten Häusern führte eine Treppe in ein zweites Stockwerk oder zur Dachterrasse. Die Obergeschosse waren wahrscheinlich aus Holz gebaut, was man aus den Aussparungen für Tragbalken im Mauerwerk schließt. Badezimmer gehörten allgemein zur Grundausstattung, und manche Häuser hatten separate Toiletten. Fast alle Häuser wurden nach dem gleichen Grundriß gebaut, wiewohl sie sich in ihrer Größe unterschieden.

Nicht nur Häuser: Sieht man sich die Ruinen einmal genauer an, wird man feststellen, daß einige von ihnen stärkere Mauern haben als die Mehrzahl der Gebäude. Diesen Häusern war wohl ein besonderer Zweck zugedacht. Man vermutet, daß die Zitadelle nicht die einzige religiöse Anlage in der Stadt war; auch in der Unterstadt hat es wohl Tempel gegeben.

Gleich am Eingang eines solchen Gebäudes mit stärkerer Mauer fanden Archäologen einen geschlossen Ring aus Ziegelsteinen von ungefähr einem Meter Durchmesser. Da die Menschen der Induskultur unter anderem Bäume anbeteten, sehen die Wissenschaftler

Siegel mit Darstellung eines Zebus.

diesen Ziegelsteinring als Schutzring für einen heiligen Baum an.

Obgleich figürliche Darstellungen in der Harappa-Kultur selten sind, fand man in der Nähe dieser Häuser zwei Plastiken – die eine gut erhalten, die andere in Stücke geschlagen. Die Figuren haben etwas gemeinsam: Beide sind bärtig und tragen eine Art Stirnband. In beiden Fällen scheint in die Augen fremdes Material, vielleicht Muscheln oder Fayence, eingearbeitet worden zu sein. Die erste Plastik stellt den Kopf eines Mannes dar, gemeißelt aus weißem Kalkstein und 17,5 cm hoch.

Die zweite Figur, ein hockender Mann, der an die Statue in der Versammlungshalle der Zitadelle erinnert, wurde aus Alabaster gearbeitet. Man fand sie in drei Teile zerbrochen: Zuerst entdeckte man den Rumpf auf einer Mauer bei der Westtreppe, danach, auf einem Weg fünfzehn Meter weiter nördlich, einen Teil des Kopfes und zuletzt den fehlenden Kopfteil im Hofe eines Hauses. Zusammengesetzt mißt die Figur 42 Zentimeter.

Alle drei Teile wurden zwar aus einer archäologischen Schicht ausgegraben, die aus der Spätphase der Stadt stammt, wegen ihres Stils ordnet man die Figur aber in der Frühphase ein; aufgrund der Diskrepanz zwischen Fundort und Stil nimmt man an, daß es sich um ein Objekt handelt, das von Generation zu Generation weitergegeben wurde, bevor es schließlich zerbrach.

Handel und Gewerbe: Einige Straßenzüge mit ihren Geschäften und Werkstätten lassen sich mit den heutigen Basaren vergleichen. In einem Raum entdeckte man fünf Gruben, die mit keilförmigen Ziegeln ausgelegt waren. Diese Vertiefungen dienten möglicherweise als Aussparungen für große, nach unten spitz zulaufende Krüge. War dies ein Restaurant oder eine Färberei?

Eine Anzahl von Gebäuden hielt man ursprünglich für Geschäfte, heute denkt man eher an Arbeiterquartiere. Es handelt sich um zwei parallele Gebäudereihen mit je acht Häusern, die ein Vorder- und ein Hinterzimmer haben. Ein Weg führt zwischen den beiden Reihen hin-

Seit der Harappa-Zeit haben sich die Ochsenkarren kaum verändert.

durch und endet vor den letzten zwei Häusern. Diese beiden mit komplizierter Innenaufteilung sind größer gewesen. Falls in den Häusern tatsächlich Arbeiter wohnten, dienten die beiden letzten Gebäude vielleicht den Aufsehern als Unterkunft.

Hier könnten auch die Tempeldiener gewohnt haben, oder sie dienten als Priesterseminar. Im vorderen Bereich befanden sich Badezimmer. Nicht zwangsläufig ist das ein Hinweis dafür, daß die Hausbewohner einer gehobeneren Schicht angehörten, auf jeden Fall aber ein Zeugnis des hohen Zivilisationsstandards der Harappa-Kultur.

Der Anfang vom Ende: Das Schicksal von Moendscho Daro spielte beim Untergang der Induskultur eine entscheidende Rolle. Mindestens dreimal wurde die Stadt derart überschwemmt, daß große Teile zerstört wurden und repariert werden mußten. Der Schlamm des Indus, der sich nach den Überschwemmungen in den Straßen und den Höfen absetzte, hob allmählich das Bodenniveau der Stadt an. Außerdem kam es – wie an den Brunnenschächten gesehen – zu einem allgemeinen Niedergang der Baukunst, wie überhaupt des gesamten Gesellschaftssystems. In den Häusern wohnten immer mehr Menschen, die Räume wurden in immer kleinere Zimmer unterteilt. Der stetig steigende Indus schränkte den Siedlungsraum zusätzlich ein.

Vom Ende Moendscho Daros erzählen die Skelette. Fünf Gruppen und ein einzelnes Skelett – 38 insgesamt – haben die Archäologen gefunden: Frauen, Männer und Kinder. Sie lebten in den letzten Tagen der Induskultur.

Diese Menschen starben eines gewaltsamen Todes; einige wurden auf der Straße gefunden, andere in den Häusern oder auf den Treppen. Man fand ihre Skelette in unnatürlichen Positionen, die Schädel eingeschlagen, und kein Mensch hatte versucht, sie zu begraben. Bis heute herrscht Unklarheit über ihre Mörder und deren Motiv. Von dieser Katastrophe erholte sich Moendscho Daro nie mehr.

Das bittere Ende: Es ist eine Schande, daß man diese wunderbare Ausgrabungsstätte verfallen läßt. Schuld daran ist zum großen Teil der steigende Grundwasserspiegel. Als die Ausgrabungen im Jahre 1922 begannen, lag er 7,5 Meter unterhalb der Erdoberfläche. Heute liegt er im Sommer sechs Meter höher. Die Erdsalze werden vom Wasser aufgelöst und kristallisieren, wenn der Wasserspiegel sinkt; die Salzkristalle zerstören die Ziegel der Mauern.

Trotz aller Versuche der UNESCO und der Archäologen, die Stätte zu erhalten, zerfällt ein Teil nach dem anderen und damit unwiederbringlich auch die einmaligen Zeugnisse einer der ersten großen Menschheitskulturen.

Nicht nur die bereits ausgegrabenen Ruinen sind davon betroffen, sondern auch die Gebäude, die noch unberührt unter der Erde liegen. Der größte Verlust ist vielleicht eine Siedlung aus der Zeit vor der Harappa-Kultur, die man unter Moendscho Daro vermutet. Versuche, sie mit dem Spaten freizulegen, scheiterten stets am Grundwasser. Wie es scheint, sind diese vorgeschichtlichen Zeugnisse für immer verloren.

Links: Kanalisation – 5000 Jahre alt.
Rechts: Moendscho Daro – dem Zerfall preisgegeben.

Der Pandschab

Das Wort Pandschab setzt sich zusammen aus *pandsch (panj),* „fünf", und *aab,* dem Wort für Wasser: ein Hinweis auf die fünf Flüsse, die die Provinz durchziehen. Bei der Staatsgründung 1947 mußte Pakistan mehrere Gebiete des östlichen Pandschab an Indien abtreten, während der größere Teil bei Pakistan verblieb.

Die fünf Nebenflüsse des Indus heißen Sutlej, Beas, Ravi, Chenab und Jhelum. Ihnen und natürlich dem Indus selbst verdankt der Pandschab seine Fruchtbarkeit und seinen Wohlstand. Über 50 Millionen Menschen, mehr als die Hälfte der Gesamtbevölkerung Pakistans, leben hier.

Bevor um die Jahrhundertwende die britischen Kolonialherren die Landwirtschaft modernisierten, war der Pandschab ein Land der Wüsten und Halbwüsten und keineswegs die „Kornkammer" Pakistans. Die Flüsse traten häufig über die Ufer oder änderten ihren Lauf, wenn sie, angefüllt mit dem Schmelzwasser der Berge, sich in die Täler und Ebenen ergossen. Sie stellten eine ständige Bedrohung für die Ufersiedlungen dar.

Khwaja Khizr, der mit seinen Krokodilen auf dem Grund der Flüsse lebende Wassergott, mußte mit Opfergaben milde gestimmt werden. Gelang dies, konnte ein Bauer eine reiche Ernte von den fruchtbaren Schwemmlandböden einfahren, gelang es nicht, spülte der Flußgott alles hinweg. So entstand das Sprichwort: *Ik sal amir, ik sal fakir:* „Heute reich, morgen arm." Ein anderes Sprichwort warnt: „Am Fluß zu leben, ist so riskant wie einen Säugling in die Obhut einer Hexe zu geben."

Um ihre Existenz zu sichern, mußten die Pandschabi früher ständig ihren Wohnort wechseln. Zahlreiche Ortschaften entstanden und verschwanden alsbald wieder. Die Briten gründeten viele Städte als Militärstützpunkte oder Märkte für die Kanalkolonien. Alte, von den Flüssen zerstörte Städte verschwanden völlig; man ersetzte sie durch neue, die auf sicherem Boden erbaut wurden. Das bei Sargodha liegende Bhera war einst eine blühende Stadt, in der Scher Schah eine Moschee hatte errichten lassen. Ihre Schreine wurden Ziel vieler Pilger. Unter den Mogul-Kaisern war Bhera ein lokales Verwaltungszentrum. Dann wurde es von den Durrani geplündert, von den Sikhs neu aufgebaut und schließlich von den Briten besiedelt. Als die Kanalkolonien Bedeutung gewannen, wurden weitere Städte gegründet und der Verwaltungssitz aus Bhera verlegt. Die Stadt verlor ihre Bedeutung, und die Verwüstungen von 1947 machten sie zur Geisterstadt.

Kornkammer Pakistans: Wichtigster Wirtschaftszweig des Pandschab ist die Landwirtschaft. Angebaut werden Reis, Weizen, Zuckerrohr, Obst und Baumwolle. Seit Großunternehmen durch Subventionen dazu animiert werden konnten, ihre Fabriken aufs Land zu verlegen, entstehen immer mehr Industriegebiete. Die Palette reicht von der Nahrungsmittelherstellung und -verarbeitung über Textil- und Metallverarbeitungsbetriebe bis hin zur chemischen Industrie; im Pandschab wird von landwirtschaftlichen Geräten bis zum Reißverschluß alles produziert.

Ein kurzer Blick auf die Landkarte zeigt den Grund für diese rasche Entwicklung: Derart viele Kanäle durchziehen die Provinz, daß sie wie eine grüne Oase in den angrenzenden Einöden liegt, eine Oase, in der Hunderte neuer Siedlungen ohne historischen Hintergrund entstanden.

Kanalkolonien: Eine Fahrt entlang einem bewässerten Gebiet verdeutlicht, welche technische Meisterleistung hinter den Bewässerungsprojekten und den Kanalkolonien steckt: Auf der einen Seite der Straße liegt grünes, kultiviertes Land mit Bäumen und Siedlungen, auf der anderen beherrscht nach wie vor Wüste die Szenerie.

Die Realisierung der Kanalkolonien gehört zu den ehrgeizigsten Projekten, die die Briten je durchgeführt haben. Die vor langer Zeit angelegten kleineren Kanäle dienten vornehmlich der Gartenbewässerung sowie der Freude der Anwohner und weniger der allgemeinen Wasserversorgung. Das Projekt war in zweierlei Hinsicht radikal: Es veränderte mittels moderner Technik das Land, und es beeinflußte die Gesellschaftsstrukturen. Neues Land wurde urbar gemacht und die Bevölkerung ermuntert, dorthin zu ziehen. Baubeginn für den Upper Bari Doab Canal war 1860/61; man leitete Wasser des Ravi über 62 km weit in die fruchtbaren, dichtbesiedelten Gegenden um Lahore und Amritsar. Auf ähnliche Weise wurde 1870 Wasser des Jumna in den südlichen Pandschab umgeleitet.

Den ersten großen Besiedlungsversuch starteten die Kolonialherren zwischen 1886 und 1888: Mit dem Wasser des Sutlej sollten 76 000 Hektar Land im Distrikt Multan bewässert werden. Anschließend wollte man die Menschen aus der Umgebung hier ansiedeln. Da das Bewässerungssystem nicht reibungslos funktionierte, war der Versuch nur zum Teil von Erfolg begleitet. Dann aber machte die Kanalbautechnik so weit Fortschritte, daß man sich entschloß, ein 405 000 Hektar großes Gebiet mit Wasser des Chenab zu bewässern. 1892 wurde der untere Abschnitt des Chenab-Kanals eröffnet – ein großer Erfolg und Wendepunkt in der Wirtschaftsgeschichte des Pandschab. Zwischen 1905 und 1917 entstand ein ehrgeiziges Bewässerungsprojekt für das südwestlich von Lahore gelegene Wüstengebiet. Nachdem der Ravi bereits Bewässerungszwecken diente, baute man ein komplexes Dreikanalsystem, das die Flüsse Jhelum, Chenab und Ravi miteinander verband: So konnte ein riesiger Landstrich mit Wasser versorgt werden.

Seit dem vorigen Jahrhundert wird die Bewässerung durch neues Knowhow und weiterentwickelte Techniken ständig vorangetrieben und der Agrarwirtschaft weiteres Land erschlossen.

Dennoch besteht dieser Teil Pakistans nicht nur aus grünen Feldern oder Wüste. Im Norden erheben sich die von zerklüfteten Berge der Salt Range, die sonderbare Landschaft des Potohar-Plateaus sowie die sattgrünen Murree Hills, Ausläufer des Himalaya.

Vorherige Seiten: Das Alamgiri-Tor des Lahore-Forts. Der Pandschab, Kornkammer Pakistans.

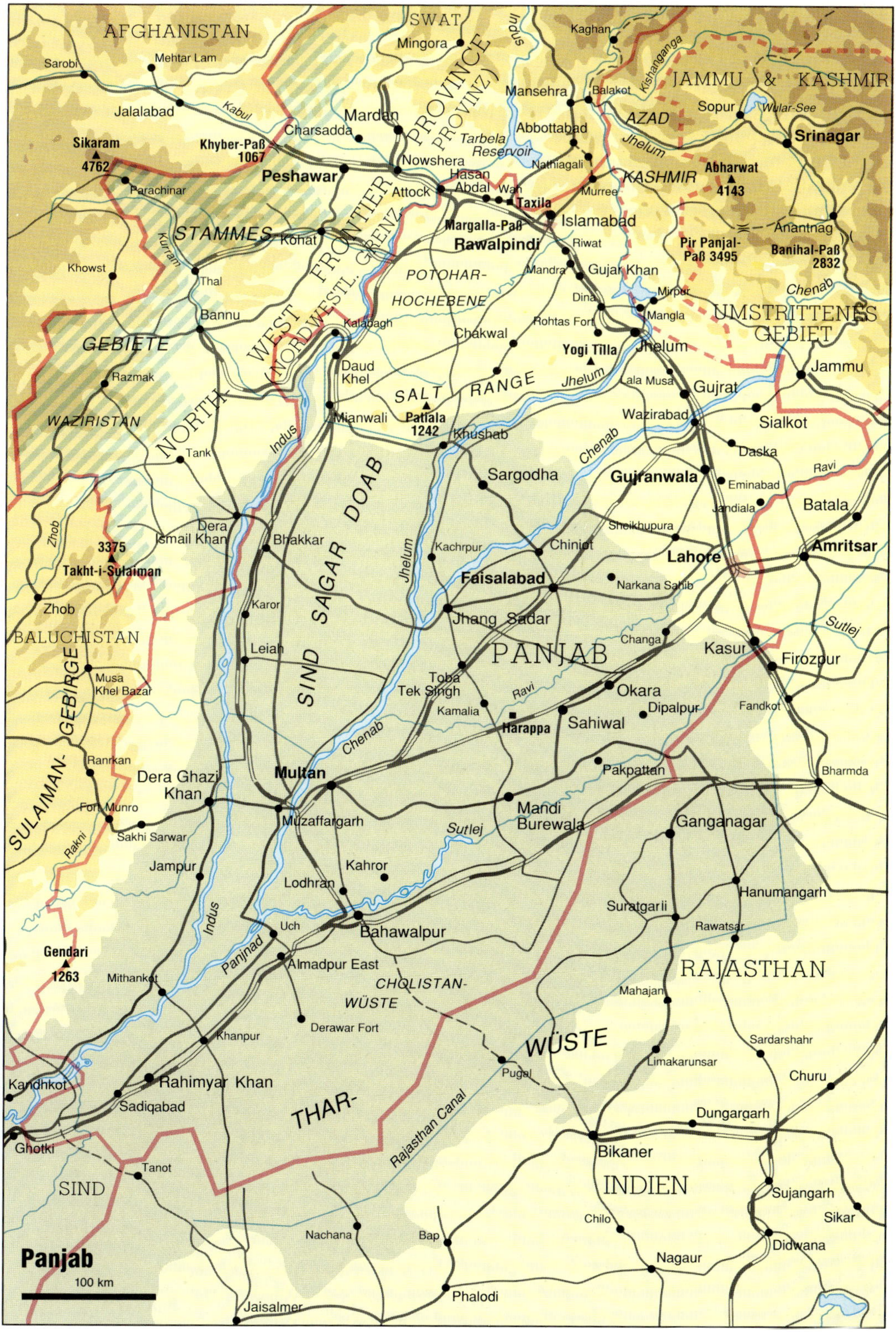
Panjab
100 km
AFGHANISTAN
SWAT
Mingora
Kaghan
Sarobi
Mehtar Lam
Jalalabad
Kabul
Charsadda
Mardan
PROVINCE
(PROVINZ)
Indus
Mansehra
Balakot
Kishanganga
JAMMU & KASHMIR
Sopur
Wular-See
Srinagar
AZAD
KASHMIR
Jhelum
Abbottabad
Tarbela Reservoir
Sikaram 4762
Khyber-Paß 1067
Peshawar
Nowshera
Nathiagali
Hasan Abdal
Wah
Taxila
Murree
Abharwat 4143
Parachinar
Attock
Islamabad
Anantnag
STAMMES-
Kohat
Margalla-Paß
Rawalpindi
Riwat
Pir Panjal-Paß 3495
Banihal-Paß 2832
Kurram
FRONTIER
(NORDWESTL. GRENZ-
POTOHAR-
HOCHEBENE
Mandra
Gujar Khan
Khowst
Thal
Dina
Mirpur
Chenab
Mangla
UMSTRITTENES GEBIET
Bannu
WEST
Kalabagh
Rohtas Fort
GEBIETE
Chakwal
Yogi Tilla
Jhelum
Jammu
Razmak
Daud Khel
SALT
RANGE
Lala Musa
Gujrat
NORTH
Mianwali
Patiala 1242
Wazirabad
Sialkot
WAZIRISTAN
Tank
Indus
Khushab
Daska
Sargodha
Gujranwala
Ravi
Eminabad
Jandiala
Batala
Zhob
Dera Ismail Khan
Bhakkar
SIND SAGAR DOAB
Sheikhupura
Chiniot
3375
Takht-i-Sulaiman
Kachrpur
Lahore
Amritsar
Faisalabad
Narkana Sahib
Karor
Jhang Sadar
Sutlej
Zhob
BALUCHISTAN
Changa
Kasur
Leiah
PANJAB
Firozpur
Musa Khel Bazar
Toba Tek Singh
Okara
GEBIRGE
Kamalia
Dipalpur
Fandkot
Harappa
Sahiwal
Chenab
Ranrkan
Multan
Pakpattan
Bharmda
Dera Ghazi Khan
SULAIMAN-
Fort Munro
Muzaffargarh
Mandi Burewala
Ganganagar
Sakhi Sarwar
Rakni
Jampur
Kahror
Hanumangarh
Lodhran
Suratgarh
Uch
Bahawalpur
Rawatsar
Gendari 1263
Panjnad
Almadpur East
RAJASTHAN
Mithankot
CHOLISTAN-
WÜSTE
Mahajan
Derawar Fort
Khanpur
WÜSTE
Sardarshahr
Limakarunsar
Kandhkot
Pugal
Churu
Rahimyar Khan
Sadiqabad
THAR-
Rajasthan Canal
Dungargarh
Ghotki
Bikaner
Tanot
SIND
INDIEN
Sujangarh
Chilo
Sikar
Nachana
Bap
Didwana
Nagaur
Jaisalmer
Phalodi

ISLAMABAD UND DIE MURREE HILLS

Der ehrgeizigste Plan der jungen pakistanischen Republik, eine völlig neue Stadt im Pandschab zu gründen, ergab sich parallel zur Entscheidung, Karachi als Hauptstadt zu ersetzen. So entstand **Islamabad** auf dem Potohar-Plateau im Norden des Landes am Fuße der **Margalla-Hügel.** Baubeginn war 1961, ein Ende ist noch nicht in Sicht – ständig wird irgendwo ein Stück hinzugefügt.

Islamabad bedeutet „Stadt des Islam", ein Name, der die nach dem Islam ausgerichtete Gesellschaftsordnung Pakistans widerspiegelt. Es ist eine auf dem Reißbrett entworfene, weitläufige Stadt mit breiten Straßen, Villen und Gärten; sie gleicht keiner der in Jahrhunderten gewachsenen pakistanischen Stadt – wie beispielsweise Rawalpindi, Islamabads Zwillingsstadt, mit ihren verwinkelten Basaren, alten, engstehenden Häusern und der drängenden Menschenmasse.

Islamabad dagegen ist so weitläufig angelegt, daß man ohne Verkehrsmittel nicht auskommt; die Entfernungen sind einfach zu groß. In Islamabad sieht man weder Motorrikschas noch die traditionellen *tongas,* sondern vornehmlich Suzuki-Transporter, Ford Transits, Taxis und Mietwagen.

Viele der meist niedrigen, einstöckigen Gebäude fallen durch ihre Extravaganz auf. Die Reichen wohnen mit Vorliebe in eleganten Häusern, die oft, wenn sie allzu phantastische Gestalt annehmen, geradezu belustigen.

Islamabad, ein geistiges Kind Ayub Khans, sollte in einer Gegend erbaut werden, die der Präsident höchstpersönlich ausgewählt hatte. Läge Lahore nicht so nah an der indischen Grenze, wäre es höchstwahrscheinlich die neue Hauptstadt geworden. Für Islamabad dagegen sprachen die Grenzlage zwischen Pandschab und der NWFP sowie das relativ milde Klima am Fuß der Berge. Schon die Engländer haben diese Gegend dem fieberverseuchten Bengalen vorgezogen.

Aussicht auf Islamabad.

Von den Margalla-Hügeln hat man einen schönen Blick auf Islamabad, sie selbst bilden einen malerischen Hintergrund im Norden der Stadt. Über Daman-i-koh führt eine gewundene Straße nach Pir Sahava, deren scharfe Haarnadelkurven eine Herausforderung für jeden Autofahrer sind.

Auf dieser Straße begegnen einem Uralt-Busse und Kleintransporter; die Busse voller Menschen drohen zu bersten, und an den Kleintransportern hängen derartige Menschentrauben, daß man fürchten muß, die Vorderreifen würden abheben – was tatsächlich passiert, sobald das Fahrzeug über Schlaglöcher schießt. Und wenn der Motor eine Steigung nicht schafft, heißt es absteigen und schieben.

Die Berge sind geeignet für Spaziergänge, Ausritte und Trekking. Es existiert ein ausgedehntes Netz von Wegen, die durch die exotische Vegetation führen. Neben zahlreichen Vogelarten leben hier Affen und Hirsche.

Unterhalb der Berge breitet sich Islamabad aus. Links erkennt man die Grabstätte des Bari Imam und die **Quaid-e-Azam-Universität** mit den weißen Arkaden am Eingang.

Im Wallfahrtsort **Nurpur Schahan** steht das Heiligengrab des Bari Imam (17. Jh.), dessen mit Spiegeln besetzter Schrein Jahr für Jahr das Ziel Tausender von Pilgern ist. Diesem Heiligen sagt man nach, er habe 70 tote Kühe wieder zum Leben erweckt. Auf den Straßen des Dorfes herrscht reges Treiben, Hunde bellen, Ziegen meckern, in den kleinen Läden werden Armbänder aus bunten Glasperlen und andere nette Souvenirs verkauft.

Der **Rawal-See** strahlt die Ruhe einer chinesischen Tuschzeichnung aus; hier geht man spazieren oder macht ein Picknick. Zum Fischen braucht man eine Genehmigung, die in der Hütte am Damm erhältlich ist. Im Westen des Sees liegt der **Islamabad Club,** wo man Golf spielen und reiten kann.

Gegenüber erheben sich die Hügel des **Schakaparian-Parks,** eines Erholungsgebiets mit Gartenanlagen, Spielplätzen und Aussichtspunkten sowie

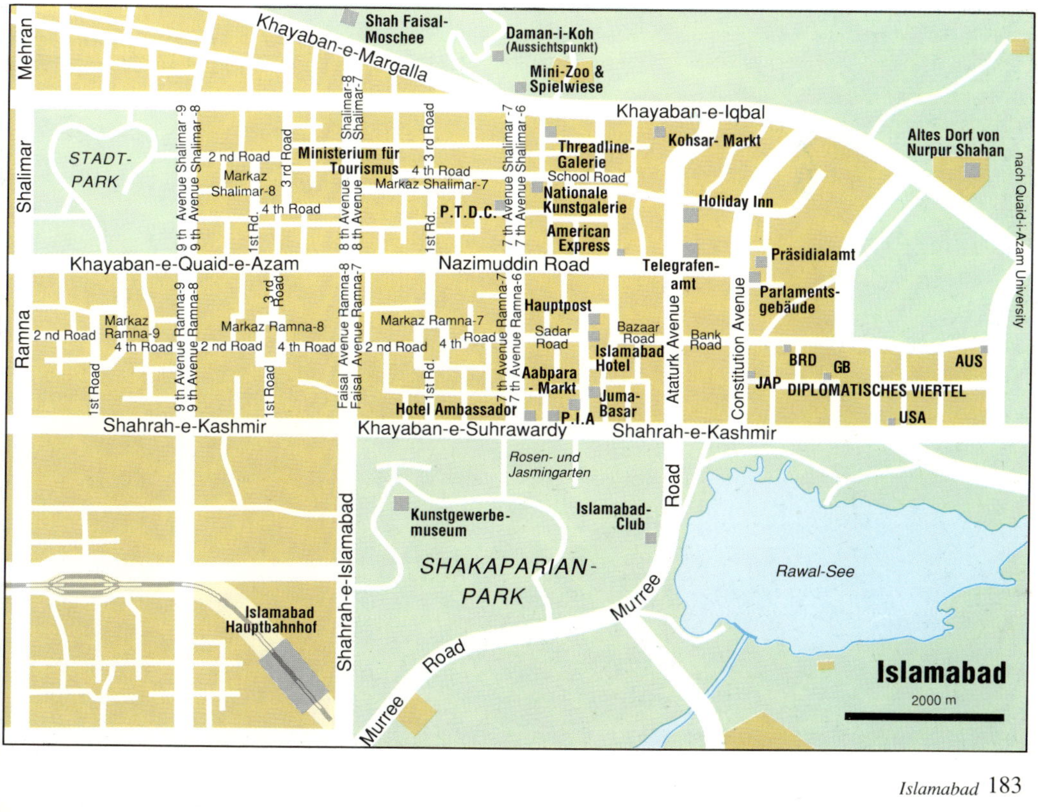

einem Modell Islamabads. Das Kunstgewerbemuseum, **Lok Virsa** (Institute of Folk and Traditional Heritage), hat hier seinen Sitz und zeigt einige schöne Beispiele aus dem pakistanischen Kunsthandwerk: Trachten, Schmuck und Musikinstrumente. Lok Virsa veranstaltet Feste, stellt Tonbänder, Filme und Bücher her und verkauft sie im Supermarkt. Gleich in der Nähe liegt **Zero Point,** der Bezugspunkt für alle Entfernungsmessungen in Pakistan.

Am Fuß des Hügels, unterhalb Daman-i-kohs, können Sie das beliebte **Islamabad Children's Playland** besuchen, ein großes Spielparadies, das Japan einst Pakistan schenkte.

Rechter Hand erhebt sich die **Faisal-Moschee** (Faisal Masjid) mit ihren schlanken, von Ferne an Weltraumraketen erinnernden Minaretten. Den weiten Dächern der Moschee gab man die Gestalt eines Wüstenzelts; der gewaltige Bau faßt 15000 Gläubige.

Als eines der größten Andachtsgebäude der islamischen Welt wurde die Faisal-Moschee von dem türkischen Architekten Vedat Dalokay erbaut. Den Hauptteil der Kosten von 50 Millionen US-Dollar trug Saudi-Arabien. Der Gebäudekomplex beherbergt ein islamisches Forschungszentrum, ein Auditorium, eine Bibliothek, ein Museum und weitere Einrichtungen.

Islamabad bietet einige recht gute Einkaufsadressen, etwa die Märkte **Jinnah, Aabpara** und **Kausar** sowie den **Supermarket,** in dem eine Reihe von Einzelhändlern um Kunden buhlt. Hier findet man Lebensmittelgeschäfte, Drogerien, Teppichgeschäfte, Juweliere, Konfektions- und Maßschneider, Buchläden und Antiquariate; Bäcker verkaufen Brot, würzige Pasteten sowie köstliche Kuchen und Torten. Im **Threadlines,** einem staatlich subventionierten Geschäft, kann man überdies günstig Kunsthandwerk kaufen.

Eine besondere Attraktion sind die Wochenmärkte **Juma-Basar** freitags und **Itwar-Basar** sonntags. Der Juma-Basar schließt mittags, wenn die Bevölkerung zum Gebet gerufen wird. Das Warenangebot ist überwältigend: Obst

Die Anlage der Faisal-Moschee nimmt fast 190 000 m² ein.

und Gemüse, Fisch und Geflügel, Gewürze sowie unterschiedlichste Haushaltswaren. An vielen Ständen werden Stoffe, Vorhänge sowie Kleidung wie Schuhe und Socken aus zweiter Hand (!) angeboten. Auch Musikkassetten, Spielzeug und alle möglichen Neuheiten werden verkauft.

Teppichhändler bieten auf dem Juma-Basar ihre Ware feil – sie sind immer zum Handeln bereit. Edelsteine, Ohrringe, Armreifen oder ein *taviz*, mit heiligen Worten in Halbedelsteine graviert, werden verkauft. Der Moderne aufgeschlossene Händler führen Teppiche mit Motiven wie Hubschraubern, Raketen, Flugzeugen oder sogar Kalaschnikows. Russische Hüte, Orden und Knöpfe sowie russisches Geld: nichts Ungewöhnliches.

Stadt der Basare: Trotz der unmittelbaren Nachbarschaft zu Islamabad ist **Rawalpindi** ungleich älter. Hier findet man seltsamerweise nur wenige historische Gebäude, statt dessen aber den **Saddar-** und den **Raja-Basar,** die der Vorstellung eines Touristen von einer pakistanischen Stadt zweifellos mehr entsprechen. Im Gegensatz zur Weitläufigkeit Islamabads stößt der Besucher in Rawalpindi auf ein reizvolles Chaos. In den engen, von Menschen überfüllten Straßen gibt es vom Edelstein über Messing, Kupfer, Möbel mit Einlegearbeiten bis zu Stickereien aus Kaschmir so gut wie alles.

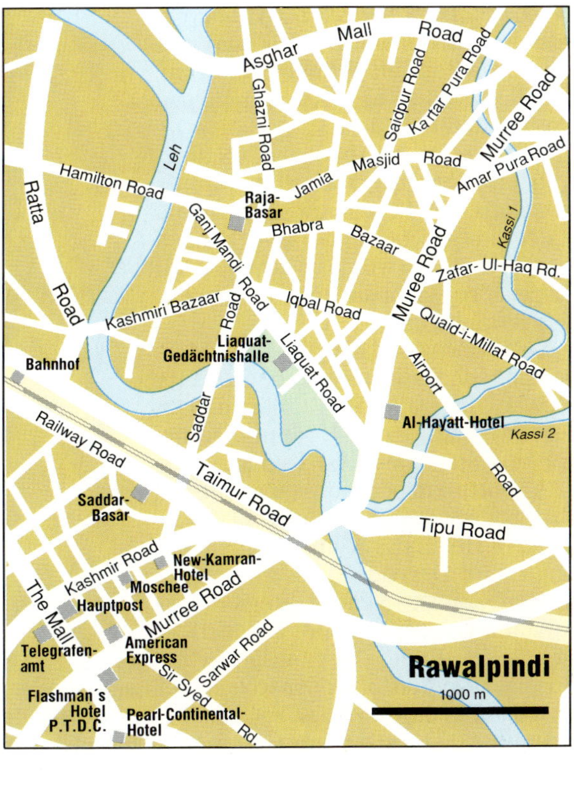

An der Stelle, an der im Oktober 1951 Pakistans erster Ministerpräsident Liaquat Ali Khan ermordet wurde, legte man den Park **Liaquat Bagh** mit einem Auditorium und einer Bibliothek an. Hier finden Ausstellungen, Theateraufführungen und andere kulturelle Ereignisse statt. Beliebtes Erholungszentrum ist der über 900 Hektar große **Ayub-Nationalpark** mit einem See, Aquarium, Gärten, Spielplatz sowie einem Freilichttheater; er liegt an der Grand Trunk Road (GTR).

Murree und Pandschab Hills: 50 km nordöstlich von Islamabad liegt an den Ausläufern des Himalaya in 2173 Meter Höhe der Ort **Murree.** Wie einstmals die englischen Kolonialherren fliehen heute die wohlhabenden Pakistani vor der Hitze der Ebenen hierher. Zwischen 1850 und 1876 war Murree Hauptsommersitz der Briten, wenn sommers die Hauptstadt nach Simla verlegt wurde. Von Islamabad fährt man auf der gut befahrbaren Straße in knapp zwei Stunden nach Murree.

An der Straße liegen mehrere kleine Siedlungen. Jenseits des Dorfes **Tret** sieht man kiefernbestandene Berghänge. Ein Saumpfad führt von der Straße weg nach **Nandkot,** einem früheren Militärlager, das wegen einer Schlangenplage aufgegeben werden mußte. Den Schlangen – so heißt es – seien etliche Soldaten zum Opfer gefallen, und in der Umgebung lägen verstreut zahllose Gräber.

Ghora bedeutet Pferd, und **Ghora Gali** ist ein 1500 Meter hoch gelegener Ort, wo früher die Kutscher ihre Pferde wechselten. Überdies befinden sich in den Murree Hills mehrere Polizei- und Armeestationen sowie militärische Ausbildungslager.

An einem Hang steht die seltsam anmutende Ruine der 1947 zerstörten

„Dyer and Meakin"-Brauerei von Murree. General Dyer, ein Angehöriger der Dyer-Familie, war 1919 verantwortlich für das Massaker von Amritsar.

Da Murree als Erholungsort sehr beliebt ist, wird es im Sommer geradezu von Erholungsbedürftigen heimgesucht. Winters kann es zwar sehr kalt werden, doch fasziniert der Schnee die Pakistani, die Derartiges selten in den Flußebenen zu sehen bekommen. Autos, die im Schnee festsitzen, sind eine unterhaltsame Abwechslung.

Die geschäftigste Ecke der Stadt ist die Hauptstraße, die **Mall,** wo die Menschen die Ladenzeilen und Restaurants entlangströmen. Mehrere Hotels bieten Unterkunft, und die Kirchen stammen aus einer Zeit, als Murree Refugium der Raj war. Einer merkwürdigen Geschichte zufolge soll sich das Grab der Jungfrau Maria auf einem der ringsum liegenden Hügel befinden.

Eine Reihe weiterer Erholungsorte, **Galis** genannt, liegen auf dem Weg in Richtung Abbottabad. Abgesehen von den Hotels und Kirchen aus der Kolonialzeit sind die meisten Gebäude dieser kleinen Ortschaften reine Wohnhäuser. Meist sind es schmuddelige Hütten, die älteren noch mit Wellblech gedeckt, ihre Namen klingen allesamt englisch. Im Gegensatz zu ihren indischen Pendants sind die Erholungsorte der Murree Hills relativ unberührt.

Bei der Fahrt durch diese reizvolle Berglandschaft bietet sich dem Auge ein ständig wechselndes Bild. Manchmal öffnet sich auf der einen Seite der Straße ein Abgrund, während auf der anderen hohe Kiefern nah an die Straße rücken. Die alten Mischwälder mit Kiefern, Eichen, Kastanien und Ahorn sind sehr dicht, auf den Lichtungen wachsen wilde Blumen. Wo es machbar ist, werden Feldterrassen für die landwirtschaftliche Nutzung angelegt.

Fast alle Orte verfügen über Hotels und Rasthäuser, die beliebtesten Plätze indes sind Nathiagali, Thandiani und Ayubia. Die Galis eignen sich gut als Ausgangspunkte für Wanderexkursionen oder zum Ausreiten.

Von **Nathiagali** aus kann man an klaren Tagen weit nach Norden bis zum Nanga Parbat schauen. In **Ayubia** (benannt nach General Ayub Khan) entsteht zur Zeit ein Erholungszentrum. Der Sessellift ist bereits in Betrieb und die Sensation Pakistans.

Über die Route Abbottabad–Nathiagali erreicht man **Thandiani,** früher ebenfalls ein Erholungsort, der dann jedoch aufgegeben und erst vor kurzem wieder besiedelt wurde; in der Ortschaft hat man Aussicht auf ein wunderschönes Bergpanorama.

Sie können von Islamabad über Murree und die Galis nach Abbottabad im Bezirk Hazara (NWFP) fahren. Der Rückweg auf der GTR führt über den Tarbela-Staudamm und Taxila.

Abbottabad liegt noch innerhalb des dichten Kieferngürtels der Galis in 1250 m Höhe; das Klima ist hier recht angenehm. Der nach James Abbot, dem ersten stellvertretenden Regierungskommissar benannte Ort wurde 1853 gegründet. Er ist Ausgangspunkt für alle nach Norden führenden Routen: sei es über Balakot und das Kaghan-Tal oder über den Karakorum-Highway.

Links: In der Abgeschiedenheit der Galis. **Rechts:** Murree – waghalsig gebaut.

GRAND TRUNK ROAD NACH ATTOCK

In seinem Roman *Kim* beschreibt Rudyard Kipling die Grand Trunk Road (GTR), die Kabul mit Kalkutta verbindet, als „Rückgrat Indiens“: „Alle Kasten und alle Arten von Menschen tummeln sich hier. Schaut! Brahmanen und Schuster, Geldwechsler und Kesselflikker, Barbiere und *bunnias,* Pilger und Töpfer – ein unaufhörliches Kommen und Gehen. Ich fühle mich wie Strandgut nach der Flut, vom Fluß an Land geworfen. Und wahrlich, die Grand Trunk Road ist ein wunderbares Schauspiel. Sie läuft pfeilgerade und trägt ohne Gedränge Indiens Handelsverkehr auf einer Länge von 2500 km – ein Strom voller Leben, wie es ihn nirgendwo sonst auf der Welt gibt.“

Nach Attock: Wenige Kilometer westlich von Rawalpindi überwindet die GTR den **Margalla-Paß,** den schon der Mogul Babur während seiner Invasion im Jahre 1524 benutzte.

Die Straße, an dieser Stelle recht langweilig, durchschneidet die Felsen. Sie wird von einem in Gedenken an John Nicholson aufgerichteten Obelisken überragt. Nicholson verlor sein Leben 1857 während eines Sturmangriffs auf Delhi. Die Inschrift besagt, daß „zwei Völker um ihn trauerten“. Er genoß so hohes Ansehen, daß sich eine religiöse Gruppierung nach ihm Nikalseni benannte.

Jenseits des Margalla-Passes ist ein ein sehr alter Abschnitt der GTR aus der Zeit Scher Schahs erhalten geblieben. Mitunter entdeckt man in den Felsen entlang der Straße Löcher, die einst als Wohnhöhlen dienten.

Unmittelbar hinter dem Paß liegt **Taxila** mit seinen Ruinen dreier untergegangener Städte und Stupas (Pagoden). Da es Tage in Anspruch nehmen kann, dieses weitläufige Gebiet zu Fuß zu durchqueren, sollten Sie auf *tongas* (Pferdewagen) umsteigen, die auf dem Basar von Taxila bereitstehen.

Sirkap wurde in der zweiten Bauphase Taxilas Anfang des 2. Jhs. v. Chr.

Die Grand Trunk Road verbindet viele Städte.

von baktrischen Griechen als neuer Stadtteil konzipiert. Es bietet sich als angenehmer Rastplatz während des Rundgangs an. Über eine Treppe steigt man auf den hinter der Stadt liegenden Hügel, von dem aus die Ausgrabungsstätte gut zu überblicken ist.

Einen Fußweg entfernt liegen die gut erhaltenen Reste der **Dharmaradschika-Pagode,** eines der ältesten Stadtbauten. Das buddhistische **Kloster Jaulian** erreicht man erst nach steilem Aufstieg. Eine große, von den Fundamenten kleiner Bauwerke umgebene Stupa mit fein gearbeiteten Skulpturen blieb erhalten. Links von der Hauptstupa erhebt sich eine Buddhastatue mit einem Loch in der Bauchdecke: Kranke legten einen Finger in dieses Loch und beteten für ihre Heilung.

Ein weiteres buddhistisches Kloster, **Mohra Moradu,** liegt in einem friedlichen Tal. Aus einer nahen Quelle sprudelt fortwährend frisches Wasser.

In Taxila bieten mehrere Geschäfte verzierte Tonwaren an, die im Umland hergestellt werden. Mörser und Stößel werden von Steinmetzen verkauft, die sie aus Felsgestein herausgearbeitet haben. Das Museum von Taxila birgt reiche Funde aus der Umgebung.

Westlich von Taxila liegt **Wah.** Von hier führt eine Abzweigung nach links in einen Mogul-Garten, der sich zwar nicht mit Schalimar in Indien messen kann, dennoch aber ein hübsches Plätzchen mit einer Anzahl Quellen ist. Akbar war von der Schönheit des Platzes so bezaubert, daß er „Wah!“ ausrief (etwa: Phantastisch!); daher der Ortsname. Wah hat sich in jüngster Zeit so ausgedehnt, daß es heute an Taxila und Hasan Abdal grenzt und mittlerweile sowohl Industrie- als auch Wohngebiet für Wohlhabende geworden ist.

Auf halbem Strecke zwischen Rawalpindi und Attock erreicht man **Hasan Abdal.** Die Geschichte, die sich um den dortigen **Panja-Sahib-Gurduware-Tempel** (Tempel der Hand des Gurus) rankt, lautet so: Guru Nanak durchwanderte mit seinem Schüler Mardana die Gegend. Mardana wurde durstig, und der Guru schickte ihn auf einen Hügel,

Attock-Fort: Stützpunkt am Indus.

wo er Baba Wali Kandhari um Wasser bitten sollte. Mardana lief dreimal den Hügel hinauf und hinunter, Kandhari aber wollte ihm kein Wasser geben. Da stieß der Guru mit seinem Stab in den Boden, woraufhin aus dem Loch Wasser quoll. Inzwischen entdeckte Baba Wali Kandhari, daß sein Brunnen versiegt war, und warf in seiner Wut einen Felsblock nach dem Guru und Mardana. Der Guru streckte jedoch seine Hand aus und schützte sie beide vor dem geschleuderten Felsen.

Seitdem trägt dieser Findling den Handabdruck des Guru. Wegen der Umfriedung des Findlings und der Quelle kann man die Größe des Felsens nicht mehr genau ausmachen. Nur wer ins Wasser steigt, sieht den Handabdruck. Doch Vorsicht ist geboten: Halten Sie sich am Geländer fest, denn wegen des unter einem Stein hervorschießenden Wassers ist es rutschig. Im Becken leben einige große Fische.

In den angrenzenden Gebäuden waren einst die Küchen und Schlafräume der Pilger untergebracht. Viele machen die Reise nicht mehr, nur während des *Baisakhi*-Festes am 13. April strömen die Menschen hierher.

Den Schrein Baba Wali Kandharis kann man auf dem Hügel besichtigen. An den Gurduware-Tempel grenzt die Moschee, in der Baba Wali Kandhari 40 Tage lang gefastet haben soll. In der Nähe liegt ein Moguln-Grab. Dschahangir zufolge soll es sich um das Grab eines Höflings aus der Zeit Akbars handeln. In den Wasserbecken schwimmen große Karpfen, von denen man annimmt, Dschahangir hätte sie bereits in seinem *Tuzuk* erwähnt: Der Kaiser fing die Fische, steckte ihnen Goldringe ins Maul und ließ sie wieder ziehen.

Ein ummauerter Garten schließt sich an, in dem sich das Grab der sagenhaften Lala Rukh befindet, angeblich die Tochter eines Mogul-Kaisers.

100 km von Rawalpindi entfernt liegt **Attock.** Direkt an der GTR erhebt sich das Grabmal der Kurtisane Randhi Ka Muqbara. Wie es heißt, war ein Mogul-Gouverneur so von ihrem Gesang beeindruckt, daß er ihr den Wunsch nach einem Grabmal an der Straße erfüllte. (Asiens Kurtisanen waren bekannt für ihre Bildung: Gesang, Tanz und das Rezitieren von Gedichten schickten sich nicht für Damen von Stand.)

Eindrucksvoll liegt am Ufer des Indus das **Attock-Fort.** Der Fluß fließt von hier bis Kalabagh durch eine Schlucht. Die Festungsanlage Attock erstreckt sich vom Flußufer den Berghang hinauf, die Außenmauern sind gut zwei Kilometer lang.

Kaiser Akbar ließ die Festung 1581 bauen, als er im Streit mit seinem Bruder lag. Attock ersetzte Fort Rohtas, wurde später von Randschit, dann von den Briten eingenommen. Es ist der Geburtsort des früheren britischen Premierministers Sir Anthony Eden.

Das Fort darf weder besichtigt noch fotografiert werden, da es nach wie vor ein Armeestützpunkt ist. Bis zur Russischen Revolution pflegte Attock Handelsbeziehungen mit den Zaren und war daher zu einigem Wohlstand gekommen. Nicht weit von Attock vereinen sich der schmutzigbraune Kabul und der blaue Indus.

Ernster Blick gen Westen.

TAXILA

30 Kilometer nordwestlich von Rawalpindi liegt an der Grand Trunk Road eine der bedeutendsten Ausgrabungsstätten Asiens: Taxila (Takschaschila). Angeblich geht der Name auf Prinz Takscha zurück, der – den Versen der *Purana* zufolge – hier geweiht wurde; doch weiß man, daß sich bereits in der Mittelsteinzeit Menschen in dieser Gegend niedergelassen hatten. Erst als die Moslems in Vorderindien einfielen, wurde die Stadt aufgegeben.

Ersten Ruhm über die Grenzen des Landes hinaus erlangte Taxila als Universitätsstadt, nachdem Gandhara im 6. Jh. v. Chr. dem persisch-archämenidischen Reich einverleibt wurde. Durch die strategisch günstige Lage an einer Nebenstrecke der Seidenstraße, die China mit dem Westen verband, erlebte die Stadt eine wirtschaftliche und kulturelle Blüte. Seine glanzvollste Zeit erlebte Taxila vom 1. bis 5. Jh. n. Chr., als die Kuschana eine völlig neue Stadt aufbauten. Auf Geheiß der Könige entstanden im gesamten Tal von Taxila buddhistische Monumente, so daß hier nach und nach ein religiöses Zentrum entstand, zu dem Gläubige aus Zentralasien und China pilgerten. Geschwächt durch die häufigen Einfälle der Hunnen Mitte des 5. Jhs. war Taxila schließlich dem Untergang geweiht. Im 6. und 7. Jh. untergrub zudem Streit innerhalb der Adelsklasse die Macht der Könige. Dennoch können wir heute außer den Überresten dreier einst herrlicher Städte eine Vielzahl buddhistischer Klöster, Stupas und Tempel besichtigen.

Bhir Mound: Der Überlieferung zufolge findet man die älteste Anlage Taxilas südlich des heutigen Museums auf dem Bhir Mound. Zwar haben Archäologen auf der anderen Seite des Flüßchens Tamra eine Siedlung entdeckt, die etwa dreitausend Jahre alt ist, doch hat Bhir Mound dem Besucher einiges mehr zu bieten.

Schon ein flüchtiger Blick macht deutlich, daß die Siedlung aus dem

Blick über Sirkap.

6. Jh. v.Chr., ganz im Gegensatz zu Sirkap, ursprünglich nicht als Stadt angelegt war. Vielmehr wurde recht willkürlich freier Platz bebaut. Erst mit wachsender Bevölkerungszahl nahm Bhir Mound stadtähnliche Ausmaße an. Doch selbst in dieser ältesten der drei Siedlungen läßt sich ein gewisses Stadtplanungskonzept erkennen.

Der östliche Teil der bisher freigelegten Stadt scheint überwiegend Wohngebiet gewesen zu sein. Um eine ganze Reihe von Plätzen, die möglicherweise die Zentren der verschiedenen Handwerker- oder Berufsgruppen bildeten, gruppierten sich die Wohnviertel. Steinfundamente in den Fußböden lassen darauf schließen, daß die Dächer der Häuser von Holzsäulen gestützt wurden. An belebten Kreuzungen wurden die Ecken der Häuser zudem mit Steinsäulen verstärkt, um sie gegen Beschädigungen zu schützen.

Einige kleinere Straßen waren von Mauern gesäumt, wohl um die Privatsphäre der Anwohner zu wahren. Übrigens gab es hier außer Müllgruben bereits private und öffentliche Sickergruben zur Abwasserbeseitigung, jedoch noch keine Kanalisation. Während die Hauptstraßen entlang einer Nord-Süd-Achse verliefen, wurden die Seitenstraßen in Ost-West-Richtung angelegt.

Ein Gebäude verdient besondere Beachtung. Da sein Grundriß ein halbes Achteck darstellt und es in mehrere Räume aufgeteilt ist, erkennt man es schnell. Auch seine Lage an der Kreuzung zweier großer Straßen deutet auf seine Bedeutung hin – möglicherweise war hier das Verwaltungszentrum des frühen Taxila.

Der westliche Teil der Ausgrabungsstätte scheint dagegen das religiöse Zentrum der Stadt gewesen zu sein. Diesen Schluß läßt die sogenannte **Säulenhalle,** auch **Tempel** genannt, zu. Es ist ein rechteckiger Bau, in dessen Mitte drei quadratische Säulen stehen. An der Ostseite verläuft eine Veranda, an die sich ein gepflasterter, offener Hof mit Podium für ein Wasserbecken samt Abflußrohr anschließt. In den angrenzenden, nach Norden gelegenen Räumen befinden sich ein quadratischer Wasserspeicher und mindestens drei Sockel. Den sichersten Beweis, daß dieser Teil das religiöse Zentrum gewesen ist, liefern jedoch die Reliefdarstellungen von Göttinnen und Göttern, die einander die Hände halten. Sie wurden in und rund um die Säulenhalle gefunden und waren einst als Andenken für die Pilger gedacht. Fachleute vermuten, daß auf dem Bhir Mound der älteste Schrein der Hindus steht.

Sirkap: Anderthalb Kilometer nordöstlich des Museums erstreckt sich in die Ebene von Taxila hinein **Sirkap** oder der „abgetrennte Kopf", wie die Stadt auch genannt wird. Im Westen wird die Anlage vom Bach Tamra, im Norden und Süden vom Flüßchen Gau begrenzt, von dem wegen einer modernen Straße und einem Kanal heute kaum noch etwas zu sehen ist.

Sirkap ist weniger eine neue Stadt als vielmehr ein neuer Stadtteil, denn Bhir Mound blieb weiterhin bewohnt. Angelegt wurde es um 180 v. Chr. von baktrischen Griechen. Die Hauptstraße verläuft in Nord-Süd-Richtung und

Bauphasen über Jahrhunderte hinweg.

wird von kleinen Straßen rechtwinklig geschnitten, wodurch ein schachbrettartiges Straßennetz mit regelmäßigen Blocks entsteht.

Der Stadtteil entstand in sieben Bauphasen, wobei die früheste noch vor den Baktriern und zeitgleich mit der Besiedelung des Bhir Mound stattgefunden haben dürfte. Im Nordwestteil der Ausgrabungsstätte veranschaulicht ein Schnitt durch die Mauern eines tiefen Grabens alle sieben Bauphasen.

Die noch heute vorhandenen Gebäude entstanden zwar nach den Plänen der baktrischen Griechen, gehören aber in die Epoche der Parther, also in die Zeit nach dem verheerenden Erdbeben, das 30 n. Chr. das Gebiet erschütterte. Statt aus Fundsteinen wurde das Mauerwerk damals bereits aus regelmäßig geformten Steinen erbaut.

Die Anlage ist von einer mächtigen, über 5 km langen und bis zu 6 m starken Mauer umgeben. Während sie im Norden und Osten nahezu schnurgerade verläuft, beschreibt sie im Westen eine unregelmäßige Linie. Wahrscheinlich befand sich einst an jeder Seite ein Zugang, doch ist heute nur mehr das Tor an der Nordseite vorhanden, durch das man die Anlage betritt.

Das Tor bildet eine 8 x 11 m große Halle mit je zwei Wachstuben auf der Außen- und der Innenseite der Stadtmauer. Unter dem Tor verläuft zwar ein Wasserkanal, doch gab es weder in Sirkap noch in Bhir Mound (wo man freilich Sickergruben fand) Abwasserleitungen oder Brunnen. Vermutlich erfüllten die beiden Bäche neben der Siedlung diese Funktion.

Die von Norden nach Süden verlaufende Hauptstraße wurde – durchaus bewußt – nicht auf direktem Weg mit dem Tor verbunden, sondern etwas versetzt angelegt. Hat man die Straße erst einmal erreicht, kann man die Stadt auf ihrer gesamten Länge überblicken. Vermutlich säumten Geschäftsreihen die Straße, hier und da unterbrochen von Stupas oder Pagoden. Dahinter und abseits der Hauptstraße lagen die Wohnviertel und Produktionsstätten der Manufakturen.

Tauschhandel: Münzen gegen Buddha-Figuren.

Hat man die Häuserblocks links und recht an der Stadtmauer hinter sich gelassen, sieht man auf der Ostseite die ersten Stupas liegen. Wenngleich nur der quadratische Unterbau erhalten blieb, kann man dennoch die typische Anlage erkennen: Der Stupa steht in einem Hof, der an allen vier Seiten von Gebäuden umgeben war. Im Hof kann man auch die Reste dreier Votivstupas entdecken. Auf der anderen Seite der Hauptstraße stehen ordentlich in Reih und Glied geräumige Gebäude, während dahinter ein Durcheinander an Mauern zu sehen ist, das unter anderem zur Werkstatt eines Goldschmieds gehören mußte, wie man aus 66 kupfernen Gußformen für die Herstellung von Ornamenten schließen kann, die man in den Gebäuden entdeckte.

Drei Blocks weiter – ebenfalls auf der Ostseite der Hauptstraße – liegt der vielleicht eindrucksvollste Bau Sirkaps, der **Apsis-Tempel.** Sein 70 x 40 m großer Hof etwa 1,5 m über dem Straßenniveau ist von einer fast 2 m dicken Mauer umgeben. Neben den beiden Treppen, die auf die Mauer führen, liegen kleine Räume, die für die Tempelwache gedacht waren. Der Tempel mit Vorhalle, Hauptschiff und Apsis steht erhöht auf einem Podium. Da er einen Rundgang hat, ähnelt er stark den Tschaitya-Versammlungshallen Südindiens. In der Apsis stand wahrscheinlich einmal eine Pagode, die aber leider zerstört wurde.

Die Bedeutung des Apsis-Tempels wird dadurch betont, daß sein Standort nicht dem sonst so regelmäßigen Straßennetz untergeordnet wurde. Die Tempelanlage erstreckt sich weit in einen Bereich hinein, wo nach strenger Planungslogik eigentlich Wohnhäuser stehen müßten. Auch die regelmäßige Anordnung der Häuser in diesem Block ist nicht mehr eingehalten, und es scheint, als sei wahllos auf dem verbleibenden Platz gebaut worden.

Einen Block weiter südlich sind die Reste eines ungewöhnlichen Schreins zu besichtigen. Man erreicht ihn von der Straße aus über eine Doppeltreppe – ein sicherer Hinweis auf seine besonde-

Der Sonnentempel mit seinem auffälligen Grundriß.

re Bedeutung. Das Podium, auf dem er steht, wurde durch diagonal verlaufende Mauern verstärkt. Da das Gebäude kein Stupa war, könnte es sich um einen **Sonnentempel** handeln.

Schräg gegenüber dieser Anlage liegt die prächtige **Pagode des doppelköpfigen Adlers** innerhalb einer quadratischen Anlage, die man über eine Treppe erreicht. Heute ist nur mehr die Basis der Pagode erhalten; ihr Reiz liegt in den verschiedenen Stilrichtungen, in denen sie erbaut wurde. Umgeben ist die Pagode von einer Reihe Halbpfeiler, die zum Teil mit korinthischen Kapitellen verziert sind. Zwischen diesen Pfeilern befinden sich auf der Westseite links und rechts der Treppe je drei Nischen. Die beiden nächst der Treppe sind mit griechischen Giebeldreiecken geschmückt, während die beiden mittleren Nischen von Bögen abgeschlossen werden, wie man sie in Ajanta findet. Die äußeren haben frühindische *toranas* (Tore). Über jedem der Bögen ist das vermutlich von den Skythen eingeführte Sinnbild des doppelköpfigen Adlers angebracht, dem die Pagode ihren Namen verdankt. Im Süden schließt sich ein großes, um sechs kleine Höfe angeordnetes Haus mit 30 Räumen an, in dem die Priester wohnten.

Geht man in südlicher Richtung weiter, vorbei an einem weiteren Stupa im nächsten, rechter Hand gelegenen Wohnblock, erreicht man auf der linken Seite den sogenannten **Palast.** Wenn dies tatsächlich ein Palast war und man den überlieferten Berichten syrischer Christen Glauben schenken darf, dann wurde hier der hl. Thomas untergebracht, als er um 40 n. Chr. Sirkap und den Parther-König Gondophares aufsuchte.

Das Gebäude ist auf seiner Vorderseite 100 m lang. Wer einmal herumläuft, wird feststellen, daß der Südteil am sorgfältigsten geplant und ausgeführt wurde, allein die Mauern sind deutlich dicker. Der „Palast“ setzt sich aus einer Reihe von Höfen zusammen, um die herum – ähnlich den kleineren Wohnvierteln von Sirkap – die Wohngebäude angeordnet sind. Wie man aus

Der Schrein des doppelköpfigen Adlers.

den Gußformen für Münzen schließt, die vor einigen Jahren bei Ausgrabungsarbeiten in dem schlecht erhaltenen Gebäude südlich des „Palastes“ gefunden wurden, befand sich dort eine Werkstatt für die Münzherstellung. Wenn das so ist, könnte der sogenannte Palast das Verwaltungszentrum von Sirkap gewesen sein; noch allerdings sind sich die Archäologen uneins.

Folgt man der Hauptstraße weiter nach Süden, erreicht man die auf dem Hathial-Ausläufer gelegenen Ruinen des **Kunala-Klosters** und eines Stupas. Ein Stück weiter, noch innerhalb des Stadtmauerrings, liegt auf dem nächsten Hügel das **Ghai-Kloster.**

Der Dharmaradschika: Bei einem Besuch in Taxila ist die Besichtigung des nur 2 km östlich von Bhir Mound und Sirkap gelegenen **Dharmaradschika** oder **Großen Stupas** ein absolutes Muß. Er gehört zu den größten und beeindruckendsten Kultbauten Pakistans. Der ursprüngliche Stupa wurde vermutlich schon im 3. Jh. v. Chr. von Kaiser Aschoka errichtet, um die Reliquien des Buddhas zu verwahren. Nach seiner Zerstörung beim Erdbeben im Jahre 30 n. Chr. entstand auf den Ruinen der heutige Bau, der bis ins 4. und 5. Jh. hinein immer wieder erweitert wurde. Dabei nahm der eigentliche Stupa immer mehr die Form einer Pagode an, wie wir sie heute in Südost- und Ostasien kennen. Die große Lücke in der Westfassade des Stupas stammt aus dem 19. Jh., als in die Reliquienkammer eingebrochen wurde.

Der Hauptteil des Stupas, ein etwa 14 m hoher Tambour (Kuppelgewölbe), wird von 16 Mauern gestützt, die sternförmig von seinem Mittelpunkt zu den Außenwänden verlaufen und ihm im Grundriß das Aussehen des Rades des Gesetzes, *dharma-cakra,* verleihen. Vier Treppen an den zentralen Stellen des Areals führen hinauf zur Basis des Stupas; der gesamte Bau ist von einem Rundgang umgeben.

Welche Bedeutung der Große Stupa hatte, erkennt man an kleineren Votivstupas, Kapellen und Räumen, die um ihn herum angeordnet sind und gele-

Der Dharmaradschika-Stupa aus der Distanz.

gentlich bis in den Rundgang hinausreichen. Sie entstanden ab dem 1. Jh. v. Chr. bis in die Zeit nach der Kuschana-Herrschaft im Stil der jeweiligen Epoche. Man nimmt an, daß sie von Pilgern gestiftet wurden und die verschiedenen buddhistischen Schulen repräsentieren sollen. In einigen Votivstupas, deren Reliquienkammern unversehrt blieben, fand man auch eine Goldschatulle mit einer Rubinperle, einer Koralle, Blattsilber und einem winzigen Knochensplitter.

Von Bedeutung ist zudem ein nördlich des Stupas gelegenes rechteckiges Wasserbecken, das man über eine Treppe erreicht. Es diente einerseits als Wasserspeicher, doch ist seine eigentliche Funktion nicht eindeutig geklärt.

Westlich des Großen Stupas steht ein achteckiger **Apsis-Tempel** aus dem 1. Jh., in dem ein achteckiger Stupa untergebracht war. Die ursprüngliche Klosteranlage befand sich in der Nähe des Flusses, wurde dann aber an die Nordseite des Großen Stupas, hinter die Stupas und Kapellen, verlegt. Bis ins 7. Jh. hinein wurde die Anlage um mehrere Stupas erweitert.

Während der Blütezeit Dharmaradschikas waren die Unterkünfte der Mönche großzügig, ja fast luxuriös angelegt. Erst im 5. Jh. wurden sie durch Überfälle, wahrscheinlich der Hunnen, großteils zerstört. Die neuen Gebäude, die sie ersetzten, fielen bedeutend kleiner aus und dienten, wie man an der beträchtlichen Mauerstärke erkennt, wohl auch der Verteidigung. Dennoch wurden auch sie im 7. Jh. niedergebrannt. Unter den Trümmern der Anlage fanden Archäologen sechs Skelette offensichtlich unbestatteter Toter, von denen einigen der Kopf fehlte.

Jaulian: 5 km östlich von Sirkap liegt das buddhistische **Kloster Jaulian,** das den Weg auf jeden Fall lohnt. Es liegt auf einer Anhöhe von 100 m und bietet einen wunderbaren Blick über das Tal von Taxila.

Die drei wichtigsten Teile der Gesamtanlage sind der Untere Stupahof, der Hof des Hauptstupas und das Kloster selbst. Vom Eingang gelangt man

Die Ruinen des Klosters Jaulian.

in den Unteren Stupahof und von dort über fünf Treppenstufen hinauf in den Hof des Hauptstupas. Von diesem Stupa, über dessen ursprüngliche Größe und Form nur wenig bekannt ist, sind lediglich das runde Fundament des Tambours auf einem quadratischen Sockel und der nördliche Treppenzugang erhalten. Um sie herum sind jedoch noch die Reliefdarstellungen von großen Buddhas in Meditation aus dem 5. Jh. zu erkennen. Sie werden durch Halbpfeiler voneinander getrennt, auf denen sich wiederum kleinere Abbilder des Buddhas befinden.

Der sitzende Buddha an der Ostseite der Treppe ist als der Heilende Buddha bekannt. Es heißt, daß die Pilger ihren Finger in den Nabel der Statue steckten in der Hoffnung, dadurch von ihren Leiden geheilt zu werden. Im Sockel unmittelbar darunter wird in einer Kharasthi-Inschrift der Mönch Buddhamitra Dharmanandin als der Stifter des Klosters genannt.

Um den Hauptstupa sind auf drei Stufen 21 kleinere Stupas auf quadratischen Sockeln angeordnet, verziert mit wundervollen Reliefs. Auf der untersten Stufe wechseln sich meist Löwen und Atlanten ab, während in den beiden oberen Stufen Buddhas und Bodhisattwas zu sehen sind. Die Figuren der unteren beiden Reihen stehen oft in von korinthischen Halbpfeilern umrahmten Nischen, während die Pilaster der oberen Stufe persepolitanisch sind.

Gelegentlich ist in das Fundament der Name des Stifters in Kharasthi eingraviert – ein Beweis dafür, daß diese Schrift noch bis ins 5. Jh. hinein verwendet wurde.

Die Mauern des Hofes vom Hauptstupa säumen 28 Kapellen, die möglicherweise einst Holzdächer hatten und ursprünglich Reliefs trugen, die das Leben des Buddhas oder der Bodhisattwas in Ton modelliert darstellten.

Zurück im Hof des Unteren Stupas, dessen Stupas und Nebengebäude im wesentlichen den eben beschriebenen gleichen, führen weitere Stufen an der Ostmauer zum eigentlichen Kloster. Hier stehen um einen großen, offenen

Reichverzierte Fassaden im Kloster Jaulian.

Hof angeordnet 28 Mönchszellen unterschiedlicher Größe, von denen nur wenige ein Fenster haben.

Die Fußböden sind mit in festgestampfter Erde eingelassenen Steinen belegt, und die Wände waren wohl einmal verputzt und bemalt. An der Nordseite wurde eine der Zellen in eine Kapelle umfunktioniert, und von einer anderen führt eine Steintreppe in ein oberes Stockwerk. Besonders in der Nähe des Eingangs zum Kloster standen vor einigen Gebäuden Statuen in Alkoven. Von diesen sind verschiedene immer noch gut zu erkennen, wie etwa ein Stehender Buddha ohne Kopf. Eine der zwölf Figuren um ihn herum ist ein Mann mit spitz zulaufender Kopfbedeckung und der charakteristischen zentralasiatischen Kleidung.

Wie man sieht, waren die Stupahöfe und Kapellen des Klosters einst reich mit Statuen und Ornamenten versehen. Der Waschraum in der Ecke des Klosterhofes, die Aula, die Küche, die Toiletten, der Eßraum und die Spülküche, die sich im Osten hinter den Gebäuden anschlossen, alles dies verrät uns, daß für die Mönche und auch die Pilger bestens gesorgt war.

Weitere Sehenswürdigkeiten: Taxila hat neben den genannten Sehenswürdigkeiten noch einiges andere zu bieten. 2,5 km nordöstlich von Sirkap liegt die dritte Stadt Taxilas, **Sirsukh,** die der Epoche der Kuschana zugerechnet wird. Auch wenn die Ausgrabungsarbeiten noch nicht weit fortgeschritten sind, erkennt man doch bereits jetzt, daß die Stadt wie Sirkap eine Befestigungsanlage hatte.

Nördlich von Sirkap überragen vier auf Hügeln gelegene Tempel die Stadt. Der schönste dieser Tempel, die augenscheinlich griechischen Vorbildern nachempfunden sind, ist sicherlich der bei **Jandial,** 1,5 km nördlich von Sirkap. Sieht man einmal davon ab, daß das Gebäude statt von Säulenreihen, wie man es vermuten würde, von einer Mauer mit eingelassenen Fenstern umgeben ist, könnte man den Tempel ebensogut in der Ägäis finden.

Aber auch die übrigen buddhistischen Klöster sind einen Besuch wert. So liegen südöstlich von Dharmaradschika vier Klöster derart angeordnet, daß sie die Ecken eines Quadrates beschreiben. Sie sind zur Zeit der Kuschana entstanden, um die damals wachsende Anzahl von Mönchen unterbringen zu können. In drei dieser Klöster befindet sich der Hauptstupa außerhalb des Hofes, um den die Wohnräume der Mönche angeordnet sind. Nur in dem etwas später entstandenen vierten Kloster wurde der Stupa in den Hof integriert. In seiner Gesamtheit gibt der Komplex sehr genau Aufschluß über die Baugeschichte der Klöster während der Gandhara-Epoche.

Von den anderen Sehenswürdigkeiten, auf die an dieser Stelle nicht alle eingegangen werden kann, muß aber noch **Kalwan** erwähnt werden, die größte buddhistische Siedlung Taxilas. Diese zwei Kilometer südwestlich von Dharmarajika gelegene Anlage von Klöstern, Stupas, Kapellen und Schreinen, in der noch lange nach den Kuschana das Leben blühte, kann auf eine lange Geschichte zurückblicken.

Meditierender Buddha im Kloster Jaulian.

GRAND TRUNK ROAD NACH LAHORE

Zwischen Rawalpindi und Lahore gleicht die Landschaft entlang der Grand Trunk Road einer Science-fiction-Szenerie. Das **Potohar-Plateau** wirkt wie von einem anderen Stern, ein Phantasieprodukt in manchmal unwirklich scheinenden Farben: Steine, Felsen, Findlinge und Schluchten. Vielerorts wachsen nur Akaziensträucher. Liegt ein verendendes Tier im Straßengraben, so machen sich scharenweise die Geier darüber her. Trotz der Unwirtlichkeit haben Menschen – wo immer möglich – das Land kultiviert: Zwischen den Findlingen erstrecken sich Weizen- und Spinatfelder.

In dem uralten Gestein liegen Fossilien und die Spuren früher Menschen verborgen, neben der Straße etliche kleine Ortschaften und vorgeschichtliche Siedlungen. 15 km südlich von Pindi steht bei **Riwat** ein Fort aus dem frühen 16. Jh. Der Stamm der Ghakkar erbaute es als Schutz gegen den Mogul-Kaiser Scher Schah. Im Vergleich zu Scher Schahs gewaltigem Rohtas-Fort wirkt diese Festung mit ihren 10 m hohen Mauern geradezu winzig.

Eine Moschee und ein Mausoleum sind im Innern des Forts zu besichtigen. Im Mittelpunkt steht das Grab Sarang Khans, der von Scher Schahs Generälen bei lebendigem Leib gehäutet wurde; seine Tochter mußte einen der Mörder heiraten. Wenngleich Sarang Khan 16 Söhne im Krieg verlor, blieben doch genug am Leben, um die Linie fortzusetzen. Seltsam geformte Felsbrocken liegen um die Festung verstreut, man kann sowohl sie als auch die Mauern erklettern. Dem Touristen folgen auf Schritt und Tritt freundliche Kinder.

Hinter Riwat liegt das buddhistische Kloster **Mankiala.** Der Legende nach bot der Buddha hungrigen Tigern hier seinen Leib zum Fraß an. Gebäudereste zeigen, wo eine der vier großen Pagoden Nordwestindiens stand, die man zur Erinnerung an dieses Ereignis gebaut hatte. Einer anderen Legende zu-

Kurze Rast am *dabba*, einem Lastwagenstopp.

folge starb an diesem Ort Bukephalos, das Pferd Alexander des Großen.

Wie die meisten an der GTR gelegenen Orte zeichnet sich auch **Dina,** etwa 15 km vor Jhelum, vornehmlich durch dichten, chaotischen Verkehr aus; Busse, Pkws und Lkws, Kamele und Esel, Becken mit abgestandenem Wasser, Müll, Fahrzeugteile, Straßenhändler und Menschenmassen. Dina ist vor allem wichtiger Durchgangsort: Rechter Hand führt eine Straße nach Rohtas, linker Hand nach Mirpur sowie nach Mangla und zum Mangla-Damm.

Aus **Mirpur** stammt ein Großteil der pakistanischen Bürger der nordenglische Stadt Bradford. Touristen bietet es wenig. Etwa 15 km östlich von Dina, am Jhelum, steht einer der größten Staudämme der Erde, der **Mangla-Damm.** Ermöglicht wurde dieses Projekt 1959 durch den indisch-pakistanischen Indus-Basin-Vertrag, der Pakistan das Recht zubilligt, auch Flüsse, die in Indien entspringen, als Bewässerungsquellen zu nutzen. Gewaltige Steinquader bedecken den Damm.

Die Straße nach Rohtas ist anfangs schmal und führt an kleinen Läden und Friedhöfen vorbei. Sie wird von Rasern beherrscht (die Polizei steht ihnen offenbar gleichgültig gegenüber) und endet abrupt am meistens ausgetrockneten Flußbett des Kahan. Mit einem Landrover kommen Sie bequem voran, mit dem Pkw geht es nur bis zu einem Punkt, von wo ab Sie zu Fuß gehen müssen. Manchmal nehmen einen auch Einheimische mit, die hiesige Bevölkerung ist ausgesprochen freundlich.

Seien Sie jedenfalls vorsichtig bei der Flußüberquerung. **Fort Rohtas** ist zwar groß, doch erst sehr spät zu sehen. Es taucht mit seinen düsteren Mauern ganz plötzlich auf. Heutzutage hat man den Eindruck, als befinde sich die Festung im Niemandsland. Als sie erbaut wurde, war sie von großer Bedeutung. Scher Schah Suri, der von 1539 bis 1545 regierte, hatte das Fort errichten lassen, um die Nord-Süd-Route am Ende der Salt Range zu sichern, wo er auch das erste Teilstück der GTR anlegen ließ. Der Name rührt von einem Ort namens

Die mächtige Festung Rothas.

Rohtas in Bengalen her, wo Scher Schah einen wichtigen Sieg errang. Das Fort diente auch als Bollwerk gegen Humajun und die Ghakkar, wurde jedoch unter den Moguln schnell überflüssig. Zehn Jahre nach Scher Schahs umsichtiger Herrschaft erwiesen sich seine Nachfolger als Versager, und Humajun konnte zurückkehren. Fort Rohtas wurde nicht einmal angegriffen, denn der Kommandant ergab sich kampflos. Doch Humajun lebte keine sieben Monate mehr: Er stürzte in Delhi die Stufen eines Gebäudes hinunter, das – ironischerweise – unter dem fleißigen Scher Schah errichtet worden war. Als Akbar der Große auf den Thron kam, wurde in Attock eine Grenzgarnison stationiert. Dschahangir bewunderte die strategische Lage Rohtas. Die Grand Trunk Road verlief seinerzeit allerdings woanders.

Die Mauern von Fort Rohtas sind rund 5 km lang. Ein gewaltiges, reichverziertes Tor, offensichtlich für Triumphzüge gedacht, ist das **Sohail-Tor.** Wenn man an der Mauer entlanggeht, erreicht man einen Turm, an dem ein eigenartiger Block und ein Loch zu sehen sind. Hier sollen Exekutionen durchgeführt und die Toten in das Loch geworfen worden sein.

Von dem Palast, der unter Radscha Man Singh erbaut wurde, sind noch ein paar Reste vorhanden – einen Pavillon erreicht man über eine steile Treppe ohne Geländer. Überhaupt ist Fort Rohtas an vielen Stellen nichts für Menschen mit Höhenangst. Bei einigen Brunnen führen Treppen in nachtschwarze Tiefen.

Salt Range: Am äußersten Südrand des Potohar-Plateaus, westlich des Jhelums, erheben sich als willkommene Abwechslung die kargen Berge der **Salt Range.** Zwei Höhenzüge laufen in westlicher Richtung auf die Städte **Mianwali** und **Kalabagh** zu.

Für Geologen ist die Salt Range deshalb interessant, weil hier 600 Millionen Jahre Erdgeschichte dokumentiert sind, ein Grund, das Gebirge als „Museum der Geologie“ zu bezeichnen. Mit ihren Terrakottahügeln, bizarren grau-

Die Ruinen von Ketas.

grünen und braunen Felsen und den vielen Salzseen, an denen sich die Straße entlangwindet, hat die Landschaft einen überraschend eigenen Charakter. Die Salt Range ist ein Trekkinggebiet; auf der Südseite fallen die Berge steil auf die Pandschab-Ebene ab.

Schon im Hindu-Epos *Mahabharata* wird dieses Gebirge erwähnt als Zufluchtsort für Menschen, die die Einsamkeit suchten. Unter anderem zogen sich die Yogis hierher zurück.

Ihren Namen verdankt die Salt Range den Salzlagern. In **Khewra** liegt eines der größten Salzbergwerke der Erde. Möglicherweise gab es hier schon vor den Mogul-Herrschern Salzbergwerke, aber daß es zu ihrer Zeit welche gab, dessen ist sich die Geschichtsforschung sicher. Nach 1850 bauten die Engländer das Salz ab. Die Mine in Khewra steht Besuchern offen.

An Fort Rohtas vorbei erreicht man über eine Straße mit vielen Haarnadelkurven die östlichen Ausläufer des Salt Ranges. Für diese Straße benötigt man ein Geländefahrzeug, denn sie ist steil, felsig und schwierig zu fahren. An klaren Tagen hat man eine herrliche Aussicht auf die Ebenen. In tausend Meter Höhe endet die Route am Gipfel des **Yogi Tilla,** wo sich ein Schießübungsplatz der Armee befindet. Hier oben züchtet man übrigens Wildschafe.

Am Gipfel des Yogi Tilla sieht man die Überbleibsel eines ehemals berühmten Klosters der Kanphat-Yogis (*Kanphat* bedeutet „gespaltenes Ohr": Die Yogis trugen große Ohrringe.). Sie werden mit Guru Gorakh Nath in Verbindung gebracht, von dem man nur weiß, daß er irgendwann zwischen dem 9. und 12. Jh. lebte.

An einem Wasserbecken stehen zwei mit *chattris* gekrönte Türme. Die vielen Gebäudereste sind vorwiegend in schlechtem Zustand, hier und da findet man Wandmalereien. Restaurierungsarbeiten sowie den Bau eines Restaurants führt der PTDC durch. Da das Kloster wenig besucht ist, wird die Ruhe lediglich ab und zu von mächtigen Stürmen unterbrochen.

Der Volksmund berichtet viel vom Yogi Tilla. Puran Bhagat, Randschha und andere Helden kamen hierher. Eine kuriose Geschichte erzählt von einem Elefanten, der den Berg hochrannte, um den König davon abzuhalten, sich gegen Alexander den Großen zu stellen – der Elefant konnte sprechen. Was der König dort oben machte und was er dem Elefanten als Antwort gab, verschweigt die Geschichte.

Wer die GTR in Richtung Chakwal bei **Mandra** verläßt, wird weitere hübsche Orte entdecken. Fahren Sie vorsichtig: Die Straße macht an einigen Bahnübergängen scharfe Kurven. Bis die schroffen Umrisse der Salt Range klar zu erkennen sind, ist die Landschaft flach und langweilig.

Choa Saidan Schah (die Quelle Saidan Schahs) ist eine hübsche Ortschaft: belebt, manchmal hektisch und bekannt für ihr Rosenparfum. Man findet Obstgärten mit Japanischen Quitten *(eriobotrya japonica)*. Saidan Schah, dessen Grab sich hier befindet, ist ein Lokalheiliger. Im Umland liegen ein paar alte Hindu-Orte, darunter Malot, Shiv Ganga und Ketas.

In die Salt Range zogen sich einst die Kanphat-Yogis zurück.

Ketas liegt an einem Teich, der angeblich keinen Grund hat. Der Sage nach entstand er aus einer Träne des Hindu-Gottes Schiwa, als er den Tod seiner schönen Gemahlin Sati beklagte. *Ketas* bedeutet „weinende Augen".

Traditionell wird der Ort auch mit den Kaurava und Pandava aus dem *Mahabharata*-Epos in Verbindung gebracht. Im Zusammenhang mit Aschoka wird es als buddhistische Klosteranlage erwähnt. Ein Palast Radscha Hari Singhs aus Kaschmir soll ebenfalls hier gestanden haben. Abgesehen von den als Wohnung genutzten Resten sind alle Gebäude verfallen. Die Ruinen sind interessante Erkundungsobjekte: Man kann die Tempel betreten und bis zum Dach klettern, von wo aus das Gelände gut zu überschauen ist. An einigen Stellen sind Verzierungen und Schnitzereien erhalten geblieben. Getünchte und bemalte Wände lassen die einstige Schönheit des Komplexes erahnen.

Ketas ist, da es unmittelbar neben der Straße liegt, leicht zu finden. Ruinen eines weiteren Tempels sowie einer Festung findet man in **Malot.** Etwa 5 km weiter nordöstlich liegt **Shiv Ganga** mit einem Tempel im Kaschmiri-Stil. Im Museum von Lahore sind Fundstücke dieser Gegend aus buddhistischer Zeit ausgestellt.

Zwischen Chakwal und Khushab liegt **Kallar Kahar,** ein Ort, der in der *Baburnama* erwähnt ist. Babur habe gerastet an „Feldern, auf denen dicht das Getreide stand". Er beschreibt Kallar Kahar als „flaches, von den Jud-Bergen umschlossenes Land. In der Mitte liegt ein etwa 7 km großer, von Regenwasser gespeister See". Babur fand eine Quelle und ließ um sie herum einen Garten anlegen. Die Warmwasserquelle existiert noch, der Garten nicht mehr.

Es gibt hier einen als „Baburs Thron" bezeichneten Stein; ferner steht in der Nähe der Schrein Abdul Qadir Jilanis mit seiner silbernen Kuppel. Unter den vielen hier ansässigen Vogelarten haben es die Pfauen besonders gut. Man sagt nämlich, daß derjenige, der einen Pfau verletzt, blind wird.

Verlassener Hindu-Tempel.

Der See ist salzhaltig, war aber der Legende nach einstmals mit Süßwasser gefüllt: Eines Tages kam Fariduddin Gandsch-i-Shakar aus Pakpattan hier vorbei und bat die Frauen um Wasser. Sie weigerten sich und behaupteten, es sei salzig. „Wenn ihr sagt, daß es so ist, dann sei's", sprach der Heilige und zog weiter. Seitdem ist das Wasser salzig.

Endlose Ebenen: 110 km von Pindi entfernt liegt **Jhelum,** eine sehr alte Stadt, die bereits im *Mahabharata* erwähnt wird. In einem „Andarkot" genannten Gebiet steht eine Festung aus der Sikh-Periode. Unter den Briten wurde Jhelum ein Militärlager und ist auch heute noch ein Militärstützpunkt. Fast unwirklich mutet der Kirchenbau neugotischen Stils an, der seit 1857 das Flußufer beherrscht. Hier bildet der Jhelum eine natürliche Grenze zwischen dem Potohar-Plateau und den Ebenen des Pandschab, die sich über den Satluj bis nach Indien erstrecken.

Wasser ist die Voraussetzung für jede Landwirtschaft. Wo das Land nicht künstlich bewässert wird, ist es abweisend und überwuchert von dornigem Akaziengestrüpp. Es wirkt nicht sonderlich interessant und ist doch Grund für den Reichtum der Mogul-Herrscher, es ist das Herzland der Sikhs.

Da die meisten Menschen auf dem Land leben, hat das südasiatische Dorf eine wichtige Funktion. Während die Menschen früher aus Gründen der Verteidigung hinter dicken Lehmmauern lebten, verändern heute die Dörfer mit zunehmendem Wohlstand ihr Gesicht: Nicht mehr Lehm-, sondern Backsteinbauten prägen das Dorfbild.

Die Häuser sind zweistöckig, die Wände phantasievoll geschmückt und mit Inschriften versehen; jedermann kann lesen, wer in dem Haus lebt. In jedem Dorf steht eine Moschee, in einigen auch ein Schrein zum Gedenken an einen Heiligen. Das Teehaus ist der öffentliche Treffpunkt der Einwohner.

Meist sind die Dörfer von Bäumen gesäumt, die seit dem Mittelalter als Schattenspender am Straßenrand gepflanzt werden. Noch heute stehen sie an derart engen Landstraßen, daß Radfahrer fast in den Straßengraben stürzen, wenn ein Auto vorbeifährt. Neben Teichen am Straßenrand stehen oft drei riesige Feigenbäume.

Es gibt hier aber nicht nur ländliche Idylle, sondern auch Industriegebiete: Einen alten Schrein findet man ebenso häufig wie eine Fabrik.

Nach weiteren 50 km auf der GTR erreicht man **Gujrat,** eine Stadt mit einer langen Geschichte und vielen Legenden. Angeblich war eine Schwiegertochter Radscha Rassalus die Stadtgründerin (siehe weiter unten *Sialkot*).

Ähnlich anderen Städten in dieser Gegend wurde auch Gujrat mehrmals zerstört und wiederaufgebaut. Unter Akbar hieß sie Akbarabad, später besetzte sie der Gujjar-Stamm mit einer Garnison. Gujrat war während der Sikh-Kriege der Schauplatz der letzten Schlacht. Am 22. Februar 1849 siegten die Briten unter Lord Gough und besetzten den Pandschab. Im Stadtzentrum stehen eine Festung und ein Badehaus aus der Zeit Akbars. Bekannt ist Gujrat für seine Keramiken. Sie ist auch die Stadt der berühmtesten Liebesgeschichte des Pandschab, der Geschichte von Sohni und Mahival.

Sohni, die Tochter eines Töpfers, durchschwamm regelmäßig den Fluß, um zu ihrem Liebsten, Mahival, zu gelangen. Als Schwimmhilfe benutzte sie einen Topf. Eines Nachts vertauschte ihre Schwägerin diesen Topf gegen ein ungebranntes Gefäß, das sich im Wasser auflöste. Als Mahival Sohnis Hilfeschreie vernahm, sprang er ins Wasser, um sie zu retten – doch zu spät. Da er ohne Sohni nicht leben wollte, stürzte auch er sich in die Fluten: Der Tod sollte sie auf ewig vereinen.

Das südlich von Gujrat gelegene **Wazirabad** hat als Eisenbahnknotenpunkt Bedeutung erlangt. Eine frühere Siedlung war nach Schah Dschahans Premierminister Wasir Khan benannt worden, dem Erbauer der Wasir-Khan-Moschee in Lahore.

General Avitabile, einer der vielen europäischen Offiziere Randschit Singhs, ließ die Stadt wieder aufbauen. Der Italiener Avitabile war zunächst Gouverneur von Wazirabad, später von Peschawar (wo er täglich vor dem Frühstück 50 Straßenräuber hängen ließ!). Sein Wohnhaus in Wazirabad steht noch und ist nach wie vor bewohnt.

In der Nähe befindet sich eine vom Prince of Wales (Edward VII.) im Jahre 1876 eingeweihte Eisenbahnbrücke, die über den Chenab führt. Damals war sie eine der längsten Brücken der Welt.

Am liebsten erholte sich Randschit Singh in **Rasul Nagar.** Er ließ einen *baradari* (Pavillon) und einen Garten am Fluß anlegen. Während der Sikh-Periode nannte man den Ort Ram Nagar (Stadt Gottes). Heute hat er wieder seinen ursprünglichen Namen, „Stadt des Propheten". In der Nähe erbeutete man Kims berühmte Kanone *zam-zama,* die heute in Lahore zu sehen ist.

Östlich Wazirabads, nahe der Grenze zu Indien, liegt **Sialkot,** eine Stadt mit der üblichen halbmythologischen Legende, die auf das *Mahabharata* zurückgeht, in dem Sialkot als Wohnort eines Onkels der Pandavas bezeichnet wird. Die Gegend um Sialkot ist der Schauplatz des Geschichtenzyklus um Radscha Salvahan und seine Söhne Puran Bhagat und Radscha Rassalu. Sänger, Poeten und Dorfbewohner erzählten die Legenden von Generation zu Generation weiter, bis sie in unseren Tagen von R. C. Temple, Flora Annie Steel und anderen Erzählern aufgezeichnet wurden.

Die Festung vor Ort soll aus der Zeit Radscha Salvahans stammen, dessen ältester Sohn Puran Bhagat von der bösen Schwiegermutter in einen Brunnen geworfen wurde. Seitdem heißt er Puran-Brunnen: Sein Wasser soll Geburten erleichtern. Der Brunnen steht an der Straße nach Pasrur. Herrscher über das Gebiet war Radscha Rassalu. Doch nachdem Puran Bhagat es mit einem Fluch belegte, blieb es jahrhundertelang menschenleer.

Die Stadt wurde von verschiedenen Herrschern – so von Timur und Babur – angegriffen und erobert. Als es 1857 zu Auseinandersetzungen kam, mußten die Engländer in der Festung Zuflucht suchen; 1866 wurde der Bau teilweise abgerissen. Allama Iqbal, der große pakistanische Volksheld und Dichter,

Sohni schwimmt zu Mahival, ihrem Geliebten.

stammt aus Sialkot. Sein Geburtshaus, in dem er auch seine Kindheit verbrachte, kann man besichtigen.

In Sialkot stellt man heute vorwiegend Sportgeräte in Serienfertigung her. Viele Tennisschläger, die bei uns verkauft werden, kommen ebenso wie zahlreiche andere erstklassige Markensportartikel aus Sialkot. Zur Zeit der Moguln war die Stadt bekannt für die Produktion von Schwertern und Dolchen. Als diese martialischen Werkzeuge nicht mehr gefragt waren, übertrugen kluge Handwerker ihr Wissen auf die Herstellung von medizinischen Instrumenten und Messern. In Sialkot werden auch Musikinstrumente gebaut.

70 km von der Provinzhauptstadt Lahore entfernt liegt an der GTR in einer fruchtbaren Ebene **Gujranwala.** Hier werden in erster Linie Blutorangen angebaut. Wie bei vielen Ortschaften im Umkreis rührt auch der Name Gujranwala von einem bedeutenden Stamm her, den Gujjaren.

Im Mittelalter war die heutige Kleinstadt **Eminabad** Hauptstadt dieser Provinz. Den Einwohnern zufolge benannte man den Ort nach Emina, der Dame, die ihn gründete. Die freundlichen Bewohner werden Ihnen das angebliche Grab Eminas zeigen wollen, ein eingestürzter Bau, wo im Mauerwerk Schlangen vor sich hindösen.

Vieles deutet darauf hin, daß diese Gegend einstmals dicht besiedelt war. Gleichwohl gibt es nur wenige Funde, die diese Annahme untermauern könnten. Deshalb sind sich die Archäologen bis heute uneins.

Während der Sikh-Periode überflügelte Gujranwala Eminabad und blühte auf. Von hier stammt Randschit Singhs Vater, Mahan Singh. Randschit Singh kam hier zur Welt und machte die Stadt vor Lahore zu seinem Hauptstützpunkt. In der Altstadt steht das Mausoleum mit den Urnen von Vater und Sohn.

Heute ist Gujranwala eine geschäftige, hektische Großstadt an der Grand Trunk Road. In zahlreichen Fabriken werden Gummi, Seife und Kunststoff hergestellt. Außerdem gibt es Stahlwerke, Gießereien und andere Fabriken.

Die Salt Range ist von vielen Seen durchzogen.

LAHORE

Mit seinen freundlichen Menschen ist Lahore ein geeigneter Ort für einen Aufenthalt in entspannter Atmosphäre. Lastwagen, Busse, Ochsen- und Handkarren bilden ein unglaubliches Durcheinander. Motorroller, auf denen eine ganze Familie hockt, sind keine Seltenheit: Mama als Sozia im Damensitz, ein Baby im Arm, ein Bub hält sich, auf Papas Knien stehend, am Lenker fest, und zuweilen sind noch weitere Kinder auf das unsichere Gefährt verteilt. Motorräder sind grundsätzlich mit mindestens drei Jugendlichen bepackt.

Man sieht *tongas* und Motorrikschas, die, knatternd und zwischen den Autos Zickzacklinien fahrend, im Verkehr mitmischen. Frauen mit und ohne *purdah* tragen schwere Lasten auf ihrem Kopf. Ochsenwagen sind randvoll mit Metall beladen: Die pakistanische Industrie bedient sich noch heute reichlich primitiver Transportmittel.

Unübersehbar ist das ehrwürdige Alter Lahores. Nach der Legende wurde die Stadt von Loh gegründet, dem Sohn Ramas – Held aus dem Hindu-Epos *Ramayana.* Nach anderer Auffassung setzt sich der Name aus *Loh-awar* zusammen, was „Festung wie aus Stahl" bedeutet. Während der Herrschaft der Sultane verlor Lahore an Bedeutung, später stand es im Schatten von Dipalpur und Multan. Die Moslems regierten hier ab 1206, als Qutub ud din Aibak, der erste moslemische Sultan des Subkontinents, in der Stadt gekrönt wurde.

Erst unter den Mogul-Herrschern erlebte die Stadt ihre Blütezeit. Unter Akbar war sie von 1584 bis 1598 Hauptstadt. Dschahangir liebte Lahore; ihn und seine Frau Nur Dschahan begrub man nahe der Stadt in Schahdara. Lahore war auch Heimat Schah Dschahans, der hier Gebäude errichten ließ, und selbst Aurangseb – sonst kein Förderer der Baukunst – schenkte der Stadt die Badschahi-Moschee (Masjid) und das Alamgiri-Tor der Festung.

Mit dem Verblassen der Mogul-Kultur im 18. Jh. war Lahore ständigen Überfällen ausgesetzt, und ab 1740 herrschte völliges Chaos. In den Jahren 1745–1756 wurden nacheinander neun Gouverneure abgelöst. Uneinigkeit und Zank auf der Regierungsbank machten es den kriegerischen Sikhs leicht, einige Gebiete unter ihre Kontrolle zu bekommen. Zuletzt herrschte ein Sikh-Triumvirat derart despotisch, daß die Bevölkerung Randschit Singh zum Eingreifen aufforderte. 1799 eroberte Randschit Singh die Hauptstadt und ließ sich anschließend – kraft Eroberung legitimiert – zum Kaiser krönen.

Während der Sikh-Herrschaft trugen viele alte Gebäude Schaden davon. Einige wurden zweckentfremdet oder mutwillig beschädigt, neue Gebäude wurden kaum gebaut. Stadtbeschreibungen aus dem 19. Jh. schildern Lahore als einen „Abgesang vergangener Pracht". Die Sikhs rissen viele Mogul-Bauten ab, um das Baumaterial in Amritsar wiederzuverwenden. Unter den Briten entstanden viele neue Gebäude im Stil der „Mogulgotik" – Bungalows und Gärten. Schon früh fügten sie Ein-

Links: Pferdekutschen als Transportmittel in Lahore. **Rechts**: Eines der Minarette der Badschahi-Moschee.

richtungen des täglichen Lebens in alte Anlagen; erst später bemühten sie sich, alte Bausubstanz zu erhalten.

Stadt der Moguln: Von der Stadtmauer stehen nur noch Bruchstücke, doch einige der ehemals 12 Tore blieben erhalten. Die Stadtbesichtigung beginnt man am besten mit dem **Lahore-Fort,** das die Architekturgeschichte der Mogul-Herrschaft in einer Anlage vereint.

Obwohl das Fort bereits seit dem Jahre 1021 besteht, gehen einige der ältesten Bauabschnitte auf Akbar den Großen zurück, so der **Diwan-i-Am,** die Halle der vierzig Säulen bzw. der öffentlichen Audienzen. Auf den Balkon aus weißem Marmor trat der Kaiser allmorgendlich, um sich seinen Untertanen zu zeigen. Typisch für die Herrschaftsepoche Akbars sind die unter Einfluß des Hinduismus entstandenen Balkonkonsolen. Dahinter öffnet sich der 1566 vollendete **Diwan-i-Khas,** der Raum für Akbars Privataudienzen. Noch heute finden sich an den Stuckdekorationen Spuren der einstigen Vergoldung, der Marmorschmuck ist der älteste der Stadt. Aus Akbars Zeit stammt auch das bewehrte **Masti-Tor.** Nördlich des Diwan-i-Am liegt der unter Akbar begonnene und von Dschahangir vollendete Innenhof.

Unter Dschahangir entstand an der Nordseite der Festung das „Haus der Träume", **Khawabgarh-i-Jehangir,** das kaiserliche Schlafgemach. Heute beherbergt es ein Museum für Münzen und Miniaturmalereien.

Ghusalkhana (Kabinett) war Dschahangirs Badehaus. Die höchsten Würdenträger des Landes wurden hierher eingeladen, um sich über Staatsangelegenheiten zu beraten.

Schah Dschahan ließ eines der schönsten Bauwerke der Mogul-Architektur errichten, den als Wohnsitz der Kaiserin errichteten Spiegelpalast **(Schisch Mahal).** Die Spiegel sind mit vergoldeten Verzierungen und Pietra-dura-Mosaiken versehen – letztere bilden herrliche Blumenmuster aus in Marmor eingelegten Halbedelsteinen. Wunderschön sind die filigranen Marmorgitter der Fenster *(jalis).*

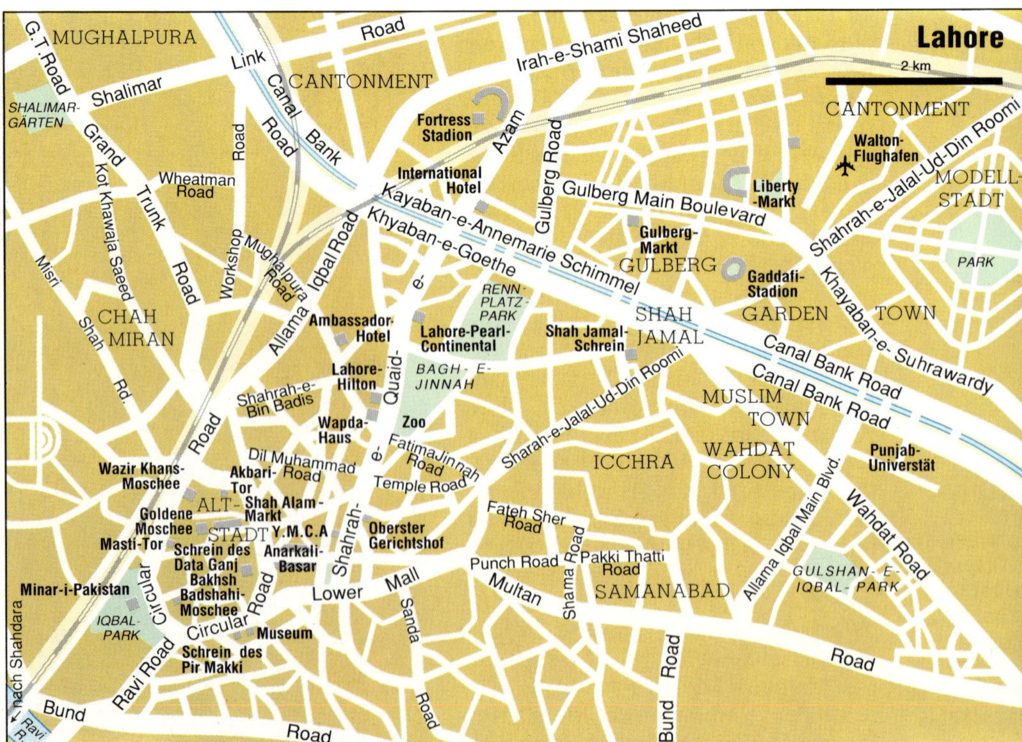

Zur Residenz der Kaiserin gehörte der **Naulakha-Pavillon** mit seinem tief nach unten gezogenen Dach und dem zarten Pietra-dura-Mosaik. Elegant und grazil wirkt die 1645 erbaute **Moti Masjid.** Der Name bedeutet „Perlenmoschee", eine Anspielung auf die drei perlweißen Zwiebelkuppeln.

Außergewöhnlich sind die Bauwerke aus der Zeit Aurangsebs. 1673 ließ dieser Herrscher das mächtige, von zwei hohen Basteien flankierte **Alamgiri-Tor** errichten. Beide Basteien werden von Lotosblättern umrahmt und von kleinen *chuttris* gekrönt.

Verläßt man die Festung durch das **Schah Burdsch-Tor,** sollte man einen Blick auf die Kachelmosaiken und Freskomalereien der Außenmauer werfen: Auf ihnen wird neben Vergnügungen wie Polospiele, Elefanten-, Kamel- und Stierkämpfe das Leben am Hof sehr lebendig dargestellt.

Gegenüber steht die ebenfalls unter Aurangseb errichtete **Badschahi-Moschee** mit ihrem imposanten Portalgebäude. Durch das Portal gelangt man auf den großen Gebetsplatz, dahinter zur Zentralhalle mit drei gewaltigen Marmorkuppeln. An jeder Ecke des Platzes steht ein mächtiges Minarett aus rotem Sandstein – die Anlage gehört gewiß zu den prächtigsten der Stadt.

Ein Muß für jeden Besucher sind die im Osten der Stadt gelegenen **Schalimar-Gärten.** Schah Dschahan ließ die Anlage 1642 auf drei Terrassen mit Seen, Wasserfällen und 412 Springbrunnen bauen. Unter den großen Obstbäumen springen Streifenhörnchen umher. Die Schalimar-Gärten wurden als Residenz genutzt; um den Hofstaat mehrere Wochen lang unterbringen zu können, mußten auch Wohn- und Repräsentationsräume errichtet werden.

Der unter Schah Dschahan amtierende Gouverneur des Pandschab, Nawab Wasir Khan, ließ um 1634 die **Wasir-Khan-Moschee** (Sonehri Majid) erbauen, ein innen und außen mit prächtigen Fresken und Ornamenten aus Kacheln geschmücktes Gotteshaus.

Eine von Akbars Nebenfrauen hieß Anarkali („Granatapfelblüte"). An sie

Der riesige Hof der Badschahi-Moschee.

Bunte Basarwelt

Lahores berühmtester Markt, der Anarkali-Basar, zieht sich in einem Labyrinth von Straßen und Gassen von der Hauptstraße Richtung Norden bis zum Lahore-Museum. In den für einen Basar ungewöhnlich breiten Straßen haben abgestellte Fahr- oder geparkte Motorräder Platz, Müllhaufen *(gandagi)* und jede Menge Fußgänger, dazwischen kurven Räder, Motorroller, Rikschas, Autos und Ochsenkarren.

Die Läden bieten ein buntes Durcheinander östlicher und westlicher Waren. Einige sind in Häusern untergebracht, haben Glasfenster, andere sind nur einfache Marktbuden – durch eine Lücke schlüpft man in eine andere Höhle Aladins, wo weitere Händler ihre Schätze darbieten. Das Bata-Schuhgeschäft unterscheidet sich in nichts von europäischen Schuhgeschäften, und auch die Drogerien sind als solche jederzeit zu erkennen. Doch dazwischen finden sich Stände mit bunten Armbändern und Gassen voller *dupatta*-Läden mit ihrem schillernden Angebot. Sie werden Männer entdecken, die gerade eine *dupatta* mit Silberfäden besticken *(makash)*. Sie werden sofort nach ihrer Fertigstellung sehr billig verkauft.

Buchläden werben mit Spruchbändern, die die Käufer zum Lesen und nicht zuletzt zum Lernen ermuntern sollen – das ist einmalig. In einer Ecke des Urdu-Basars wird nichts als Bücher und Schreibwaren verkauft.

Der Anarkali-Basar ist bei Touristen besonders beliebt; das Warenangebot ist riesig, und der Basar ist weitläufig, aber niemand kann hier verlorengehen. Verglichen damit sind die Marktstraßen der Altstadt Basare aus 1001 Nacht: In den schmalen Gassen haben oft nur eine Rikscha, ein bepackter Esel oder ein Karren Platz – Fußgänger müssen in Nischen zurücktreten. So manche Abzweigung, anfangs noch belebt, entpuppt sich beim Weitergehen als düstere Sackgasse. Das Labyrinth meistert nur, wer sich in Geduld übt und nicht allzu sehr seinem Orientierungssinn vertraut. Die Bewohner helfen Ihnen gerne weiter.

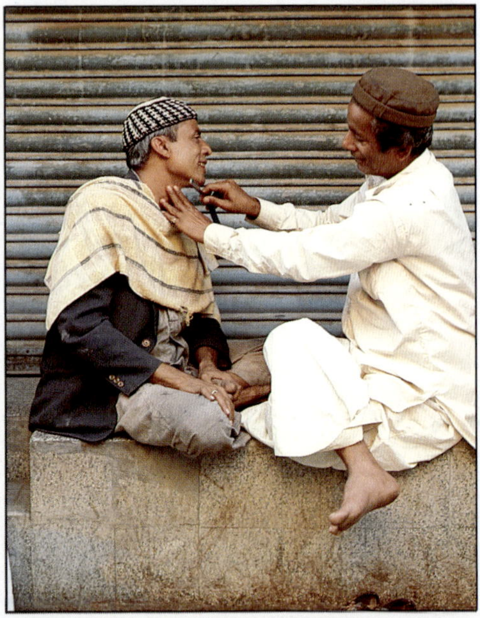

Shahi Mohalla hinter der Festung ist das „Hurenviertel" mit den Etablissements der Tänzerinnen. Allerdings haben sich hier auch kunstfertige Sticker niedergelassen, die in Marktbuden – nur mit einem Ladentisch und einer Sitzbank für Kunden versehen – arbeiten. Wenn Sie Interesse zeigen, wird der Händler sofort Tee bringen lassen und Ihnen seine Ware vorführen: Stück für Stück, meterweise wertvolle Stoffe aus Satin, Seide, Samt oder Chiffon, und alles in Stil und Muster unterschiedlich bestickt. Schließlich geht es um die speziellen Wünsche der Damen:

Möchten Sie vielleicht Silberfaden auf schwarzem Samt? Oder Blumen? Oder lieber geometrische Muster? Was kommt auf die Ärmel? Die Verhandlungen können sich den ganzen Tag hinziehen, wobei der Sticker alle Einzelheiten und Wünsche notieren wird. Über den Preis eines solchen Kunstwerks kann man dann nur noch staunen, so niedrig ist er.

Gewürze, Gemüse, Bücher, Gold und Silber, Messing, Edelsteine, Modeschmuck, Antiquitäten, Teppiche, Küchenartikel, Besen und Eimer, Staubwedel, Schuhe, Töpfe und Pfannen, Geldgehänge (zum Schmuck für Hochzeiten oder für Prostituierte), Blumengirlanden für Schreine; Schmiede und Schlosser, Tischler und Möbelhändler, Teeläden, Imbiß- und Speisenverkäufer, kerrohrsaft, geröstetes Getreide, Schafsköpfe und von Fliegen geschwärztes Fleisch, in das ein Metzger mit dem Fleischbeil hackt. In einem Korb wimmeln Schlangen oder Skorpione, aus deren Gift „Sunday oil", ein Aphrodisiakum, hergestellt wird, das natürlich „todsicher hilft".

In den Ecken stehen Rinder oder Ziegen, wiederkäuend. Unter den Ladentischen fressen Hunde und Katzen Abfall. Allerorts Händler für Tabak, Wasserpfeifen und Tücher für *salwar kamiz* – und das ist noch nicht alles. Routiniert, mit scheinbarer Nachlässigkeit wird der Händler Stoffballen für Sie auf- und abrollen, und es wird Ihnen schwerfallen, nichts zu kaufen – das ist das jahrhundertelang erprobte, von Generation zu Generation weitergegebene Geschäftsgebaren! Koffer- und Taschenhändler, Reisebüros, Spielzeugstände, die für eine Rupie grüne Plastikpapageien auf Rädern oder Uzi-Maschinenpistolen verkaufen. Auf den Hausdächern lassen Kinder Drachen steigen. Einmal im Jahr ist Drachenflugtag, dann werden die Schnüre mit Glasstaub bearbeitet, um die der anderen Kinder zu zerschneiden. Und auf den Straßen und in den Gassen, wo sich die Menschen drängen, werden Sie immer jemandem begegnen, der gern ein Schwätzchen mit einem Fremden hält. Angebote sollte man nicht von vornherein ausschlagen, Freundlichkeit entspannt zudem jede Situation. Niemand will Ihnen hier Böses. Ihr Vertrauen wird wenigstens mit einer abenteuerlich anmutenden Geschichte belohnt. ■

Milchläden, südasiatische Schnellgerichte und farbenfrohe Süßigkeiten; Quacksalber, Ärzte und Spezialisten, die Ihnen entweder blendendes Aussehen oder ein gestörtes Sexualleben bescheinigen. Versehen mit warnendem Werbematerial, begegnen Ihnen Zahnzieher, Straßendentisten und Zahnprothesenhersteller.

Es gibt streng riechendes Federvieh in Käfigen, Abbildungen Imran Khans und anderer Volkshelden, Orangen, Saftverkäufer, zu pittoresken Haufen aufgetürmtes Zuckerrohr, Zuk-

Links: Ein Pfeifchen versüßt das Warten auf Kundschaft. Straßenbarbier mit sicherer Hand. Oben: Girlanden für jeden festlichen Anlaß.

erinnert der südlich der Altstadt gelegene **Anarkali-Basar** mit ihrem Grabmal. Man erzählt sich, daß Akbar in einem Spiegelbild entdeckte, wie sie mit Kronprinz Salim, dem zukünftigen Dschahangir, heimlich Blicke tauschte. Daraufhin ließ er Anarkali lebendig einmauern. Auf ihrem Grab ließ Dschahangir eine Inschrift anbringen: „Ach, könnte ich einmal noch das Antlitz der Geliebten sehen; dafür dankte ich bis zum Jüngsten Tag dem Schöpfer." Britische Protestanten nutzten das Gebäude später als Kirche St. Jakob.

In **Schahdara** (Shahdara) am gegenüberliegenden Ufer des Ravi stehen weitere drei Bauten der Moguln: das Mausoleum von Dschahangir, das seiner Frau Nur Dschahan und das ihres Bruder Asif Khan – letzterer war Vater von Mumtaz, für die das Tadsch (Taj) Mahal in Indien erbaut wurde.

Das **Grabmal Asif Khans** ist schlecht erhalten, man kann seine einstige Pracht nur erahnen. Dagegen steht das **Dschahangir-Mausoleum** noch in unversehrter Schönheit: Pietra-dura-Mosaike, 99 Lobpreisungen Gottes in schwarzweißer Marmoreinlegearbeit und kunstvolle Marmorgitter *(jalis)* schmücken das Grab, das Schah Dschahan für seinen Vater bauen ließ.

Nur Dschahan war eine einflußreiche, sehr beliebte Frau am Hof. Es wird berichtet, Dschahangir habe als junger Mann zwei königliche Tauben in ihre Obhut gegeben. Als Dschahangir zurückkehrte, war eine Taube entflogen. Überrascht fragte er: „Wie konnte sie wegfliegen?" „So", sagte Nur Dschahan und warf auch die zweite in die Luft; das imponierte Dschahangir, der sich sofort in sie verliebte.

Nur Dschahans Grabmal wurde von den Sikhs bis auf die Grundmauern zerstört, in diesem Jahrhundert aber weitgehend wiederhergestellt. In Mausoleen wie diesem liegt die eigentliche Grabstätte unterirdisch.

Bei einem Aufenthalt in Lahore sollten Sie nicht versäumen, wenigstens den Schrein eines der vielen Lokalheiligen zu besuchen. Die wichtigsten aus der illustren Schar sind Data Gandsch Bakhsch, Madhu Lal Husain und Hasrat Mian Mir, die noch heute mit bunten Festen geehrt werden.

Ali (Makdum) ibn Uthman al-Hudschwiri war ein gebildeter Mann. Er kam mit Masud, dem Sohn Mahmuds von Ghasni, nach Lahore und starb dort 1072. An seinem Grab meditierte 40 Tage lang ein Heiliger aus Ajmer, Khwaja Mu'inuddin Tschischti (1142 bis 1236), der Gründer eines der einflußreichsten Sufi-Orden. Tschischti nannte Ali Makdum: „Spender aller Schätze der zwei Welten, Spiegel des Glanzes Gottes – vollkommener geistiger Führer der Wissenden und der Unwissenden". So erhielt Ali Makdum den Namen Data Gandsch Bakhsch (Spender der Schätze).

Viele Menschen pilgerten zum Grab, um die Schätze der zwei Welten zu finden. Es heißt: „Wer immer an Deinen Schrein tritt, wird ohne Enttäuschung weitergehen."

5 km östlich von Lahore steht der Schrein des 1635 verstorbenen Hasrat Mian Mir. Von ihm behauptet man, er sei uralt geworden, weil er kaum geat-

Das Grabmal Dschahangirs von außen...

met habe – nur ein- bis zweimal pro Nacht soll er Luft geholt haben, im Alter dann viermal. Dara Schikoh, ein treuer Anhänger Mian Mirs, ließ den Schrein errichten, doch sein Bruder Aurangseb brachte ihn um, ehe das Grab vollendet war. Aurangseb benutzte das Material später für den Bau der Badschahi-Moschee.

Ungewöhnlich ist auch die Geschichte Madhu Lal Husains: Er war Sufi und glaubte nach langem Studium, das Geheimnis Gottes erforscht zu haben. Einmal soll er ein Exemplar des Koran in einen Brunnen geworfen haben. Als ihn die Menschen der Häresie bezichtigten, rief er nach dem Buch – und es kam trocken in seine Hände zurück. Wegen seiner roten Kleider nannte man ihn auch Lal Husain – *lal* heißt rot.

Ein brahmanischer Hinduknabe namens Madhu kam aus Schahdara, um Husain predigen zu hören. Zwischen ihnen entstand eine enge Freunschaft. Madhus Sippe versuchte, die Freundschaft zu zerstören. Als dies mißlang, wollte man sie im Schlaf überraschen und töten. Husains Macht war es zu verdanken, daß die Familie die Tür zum Schlafraum nicht finden konnte.

Eines Tages wollte Husain Madhu abholen, da hörte er die Menschen jammern, Madhu sei tot. „Warum liegst du so da?" weinte er, da sprang der Knabe auf; sie verließen das Haus und kehrten nie wieder zurück.

Husain war als Trinker bekannt und starb bereits in jungen Jahren. Man bestattete ihn in Schahdara, doch als der Fluß über die Ufer trat, mußte Madhu den Leichnam noch einmal in Baghbanpura in der Nähe der Schalimar-Gärten begraben. Madhu bestattete man später neben seinem geliebten Freund.

Jedes Jahr am letzten Märztag wird an Husains Grab das *Chiragh Mela,* das Lampenfest, gefeiert. Die Pilger entzünden Lampen und verbringen die Nacht am Schrein. Daneben findet ein Jahrmarkt statt.

Die Sikh-Periode: Vor dem Alamgiri-Tor liegt der Garten **Hazuri Bagh.** Den kleinen Pavillon *(baradari)* in der Mitte errichtete Maharadscha Randschit

... und die prachtvolle Mogul-Kunst im Innern.

Singh mit dem Material, das er vom Grab Zabunissas, der klugen Dichtertochter Aurangsebs, entwendet hatte. Das zweite Stockwerk des *baradari* wurde von einem Blitz zerstört.

Abgesehen von der mächtigen Außenmauer fügten die Sikhs der Festung wenig Neues hinzu. In Rani Dschindans Residenz steht das Museum mit der Sammlung Prinzessin Bambas. Die Enkelin Randschit Singhs trug dort Dinge wie dessen Regenschirm oder das Geschirr seiner Pferde zusammen.

Das Museum beherbergt zudem ein paar Kolossalgemälde August Theodor Shoeffts, auf denen der Hof von Lahore zur Zeit Randschit Singhs sowie Mitglieder seiner Familie abgebildet sind. Wertvollstes Stück der Sammlung ist eine Silberskulptur, die den Maharadscha im Ornat auf einem Elefanten reitend darstellt. Den Sockel zieren Jagdszenen; des weiteren dargestellt sind eine Reihe von Europäern, Sikhs und Soldaten vor der Lahore-Festung.

Unweit der Festung erhebt sich **Dera Sahib Gurdwara,** der Sikh-Tempel mit der goldenen Kuppel. Er soll an der Stelle am Ufer erbaut worden sein, wo nach dem Glauben der Sikhs ihr fünfter Guru nach seinen Folterungen im Fluß Ravi verschwand. In der Nähe steht das an den Lotosblüten erkennbare **Grabmal Randschit Singhs** (*samadhi* – Einäscherungsort). Weitere Lotosblüten erinnern an seine mit ihm verbrannten vier Ehefrauen, sieben Dienerinnen und zwei Tauben (wobei letztere eher aus Versehen mit ins Feuer gerieten).

Große Teile dieser *samadhi* wurden von Sikh-Reformern entfernt und die Gemälde im Tempel mit weißer Farbe übertüncht. Weitere *samadhis* von Familienmitgliedern Randschit Singhs sind in der Umgebung verteilt, etwa das seines Enkel Nau Nihal, eines vielversprechenden jungen Mannes, der von herabfallendem Mauerwerk der Lahore-Festung erschlagen wurde.

Stadt der Briten: Engländer sehen in Lahore Kiplings „City of dreadful night“. Sein Motiv von Einsamkeit, Fieber und einer schlafenden Stadt stammt aus einem Gedicht James Thompsons,

Sonnenuntergang über den Schalimar-Gärten.

das aber in Kiplings Frühwerk immer wiederkehrt. Es ist so gut wie unmöglich, die Welt Kiplings wiederzuentdecken. Seine Familie lebte in einem Bungalow, der scherzhaft „Bikaner Lodge“ genannt wurde, weil es weder Bäume noch sonstige Pflanzen auf dem Grundstück gab. Man hatte sie entfernt oder gar nicht erst gepflanzt, da sie für gesundheitsschädlich gehalten wurden. Ein derart abweisend kahler Garten erinnerte an den kargen Ort Bikaner in Radschastan. Das Zeitungsbüro, in dem Kipling gearbeitet hatte, wurde wieder in Betrieb genommen.

Natürlich sollte man nicht versäumen, die in *Kim* beschriebene riesige Kanone „zam-zama“ zu besichtigen. Heute steht sie zwischen Universität und Museum und ist umgeben von einem Graben und einem Springbrunnen, um Kinder daran zu hindern, wie Kim damit zu spielen. Die Durranis hatten die Kanone 1760 gießen lassen und 1761 in der Schlacht von Panipat eingesetzt. Auch während der Belagerung von Multan (1848) kam *zam-zama* zum Einsatz, wurde jedoch beschädigt, nachdem sie erst zwei Schüsse abgefeuert hatte. Man sagt, wer immer sie in Besitz bekommt, herrscht über den gesamten Pandschab.

Die *zam-zama*-Kanone wurde durch Rudyard Kipling berühmt.

Das **Lahore Central Museum,** einst ein Ausstellungsort für Kunsthandwerk aus dem Pandschab, ist insofern mit Kipling verbunden, als sein Vater Kurator des Museums war. Er war das Vorbild für Kims „Hüter des Wunderhauses“ gewesen. Das Schreibgerät, das der Lama dem Kurator schenkte, kann man in Kiplings Haus *Batemans* in England besichtigen.

Lahore hatte einst eine Schlüsselposition innerhalb des indischen Kaiserreichs innegehabt: Erst später ist es eingegliedert worden und hat aufgrund straffer Organisation in weniger als 30 Jahren große Fortschritte in der Bewässerung, Besiedlung und Aufforstung gemacht. Da die Engländer sehr darauf bedacht waren, die Entwicklung des heimischen Handwerks zu fördern und zu entwickeln, nahm man unterschiedliche Projekte in Angriff.

Durch mehrfache Aufteilung hat das Museum einige wichtige Bereiche seiner Sammlungen verloren, doch die Kuratoren waren und sind stets bemüht, die Lücken wieder zu schließen. Bewunderswert sind die Fundstücke aus der Gandhara- und Harappa-Kultur, die kunsthandwerklichen Waren der Moslems, Buddhisten und Hinduisten, die herrlichen Malereien aus der Mogul-Zeit und aus den Pandschab Hills sowie die vielen Teppiche, Schnitzereien und Kalligraphien.

Die wertvollsten Ausstellungsstücke sind ein 1000 Jahre altes Exemplar des Koran und verschiedene Skulpturen, darunter der ausgemergelte, fastende Buddha aus Taxila, das Wunder von Sarasvati und die grüne Göttin Athena. Darüber hinaus zeigt das Museum prähistorische Funde aus der Gegend um Islamabad und eine ausführliche Dokumentation zur Entstehung Pakistans.

Pakistan hat den Briten eine reiche Hinterlassenschaft zu verdanken, was Bauwerke in der „Mogulgotik" anbelangt. Einige Beispiele für diesen Baustil sind das **Aitchison College** (Privatschule), der Gerichtshof, das **Government College,** das **National College of Arts,** der **Tollington Market,** die **Montgomery Hall,** die **Pandschab-Universität** und das **Parlamentsgebäude.** In einem eleganten Pavillon bei Charing Cross stand früher eine Statue Königin Victorias, die heute ebenfalls im Museum ausgestellt ist.

Damit Lahore weiterwachsen kann, muß ständig neues Bauland erschlossen werden. Zu den Sehenswürdigkeiten jüngeren Datums gehört **Minar-i-Pakistan,** der im **Iqbal-Park** stehende Freiheitsobelisk, der die Stelle bezeichnet, wo am 23. März 1940 über einen künftigen Staat Pakistan entschieden wurde. Das Grabmal des Dichters und Philosophen Allama Iqbal finden Sie in der Gartenanlage Hazuri Bagh nahe der Badschahi-Moschee. Der WAPDA-Büroblock zeugt mit seiner Glaskuppel und einem Dachgarten vom Bemühen der Stadt um Modernität.

Beim Bau des **Fortress-Stadiums** bemühte sich der Architekt um eine Synthese aus traditionellem Festungsbau (wie etwa Fort Rohtas) und modernem Sportstadion. Im März findet hier eine Pferde- und Rinder-Schau statt mit Nutztierausstellung und Reitkunstvorführungen, Kavallerieübungen, Dressurreiten, Volkstanz und pompösen Festzügen. Im Rahmenprogramm sind Ausstellungen pakistanischer Kunstgewerbeartikel zu bewundern.

Wer Beispiele neuerer Architektur sehen möchte, sollte Lahores Vorstädte besuchen – besonders diejenigen, die von heimgekehrten Auswanderern in bunter Stilvielfalt erbaut wurden.

Die Stadt hat eine Reihe schöner Parks, einen Zoo und in der näheren Umgebung Erholungsgbiete. Der Wald **Changa Manga** wurde von den Briten ursprünglich zur Holzversorgung für den Eisenbahnbau angelegt. Heute durchquert ihn eine Miniatureisenbahn, und auf dem See kann man Boot fahren.

Erst in jüngerer Zeit legte man den **Jallo-Nationalpark** an, ein großes Erholungsgebiet mit Picknickplätzen, Zoo, Kinderspielplatz und einem See für Motor- und Ruderboote.

Links: Der Minar-i-Pakistan im Iqbal-Park. **Rechts:** Ein Nachfahre der stolzen Sikhs.

DIE UMGEBUNG VON LAHORE

Die alte Stadt **Sheikhupura** liegt 35 km westlich von Lahore in einer mit Ruinen übersäten Landschaft. Selbst wenn alle Archäologen der Welt ihr Leben lang die Altertümer Pakistans ausgraben würden, bliebe noch viel Arbeit für die nachfolgende Generation übrig.

In Sheikhupura liegen Überbleibsel aus der Mogul-Zeit, Dschahangir schätzte den Ort augenscheinlich sehr. Das interessanteste Bauwerk ist **Hiran Minar,** der „Rehturm", ein 1616 von Dschahangir errichtetes Denkmal für sein Lieblingsreh Mansaradsch. Es wurde mit einem künstlich angelegten See versehen, in dessen Mitte ein *baradari* (Pavillon) steht. Auf dem See ist Bootfahren möglich, zuweilen zischt ein Rennboot über das Wasser. Die Parkanlage um Hiran Minar ist ein beliebter Picknickplatz.

Das viereckige **Sheikhupura-Fort,** an dessen Ecken je ein Wachturm steht, ist ebenfalls von Dschahangir erbaut worden. Es war ein bevorzugtes Refugium Dara Schikohs, des ältesten Bruders von Aurangseb, und ist wohl nach ihm Shikohpur beziehungsweise später Sheikhupura genannt worden. Eine der Ehefrauen Randschit Singhs, Rani Nakayan, wohnte in der Festung, ihr Grab liegt ganz in der Nähe.

Die beiden bedeutsamsten Dichter des Pandschab stammen aus der Umgebung Sheikhupuras: Guru Nanak und Waris Schah. Waris Schahs Grab kann im 12 km entfernten **Jandiala** besichtigt werden.

Der Dichter hatte 1766 sein *Hir* abgeschlossen, das ein lebendiges Abbild des Lebens im Pandschab darstellt – das Physische und Spirituelle, das Flüchtige und Ewige, die Menschen, ihre Sitten und Bräuche, Witz und Tragödie, all dies hat er niedergeschrieben.

Nankana Sahib, der Geburtsort Guru Nanaks (1469–1538), des Begründers der Sikh-Religion, liegt an der Eisenbahnlinie südwestlich von Sheikhupura. Man sieht eine umfangreiche

Drachen steigen zu lassen, ist im Pandschab sehr beliebt.

Gebäudeanlage, das Geburtshaus fällt durch den später angefügten Gurdwara-Aufsatz auf. Ein Brunnen wird mit der Schwester des Gurus in Verbindung gebracht. Andere Plätze erinnern an die Toten der Auseinandersetzungen von 1920, als die traditionellen Grabwächter mit Sikh-Reformern darüber in Streit gerieten, unter wessen Obhut die Sikh-Schreine stehen sollten. In Nankana wurde der Streit besonders hart ausgetragen. Hier befinden sich weitere Sikh-Schreine sowie einige Orte, die die Überlieferung mit der Kindheit Guru Nanaks verbindet.

Der Distrikt **Faisalabad** (früher Lyallpur) liegt 140 km von Lahore entfernt. Die Stadt selbst wurde 1890 gegründet. Der alte Name geht zurück auf Sir James Lyall, den stellvertretenden Gouverneur des Pandschab. Zu Ehren von König Faisal von Saudi-Arabien wurde die Stadt umbenannt.

Wie in Khartoum im Sudan legte man die Straßen ähnlich dem Muster des Union Jack an. Im Zentrum stand ein Glockenturm, von dem aus sich acht Hauptbasare sternförmig ausbreiten. Faisalabad heißt auch das „Manchester Pakistans", eine sehr betriebsame, stark expandierende Stadt.

Auf dem Weg nach Sargodha stößt man nach etwa 35 km auf **Chiniot.** Diesen Ort, der bereits im *Ramayana* erwähnt wird, soll eine vorzugsweise in Männerkleidung jagende Prinzessin gegründet haben.

Früher war die Gegend für ihren Bootsbau bekannt, doch heute ist er gänzlich aufgegeben. Die Nachfahren der Steinmetze, die am Tadsch Mahal in Agra und an der Wasir-Khan-Moschee arbeiteten, sind dagegen noch immer in Chiniot ansässig. Auch der leitende Architekt des Goldenen Tempels in Amritsar sowie die Erbauer des Minar-i-Pakistan stammen aus Chiniot. Kunst und Handwerk begründen die Bedeutung der Stadt: Holzschnitzereien, Türen, Messingware, Einlegearbeiten und Möbel.

Pandschabi-Romanze: Westlich von Faisalabad, unweit des Flusses Chenab, liegt **Jhang,** eine an sich unbedeutende

…ilien sind …esttags-…lumen.

Hir und Ranjha

Ranjhas Familie lebte in Takht Hazara. Er war der jüngste von acht Brüdern, ein hübscher junger Mann und unbestritten der Lieblingssohn seines Vaters. Ranjha durfte ein bequemes Leben führen und Flöte spielen, während seine Brüder die mühsame Feldarbeit verrichten mußten.

Doch als der Vater starb, änderte sich alles. Die Ehefrauen seiner Brüder brachen ständig mit ihm Streit vom Zaun. Er wurde verspottet und aufgefordert, sich eine Frau wie Hir zu suchen, die als sehr schön galt. Ranjha hatte das unfruchtbarste Stück Land geerbt. Also verließ er es und zog in die Wildnis, wo ihn die Fünf Pirs (heilige Männer) versorgten. Schließlich erreichte er das Ufer des Chenab und hielt nach einem Boot Ausschau. Ein Fährmann, von Ranjhas Flötenspiel bezaubert, erbot sich, ihn mit dem Boot überzusetzen. An Bord entdeckte der erschöpfte Ranjha eine Lagerstatt und fragte, ob er dort ruhen dürfe. Der Fährmann erwiderte, das Lager gehöre Hir. Diese würde ihm zwar erlauben, Menschen über den Fluß zu bringen, nicht jedoch, sie in ihrem Bett schlafen zu lassen. Doch schließlich gab der Fährmann nach, weil seine Frauen, denen Ranjha gefiel, darauf bestanden; und so streckte der sich auf dem weichen Lager aus und schlief augenblicklich ein.

Hir spielte jeden Nachmittag mit ihren Freundinnen am Flußufer. Als sie dieses Mal an Bord zurückkehrte und ihr Bett besetzt fand, war sie sehr erbost, sie schimpfte furchtbar. Als Ranjha seine Augen öffnete und Hir erblickte, sagte er: „Oh! Geliebte“.

In der Tat war Hir wunderschön, und alle Dichter wetteiferten um die treffendste Beschreibung ihres Liebreizes. Alsbald war auch sie von Ranjhas Flötenspiel verzaubert, und ihr Zorn schwand. Es war Liebe auf den ersten Blick.

Hir hieß Ranjha zu bleiben, und sie sorgte auch dafür, daß er als Hirte auf die Büffelherde ihres Vaters aufpassen durfte. So führte er an den Nachmittagen die Tiere zum Fluß. Hir versorgte ihn mit Speisen, und beim Flötenspiel sprachen sie über Liebe.

Ein Onkel Hirs namens Kaido, ein mürrischer und mißgestalteter Mann, der nie eine Frau, geschweige denn Liebe gefunden hatte, war als schwatzhafter Unruhestifter verschrien. Er haßte alle jungen Liebespaare. Da er Hir schändlich behandelte, schlug sie ihn und zerriß seine Kleider. Also sann Kaido auf Rache: Er erzählte Hirs Eltern von ihrer Liebe zu Ranjha. Daraufhin sperrte man sie ein und jagte Ranjha fort – doch die Rinder sehnten sich nach ihm und verweigerten das Futter. Auch die Leute des Dorfes erwarteten seine Rückkehr. Inzwischen beschloß die Familie, Hir mit Saida zu vermählen, dem sie bereits als Kind versprochen worden war. Die Hochzeit fand gegen Hirs Willen statt, die sich fortan weigerte, Saida zu empfangen. Ranjha jedoch suchte den Yogi Tilla auf, um selbst ein Yogi zu werden.

Die Fünf Pirs hatten Ranjha versprochen, die Liebenden wieder zu vereinen. Sehti, Saidas Schwester, wollte den beiden dabei helfen: Hir gab vor, eine Schlange hätte sie gebissen, worauf Sehti bemerkte, sie kenne einen jungen Yogi, der Schlangenbisse heilen könne – so ward Ranjha Zutritt gewährt, und man schmiedete Fluchtpläne. Sehti floh mit ihrem Liebsten und Hir mit Ranjha. Doch bald spürte man sie auf. Nach langer Überlegung zeigte man sich bereit, Hirs Ehe mit Saida für ungültig zu erklären, da sie selbst in die Heirat nicht eingewilligt hatte; Ranjha und Hir erhielten die Heiratserlaubnis.

Kaido inszenierte abermals eine Intrige. Er erklärte, da die Dorfbewohner Hir nach ihrer ersten Eheschließung mit Saida hatten fortziehen sehen, würde es dem Ansehen der Familie schaden, sie nun mit Ranjha zu verheiraten. Man reichte der ahnungslosen Hir nach den Hochzeitsvorbereitungen ein vergiftetes Getränk, und sie starb.

Ranjha erhielt Nachricht von ihrem Tode und eilte nach Jhang. Als man ihn an Hirs Grab führte, übermannte ihn der Schmerz so heftig, daß er tot zusammenbrach. ■

Ortschaft, sieht man einmal ab vom Grab der Hir, der Heldin der berühmtesten Liebesgeschichte des Pandschab.

Das Muster aller hiesigen Liebesgeschichten ist die verbotene Liebe, die stets tragisch endet. Wie bei der Pantomime spielt weniger die Geschichte als vielmehr die Erzählkunst die wichtigste Rolle. Der poetische Gehalt und die Empfindungen, die beim Zuhörer ausgelöst werden, die Zartheit oder Derbheit, mit der der Erzähler dramatische Ereignisse vorträgt, die Spannung und die Schönheit der Heldin, das sind die wesentlichen Elemente dieser Kunst.

Oft verwendeten Sufi-Dichter solche Erzählungen, um zu zeigen, daß die Liebe zwischen Mann und Frau vergänglich, die Liebe zu Gott aber wahr und von ewiger Dauer ist. Noch heute wird das Bild der leidenden, weil voneinander getrennten Paare benutzt, um die durch die Trennung von Gott vereinsamte Seele darzustellen. Bekanntestes Beispiel sind Hir und Ranjha.

Südwestlich von Lahore: Hinter dem Wald Changa Manga, 26 km südöstlich von Okara, liegt die alte Ortschaft **Dipalpur.** Unter einem Erdhügel vermutet man Reste der Harappa-Kultur, hier fand man skythische Münzen. Als die Moslems im 8. Jh. den Sindh und Multan eroberten, war Dipalpur eine bedeutende Stadt. 1285 kam es hier zu einer Schlacht, in der Balban, der Sohn des Sultans, getötet und Amir Khusrau gefangengenommen wurde.

Dipalpur soll zur Zeit der Invasion Timurs 84 Türme, 84 Brunnen und 84 Moscheen besessen haben. Babur, die Mahratta und die Sikhs nahmen nacheinander die Stadt ein, dann verlor sie an Bedeutung und verfiel langsam in den jetzigen Zustand; was blieb, sind ein paar Ruinen.

Auf halbem Weg zwischen Lahore und Multan liegt **Sahiwal,** eine moderne Industriestadt, die im Zuge des Kanalbaus entstand. 20 km westlich davon findet man neben der Eisenbahntrasse die Überreste einer der ältesten Städte Pakistans: **Harappa.** Da für den Eisenbahnbau viele alte Ziegelsteine benutzt wurden, ist Harappa nicht so gut erhalten wie Moendscho Daro. Dennoch ist es für Archäologen eine wichtige Ausgrabungsstätte der Induskultur. Die Bahningenieure fragten seinerzeit allerdings nicht lange, warum es an dieser Stelle so viele Ziegel gab.

Südlich von Sahiwal führte früher von **Pakpattan** aus die Hauptfährverbindung über den Sutlej, die bereits Mahmud von Ghasni, Timur und andere Eroberer benutzten. Pakpattan bedeutet „Fähre der Reinen". Der Ort wurde als Wohnsitz des von den Sikhs verehrten Heiligen Hazrat Baba Fariduddin Gandsch-i-Shakar (1175–1265) oder kurz Shakargandschi („Zucker-Schatz") bekannt. Über die Namensgebung kursieren verschiedene Legenden. So soll ihm seine Mutter als Kind Zuckerzeug unter die Gebetsmatte gelegt haben, um seiner Frömmigkeit nachzuhelfen: Nach dem Gebet durfte er es essen. Eines Tages vergaß sie die Süßigkeit – und war erstaunt, daß wundersamerweise dennoch etwas unter der Matte lag. Die Schriften eines seiner Anhänger nahm man ins *Adi Granth* auf, das heilige Buch der Sikhs.

inks: Hir nd Ranjha ach einer liniatur- eichnung. echts: rauen errichten n Pakistan ie gleiche rbeit wie ie Männer.

Der südliche Pandschab

Multan gilt als die Stadt der Hitze und des Staubes, der Bettler und Gräber. In der Tat kann es hier unerträglich heiß werden, und bei starkem Wind wirbelt der Staub durch die Straßen. Was die Bettler betrifft, so gibt es nicht viele von ihnen. Und Gräber findet man in Multan nicht mehr als anderswo.

Um das hohe Alter Multans rankt sich manche Legende, angeblich ist die Stadt so alt wie Moendscho Daro. In einer Geschichte heißt es, Satans Reich sei hier gewesen, als Adam aus dem Paradies verjagt wurde. Eine andere Quelle will glauben machen, der Rig-Weda sei in Multan entstanden. Im Jahre 712 wurde die Stadt erstmals erobert. Nach der Invasion durch die Moslems blieb die Stadt bis 1818 unter islamischer Herrschaft.

Einst stand ein berühmtes Sonnen-Heiligtum im Zentrum der Zitadelle, das indes im 10. Jh. zerstört wurde; auch der Nachfolgebau von Aurangseb mußte einer Moschee weichen. Diese Moschee flog in die Luft, nachdem Sikhs sie als Lager für Schießpulver benutzt hatten.

Die Festung aus der Mogulzeit war von Wassergräben umgeben, die vom damals in der Nähe Multans fließenden Ravi gespeist wurden. Im zweiten Sikh-Krieg wurde sie geschleift. Dennoch blieben erstaunlicherweise ein paar Bauten aus der Zeit vor der Mogul-Herrschaft erhalten, vor allem Sufi-Gräber. Das Grab Hasrat Rukn-i-Alams aus dem 14. Jh. ist ein backsteinernes achteckiges Gebäude mit weiß und blau glasierten Ziegeln.

Das Grabmal wurde ursprünglich für den Vater Sultan Muhammad Tughlaqs errichtet, dann aber als Grab für Rukn-i-Alam benutzt. In der Nähe erhebt sich das Grabmonument Schah Baha'uddin Zakariyas (1182–1264) – dem Großvater Rukn-i-Alams. Er war ein gebildeter, hart arbeitender Mann und bekehrte viele Menschen zum Islam. Um den Bedürftigen zu helfen, unterstützte er Landwirtschaft sowie Handel und ließ Brunnen und Kanäle ausheben. Vor dem Sultan in Delhi erhob er seine Stimme gegen einen Tyrannen.

Schah Rukn-i-Alam – wie alle Sufis politisch sehr engagiert – reiste oft nach Delhi, stets Unterlagen über die Anliegen der Bedürftigen mit sich führend, für die er sich verwenden wollte. Selbstverständlich mußte er sich ob seiner Lebensweise und seines weltlichen Engagements Vorwürfe machen lassen. Als er einmal mit einem anderen Sufi sprach, gab dieser zu, er hätte nach der Umarmung mit Alam seine Kleider gewechselt und sich gewaschen! In aller Bescheidenheit antwortete Rukn-i-Alam, der andere Meister hätte richtig gehandelt, denn ihm selbst hafte der Geruch der Welt an, der andere indessen sei frei davon.

Bei den Gräbern liegen Reste eines Hindu-Tempels, der dem Wischnu (Vishnu) als Inkarnation des *narsingh avatar* (halb Mann, halb Löwe) geweiht war. Auch dieser Tempel wurde bei der Explosion des Schießpulverlagers weitgehend zerstört.

[L]inks: [I]n Multan soll [s]chon ein [S]ohn Noahs [g]elebt haben. **[R]echts:** [I]n den [F]arben des [P]andschab.

Am ehemaligen Ufer des Ravis steht der Schrein Schams-uddin Tabriz', eines Sufi-Meisters, dessen Schüler der berühmte Mystiker Maulana Jalaluddin Rumi war, Begründer des Ordens der „Tanzenden Derwische".

Um Schams-uddin Tabriz' Tod rankt sich eine grausige Geschichte: Als Märtyrer soll er lebend gehäutet worden sein, wonach er noch ganze vier Tage mit seiner Haut in der Hand herumwanderte. Seine Nachkommen lebten in Multan, wo sie 1787 sein Grabmal errichteten. Noch heute findet man hier Anhänger dieses Mystikers, darunter seltsame, in Männertracht gehüllte Frauen *(malangs),* die wegen ihrer Lebensfreude und Freundlichkeit die Menschen in ihren Bann ziehen.

In Multan und dem ganzen südlichen Pandschab fällt die Kleidung der Bewohner durch ihre Farbenpracht auf. Trägt eine Frau im Norden den *burqa,* dann ist dieser schwarz oder grau. In Multan hingegen sind *burqas* leuchtend rosa oder orange und in Plisseefalten gelegt. Die Frauen tragen kleine Gehänge auf dem Scheitel und werfen gern würdevoll den Kopf in den Nacken.

Chaddars (Schals), im Norden groß und grau, sind im Süden kaum mehr als hauchdünne, farbenfrohe Accessoires zur bunten Tracht. Um ihre Kleidung zu vervollständigen, tragen Männer Tücher um den Kopf gewickelt, die auf blauem oder schwarzem Grund schillernde Rosenmuster zeigen.

Als gute Einkaufsadresse verfügt Multan über eine Fußgängerzone und mehrere Basare rund um den englischen Glockenturm. In den Straßen arbeiten Zahnprothesenmacher. Mit Hilfe eines Rahmens stickt ein Mann die gazeartigen *chunni*-Schleier, wie sie die Frauen im Pandschab tragen. Multan ist auch bekannt für Artikel aus Kamelhaut, Töpferwaren und Baumwollstoffe. Wenngleich die Stadt aufgrund ihrer geschichtlichen Bedeutung bekannt ist, sollte man auf moderne Industrieanlagen gefaßt sein – zum Beispiel auf die größte Düngemittelfabrik Pakistans.

Bahawalpur, 1784 von Nawab Bahawal Khan als Hauptstadt eines eige-

Das Mausoleum von Schams-uddin Tabriz.

nen Staates gegründet und nach ihm benannt, ist ein blühender, großzügig angelegter Ort. Fahrradrikschas, reich verziert, warten auf Kunden. Die Fahrradsättel sind in charakteristischer Weise senkrecht gestellt.

Entlang dem ausgetrockneten Flußbett des legendären Saraswati, in der **Cholistan-Wüste,** stößt man auf etwa 400 vor- und frühgeschichtliche Fundstätten; Archäologen suchen hier nach Überresten der Harappa-Kultur.

Auch **Derawar Fort,** der Sitz der Amirs von Bahawalpur, liegt in dieser Wüste. Für einen Besuch benötigt man einen Jeep mit Allradantrieb, einen Führer und eine Erlaubnis. 48 km hinter Bahawalpur öffnet sich der **Lal-Suhanra-Nationalpark** mit seiner vielfältigen Tierwelt. Einige seltene Vogelarten sollen hier wieder seßhaft gemacht werden. Für Freunde von Safaris bietet man neuerdings Jeep- oder Kameltouren sowie im Winter Wildschweinjagden an.

Versäumen Sie nicht, **Uch Scharif** zu besichtigen, eines der ältesten Kulturzentren Pakistans. Uch lag einst direkt am Zusammenfluß von Sutlej und Chenab in den Indus, doch 1790 änderte der Fluß seinen Lauf. Im 10. Jh. kam der erste Gelehrte, Scheich Saifuddin Ghasruni, hierher, nachdem sein Kamel sich für diesen Ort entschieden hatte. Damit war er dem Rat seines Onkels gefolgt, sich dort niederzulassen, wo sein Kamel ihn hinführe.

Uch kann sich einiger schöner Grabmäler und Schreine rühmen. Am besten erhalten blieb das achteckige Grabdenkmal der Bibi Jawindi, einer Tochter des heiligen Hasrat Jahanian. In gutem Zustand ist auch das Grabmal des Hasrat Jalal-uddin Surkh Bukhari (Heiliger der Roten Gewänder Bokharas). Schöne rote und blaue Muster schmükken das Dach des Grabes. Die ruhige Stimmung rund um die Grabstätte wird von den gottesfürchtigen Wächtern unterstrichen. Eine bedeutende Reliquie Uchs ist ein Turban, der einst das Haupt Mohammeds geziert haben soll.

In **Mithankot** steht einer der berühmtesten Schreine der ganzen Region: das

Die Grabstätte von Bibi Jawindi in Uch.

Grab Hasrat Khawaja Ghulam Farids (1845–1901). Er, ein Heiliger, verfaßte *kafis,* großartige Gedichte in Siraiki, dem Dialekt Multans. Khawaja Ghulam Farid lebte zurückgezogen in seiner geliebten Wüste Thar und heiratete später ein Nomadenmädchen.

In seinen Gedichten greift er häufig auf die Romanze zwischen Sassi und Punnun zurück, die aus dieser Gegend stammt und als Allegorie der Liebe zu Gott oft Gegenstand der Sufi-Lyrik ist. Khawaja Ghulam Farid beschreibt die doppelten Qualen Sassis, vom Geliebten getrennt zu sein und unter der Hitze der Wüste leiden zu müssen. Die Liebe der beiden wurde nicht erfüllt, sie kamen in der Wüste um.

Jenseits des Indus: 140 km nördlich von Mithankot liegt **Dera Ghazi Khan.** Früher existierte hier eine Fährverbindung, heute ist die Stadt über eine Indusbrücke zu erreichen. Im Jahre 1911 wurde die ursprüngliche Stadtanlage von den Fluten des Indus zerstört. Der Wiederaufbau erfolgte in sicherer Entfernung von 15 km zu ihm.

Die Stadt beherbergt den Schrein ihres Gründers Ghasi Khan und bildet das Tor nach Belutschistan, das hinter dem Sulaiman-Gebirge liegt und das man auf der Straße über Fort Munro erreicht. Am Straßenrand hocken Männer in kleinen Gruppen zusammen.

An der Straße nach Fort Munro steht der Schrein des im 13. Jh. verstorbenen Sakhi Sarwar, der in vielen Sagen und Liedern des Pandschab auftaucht: Er hatte Land geerbt, und seine Brüder baten ihn, es zu teilen, denn sie wollten gerne in seiner Nähe sein. Er stimmte zu, worauf sie sich das beste Stück Land nahmen und ihm nur ein karges Stück ließen. Dennoch fiel Sakhi Sarwars Ernte zehnmal besser aus als die seiner Brüder! Daraufhin baten sie ihn um Getreide, und er verteilte es großzügig unter ihnen. Das bißchen, das ihm seine Brüder übrigließen, schenkte er gar noch Bedürftigen.

So brachte man Sarwar nach Multan zu Gouverneur Ghanu. Dieser erkannte in Sarwar einen Heiligen, doch er beschloß, ihn erst zu prüfen und ließ eine

Am Festtag des Heiligen belebt sich die Wüste.

leere Schüssel und eine leere Kanne holen. Als der Heilige die Abdeckungen von beiden Gefäßen hochhob, waren sie gefüllt. Ghanu war so beeindruckt, daß er Sarwar Goldmünzen, ein Ehrengewand sowie einen Hengst schenkte. Daraufhin versorgte der Heilige die Bedürftigen der Stadt mit Kleidung und Nahrung.

Als der Strom der Bedürftigen nicht abriß, verkaufte Sarwar das Ehrenkleid und den Hengst, um vom Erlös weitere Hilfsmittel kaufen zu können. Ghanu erfuhr, daß der Heilige seine Geschenke verkaufte, und verlangte wütend eine Erklärung. Da betete Sarwar, und Pferd und Gewand waren wieder an ihrem Platz. Der Gouverneur war endgültig von seiner Heiligkeit überzeugt und bot Sarwar seine Tochter an.

So heirateten sie und lebten glücklich und zufrieden. Gott sorgte für Sakhi Sarwar und seine Frau, und alles, was sie erhielten, wurde an Arme und Bedürftige weitergegeben.

Noch heute pilgern vor allem Arme und Bedürftige zu Sakhi Sarwars Grab. Jedes Frühjahr, im März/April, findet ein mehrwöchiger Jahrmarkt statt. In buntbemalten Bussen kommen unzählige Menschen hierher, die – auch auf den Dächern sitzend – auf ihren *dholaks* (Schlaginstrumenten) trommeln. Die Busse parken im ausgetrockneten Flußbett, und die Menschen strömen zu Fuß in die überfüllte Stadt, deren Straßen für Fahrzeuge zu eng sind.

Der Schrein und seine Umgebung sind völlig überlaufen. Turbantragende Männer von wildem Aussehen tanzen im Kreis, treten vor und zurück und werfen ihre Arme in die Höhe. Frauen fallen in Trance, Männer blasen den Dudelsack, und über allem liegt ein nicht enden wollender Trommelwirbel – es ist wie im Märchen.

Nach alter Sitte schreiben die Pilger ihre Bitten an die Wände des Grabmals von Sakhi Sarwar.

Fort Munro, weiter entlang der Straße, ist die letzte Station vor Belutschistan; es wurde von Sir Robert Sandeman als eine britische Niederlassung in den Bergen gegründet.

Vor den Toren des Schreins von Sakhi Sarwar.

Belutschistan

Viele Besucher Pakistans sehen von Belutschistan (Baluchistan) kaum mehr als die schier endlosen, kahlen Berge, die sie schon beim Anflug aus dem Westen vom Flugzeug aus unter sich erblicken. Und der erste Eindruck einer unwirtlichen Landschaft ist gar nicht so falsch – es ist tatsächlich ein weitläufiges, äußerst karges Land.

Die Provinz Belutschistan bedeckt ein Gebiet von 343 000 km^2; der oft schnurgerade Grenzverlauf weist darauf hin, daß Bürokraten in entfernten Verwaltungsbüros mit dem Lineal am Werk waren. Mit 42 % der Gesamtfläche Pakistans ist Belutschistan die größte Provinz, doch leben letzten Zählungen zufolge hier nur vier Prozent der Gesamtbevölkerung, das sind knapp vier Millionen Menschen – allein in Karachi leben mehr. Nur die im Nordosten gelegene Provinzhauptstadt Quetta mit ihren 286 000 Einwohnern verdient die Bezeichnung Stadt, alle anderen Städte sind kaum mehr als staubige Provinznester.

Dank des natürlichen Reichtums an Erdgas, Kohle und Erzen spielt Belutschistan eine wichtige Rolle in der Wirtschaft des Landes. Dennoch ist es – abgesehen von Quetta – das Schlußlicht in der Entwicklung, ganz gleich, ob Infrastruktur, Wohnverhältnisse, Pro-Kopf-Einkommen, Bekämpfung des Analphabetismus, Gesundheitswesen oder andere Kriterien angewandt werden. Wenn auch nach der Stagnation der Kolonialzeit die Wirtschaft Belutschistans gefördert wurde, wird sich am Status quo so bald nichts ändern. Das touristische Potential Belutschistans soll darum in Zukunft stärker genutzt werden, doch machen Größe und Unwirtlichkeit des Landes diese Art der Förderung äußerst schwierig.

Landesnatur: Ein Blick auf die Karte zeigt, daß die Grenzen zwischen Belutschistan und den drei anderen Provinzen Pakistans ungleich kürzer sind als die Grenzen zwischen Belutschistan und Afghanistan im Norden sowie dem

Iran im Westen. Flora und Fauna der Provinz gehören eher der Westasiens als der des Subkontinents an. Aus diesem Grund könnte Belutschistan als exotisches Reiseland attraktiv werden – zumal Reisen in die Nachbarländer schwierig oder gar unmöglich sind.

Das Sulaiman-Gebirge markiert die nordöstliche Grenze Belutschistans. Im Westen fällt das Hochgebirge in einem Bogen steil nach Südwesten ab. Östlich von Quetta liegen die höchsten Erhebungen der Provinz: der Zarghun (3578 m) und der Khilafat (3487 m). Das Sulaiman-Gebirge endet an der Kacchi-Wüste, die sich von der unteren Indusebene bis hin nach Sibi erstreckt. Man durchquert sie auf dem Weg zu den beiden legendären Pässen Khojak und Bolan; dieser Weg ist die unbeschwerlichste Route vom unteren Industal nach Afghanistan. Im Südosten wird die Provinz durch das Kirthar-Gebirge begrenzt. Es setzt sich in einer niedrigeren Bergkette fort, die die Makran-Wüste im Norden abschließt. Diese Einöde streckt sich entlang der Küste des Arabischen Meeres bis zur iranisch-pakistanischen Grenze.

Das mehrere tausend Quadratkilometer große Gebiet im Nordwesten Belutschistans – an der Grenze zum Iran und dem südlichen Afghanistan – erlaubte von jeher nur eine äußerst dünne Besiedlung. Das Land ist flach und trokken, und die Flüsse, die durch diese Wüste fließen, münden schließlich in riesige versumpfende Endseen, wie beispielsweise den Hamun-i-Mashkel.

Belutschistan liegt nicht mehr innerhalb des Monsungürtels, der im übrigen Pakistan entweder direkt oder über die Bewässerung durch das Kanalsystem für Fruchtbarkeit sorgt. Folglich ist das Klima in Belutschistan ausgesprochen trocken. Die durchschnittliche Niederschlagsmenge liegt bei nur 15 mm und damit deutlich unter der entlang der Küste von Makran. Wenn es aber einmal regnet, dann stürzen gewaltige Wassermassen vom Himmel, und die sich bildenden Fluten reißen in den Flußbetten, die sonst ausgetrocknet sind, alles mit sich.

Vorherige Seiten: An der Küste von Makran. Bushaltestelle in der Wüste.

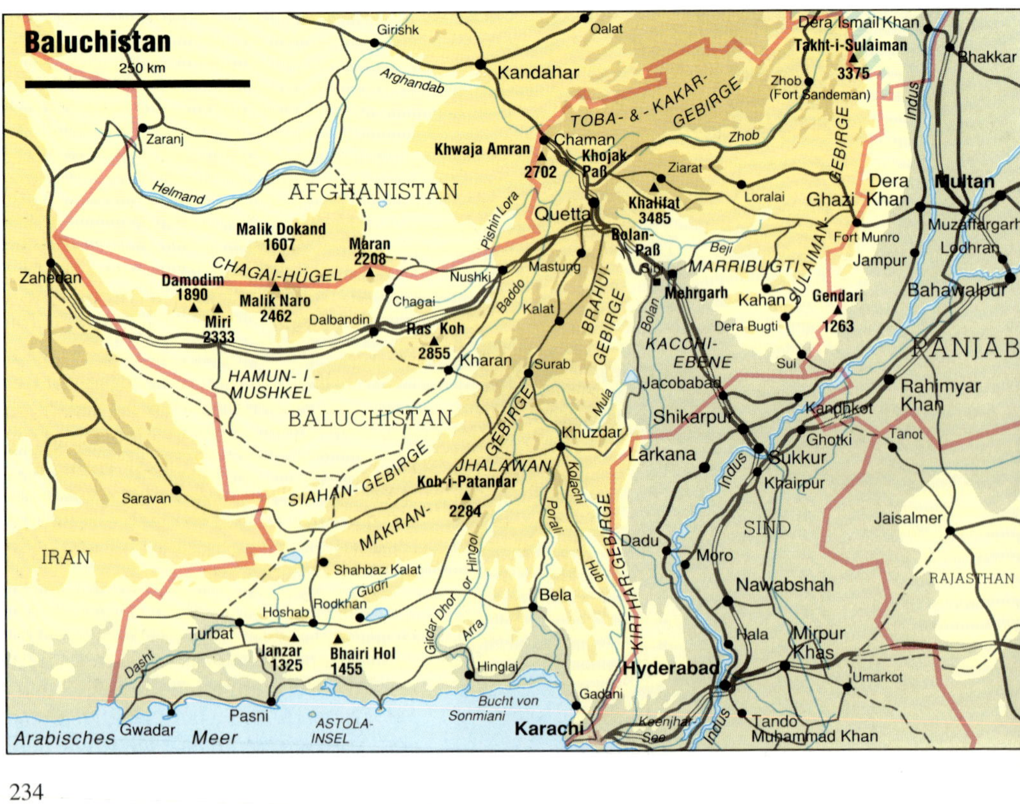

Zwar bilden die Berge Belutschistans das südliche Ende jener natürlichen Mauer, die Pakistan vor den Unbilden des zentralasiatischen Klimas schützt, doch fegt immer wieder ein starker Wind über die Provinz, der im Sommer glühend heiß und im Winter bitterlich kalt ist. Extreme Temperaturschwankungen kommen also zu der Trockenheit hinzu. In den Hochebenen bei Quetta fällt im Winter Schnee, und die Temperaturen sinken unter den Gefrierpunkt, während sie im Sommer um die 25 °C liegen. In tiefergelegenen Regionen klettert die Quecksilbersäule noch höher; an der Küste liegt die Temperatur im Jahresdurchschnitt schon bei 30 °C, in der Ebene von Sibi zeigt das Thermometer regelmäßig 50 °C im Schatten an – direkt der Sonne ausgesetzt, würde es wohl bersten.

So gehört Belutschistan – abgesehen von den Gebieten im Nordosten – mit zu den unwirtlichsten Regionen der Erdkugel. Wer die Wüsten und kargen Gebirge kennt, vergleicht sie mit der Mondlandschaft; eine Gruppe amerikanischer Geologen kam gar zu dem Schluß, Belutschistan müsse der Oberfläche des Mars ähneln. Die Belutschen selbst sagen von ihrem Land, es sei die Müllhalde, auf die Allah den Abfall seiner Schöpfung warf.

Kajal steht auch Männern gut zu Gesicht.

Geschichte: Zwar ist Belutschistan eine wenig einladende Region, doch lebten hier bereits in der Steinzeit Menschen, wie Ausgrabungen bewiesen haben; eine neolithische Ausgrabungsstätte ist Mehrgarh, die älteste Siedlung des Subkontinents (6000–3000 v. Chr.). Bis zur Eroberung durch Alexander den Großen, der Belutschistan in seinen Aufzeichnungen „Maka" nennt, war Belutschistan Teil des Perserreiches. Im Jahre 325 v. Chr. führte Alexander Teile seines Heeres, mit dem er nach Indien gezogen war, nach Babylon und durchquerte dabei unter hohen Strapazen und mit großen Verlusten die Makran-Wüste. Danach lag Belutschistan jahrhundertelang eingekeilt zwischen dem zoroastrischen Reich Persien und den Herrschaftsgebieten der mächtigen buddhistischen und hinduistischen Dynastien Westindiens.

Aus dieser Epoche stammen nur wenige bedeutende Funde. Die vom Hinduismus geprägte Vergangenheit lebte dennoch weiter bis 1947, denn bis zu diesem Zeitpunkt fanden jährlich Wallfahrten nach Hinglaj an der Küste von Makran statt. Diese Pilgerfahrt nach Hinglaj, wo, wie man sagt, die Krone der zerstückelten Göttin Sati zu Boden fiel, war eine Voraussetzung, um bei den Kanphat Yogis aufgenommen zu werden; die Yogis schlitzen ihre Ohren auf, um die übergroßen Holzringe anbringen zu können.

Islamisiert wurde Belutschistan im Jahr 711, als Muhammad ibn al-Qasim sein Heer durch die Makran-Wüste in den Sindh führte. Das Gebiet war jedoch zu abgelegen, als daß es eine der folgenden Dynastien wirklich hätte kontrollieren können – in den höfischen Annalen jener Zeit wird Belutschistan nur selten erwähnt. Es gab Handelsverbindungen zu Persien, Afghanistan und Indien, während man an der Küste von Makran eher Kontakte mit dem Oman und den Golfstaaten suchte.

Der Name „Belutschistan“ entstand erst, als die Stämme der Belutschen (auch: Baluchi; in Pakistan heißen sie noch immer „Baloch“) aus dem Perserreich ins Land kamen. Doch ist umstritten, wann und wie sie ihre angestammte Heimat verließen. Neben den alten Legenden, die mutmaßen lassen, sie kämen aus dem Nahen Osten, vielleicht aus der Gegend um Aleppo in Syrien, existieren neuere, abenteuerlich anmutende Theorien, nach denen sie wie die Pathanen Nachkommen der zehn verlorenen Stämme Israels seien. Vielleicht stammen sie aber auch aus Babylonien, da ihr Name phonetisch mit dem des Gottes „Baal“ oder des babylonischen Herrschers Belos verwandt ist.

Aufschlußreich ist auch ihre Sprache, die zum selben indoeuropäischen Sprachstamm gehört wie Persisch oder Kurdisch. Dies untermauert wiederum die Annahme, daß die Belutschen vom Kaspischen Meer stammen und über das Perserreich ziehend ihr heutiges Siedlungsgebiet vor etwa tausend Jahren erreichten. Zu dieser Zeit wurden sie erwähnt im persischem Epos *Firdusis,* dem Königsbuch:

Wir sahen heldenhafte Belutschen
und Kuchs
kämpften wie Widder
fest entschlossen zum Krieg

Die Geschichte der Belutschen ist eine Geschichte der Schlachten und Kriege. Da sie das letzte Volk waren, das hierher kam, mußten sie die hier siedelnden Volksgruppen verdrängen. Einige, wie die Meden im Makran, wurden von ihnen mehr oder minder unterjocht oder zur Assimilation gezwungen. Andere, besonders die Brahui, die sich um Kalat niederließen, widersetzten sich erfolgreich.

Die Herkunft der Brahui wirft noch mehr Fragen auf als die der Belutschen, da ihre Sprache nicht indoeuropäischen Ursprungs ist, sondern zur selben Sprachfamilie gehört wie das Tamilische oder andere Sprachen Südindiens, nämlich zu den Drawida-Sprachen. Einer Theorie zufolge sind sie die im

Der Khan von Kalat hat heute seine Macht eingebüßt.

Norden lebenden Nachkommen eines Volkes, auf das eventuell die Induskultur zurückgeht. Wahrscheinlich aber stammen sie vom indischen Subkontinent, den sie einst durchquerten.

Die Belutschen konnten sich anfangs auf ihrem Weg nach Osten gegen die Brahui behaupten. Unter Mir Chakar, der 1487 Sibi zur Hauptstadt machte, entstand für einen kurzen Zeitraum ein riesiges Königreich, das aber letzten Endes durch Bürgerkrieg zwischen Mir Chakars Stamm der Rind und den Lashari auseinanderbrach; die Schlachten dieses Krieges wurden in Heldensagen gepriesen. Wenngleich die Belutschen weiter in den Pandschab, den Sindh und sogar bis Delhi zogen, verhinderten die Mogul-Kaiser, daß sie Reiche von Dauer errichten konnten. Dera Ghasi Khan und Dera Ismail Khan waren belutschische Stammesfürsten, die zum einen den Pandschab und zum andern das Gebiet der Nordwestprovinz im 16. Jh. eroberten. Die Belutschen ließen sich in den Ebenen nieder, verloren allmählich das Gefühl für ihre gemeinsame Abstammung und paßten sich bis in die Sprache mehr und mehr der Urbevölkerung an – nur noch gelegentlich verweisen sie stolz auf ihre Abstammung.

Viele Stammesangehörige sind noch heute bewaffnet.

Nur für kurze Zeit lag Belutschistan im Herrschaftsbereich der Mogul-Kaiser. Als die Brahui in Kalat ein neues Reich gründen konnten – sie blieben während des gesamten 18. Jhs. die führende Macht der Region –, mußten die Belutschen die Vorherrschaft der Brahui anerkennen. Die belutschischen Gebiete flankierten nun im Westen und Osten das Reich.

Mir Nasir Khan (1749–1817) war ihr bedeutendster Herrscher. Seine militärischen Erfolge verdankte er großteils einem Söldnerheer, das er aus Sarawan und Ihalawan rekrutierte, nördliche bzw. südliche Gebiete der Brahuis. Bis heute hat das Reich von Kalat die Idee eines unabhängigen Belutschistans am ehesten verwirklicht. Es erstreckte sich bis zum damals unbedeutenden Karachi. Die Brahui beherrschten zwar das Land, doch wurde ihre Lebensart durch die Belutschen geprägt. So entstammen nur mehr die ersten drei Zahlen ihrer alten Sprache, während ab „vier" alle Zahlen aus der Sprache der Belutschen übernommen wurden; die meisten Brahui sind ohnehin zweisprachig.

Interne Machtkämpfe in Kalat schwächten das Khanat und führten zur ersten Invasion der Briten – sie waren bereits nach Westindien vorgedrungen, und der Erste Afghanische Krieg (1839–1841) war beendet. Im Jahre 1841 wurde ein Vertrag unterzeichnet. Mit der Annexion des Sindh im Jahre 1843 (hier herrschte die Dynastie der Talpur Mir, die von den Belutschen abstammten) und des Pandschab wurden Kalat und die übrigen Regionen Belutschistans ein Teil des noch ungefestigten westlichen Grenzlandes Britisch-Indien. Die Nervosität der Briten, die mit Überfällen der Russen rechneten, bestimmte das politische Klima.

Obwohl dank der Bemühungen Robert Sandemans einige belutschische Stämme im Osten befriedet werden konnten, schien es den Briten ratsam, dem Khan und seinen untergebenen Stammesfürsten die Kontrolle über

Robert Sandeman

Belutschistan verdankt sein heutiges Gesicht weniger seiner Landschaft oder dem friedlichen Nebeneinander seiner Stämme als vielmehr dem Engagement eines Kolonialbeamten. Oberst Sir Robert Sandeman (1835–1892) war Sproß einer schottischen Familie, die schon deshalb erwähnenswert ist, weil ein Vorfahr die presbyterianische Sekte der Sandemanen gründete.

Sandeman trat in die indische Armee ein, ließ sich aber zum Verwaltungsdienst versetzen. Hier verwandte er seine ganze Energie darauf, die Besiedlung der Stammesgebiete an der Westgrenze des Pandschab voranzutreiben. Seine Ernennung zum Bezirksvorsteher von Dera Ghazi Khan im Jahre 1866 war der Beginn einer Karriere, die auf seinem erfolgreichen Umgang mit den Belutschen gründete.

Sandeman fehlte die Zeit, die bisherige Politik der Briten fortzusetzen, nämlich die Stämme sich selbst zu überlassen und nur bei Unruhen militärisch einzugreifen. Statt dessen arbeitete er mit den Stammesführern Hand in Hand. Indem er den Sardaren die Unterstützung der Kolonialmacht zusicherte, stärkte er ihre Position. Zudem engagierte er Angehörige der Stämme, die Pferde besaßen, als Führer und für den regionalen Polizeidienst. Damit war der Grundstock des sogenannten Sandeman-Systems zur Verwaltung der Grenzgebiete gelegt.

Robert Sandeman gilt als Inbegriff des viktorianischen Beamten, sein Mut und seine Ehrlichkeit wurden der Bevölkerung bekannt, er genoß die Bewunderung und das Vertrauen der Stammesfürsten, zu denen er ohne Begleitschutz ritt, um mit ihnen anstehende Probleme unter vier Augen zu erörtern. Seine Bemühungen waren von manchem Erfolg begleitet – so gelang es ihm, eine langjährige Blutfehde zwischen zwei Familien zu beenden, indem er zwischen zwei Angehörigen eine Ehe stiftete. Den Eindruck, den dieser Schotte auf die Stämme machte, spiegelt sich in zeitgenössischen Balladen wider, in denen die Taten von „Sineman Sahib" gerühmt werden:

Wir hören unsren Führer kommen,
da füllen sich unsere Herzen mit Freude.
Das feindliche Heer, das baut sein Lager
doch wird der Rebell es vernichten.
Für den Frieden, den er brachte
mag Sineman belohnt sein mit Glück.

Sandemans Karriere erreichte ihren Höhepunkt, als er die chaotische Situation an der Westgrenze Britisch-Indiens, verursacht durch den Streit zwischen dem Khanat von Kalat und Häuptlingen der Belutschen, in den Griff bekam. Dank seiner Vermittlung kam es 1876 zur Unterzeichnung eines Vertrags, in dem der Khan und die Führer der Kharan, Makran und Las Bela, als Herrscher von Fürstentümern bestätigt wurden und Quetta und der Bolan-Paß unter britische Kontrolle kamen. Aufgrund Sandemans Bemühungen und seines Vertrauens in die Loyalität der Belutschen herrschte im gesamten Gebiet auch während des Zweiten Afghanischen Kriegs von 1878 bis 1879 Ruhe.

Als Ergebnis dieses Kriegs kamen die Gebiete nördlich von Quetta – Stammesgebiete der Pathanen – in den britischen Einflußbereich. Da Sandeman sich mit den dortigen Stämmen rasch einigen konnte, widerlegte er jene Stimmen, die bezweifelt hatten, daß seine bei den Belutschen so erfolgreiche Methode auch bei den extrem freiheitsliebenden Pathanen funktionieren würde. Für seine Verdienste wurde er zum Ritter geschlagen, und das Hauptquartier der neuen Verwaltungsstelle wurde in Fort Sandeman umbenannt.

Den Rest seines Lebens verbrachte Sandeman damit, in Belutschistan die ihm unterstellten weitläufigen Gebiete zu verwalten; daneben schrieb er Abhandlungen über die Probleme der irischen Fischindustrie. Er starb 1892 im südlichen Bela, wo er einen Streit schlichten wollte zwischen Thronfolger und Herrscher, der über Sandemans Grab eine Kuppel errichten ließ.

weite Teile Belutschistans zu überlassen. 1876 wurde ein weiterer Vertrag unterzeichnet, der den Khan zwang, den Briten die strategisch wichtige Region Quetta zu „verpachten". Über das restliche Territorium konnte weiterhin er regieren; allerdings stellte man ihm einen britischen Minister zur Seite. Um die Größe – und nicht den Reichtum – Kalats zu hervorzuheben, wurde es in den Rang eines Gebiets erhoben, das 19 Salutschüsse wert war. Eine Weile gaben sich die Khans zufrieden und führten wie viele indische Prinzen jener Zeit ein exzentrisches Leben; einer gar sammelte mit Leidenschaft Schuhe.

Mit dem letzten Herrscher Kalats, Mir Ahmad Yar Khan (1902–1979), betrat das Khanat noch einmal für kurze Zeit die politische Bühne. Als sich der Khan 1947 weigerte, sein Land Pakistan anzugliedern, berief er sich auf den Vertrag von 1876, aus dem nur sehr verschwommen hervorging, inwieweit das Khanat tatsächlich unabhängig war. Obwohl ein Mitglied der königlichen Familie zum Widerstand aufrief, endete die Unabhängigkeit Kalats bereits ein Jahr später, als der Khan gezwungenermaßen die Anschlußverträge unterzeichnete. Seine formelle Absetzung und die Aufhebung der Staatsgrenzen folgten 1955. Seine heutige Gestalt erhielt Belutschistan 1958, als Gwadas, das einst der Khan von Kalat einem Vorfahren des Sultans von Oman geschenkt hatte, an Pakistan verkauft wurde – die einzige Gebietserweiterung Pakistans nach seiner Gründung.

Die Bevölkerung: In der Abgeschiedenheit des kargen Belutschistans konnten sich die Menschen, die hier im Laufe der Geschichte siedelten, ohne größeren Einfluß von außen ihren eigenen Lebensstil bewahren. Erklärtes Ziel der Briten war es, die Stämme in diesem Grenzgebiet ruhigzuhalten und die alte Ordnung wiederherzustellen. Folglich prägte die Kolonialmacht das Leben der Bevölkerung Belutschistans weniger als in den weiter entwickelten Regionen Pakistans. Ihre militärische Präsenz unterband jedoch die Neigung der Stämme, Raubzüge in die fruchtbaren Ebenen zu unternehmen.

Da Belutschistan für die Landwirtschaft recht ungeeignet ist, leben seit jeher viele Belutschen und Brahui als Nomaden. Auf der Flucht vor extremen Temperaturen und auf der Suche nach neuem Weideland für ihre Schaf- und Ziegenherden durchwandern sie riesige Gebiete; jeden Winter ziehen sie aus dem Hochland von Kalat in die Kacchi-Ebene im Osten. Die Reicheren unter den Stammesangehörigen besitzen Pferde, meist Stuten; da die Belutschen Pferdenarren sind, werden ständig Rennen ausgetragen. Auch werden anstatt Kamelen Esel gehalten. „Siehst Du einen Esel", sagen die Belutschen, „hast Du ein Lager erreicht; siehst Du aber ein Kamel, bist Du verloren."

Neben den schwarzen Ziegen, die zum Bild eines jeden Nomadenlagers gehören, sind Schafe die wichtigsten Nutztiere. Aus der Wolle werden Dekken mit stammestypischen Mustern gewebt, und eine kulinarische Spezialität der Belutschen ist die *sajji,* die marinierte Lammkeule, die stundenlang am offenen Feuer gegart wird.

Links: Robert Sandemann. **Rechts:** Zeit zum Ausruhen.

Das lang getragene Haar und die wallenden Bärte geben den Männern ein würdevolles Aussehen. Die auffällige Kopfform wird nicht vererbt, sondern im Säuglingsalter, wenn die Knochen noch weich sind, durch Bandagen und die Hände geformt; so wird verhindert, daß die Köpfe eiförmig wachsen – das nämlich gilt als häßlich. Die langen weißen und weiten Gewänder sind die ideale Kleidung für das hiesige Klima. Für die hohen Turbane *(pag)* braucht man bis zu 20 m^2 Stoff und für die weiten, unter langen Kleidern *(jama)* getragenen Hosen *(shalwar)* nicht weniger als 40 m^2.

Die einzige Pflanze, die in diesem Ödland wächst, ist eine Zwergpalmenart, *pish* genannt. Das Innere der Frucht wird gegessen, die Blätter und Fasern zu einer erstaunlichen Vielfalt an Gegenständen verarbeitet: Zelte, Matten und sogar Schuhe sind aus diesem Material. Diese Arbeit ist Aufgabe der Frauen. In dieser streng nach Geschlechtern getrennten Gesellschaft herrscht das Patriarchat. Frauen, die Ehebruch begehen, werden stets mit dem Tod bestraft.

Der Ehrenkodex oder *mayar* der Belutschen verlangt absolute Loyalität und billigt ausdrücklich den Racheakt *(ber)*. Ein Sprichwort besagt, daß „die Rache eines Belutschen über 200 Jahre so jung und stark bleiben wird wie ein zweijähriger Hirsch". Durch unzählige Balladen über die mutigen Helden des goldenen Zeitalters Mir Chakars werden diese Werte weitergetragen und aufrechterhalten.

Eine der bekanntesten Sagen erzählt, wie der Häuptling Bijar von einem Mann vom Stamm der Buledi getötet wurde, seine Rippen geröstet und an Milane verfüttert wurden. Aus Rache entführten Bijars Verwandten den Anführer der Buledi, Haibat Khan, schlugen ihm den Kopf ab und benutzten seinen Schädel als Trinkgefäß.

Das Prinzip der Blutrache begünstigt endlose Fehden – ein Mord steht meist am Anfang, der nur durch einen anderen gesühnt werden kann. Demgegenüber stehen die sehr große Gastfreund-

Das Klima Belutschistans zwingt viele Menschen zum Nomadentum.

schaft *(mehmani)* und die Bereitschaft, Menschen, die Schutz *(bahut)* gesucht haben, bis aufs Messer zu verteidigen.

Dies erinnert zwar an die strengen Stammesgesetze der Pathanen, doch unterscheiden sich die Belutschen von ihnen dadurch, daß die Stammesfürstenwürde immer an einen Verwandten weitergegeben wird. Auch wird den Häuptlingen, *sardars,* und ihren untergeordneten Führern, *warderas,* größerer Respekt entgegengebracht.

Die Khans von Kalat versuchten unter anderem, durch die Abschaffung der Blutrache Ordnung in ihr unruhiges Reich zu bringen. Ein Mord sollte durch Übereignung von Gütern – etwa Land, Schafe oder Frauen – gesühnt werden, wobei für den Mord an einem *sardar* die doppelte Menge „bezahlt" werden mußte. Die Briten stärkten die Macht der *sardars,* sie wurden zu Statthaltern des britischen Empire. Im späten 19. Jh. mußten für einen getöteten *sardar* 20 000 bis 100 000 Rupien Blutgeld gezahlt werden, während für einen einfachen Stammesangehörigen 1500 Rupien ausreichten.

Loyalität dem *sardar* gegenüber ist für den Belutschen oberstes Gebot. Die Häuptlinge schlichten Streitigkeiten zwischen den Clans, wobei sie nach dem Gewohnheitsrecht *(riwaj)* richten und nicht der islamischen Rechtsprechung folgen.

Die Briten unternahmen den Versuch, Stammesräte *(jirga)* nach Vorbild der Pathanen einzurichten, die für Streitigkeiten zwischen den Sippen zuständig sein sollten. Da benachbarte Sippen oftmals von jeher Erzfeinde waren und sich gegenseitig das Weideland streitig machten, waren die Erfolge eher bescheiden. Auch heute noch befehden sich Sippen wie die Bugtis und Marris, die ihre Identität noch am besten bewahrt haben und deren Territorien, östlich von Sibi, nicht von Außenstehenden betreten werden dürfen.

Obwohl die nomadisch lebenden Belutschen und Brahui viel zur Eigenheit Belutschistans beitragen, bildeten sie nie den größten Teil der Bevölkerung. Ihre Lieder werden von Barden, *lori,* gesungen. Eine untergeordnete Schicht sind die Nachkommen ehemaliger Kriegsgefangener, die Sklavendienste verrichten mußten. Das begrenzte Akkerland innerhalb ihres Territoriums überließen sie gelegentlich anderen Stämmen, wie den persisch sprechenden Dehwaren aus Kalat.

Neben den Belutschen leben in Belutschistan – von den Briten zwangsweise angesiedelt – die Pathanen. Sie bewohnen die Region um Quetta, die für ihre Apfel-, Aprikosen- und Pfirsichplantagen bekannt ist. Hier schaffen unterirdische Bewässerungskanäle *(karez),* die das Grundwasser ableiten, ideale Bedingungen für den Obstanbau. Im flachen Ostteil des Landes, wo die landwirtschaftliche Nutzung durch konventionelle Bewässerungsmethoden ermöglicht wird, leben Siraiki sprechende Bauern vom Stamme der Jats.

An der 750 km langen Küste von Makran, wo die Belutschen zusammen mit den Meden leben, sind Fischfang und Anbau von Dattelpalmen in den Oasen des Hinterlands von jeher die wichtigsten Erwerbsquellen. Aufgrund

Dorf am Bolan-Paß.

ihrer isolierten Lage hatte auch der Handel über das Meer mit den arabischen Ländern Bedeutung; die Nachkommen der von arabischen Seeleuten hierher verschleppten schwarzafrikanischen Sklaven sieht man heute noch.

Belutschistan heute: 1952 wurde bei Sui auf dem Gebiet der Bugti ein riesiges Erdgasfeld entdeckt. Inzwischen versorgen Pipelines alle größeren Städte Pakistans mit Erdgas, der wichtigsten Energiequelle des Landes. Bei Quetta entdeckte man große Kohle- und Schwefelvorkommen und verschiedene Minerale in entlegeneren Regionen, wie Onyx bei Dalbandin im Nordwesten. Die wirtschaftliche Ausbeutung dieser Bodenschätze brachte beträchtliche Verbesserungen der Infrastruktur; als hilfreich hat sich dabei das von den Briten erbaute Schienen- und Straßennetz erwiesen. Aus allen Landesteilen zogen Menschen nach Quetta, dessen Einwohnerzahl rapide anstieg.

Da die Arbeitsplätze in den Minen meist mit zugewanderten Pathanen besetzt wurden, hatte diese Entwicklung für die Belutschen keine positiven Auswirkungen. Ihr Ärger darüber wurde zusätzlich genährt, als ihr traditionelles Weideland im Osten bewässert und dann neu hinzugezogenen Siedlern zur landwirtschaftlichen Nutzung überlassen wurde. Das bestärkte das Gefühl vieler Belutschen, Fremde im eigenen Land zu sein; unterdessen arbeiten in Karachi mehr Belutschen als in Belutschistan. So kam es in den siebziger Jahren zum Ausbruch des aufgestauten Ärgers – nur durch den Einsatz des Militärs konnte der Aufstand einiger der großen Sippen, wie der Mengalen oder der Marri, niedergeschlagen werden. Mit der russischen Invasion in Afghanistan kamen kurz darauf unzählige Flüchtlinge ins Land. Die Balance der Volksgruppen verschob sich zugunsten der Pathanen. Dadurch wurden die Spannungen zwischen den einzelnen ethnischen Gruppierungen in dem unterentwickelten Land, das sich einer schnellen Modernisierung verschrieben hat, nichts weniger als gelöst, sie schwellen latent weiter.

Undurchschaubare Tauschgeschäfte in Chaman.

IN DIE WÜSTE

In Gegenden, in die der Arm des Gesetzes von jeher nicht ganz hinreicht, wo Banditen und Räuber noch längst nicht der Vergangenheit angehören, sind Touristen viel stärker in ihrer Bewegungsfreiheit eingeschränkt als in den meisten anderen Gebieten Pakistans; für Reisen ins Umland Quettas braucht man Genehmigungen. Abseits der Hauptrouten ist der größte Teil Belutschistans für alle Ausländer „off limits". Deshalb wird an dieser Stelle nur eine beschränkte Anzahl von Routen beschrieben, verbunden mit dem Rat, auf diesen Straßen zu bleiben und Züge nicht zu verlassen.

Für diejenigen, die nur einen Tag Zeit haben, ist das nächstgelegene Ausflugsziel innerhalb der Grenzen Belutschistans **Gadani,** etwa 50 km nordwestlich von Karachi gelegen. Niemand hatte jemals damit gerechnet, daß dieses ehemalige Fischerdorf durch die angekurbelte Wirtschaft und durch den Fleiß der Pathanen zum Standort des weltgrößten Schrottplatzes für Schiffe werden würde. Rund um den Erdball werden nicht mehr einsatzfähige Schiffe aufgekauft. Ihre letzte Fahrt geht nach Gadani, wo sie an Land gehievt und anschließend von Arbeiterkolonnen, die rund um die Uhr arbeiten, in ihre Einzelteile zerschnitten werden. Je nach Weltmarktpreis für Metall erzielen die Unternehmer Riesengewinne.

Früchte der Wüste.

Trotz der vielen „unberührten" Strände und der heißen Sonne ist es schwer vorstellbar, daß das unerschlossene Gebiet der Küste von Makran für den Tourismus besonders anziehend sein könnte. Dennoch plant man, die Region zu erschließen. Einbezogen werden soll auch der Fischerhafen von **Gwadar,** der als Marinestützpunkt dient sowie als Freihandelszone für Importe aus der Golfregion, die über den Luftweg mit Karachi verbunden ist.

Reisende auf der Hauptroute von Jacobabad im Sindh nach Quetta sollten im Sommer die flache und salzverkrustete Kacchi-Wüste meiden. Die Einwohner der Stadt **Sibi,** sagt man, bräuchten in der Hölle Mäntel: Derart heiß ist es auf diesem heißesten Flekken Asiens. Das einzig sehenswerte Bauwerk in Sibi ist die im 16. Jh. errichtete Festung, die nur im Februar durch ein traditionelles Treffen der Stämme etwas belebt wird.

Nicht weit vor der Stadtgrenze und vor dem Bolan-Paß liegt **Mehrgarh,** eine bedeutende Fundstätte aus der Jungsteinzeit. Die dunklen schroffen Felsen führen dem Betrachter – mehr noch als der Khyber-Paß – eindrucksvoll vor Augen, welchen natürlichen Hindernissen eine Armee ausgesetzt ist, die versucht, die Westgrenze Pakistans zu überschreiten. Die extremen Gefälle des Passes erlebt man auf der Rückfahrt mit dem Zug. Entlang der Strecke sind eine Reihe von Vorrichtungen eingebaut, die außer Kontrolle geratene Züge abfangen sollen.

Läßt man die oben am Paß gelegenen Abraumhalden und Bergwerke hinter sich, so ist das Tal, in dem die Provinzhauptstadt **Quetta** auf 1675 m Höhe

Das Erdbeben von Quetta

Die weiträumige, wie am Reißbrett geplant wirkende Innenstadt von Quetta mit den großzügigen Flachbauten und breiten Straßen steht in starkem Kontrast zum Bild der meisten anderen pakistanischen Städte. Grund dafür ist das große Erdbeben, das 1935 die Stadt verwüstete.

Schon vor der Ankunft der Engländer war die Herrschaft über Quetta auf der Höhe des Bolan-Passes aus strategischen Gründen erstrebenswert. Unter dem Namen Shal wurde es von den Khanen von Kalat befestigt und zur nördlichen Hauptstadt gemacht. Sein heutiger Name bedeutet Festung und ist aus dem Pashto-Wort *Kwatta* abgeleitet.

Belutschistan ist generell anfällig für Erdbeben, die häufig nur deshalb geringen Schaden anrichten, weil die Provinz so dünn besiedelt ist. Es war vorauszusehen, daß die Zerstörungen eines Erdbebens einmal ungemein groß sein würden, sobald in diesem Zentrum geologischer Spannung viele Menschen eng zusammenlebten.

Die Stadt Quetta hatte sich südlich der Militärunterkünfte für 12 000 Soldaten, der größten Garnison des Britischen Empire in Indien, unkontrolliert ausgebreitet. Experten hatten zwar die Ursachen der Zerstörung bei vorausgegangenen Beben in der Region untersucht, so auch die von Mach, wo im Jahre 1931 bei einem Erdbeben einigen Gefängnisinsassen die Flucht in die Freiheit gelang (in Quetta monierten sie, daß die meisten Gebäude schlampig hochgezogen und die Ziegel unzureichend mit Mörtel verbunden seien), doch war man ihren Empfehlungen nicht gefolgt und stand unvorbereitet da, als am Freitag, dem 31. Mai 1935, früh um 3.03 Uhr ohne Vorankündigung das Erdbeben ausbrach.

Dieses Erdbeben war so heftig, daß der Seismograph im 2250 km entfernten Kalkutta aus seiner Verankerung fiel. Die nur 30 Sekunden anhaltende Druckwelle hatte eine ungewöhnlich hohe Konzentration. Da sich in der Stadt Sommergäste aufhielten, war es nicht möglich festzustellen, wie viele Einheimische zu den Opfern gehörten. Die Zahl der Todesopfer wurde bei 60 000 Bewohnern auf ungefähr 20 000 geschätzt. Vermutlich starben weitere 6000 in den Nachbardörfern und in Kalat.

Es wären noch mehr Menschen umgekommen, wenn nicht die beiden Gräben Habib Nullah und Durrani Nullah ein natürliches Hindernis gebildet hätten. Sie verhinderten auch, daß die Druckwelle über die Stadt hinaus die militärischen Anlagen zerstörte. So konnten die verschonten Truppen sofort mit den Bergungsarbeiten beginnen. Wenngleich nicht viele Menschen gerettet werden konnten, beendete man die Räumungsarbeiten auf den total zerstörten 5 km^2 in kurzer Zeit. Die Überlebenden wurden in einem auf einer Rennbahn errichteten Lager untergebracht und ungefähr 20 000 Menschen evakuiert, um den Ausbruch von Epidemien zu verhindern. Das Militär riegelte die Stadt mit einem Drahtzaun ab, damit die Soldaten mit ihrer Aufgabe, die Leichen aus den Trümmern zu bergen, vorankamen.

Nachdem die in großer Hektik ausgearbeiteten Pläne über den Wiederaufbau der Stadt an anderer Stelle zurückgestellt waren, wurde die Oberaufsicht über den Wiederaufbau von Quetta dem Ingenieur H. Oddin-Taylor übertragen, der schon für den Bau des Sukkur-Staudamms im Sindh verantwortlich zeichnete. Obwohl eine umfangreiche Neugestaltung der Stadt nicht in Frage kam, weil die Rechte der Grundbesitzer respektiert werden mußten, entstand ein neues, sicheres Quetta. Oddin-Taylor bestand auf verbesserte Bauvorschriften, die Mauern wurden durch Baustahl verstärkt. Diese Technik wandte man während des Zweiten Weltkriegs in England zum Bau bombensicherer Gebäude an.

Die Häuser fielen architektonisch eher unauffällig aus, doch wurde das Hauptziel – Stabilität der Gebäude – erreicht. Bei einem heftigen Erdbeben 1941 blieben alle Häuser, die erdbebensicher gebaut worden waren, unversehrt stehen. Es folgten noch viele Beben, doch Quetta wurde nicht wieder wie 1935 zerstört. ■

liegt, eine angenehme Abwechslung, besonders im Frühjahr, wenn die Obstbäume blühen. Die hübschen Straßen von Quetta, das nach dem Erdbeben von 1935 wieder aufgebaut wurde, bieten architektonisch wenig Interessantes. Die Basare aber erlebten durch die unzähligen afghanischen Flüchtlinge, die neue handwerkliche Fähigkeiten mitbrachten, so auch das Wissen um die Herstellung von Hazara-Teppichen, eine wertvolle Bereicherung.

Im Ausbildungslager in der Staff College Road nördlich der Stadt befindet sich ein kleines Militärmuseum. In einem der Bungalows des Lagers wohnte einst Feldmarschall Montgomery, als er Ausbilder am Quetta Staff College war, einer Kaderschmiede für Pakistans Armee. Auf derselben stadtauswärts führenden Straße erreicht man nach 11 km **Hanna Lake,** einen beliebten Picknickort mit einem Inselheiligtum, und nach 22 km die Blumen- und Obstgärten von **Urak Tangi.**

Auf der über **Bela** zurückführenden Straße nach Karachi, 144 km südlich von Quetta, steht in der kleinen, von den Miri beherrschten Stadt **Kalat** die verfallene Festung der Khane. Sie ist ein eindrucksvolleres Zeugnis der Macht als die einst ebenfalls von ihnen beherrschte Festung in Quetta.

Fährt man von Quetta Richtung Westen, erreicht man nach 720 km und einer Fahrt durch ein selbst für Belutschistan außergewöhnlich unfruchtbares Gebiet **Kuh-i-Taftan** an der Grenze zum Iran. Einen guten Eindruck von einer der letzten echten Grenzen Asiens bekommt man, wenn man die kürzere Route im Norden einschlägt, nämlich entlang der Straße, die sich durch das Land der Pathanen die kahlen Hügel des **Khojak-Passes** hinaufwindet.

Dahinter liegt **Chaman,** 113 km von Quetta und 105 km von der jenseits der Grenze gelegenen afghanischen Stadt Kandahar entfernt. Flüchtlinge aus Afghanistan haben diese schläfrige Stadt neu belebt. In den staubigen Straßen herrscht heute wieder geschäftiges Treiben. Wie die meisten Ortschaften entlang der Grenze ist Chaman ein Paradies für Schmuggler.

Links: Denkmal für die Opfer des Erdbebens von 1935. Rechts: Chaman ist ein Schmugglernest.

Die Straße, die Quetta mit Peschawar verbindet, führt durch Stammesgebiet und ist für Ausländer geschlossen.

Von Quetta verläuft auch eine östliche Route zum 460 km entfernten **Dera Ghazi Khan.** Sie führt durch die kahle Ebene des Loralai und über Fort Munro, das „Tor zu Belutschistan", hinauf in das Sulaiman-Gebirge. Die meisten Reisenden fahren nur die etwa 85 km bis **Ziarat,** einer in 2450 m Höhe gelegenen Ortschaft. Wegen des angenehmen Sommerklimas und der Zedernwälder verbringen betuchte Pakistani hier gerne ihren Sommerurlaub.

Beliebtestes Ausflugsziel ist der 6 km von Ziarat entferne **Prospect Point:** Von dem 2713 m hohen Fels, den nur besteigen sollte, wer nicht an Höhenangst leidet, hat man einen großartigen Blick auf Belutschistans höchsten Gipfel, den **Mount Khalifat.** Die Residenz, in der Muhammad Ali Jinnah den letzten Sommer vor seinem Tod im Jahre 1948 verbrachte, wird vom Volk als Gedenkstätte für den hochverehrten *Quaid-i-Azam* gepflegt.

NWF INDIA 1914_17
BAWANJA
1962 - 1963
1ST BN THE 22ND (CHESHIRE) REGT

18AK REGT
AK REGT
1977 78
1932
PUNJAB REGIMENT
15 FEB 1951 11 JUNE 1952
HSD
1ST BN
1940-41

DIE NORDWEST-PROVINZ

Eine Kugel pfeift am Kopf des Helden vorbei. „Gebt mir Feuerschutz!" schreit er und schießt zurück. Der hinterhältige Pathane fällt. „Der hat, was er verdient!" Im Fort atmet man auf. Der Gouverneur gratuliert persönlich dem Hauptmann Carruther – dargestellt von Errol Flynn oder Tyrone Power. Damen in raschelnden Seidenröcken werden in Sicherheit gebracht. Der Zug verschwindet dann langsam zwischen den Hügeln ... Wer kennt die Nordwestprovinz (englisch: North West Frontier Province; NWFP) nicht aus solchen Filmszenen?

Die Provinz liegt, wie bereits der Name sagt, im Nordwesten zwischen Jammu, Kaschmir und Afghanistan. Sie ist eine „Erfindung" der Briten, die im fernen Pandschab nicht ohne Willkür am Reißbrett entstand.

Der vorherrschend gelbbraunen Farbe der Landschaft verdankt unsere Sprache das Wort „khaki", was im eigentlichen Sinne Staub bedeutet. Da die scharlachroten Uniformen der Briten jedem ins Auge fielen und die Soldaten dadurch eine ideale Zielscheibe für Heckenschützen abgaben, wurden die roten Uniformen durch gelbbraune – khakifarbene – ersetzt.

Weite Landstriche sind so felsig und karg, daß sie schon als riesige Schlakkenhalde beschrieben worden sind. Dies ist insofern unrichtig, als die Landschaft durchaus ihre Reize hat. Aus der Luft wirkt das Tal von Peschawar wie eine große graue Schüssel mit grünem Boden, deren Rand drei Kerben hat: die legendären Pässe von Khyber, Kolat und Malakand.

Die Temperaturen erreichen nach oben und unten Extremwerte. Doch trotz der brütend heißen, trockenen Sommer und klirrend kalten Winter gedeiht hier eine vielfältige Flora. Wo ausreichend Wasser vorhanden ist, bauen die Menschen Weizen, Mais, Reis und Kartoffeln an.

Sowohl die Zuckerrübe aus der gemäßigten Klimazone als auch das aus den Tropen stammende Zuckerrohr werden auf großen Plantagen um Charsadda, Swaki und Mardan angebaut und in den Raffinerien von Charsadda verwertet. In Nowshera, Pabbi und Dschahangira sind die Hauptanbaufrüchte Äpfel und Mangos, in Peschawar pflanzt man Bananenstaudenhecken um die Gärten, in denen Karotten und Kohl gedeihen. Im Frühjahr blühen alle Bäume fast gleichzeitig: Aprikosen, Pflaumen, Pfirsiche, Mandeln, Walnüsse, Pistazien, Litschis, Zitronen, Orangen, Kirschen und Maulbeeren.

Doch scheinen die Bewohner der Provinz Reisende immer wieder abzuschrecken. Eine fesselnde Romanfigur bei Rudyard Kipling ist Mahbub Ali „aus dem geheimnisvollen Land jenseits der Pässe im Norden“: Er ist der „hinterhältige Pathane“.

Die Pathanen: Die meisten Bewohner der Nordwestprovinz gehören dem Volk der Pathanen an; zu seinen Stämmen zählen die Wasir, Mahsud, Khattak, Bangash, Afridi, Mohmand und Yusufzai, um die sich Sagen und Legenden ranken. Sie leben nicht nur in der Nordwestprovinz, sondern auch in Afghanistan. Ihre Sprache ist das *Pashto,* wobei die Mundart der Nordstämme, namentlich die der Yusufzai, als „Hochsprache“ anerkannt ist.

Ob die Pathanen arischen, griechischen, persischen, arabischen oder jüdischen Ursprungs sind, ist unter den Wissenschaftlern umstritten. Sie selbst glauben, einen gemeinsamen Urahn zu haben, der vor 20 oder 30 Generationen gelebt haben soll. Er hieß Qais und traf in Medina Mohammed, den Propheten Gottes. Dieser gab Qais den Namen „P'thun“ („Schiff“), da er den Islam in die Heimat mitnehmen würde.

Nach seiner Rückkehr heiratete Qais, seine Frau gebar ihm Kinder, und bald hatte er Enkelkinder. Einer hieß Afghana, der vier Söhne hatte. Als sie erwachsen waren, verließen sie Afghanistan – das Land Afghanas –, um ihr Glück zu machen: Der erste ging Richtung Dir, Swat und Hazara, der zweite Richtung Hindustan und nach Lahore, der dritte nach Multan und der vierte nach Quetta. Jeder Pathane kennt diese Legende und glaubt, daß sein Vorfahre einer dieser Söhne Afghanas ist.

Jeder Stamm ist nach seinem Ahn benannt: Der Stammvater der Yusufzai heißt Yusuf (*zai* bedeutet Sohn), der vor sieben oder acht Generationen lebte und ein Nachkomme desjenigen war, der den Weg Richtung Dir und Swat einschlug. Ein weiterer Nachkomme dieses Sohnes Afghanas war Mohmand, der Ahn der Mohmand. Die Wasiri glauben, daß ihre Vorfahren einst aus Babylon fliehen mußten – sie gehören also zu den verlorenen Stämmen Israels: Sie können mit der eindrucksvollsten Herkunft aufwarten.

Die Legenden gehören in die Welt der Mythologie, in den Augen des Geschichtsforschers haben sie weder Hand noch Fuß. Doch sie geben jedem Pathanen einen Platz auf dem Stammbaum, der zwischen 12 und 18 Millionen Menschen trägt. Er erklärt das Gemeinschaftsgefühl wider alle ethnischen Unterschiede: Ein Yusufzai aus Swat hat wenig mit seinen „Vettern“, den Bangashi aus Kohat oder den Mahsudi

Vorherige Seiten: Denkmal am Khyber-Paß für gefallene Krieger. Die Siedlungen der Pathanen sind meist gut befestigt. **Links:** Pathanen bewachen weiterhin die Grenzen.

aus Wana gemein, sie sehen sich nicht einmal ähnlich. Die Yusufzai tragen ihr Haar extrem kurz, die Bangashi einen schulterlangen „Bubikopf“ mit dichtem Pony und die Mahsudi „Ringellocken“ bis zur Taille. Nur bei einer Bedrohung von außen kämpfen sie nicht gegen-, sondern miteinander. Das Pastho-Wort „Vetter“ bedeutet gleichzeitig Feind.

Ehrenkodex der Pathanen: Die Pathanen folgen den strengen Regeln eines Ehrenkodex', *pukhtunwah* genannt, der für sie ungleich bindender ist als die Gesetze des Staates. Zwar schaffen es nicht alle, sich strikt danach zu richten, doch werden die meisten Regeln tatsächlich eingehalten. Die Pathanen nennen ihre Stammesgebiete *ilaqa ghair,* „gesetzloses Land“, was nichts anderes besagt, als daß die Gesetze Pakistans hier nicht gelten.

Gastfreundschaft *(mehmani)* wird in dem Kodex großgeschrieben, selbst Feinden soll sie freigiebig gewährt werden. Äußerst großzügig erweisen sich Pathanen zu besonderen Anlässen wie Geburt, Tod, Hochzeit oder beim Ende einer Fehde. Das Haus ist alleiniges Reich der Frau, also steht in jedem Dorf ein Gästehaus *(hujra),* zu dessen Erhaltung jede Familie einen Anteil beiträgt. Gäste, die ins eigene Haus aufgenommen werden, erhalten zum Abschied stets ein Geschenk.

Die Rache *(badal)* ist ein anderes wichtiges Gesetz des Ehrenkodex. Streit entbrennt meist – so heißt es – um *zar zan zamin* (Gold, Land und Frauen); am blutigsten wird um Frauen gekämpft. Sie sind bei den Pathanen hoch angesehen, und es ist die Aufgabe der Männer, sie zu beschützen. Wenn Pathanen die Ehre ihrer Frau verletzt sehen, werden sie ungehalten und trachten – gegebenenfalls – auf Rache. Jedem Annäherungsversuch – dazu zählt, sich in ihrer Nähe aufzuhalten und sie bei der Arbeit zu beobachten, in ihrer Hörweite zu singen oder sich vor ihr die Haare zu kämmen – folgt ein zurechtweisendes Wort oder im schlimmsten Fall ein Kugelgefecht.

Frauen, die einen Mann zur Annäherung „ermuntern“, indem sie ihren Kopf

Der Damkot, auf dem Churchill beinahe starb.

nicht bedecken, einen Blick erwidern oder sich nicht sofort wieder in ihre Arbeit vertiefen, werden mit Schlägen bestraft. Zwischenfälle, bei denen die Ehre der Frau eine Rolle spielt, werden als *tor* (schwarz) bezeichnet und erfordern die Zahlung eines *shaam namah* (Schandgeldes). Handelt es sich um ein schwerwiegendes Vergehen, kann nur Blutvergießen die Ehre der Familie wiederherstellen; will man Blutrache vermeiden, muß der Täter vom nächsten männlichen Verwandten getötet werden – im Fall einer Frau also von ihrem Bruder.

Doch nicht immer geht diese Rechnung auf, denn Beleidigungen oder Tätlichkeiten müssen gerächt werden. Aus geringem Anlaß entsteht eine Fehde zwischen zwei Familien, die sich schließlich zur Stammesfehde ausweiten kann. Zwar sollten Ehrverletzung und Rache gleich schwer wiegen, doch eskalieren die Vergeltungsmaßnahmen häufig im Sinne des Spruchs: „Wer eine Ohrfeige nicht mit einem Faustschlag vergilt, ist kein Pathane." In Los Angeles wird einem Mann die Kehle durchgeschnitten, weil sein Vetter 30 Jahre zuvor eine Frau entführt hatte, deren Bruder vor langer Zeit einmal derbe Anspielungen auf seine Frau gemacht hatte. Für Pathanen ist Rache „eine Mahlzeit, die kalt besser schmeckt".

Geschichte der Grenze: Zum ersten Mal Erwähnung findet die Region in dem Rig-Weda, einer Sammlung von 1028 Hymnen. Darin wird an einer Stelle ein Sieg eines Stammes an den Ufern des Suvastus (Swat) besungen.

Vom 6. bis 11. Jh. v. Chr. war das Tal von Peschawar ein Zentrum des Königreiches Gandhara, dessen Hauptstadt – das heutige Charsadda – das erste Mal im *Ramayana* erwähnt wird; hierin heißt es, Bharata eroberte Gandharwadescha und benannte zwei Städte nach seinen Söhnen Takscha (Taxila) und Puschkala. Im Jahre 367 v. Chr. kam Alexander der Große nach Swat, schlug vier Schlachten und zog danach über den Malakand-Paß.

Jeder, der nach Alexander mit den Pathanen zusammenstieß, war von ih-

Stammesgebiet um Darra Bazaar.

rem Unabhängigkeitsdrang beeindruckt. Dieses Volk hatte sich als nahezu unschlagbar erwiesen. Die Geschichtsforschung beschäftigt sich überwiegend mit den sogenannten „Siedlungsgebieten“. Nach den „Eroberungen“ des Stammesgebietes begnügten sich die Invasoren in der Regel damit, die Straßen für das Heer und den Handel zu sichern und das restliche Gebiet sich selbst zu überlassen.

Kuschana, Perser, Hunnen, Araber und Mongolen scheiterten beim Versuch, das Gebiet der heutigen Nordwestprovinz zu erobern; ebenso die indischen Mogul-Kaiser: Die Yusufzai zerschlugen am Karakar-Paß das Heer Akbars des Großen, und die Orakzai vernichteten bei Saraghari ein Sonderkommando der Sikhs.

Den ersten Kontakt mit diesem Gebiet hatten die Briten 1809, als Mountstuart Elphinstone eine Gesandtschaft über Peschawar nach Kabul führte. Am Kohat-Paß picknickte er mit Angehörigen der Bosti Kher Afridi. 1849 dann – nach den Kriegen gegen die Sikhs – kam das Gebiet für die nächsten hundert Jahre unter britische Kontrolle.

Kein Respekt.

Durch den russischen Expansionsdrang in das Gebiet hinein kam es mit den Briten, die ebenfalls Interesse hatten, zu den Afghanenkriegen, in deren Verlauf sie jedoch den Rückzug antraten; 1893 wurde die Durand-Linie als internationale Grenze festgelegt.

Im 19. Jh., gar noch Anfang des 20. Jhs., bekämpften die Briten die im Grenzland ansässigen Stämme, wobei sie einige empfindliche Niederlagen einstecken mußten. 1897 wurden die Forts am Khyber, Malakand und Chakdara angegriffen; es waren schließlich 60 000 Mann nötig, um für dauerhaften Frieden zu sorgen.

Sobald britische Soldaten die Namen Ahnai Tangi und Shahur Tangi hörten, brach ihnen der Angstschweiß aus. Ganze Konvois gerieten in einen Hinterhalt und wurden vernichtet.

Dann wiederum kämpften die Pathanen in beiden Weltkriegen auf der Seite der Briten. Da sie auf den Kriegsschauplätzen wie Passchendale, Gallipoli

oder Monte Cassino, also in einem Krieg, der nicht der ihre war, stets Mut bewiesen, wurden sie von Freund wie Feind bewundert.

Wie auch immer man den Pathanen gegenübersteht, ob man sie liebt oder ob man sie fürchtet – jedermann zollt ihnen Respekt. Colonel Goodwin, der 20 Jahre lang häufig nur mit pathanischen Rekruten an der Grenze stationiert war, erklärte:

„Wir behandelten sie wie unseresgleichen. Wie arm ein Pathane auch sein mag, wenn er den König von England oder den indischen Vizekönig träfe, würde er ihm in die Augen schauen, ihm die Hand reichen und damit zu verstehen geben, daß er als Mensch nicht weniger wert sei."

Im Jahre 1947 entschlossen sich einige Stämme der Pathanen, ihr Gebiet Pakistan anzugliedern. Da aber das Gebiet aller Stämme durch die Durand-Linie geteilt ist, werden seit der Grenzziehung immer wieder Forderungen nach einem unabhängigen Staat (Pukhtunistan) laut – so gab es von 1960 bis 1962 Unruhen in der Agency Mohmand. Wie schon in den Kämpfen gegen die Briten versorgte Afghanistan die Pathanen mit Geld und Waffen; bis heute werden die Pathanen aus Afghanistan unterstützt. Vor allem im Swat-Tal kommt es immer wieder zu blutigen Auseinandersetzungen.

Gesperrte Gebiete: Aus Sicherheitsgründen dürfen nicht alle Gebiete der Nordwestprovinz frei bereist werden: Nur Pathanen können die Agencies Mohmand, Bajaur, Orakzai, Kurram, Nord- und Südwaziristan sowie Khyber (ausschließlich des Passes) betreten. Jedes Gebiet untersteht einem Regierungsbeauftragten, dem die legendären Frontier Corps zur Seite stehen. Er soll dafür sorgen, daß Stammesfehden nicht auf die Siedlungsgebiete übergreifen. Da die Gesetze Pakistans hier nicht gelten, darf er nur einschreiten, wenn ein Verbrechen auf einer Landstraße begangen worden ist.

Die meisten Stammesgebiete liegen im dürren Hügelland, wo einzig die Tierhaltung einträglich ist. Niemand zahlt Pacht oder Steuern. Die Menschen leben in verstreut liegenden Dörfern, die von jeweils einer Sippe bewohnt werden; Besitzverhältnisse und Status des einzelnen spielen keine wichtige Rolle. Die Angelegenheiten der Gemeinschaft werden von den *kaskar,* den Dorfältesten, geregelt, die im Rat *(jirga)* mit den Ältesten des eigenen Stammes oder der anderen Stämme zusammentreffen. Notfalls wird eine Miliz *(lashkar)* zusammengestellt, um eine Entscheidung des Rates durchzusetzen.

Die mündliche Überlieferung durch zahlreiche Epen und Legenden hat eine lange Tradition. Die meisten Menschen sind zwar noch Analphabeten, doch bedeutet dies keineswegs, daß sie auf moderne Errungenschaften verzichten müßten. Wie abgelegen ein Gebiet auch sein mag, die Häuser sind zum Teil mit Luxusgütern eingerichtet, ein Videorekorder ist keine Seltenheit mehr. Die Afridi von Darra Basar produzieren in eigenen Werkstätten hochmoderne Waffen. Wenn also von „Stämmen" die Rede ist, dann nicht deshalb, um eine gewisse technische Rückständigkeit anzudeuten, sondern um die rechtliche Eigenständigkeit, will sagen die Unabhängigkeit vom Staat zu betonen.

In den Verwaltungsgebieten Dera Ismail Khan, Kohat, Bannu, Peschawar und Hazara gilt pakistanisches Recht, und Fremde dürfen sich hier frei bewegen. Das Territorium der ehemaligen Malakand Agency mit Dir, Swat und Chitral ist für Besucher offen, doch sollten sich Fremde nicht abseits der Straßen bewegen; manchmal müssen wegen einer Stammesfehde um Kohat oder am Khyber Straßen gesperrt werden.

Die Siedlungsgebiete (Settled Areas) beschränken sich in der Regel auf die fruchtbaren Ebenen, die landwirtschaftlich genutzt werden. Die Landpächter, meist Nicht-Pathanen, zahlen den Grundbesitzern, häufig Pathanen, Pacht und dem Staat Steuern; Besitzverhältnisse und Status haben längst begonnen, eine bedeutende Rolle zu spielen. Politische Macht üben die Khans (Häuptlinge) aus, Grundbesitzer, die in allen politischen Bereichen – sei es auf kommunaler Ebene oder auf Regierungsebene – mitmischen.

North West Frontier Province NWFP
(Nordwestl. Grenzprovinz)
50 km
AFGHANISTAN
DIR
PROVINCE
PROV.)
FRONTIER
GRENZ
WEST
(NORDWESTL.
NORTH
SWAT
KOHISTAN
NORTHERN AREAS
(Nördliche Gebiete)
INDUS-KOHISTAN-PANGI-GEBIRGE
BAJAUR
MOHMAND
GEBIETE
KHYBER
STAMMES-
ORAKZAI
PANJAB
TALASH-TAL
KAGHAN-TAL
BLACK-BERG
TARBELA RESERVOIR
Kachikani-Paß
Talor Shohi-Paß 5716
Falaksir
Matitlan
Utrot
Mahadand-See
Gabral
Kalam
Mankial
Drosh
Chitral
Bashgul
Lowari-Paß 3200
Dir
Panjkora
Bahrein
Madyan
Miandam
Dassu
Indus
Swat
Asadabad
Kunar
Nimogram Stupa
Kwazakhela
Shangla-Paß
Besham
Timargarha
Mingora
Udegram
Mangjaur
Shingerdar Stupa
Saidu Sharif
Chakdarra
Batkhela
Ilam
Marghazar
Malakand-Paß
-Paß
Jowar
Daggar
Buner-Paß
Ambela-Paß
Mansehra
Takht-i-Bahi
Pushkalavati
Charsadda
Mardan
Shabaz Garhi
Abbottabad
nach Jalalabad
Torkham
Khyber-Paß 1067
Landikotal
Shagai
Peshawar
Nowshera
Swabi
Nathiagali
Jamrud Fort
Hund
Jahangira
Attock
Hasan Abdal
Haripur
Murree
Wah
Taxila
Islamabad
Zarghun Khel (Darra)
Kohat-Paß
Margalla-Paß
Rawalpindi
Kohat
Bannu
Kalabagh
Daud Khel
Kurram
Lakki
Mianwali
Patiala 1242
Kabul
Sarobi
Jalalabad
Sikaram 4762
Parachinar
KURRAM
Kotal
Khowst
Thal
NORD-WAZIRISTAN
SÜD-WAZIRISTAN
Razmak
Tank
Dera Ismail Khan
Zhob
100 km
N.W.F.P.
SALT RANGE
Khushab
SIND SAGAR DOAB
Jhelum
Bhakkar
Karor
Leiah
Jhang Sadar

5098
صدف جیولرز
رحمت جیولرز
سمیع اللہ اینڈ برادرز
مکی جیولرز
جیولرز
Rs.

Peschawar und der Khyber-Pass

Peschawar (Peshawar) ist Hauptstadt und zugleich die größte Stadt der Nordwestprovinz (NWFP), die die Pathanen schlicht *schehr,* „die Stadt", nennen. Unter den Städten zwischen Istanbul und Peking ist sie *die* Stadt Zentralasiens. Viele Berühmtheiten der Weltgeschichte sind einmal in ihrem Leben in Peschawar gewesen: Alexander der Große, Marco Polo, die Mogul-Kaiser Babur und Akbar, Lawrence von Arabien und Elisabeth II., um nur einige wenige zu nennen.

Wie in den Cafés auf den Champs-Elysées trifft man in den Teestuben der Altstadt Peschawars, den *chaikanas,* Menschen aus aller Welt. Afghanische Pathanen mit hohen Turbanen, khakifarbenen *partog* (Pluderhosen) und Patronengurten über beiden Schultern mischen sich unter die mit Kamera bewaffneten japanischen Touristen, die zu den buddhistischen Heiligtümern Gandharas pilgern; Belutschen, die mit farbenprächtigen Teppichen beladene Kamele führen, begegnen auf der Straße afrokaribischen „Militärberatern" und Frontbeobachtern der UNO; ein italienisches Fernsehteam filmt eine Schar turkmenischer Reiter mit Pelzmützen, die ihrerseits interessiert das Kamerateam beobachtet und damit einem australischen Lehrerehepaar, das mit dem Rucksack um die Welt reist, einer Gruppe nordenglischer Bergsteigerinnen und ein paar skandinavischen Botanikern den Weg versperrt.

Peschawar wurde oftmals als eine Stadt der Ränkeschmiede bezeichnet. Heute ist sie immer noch eine Stadt der Spitzel und auch der Möchtegern-Spitzel, der Journalisten und Möchtegern-Journalisten, der Waffenhändler und vieler Möchtegerns: In den achtziger Jahren waren wenigstens 2000 Amerikaner entweder das eine oder das andere oder auch mehreres davon. Etliche sogenannte „Hilfsorganisationen" waren nichts anderes als Deckmäntel skrupelloser Geschäftemacher, die Söldner für Dienste jenseits der Grenze anheuerten. Mit humanitärer Hilfe hatten sie wenig gemeinsam, mit ihren Tarnanzügen und Springerstiefeln trugen sie aber zur Atmosphäre Peschawars bei.

Der Qissa-Kahani-Basar.

Die Zeit der Hippies ist längst vorbei. Da der Krieg in Afghanistan die Möglichkeit zunichte machte, auf dem Landweg über Peschawar nach Indien zu reisen, sieht man nur noch vereinzelt „Teenager mittleren Alters" haschischselig durch den Khyber-Basar schweben. Obgleich sie nicht viel Geld in Peschawar ließen, werden sie nicht nur von den Drogendealern vermißt. Als Honest Ali, der einst Jacqueline Kennedy-Onassis eine Kaffeekanne aus Messing verkaufte (was eine Fotografie belegt), eine Gruppe junger Leute in den Qissa-Kahani-Basar hineinschlendern sieht, ruft er: „Ist ein Bus angekommen?" Die anderen Ladenbesitzer werden wach, lächeln sich zu und beginnen, den Staub vom alten Kupfergeschirr zu wischen.

Seit die Stadt vor über 2000 Jahren von den kuschanischen Königen Gandharas gegründet wurde, hat sie so häufig den Namen gewechselt, wie sie Herrscher hatte. Als Babur nach Peschawar kam, fand er eine Stadt namens Begram vor, deren Fort er 1530 wiederaufbaute. Erst sein Enkel Akbar der Große gab der Stadt den Namen Peschawar – „Stadt an der Grenze"; er richtete Basare ein, und die Festung wurde neuerlich ausgebaut. In der Zeit vor Babur hieß sie „die Stadt der Blumen" oder „die Stadt des Getreides" – Namen, die die Fruchtbarkeit des Tales widerspiegeln und den Kontrast zu der umliegenden kargen Bergwelt betonen.

Kein Wunder, daß es zu Zeiten der Kuschana Lotusland genannt wurde. Nachdem der König der Kuschana im 2. Jh. die alte Hauptstadt Charsadda hierher verlegt hatte, wurde Peschawar Zentrum der buddhistischen Gandhara-Kultur und Pilgerstätte und blieb dies bis ins 7. Jh. Als der Buddhismus weltweit an Bedeutung verlor, sah Peschawar schlechteren Zeiten entgegen. Im 9. Jh. verlegten die hinduistischen Schahi-Könige die Provinzhauptstadt nach Hund am Indus, und nach der Invasion Mahmuds aus Ghasni blieb von der Gandhara-Kultur kaum etwas erhalten: Heute ist sie nicht einmal mehr den Pakistani ein Begriff. Erst unter den Mogul-Kaisern sollte Peschawar im 16. Jh. eine neue Blütezeit erleben.

Als Marco Polo um 1275 in die Provinz Peschawar reiste, entdeckte er ein Land, „dessen Bewohner eine seltsame Sprache sprechen. Sie verehren Götzen, sie haben dunkle Haut und sind von Natur aus böse; sie verstehen sich auf die Kunst der Magie und beschwören Dämonen, wofür sie viel Zeit und Mühe verwenden."

Inzwischen haben sich die Pathanen zum Besseren gewandelt: Ihre Gastfreundschaft ist kaum zu übertreffen, und seit sie Moslems sind, beten sie keine Götzen mehr an. Dennoch ist es auch heute noch möglich, einen Zauberspruch oder Liebestrank in den Basaren zu kaufen und sich böse Geister austreiben zu lassen.

Genau genommen erhält man in Peschawar für Geld alles – sofern man genügend Zeit hat. Die Pathanen sagen: „Warte ein Jahr und dann fäll' die Entscheidung." In nicht ganz so strengem Sinne werden Geschäfte bei einigen Tassen grünem Tee mit Kardamom und Zitrone, *qawa* genannt, ausgehandelt – womöglich über mehrere Tage hinweg. Händler und Käufer schätzen es, sich zunächst ausführlich zu unterhalten und sich erst hernach über den Preis zu einigen. Die pathanischen Händler sind weitaus höflicher als andere südasiatische Geschäftsleute, und gerade die Pathanen aus dem Norden feilschen überhaupt nicht um Preise.

Einen Rundgang durch die Basare der Altstadt kann man an jedem der 16 Tore beginnen. Ein beliebter Ausgangspunkt ist die **Jail Bridge:** Auf der einen Seite liegt die Cantonment Area mit den internationalen Hotels, auf der anderen der **Khyber-Basar** mit ein paar guten, dennoch preiswerten und etlichen billigen, weniger komfortablen Hotels. Im Basar findet der Reisende eine breite Palette von Unterkünften: von annehmbaren Hotels mit Zimmerservice und Klimaanlage, wie dem **Hotel Galaxie,** bis zu Absteigen mit Sechs-Bett-Zimmern – ohne Frühstück, ohne fließend Wasser; die besseren Hotels gibt es rund um die Jail Bridge.

Die erste Abzweigung nach links führt in den Khyber-Basar mit dem Bahnhof für Busse, die nach Kabul und in die Stammesgebiete fahren. Hier kann man eine *tonga* oder Motorrikscha besteigen, um dem Geschiebe in der Altstadt zu entfliehen, wo in dem Straßen- und Gassenlabyrinth die Geschäfte und Läden, die Anwalts- und Buchmacherbüros sowie die Werkstätten der Handwerker eng nebeneinander liegen. Und wie überall in Südasien häufen sich die Büros, Geschäfte und Werkstätten einer Branche in einem Gebiet oder Viertel.

Rund um den Busbahnhof findet man Cafés (sie nennen sich „Hotels") und Imbißbuden, die gegrillte oder gebratene Snacks anbieten. Die Spezialität von Peschawar ist *chappli kebab* (gewürzter Hamburger mit Tomate und Ei) auf *naan* (ungesäuertem Brot). Jungen mit Obstkarren drücken sich unter Reklametafeln herum, auf denen Ärzte bei der vorwiegend leseunkundigen Bevöl-

Zeit für einen Tee.

kerung mit riesigen falschen Zähnen oder menschlichen Organen für ihre nahegelegene Praxis werben. Ein kurzes Stück weiter wird von Schrankkoffern in jeder Größe bis zu Kleidungsstücken, wie bestickten Männerhüten und Westen, alles verkauft.

Hinter einer Wegbiegung erreicht man eine Kreuzung, die als **Kabuli-Tor** bezeichnet wird: Die Reste des alten Stadttores zum Khyber-Paß stehen neben der Polizeiwache. Linker Hand und hinter einem Hügel liegt das Lady-Reading-Krankenhaus; seine Mauern sind die Überbleibsel der ehemaligen Altstadtfestung.

In derselben Straße befindet sich das **Fort Balahisar,** das von der pakistanischen Armee genutzt wird und deshalb Besuchern nicht offensteht. Es ist streng verboten, in der Nähe zu fotografieren. Das Fort wurde 1834 von den Sikhs erbaut und nach der Besetzung der Stadt durch die Briten 1849 umgebaut. Das ursprüngliche Fort, das unter dem Mogul-Regenten Babur entstand, wurde 1818 zerstört, als die Sikhs unter dem Kommando Randschit Singhs die Stadt eroberten – der alte Stadtkern wurde dabei bis auf Reste niedergebrannt. Während der 30 Jahre dauernden Herrschaft der Sikhs sank die Einwohnerzahl Peschawars um die Hälfte.

Dem Haupteingang des Lady-Reading-Krankenhauses gegenüber liegt ein enger Durchgang in eine dunkle Gasse, die zur Andar Schehr (Innenstadt) führt. Zu beiden Seiten ist sie von Juwelierläden gesäumt. In den Auslagen wird der Schmuck durch Spiegel und geschickte Beleuchtung kostbarer gemacht, als er sich nach dem Kauf zu Hause zeigt. Wer in der Stadt Bekannte hat, sollte sich von ihnen die Adresse des ein oder anderen seriösen Händlers geben lassen.

Die Geschäfte werden – nach Vereinbarung – in einem Nebenzimmer des Ladens abgewickelt, wo man aus Säckchen voller Edel- und Halbedelsteine seinen Schmuckstein auswählen kann. Schmuckstücke kann man sich nach Vorlage fertigen lassen, die Qualität ist in der Regel gut. Pakistanische Famili-

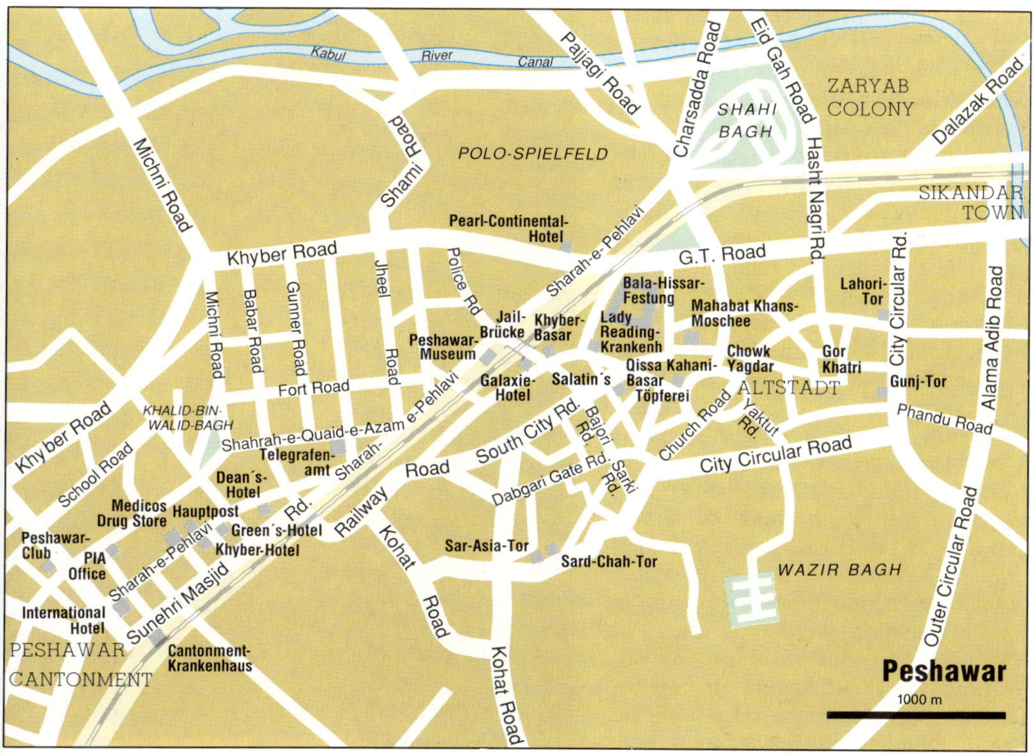

en halten einem Juwelier oft über Generationen hinweg die Treue und kaufen nur selten bei einem anderen.

Für Laien ist es meist weniger riskant, Schmucksteine und altes Silber aus zweiter Hand zu erwerben. Die Händler breiten ihre Ware in handgeflochtenen Körben aus, der Käufer kann in Seelenruhe darin wühlen. Zwar lokken auffällige Pretiosen den Kunden heran, doch wird er nirgends zum Kauf gedrängt. Ein recht großes Angebot herrscht bei historischen Kriegsandenken, wie Regimentsabzeichen, Schnallen und Knöpfen, Pulverdosen und Bajonetten sowie „Souvenirs" aus dem Krieg in Afghanistan: blutgetränkte Pelzmützen und Uniformröcke.

In der Mitte der achtziger Jahre entstand auf halber Höhe des Basars die Einkaufspassage **Shinwari Plaza,** benannt nach einem Pathanenstamm der Agency Khyber. Hier findet man antiken Silberschmuck aus Afghanistan, der mit Elfenbein, Lapislazuli, Türkis, Bernstein und Malachit verziert ist, sowie silberne Armreifen und Medaillons. In der oberen Etage der Plaza werden afghanische Decken, Kleidungsstücke und Stickereien verkauft.

Etwas weiter steht die **Mahabat-Khan-Moschee,** die einzige Moschee aus der Zeit der Mogul-Kaiser, die die Verwüstungen durch die Sikhs des Jahres 1818 überstanden hat; das Minarett diente damals General Aritabile, Militärberater Randschit Singhs, als Galgen. Die Moschee entstand im 17. Jh. und wurde nach einem ehemaligen Gouverneur von Peschawar benannt. Besucher sind willkommen, doch sollte man am Freitag, wenn sich die Moslems zum Gebet einfinden, auf die Besichtigung verzichten.

Am Ende der Andar Schehr liegt **Chowk Yagdar** (Platz der Erinnerung), in dessen Mitte ein Denkmal an die Gefallenen der Kriege gegen Indien erinnert. Chowk Yagdar ist der Platz, auf dem nach alter Tradition politische Reden gehalten werden – eine Art „Speaker's Corner" von Peschawar. Während des Unabhängigkeitskampfes fanden hier zahlreiche anti-britische Kundgebungen statt. Überquert man den Platz und hält sich beim Glockenturm rechts, kommt man erst zum Gemüsemarkt und anschließend zum malerischen, aber streng riechenden Leder- und Häute-Markt. Hier verkaufen die Gerber getrocknete Felle sowie Lederkappen und -hüte, genäht aus den Fellen der Karakul-Lämmer.

Geht man bei der nächsten Kreuzung geradeaus weiter über einen Hügel, erreicht man das Tor der Karawanserei **Gor Khatri** (Grab des Kriegers), die von der Tochter Schah Dschahans erbaut wurde. Zur Zeit der Moguln wurden überall im Reich für reiche Kaufleute sichere Unterkünfte gebaut, wo sie gegen eine Gebühr übernachten konnten. Die Zimmer der Kaufleute und ihrer Angestellten lagen rund um den Innenhof. Nachts wurden die Karawansereien von bewaffneten Männern bewacht, die Tore waren von Sonnenuntergang bis Sonnenaufgang verriegelt, so wußten die Kaufleute ihre Ware in Sicherheit. Das förderte den Handel mit dem Ausland, und mehr Steuern und Zölle flossen in die Staatskasse.

Schmuck ist in Peschawar keine Mangelware.

Gor Khatri war Reisenden bereits seit Jahrhunderten ein Begriff. Im zweiten Jahrhundert kamen buddhistische Pilger, um den Turm der Schüssel Buddhas zu besuchen, der hier einst stand. Als der Buddhismus an Bedeutung verlor, wurde der Ort zur Wallfahrtsstätte der Hindus. In der zweiten Hälfte des 16. Jhs. beschreibt sie Abul Fazl in seiner *Ain Akbari:* „Hier steht der Tempel Gorekehtery, eine religiöse Zuflucht – vor allem für Yogis."

Die Sikhs zerstörten die Karawanserei und ersetzten sie durch den **Gorakhnath-Tempel** gegenüber des Haupttores, der einem ihrer Götter geweiht ist; gleich nebenan steht der **Nandi-Tempel.** Der Stier ist Sinnbild für Gott Schiwa und die männliche Sexualität. Heute ist in Gor Khatri neben Büroräumen der Regierung eine Polizei- und Feuerwache untergebracht.

Auf dem Rückweg hat man einen schönen Blick auf die alten Kaufmannshäuser. Sie wurden aus Holz und ungebrannten Ziegeln in Fachwerkbauweise errichtet, um die Einsturzgefahr bei Erdbeben zu verringern. (Peschawar wird regelmäßig von leichten Erdstößen erschüttert.) Die Balkone und die geschnitzten Holztüren der *havelis* sind vorzügliche Beispiele für das Können der Schreiner.

Im **Meena-Basar** – die erste Straße links am Fuße des Hügels – suchen überwiegend Frauen aus dem vielfältigen Kurzwarenangebot Bänder, Spitzen, Knöpfe, Schleifen, Borten und Haarschmuck aus. In einer Seitenstraße können Stickarbeiten in goldenen, silbernen oder farbigen Garnen und ebenso Holzdrucke in Auftrag gegeben werden. Der Kunde bringt seinen eigenen Stoff mit und sucht sich aus den vorliegenden Mustern eines nach seinem Geschmack aus. Alle Arten von Schleier *(furdah)* werden in diesem Basar verkauft: von Kopftüchern *(dupatta),* bestickten Umhängetüchern und *chadars* (Tücher, die um Kopf und Kleidung gewickelt werden), knöpfbaren Mänteln mit angenähtem Schleier bis hin zum *shatelkoq,* der so gut wie alles verhüllt. Er gleicht einem Federball,

Herr Ali ist stolz auf seine berühmten Kunden.

und sein Name ist wahrscheinlich auch dem englischen Wort für Federball – „shuttlecock" – entlehnt worden.

Nur im Meena-Basar und in der Andar Schehr scheinen gelegentlich die Frauen den Männern zahlenmäßig überlegen – verwunderlich insofern, als der Einkauf in der NWFP eigentlich Männersache ist.

Wendet man sich am Ende des Basars nach rechts, kann man durch eine Straße mit Sattel- und Waffengeschäften schlendern und erreicht schließlich wieder Chowk Yadgar. Auf dieser Seite des Platzes befinden sich die Banken, vor denen die Geldwechsler mit ihren Geldkassetten stehen. Bettler und Taschendiebe, die in Peschawar selten lästig werden, sind hier allerdings eine Plage, wenn sie versuchen, die Kunden um ihr Kleingeld zu erleichtern.

Die Gassen auf der linken Seite führen zum **Banjara-Basar** oder Zigeunerbasar, wo Kuriositäten, Kleinode und Krimskrams für den Alltag verkauft werden: geschnitzte Holz- oder Knochenperlen, echtes und falsches Haar, Färbemittel für Haare und Haut sowie Kosmetika, wie Kajal. In den oberen Etagen wird die Zukunft vorhergesagt, Zaubermittel werden verschrieben, und hier kann man sich gegen die übernatürlichen Kräfte der *djinn* und den bösen Blick tätowieren lassen. In einer Seitenstraße werden handgeflochtene Korbwaren und Matten aus Dera Ismail Khan verkauft. Touristen verirren sich kaum einmal hierher; die Ladenbesitzer sprechen fast nur Pashto oder eine Variante davon, und selbst Urdu, die offizielle Landessprache, kann man hier nur selten hören.

Hinter diesem Gassenlabyrinth liegt der **Pipal Mandi** – ein *mandi* ist ein Getreidemarkt, hauptsächlich für Großhändler. In der Mitte des Platzes steht ein Baum (oder zumindest ein Ableger), unter dem einst der Buddha gepredigt haben soll. In den *chaikhanas,* wo die Händler und Buchmacher ihren Tee trinken, kann man kurzzeitig dem Staub, der Hitze und der Menschenmenge entfliehen und – inmitten der Stadt – Vogelgezwitscher lauschen.

Der Gemüsemarkt von Peschawar.

Entlang der Westseite führen kleine Straßen zum Kleidermarkt, an den der Platz **Qissa Khahani,** „Straße der Märchenerzähler", anschließt. Über ihn wurde bereits viel geschrieben, doch Sir H. B. Edwards, der frühere britische Vizekommissar in Peschawar, trifft wohl am ehesten den Kern, wenn er ihn als den „Piccadilly Zentralasiens" beschreibt. Seinen Namen verdankt der Platz den Reisenden, die auf ihm Rast machten, Tee tranken und einander unglaubliche Ereignisse erzählten, die sie erlebt haben wollten.

Der Laden Honest Alis ist auf dem Qissa Khahani nur ein Geschäft für Messing- und Kupferwaren, doch ist es zweifellos das bekannteste; ob alt oder neu, alle Artikel werden zuverlässig in jedes Land der Welt versandt. Durch eine nahe Seitenstraße kommt man zur Töpferei Peschawar (Hinweisschilder beachten!), zu deren Kundschaft das englische Königshaus zählt. In der oberen Etage werden Porzellan und Steingut auf Bestellung hergestellt – die Waren werden Kunden ebenso zuverlässig nachgeschickt.

Wer zur Hauptstraße zurückgeht und sich links hält, kann in den nächsten Läden handgewebte Decken aus dem Swat- und dem Kaghantal ansehen und kaufen. Hinter diesen Geschäften liegen der Vogelmarkt, wo Rebhühner, Wachteln, Papageien, Tauben und Singvögel, in enge Käfige gepfercht, den Besitzer wechseln, sowie der Obstbasar, der einen Bogen zum Chowk Yadgar macht. Wenn man von hier zweimal rechts abbiegt, steht man wieder im Khyber-Basar.

Für eine Pause bietet sich das **Hotel Salateen** in der Cinema Road an, das sich dank des guten Essens und seiner Atmosphäre einen Namen gemacht hat. In den „Familiennischen" in der oberen Etage werden sich Frauen – mit oder ohne Begleiter – sicherlich wohler fühlen als im Gastraum unten, wo die interessierten Blicke der Pakistani, die den Anblick unverschleierter Frauen nicht gewöhnt sind, lästig werden.

Die **Cantonment Area,** wo Angehörige der Streitkräfte leben, liegt auf der anderen Seite der Jail Bridge; sie unterscheidet sich mit ihren breiten Straßen, Parks, Gärten und Bäumen stark von der Altstadt. Wie alle Cantonments in Vorderindien entstand auch dieses Areal während der britischen Kolonialherrschaft. Sie wurden stets am Rande einer alten Siedlung und stets nach dem gleichen Muster errichtet: Kasernen, Exerzierplätze, Cricket- und Fußballplätze, ein *maidan* für Polospiele, Reiterfeste und Blumenschauen, ein Offizierskasino, eine oder zwei Kirchen, Bungalows für die Soldaten und die Beamten entlang der Straßen, „Reihen" genannt nach den zuerst aufgebauten Zeltreihen, Ladenzentren und natürlich ein Treffpunkt, in dem die Kolonialherren zusammenkommen konnten, der „Club".

Die Briten schlugen in Peschawar ihre ersten Zelte in den ehemaligen Schalimar-Gärten nördlich des Forts Belahisar auf. Dieser weitläufige Park wurde wie auch die gleichnamigen Gärten in Lahore zur Zeit der Mogul-Kaiser angelegt, später aber von den Sikhs zerstört, die für die alten Bäume

Man verkauft, was man hat.

keine bessere Verwendung wußten, als sie als Brennholz zu verwenden. Überbleibsel sind **Khalid Bin Wali Bagh** (*bagh* bedeutet Garten) und der eine oder andere schöne, große Baum im Herzen des Cantonments.

Der **Peshawar Club** in der Sir Syed Road nahe der Mall ist das ehemalige Clubhaus. So wie früher können auch in unseren Tagen nur hochrangige Zivilisten und Militärs, die in Peschawar stationiert sind, Mitglieder dieses exklusiven Clubs werden. Die befristete Mitgliedschaft beantragen können auch die Mitglieder des Rawalpindi, Quetta und Karachi Clubs. Hier befindet sich eines der zwei Schwimmbecken Peschawars. Vormittags werden nur Frauen eingelassen – eine *schamiana* schützt sie vor neugierigen Blicken. Mittags kündigt ein Signal an, daß ab sofort auch Männer Einlaß finden.

Zu einer Reise in die Vergangenheit lädt die Bibliothek mit Romanen und „Krimis" aus den dreißiger Jahren ein.

Gleich neben dem Club steht die **St. John's Church,** deren Grundsteinlegung im Jahre 1851 stattfand. Die Briten, die zwei Jahre zuvor ins Land gekommen waren, hatten also die Absicht zu bleiben. In der Jamrud Road liegt der Christliche Friedhof, den man durch einen von Flechten überwachsenen Eingang betritt. Die Inschrift eines der Grabsteine lautet:

Hier ruht Captain Ernest Bloomfield
Vom Adjutanten versehentlich erschossen am 2. März 1879
„Gut gemacht, du treuer Diener"

In der Islamia Road finden Sie **Dean's Hotel,** das nach Sir Harold Dean benannt ist, dem ersten Regierungsbeauftragten der NWFP. Das Hotel, das sind ein paar Bungalows mit Blechdächern und Veranden, liegt inmitten eines gepflegten Gartens mit schattenspendenden Bäumen. Es ist in der Tat ein besonderes Erlebnis, hier an einem Nachmittag zu sitzen und Tee zu trinken – dabei vergißt man schnell, in Zentralasien zu sein.

Weitere empfehlenswerte Unterkünfte sind **Tourist Inn Motel** (Saddar Road) und das **Green's Hotel** (Scha-

Das Dean's Hotel versteckt sich hinter einer Mauer.

rah-i-Pehlavi) mit seinem einladenden Hof und Restaurant. Am Mittags-Büfett kann man sich über das aktuelle Weltgeschehen informieren. Im ersten Stockwerk befindet sich ein Snooker-Raum, dessen Tische noch aus der Kolonialzeit stammen.

Saddar-Basar ist das Ladenzentrum des Cantonment; in den Geschäften werden Holzmöbel mit Messingbeschlägen oder pakistanische, persische und afghanische Decken und Batikarbeiten verkaufen. Die Motive der Batiken aus Seide oder Satin sind stilisierte Vögel, Chrysanthemen, Goldfische oder chinesische Drachen. Ursprung und Technik dieses Kunsthandwerks bleiben ein wohlgehütetes Geheimnis.

Im **Bara-Markt** am anderen Ende des Saddar-Basars wird außer legalen Waren, wie italienischen Schuhen, japanischen Elektrogeräten oder dänischem Porzellan, auch Schmuggelware an den Mann gebracht: russische Schneeschuhe, russischer Wodka. Die Läden in den Seitenstraßen verkaufen nahezu alles – Waffen, Heißwassergeräte, Rasenmäher usw. Unmittelbar hinter der Moschee liegt ein weiterer **Meena-Basar;** bewaffnete Polizisten an beiden Zugängen verhindern, daß Männer hineingehen.

Das **Peschawar-Museum** liegt etwa fünf Gehminuten von der Jail Bridge und dem Bahnhof entfernt zwischen Dean's Hotel und der Altstadt. 1905 als Gesellschaftssaal des Cantonments erbaut, wurde hierin nur für einen kurzen Zeitraum Twostep getanzt und Bridge gespielt. Heute beherbergt es neben einer ständigen Ausstellung von Gandhara-Kunst eine Sammlung von Kostbarkeiten des Kunstgewerbes der verschiedenen Stämme und des Islam.

Das **Pearl Continental** an der Khyber Road ist das luxuriöseste und teuerste Hotel Peschawars; zur Ausstattung gehören ein Swimmingpool (einer von zweien in Peschawar) und eine Bar. Während die Bar den Gästen des Hauses vorbehalten bleibt, steht der Pool jedermann offen – kein sehr billiges Vergnügen allerdings. Im Sommer werden im Garten Grill-Abende veranstal-

Die Khyber-Universität.

AUSFLUG ZUM DARRA-BASAR

Ein Kleinbus bahnt sich seinen Weg durch den belebten Saddar-Basar in Peschawar. Hinten sitzen, von einer Plane verdeckt, acht Pathanen aus Afghanistan. Der Bus erreicht die Kohat Road, fährt vorbei an frostbedeckten Feldern, den graublauen Bergen entgegen. Winter an der Grenze zu Afghanistan.

Die Männer wickeln ihre khakifarbenen Umschlagtücher enger an den Körper, um sich gegen die kalte Morgenluft zu schützen; vor den Fenstern ziehen schlammige Felder, Kanäle, Obstbäume, vereinzelte Häuser und ein Polizeikontrollpunkt vorbei. Der Bus erreicht ein Dorf, dessen Einwohner für Schleichhandel, Entführungen und Überfälle auf Landstraßen berüchtigt sind. Alle schweigen.

Die bewässerten Felder des Tals von Peschawar weichen allmählich Terrassenfeldern, die um so schmäler werden, je weiter der Bus in die Berge vorstößt. Häuser werden seltener. Sie ähneln kleinen Burgen mit Wachtürmen, auf denen man aufmerksam den nahendem Bus beobachtende Männer erkennt. Jeder scheint hier mit jedem in ständigem Konflikt zu liegen, Familienfehden entwickeln sich hier schnell zu blutigen Kämpfen. Im Laufe der Zeit wurden die Häuser und Höfe befestigt, um vor einem Überraschungsangriff geschützt zu sein. In „Kriegszeiten“ beobachten die Wachen vom Turm aus die Umgebung und registrieren jede Bewegung.

Nach 45 km erreicht der Bus mit seiner Ladung einen Basar, der in der Schlucht noch zu schlafen scheint. „Darra-Basar, Darra-Basar, Darra-Basar“, ruft der Fahrer plötzlich lauthals und durchbricht die seit langem anhaltende Stille im Bus. Steif vor Kälte steigen die Männer aus und staksen zum nahegelegenen Teehaus, um sich aufzuwärmen.

Eigentlich heißt der Ort Zarghun Khel, benannt nach dem Stamm der Zarghun, einer Seitenlinie der Adam Khel Afridi, in deren Gebiet der Paß *(darra)* liegt. Da Zarghun Khel der einzige Markt weit und breit ist, spricht man von ihm als Darra-Basar („Markt am Paß“).

Kaum einer weiß, seit wann genau die Afridi von Zarghun Khel schon Schußwaffen herstellen. Als Mountstuart Elphinstone 1809 auf seinem Weg nach Kabul durch das Gebiet kam, bemerkte er, daß die hiesigen Stämme bewaffnet waren mit *jezail* (Musketen mit langem Lauf), die sie selbst herstellten.

Die erste Werkstatt, die die von den Pathanen so sehr geschätzten Lee-Enfield-Gewehre nachbaute, wurde 1897 eingerichtet. Manche Quellen behaupten, daß die Briten „für das Recht, den Paß zu überqueren, den Afridi die Erlaubnis erteilten, Waffen zu produzieren". Und tatsächlich kam es, bald nachdem die Briten im Jahre 1849 ihre ersten Stützpunkte errichtet hatten, auf der strategisch äußerst wichtigen Straße zwischen Peschawar und Kohat zu keinerlei Zwischenfällen mehr. Das Fort auf dem Kohat-Paß war jedoch die Grenze des besiedelten Gebietes, dahinter hatten die Afridi alle Freiheiten.

Zarghun Khel liegt an der engsten Stelle des Passes, wo die Felsen steil nach oben ragen und selbst mittags die Sonne kaum den Boden berührt. Die Hauptstraße verläuft mitten durch den Basar und ist von Waffenläden gesäumt, in deren Hinterzimmern die Waffen nachgebaut werden. Westliche Besucher staunen immer wieder über die primitiven Methoden, mit denen gearbeitet wird: Das geschmolzene Metall wird in Sandformen gegossen, die Gewehrläufe von Hand gezogen. Doch so einfach das Werkzeug auch sein mag, es erfüllt seinen Zweck. Die Qualität erreicht selten die der Originale, doch dafür sind die nachgebauten um einiges billiger.

Die Werkstätten und Läden sind seit jeher Familienbetriebe, die sich entweder auf die Produktion einzelner Teile, wie beispielsweise Zündvorrichtungen, spezialisiert haben oder die Waffen komplett anfertigen. Einige Familien kümmern sich ausschließlich um die Finanzierung und den Vertrieb. Ihre Geschäfte erkennt man daran, daß man von hier aus in alle Welt und ohne Vermittlung telefonieren kann. Verkauft wird tatsächlich in die ganze Welt, die Handelswege sind undurchschaubar und enden nicht selten in Krisenregionen, ob in Asien oder in Afrika.

Außer den Standardmodellen werden Waffen auch nach Sonderwünschen der Kunden angefertigt. Angeblich werden auch schwerere Geschütze produziert, doch ist ein „Lee Enfield" nach wie vor das gefragteste Gewehr. Alles läßt sich nachbauen. Nur der Nachbau von Kampfflugzeugen, schränken die Afridi scherzhaft ein, sei ihnen noch nicht gelungen, noch nicht ...

Sein Können und Wissen gibt der Vater dem Sohn weiter. Die Pathanen glauben, daß Kinder am besten lernen, wenn sie nachmachen, was sie den Erwachsenen abschauen – je früher, desto besser. Bereits im Kleinkindalter krabbeln sie im Laden herum, und mit vier oder fünf Jahren übernehmen sie kleine Aufgaben, wie das Sortieren von Schrauben.

Mit zehn oder elf Jahren beherrschen sie ihr Handwerk schon in- und auswendig. Sind die Erwachsenen abwesend, dann kümmern sie sich ums Geschäft. Souverän und zuverlässig führen sie die Kasse.

Links: Die Qualität der Waffe wird einer sorgfältigen Prüfung unterzogen. Oben: Alle Arten von Gewehren stehen im Darra-Basar zum Verkauf.

Die Clans der Afridi bekämpfen einander, zusammen aber kämpfen sie gegen andere Stämme; doch da jeder schwerbewaffnet ist, wird keiner etwas tun, was er später bereuen könnte. Wenn es doch wieder einmal zu einer offen ausgetragenen Fehde kommt – oder wenn Waffen getestet werden –, sollte man die Hauptstraße tunlichst meiden.

Sind die Verhandlungen und Geschäfte abgeschlossen, klettern die Männer aus Peschawar zurück in den Kleinbus und fahren ohne weitere Verzögerung in Richtung Kohat. Die Klärung der Details hat Zeit gekostet. Noch immer schmeichelt ihnen der herzliche Empfang – sie wurden zu unzähligen Tassen Tee und zum Lammessen eingeladen. Die Stimmung bleibt

dennoch leicht gedämpft, denn die Afridi gelten als heimtückisch.

Auf dem Kohat-Paß fahren sie am Handyside-Denkmal vorbei. Da erzählt einer, daß er Kommandant einer Grenzpolizeitruppe gewesen sei, die niedergemacht wurde von Afridi – später aber hätten sie ihren Beitrag zur Gedenktafel geleistet. Ein anderer beginnt zu erzählen, wie Molly Ellis von Angehörigen des Afridi-Stammes in die Wildnis verschleppt und der Mutter auf der Veranda ihres Bungalows die Kehle durchgeschnitten wurde. Jeder spricht leise ein Gebet, während sie sich Kilometer um Kilometer der Stadt nähern. Schwerbewaffnet, wie sie sind, wollen sie nach Sonnenuntergang nicht in den Bergen gesehen werden. ■

tet, und ab und an wird pathanische Volksmusik dargeboten.

Die Khyber Road führt zum Flughafen (tägliche Flüge nach Islamabad, Lahore, Karachi und, bei gutem Wetter, nach Chitral), dem Golfplatz, der Universität und schließlich zum legendären Khyber-Paß.

Khyber-Paß: Er ist der wohl berühmteste Bergpaß der Welt; von jeher hat er Menschen in seinen Bann gezogen, Scharen von Besuchern lockt er an. Im Kalkül der Militärs ist er bis heute von strategischer Bedeutung. Die erste Straße über den Paß wurde 1586 angelegt, als Akbar der Große die Grand Trunk Road von Kabul nach Delhi baute.

In **Jamrud,** 18 km westlich von Peschawar, wo der Paß und das Tal von Peschawar zusammenstoßen, steht ein Sikh-Fort aus dem Jahre 1823 mit gewaltigen Bastionen und Toren und einer Mauer, die über drei Meter stark ist. Mit der Festung eng verbunden ist der Name Hari Singh Nalwa, ein Held der Sikhs, der hier im Kampf gegen die Afghanen fiel und an dieser Stelle eingeäschert wurde. Heute befinden sich im Fort die Büros des Zollamtes, bei dem die Besucher die Erlaubnis für eine Weiterreise einholen müssen.

Einen Ausflug wert sind das 1964 erbaute **Bab-i-Khyber** (Tor zum Khyber) und die Aussichtsplattform, die von hochrangigen Persönlichkeiten besucht wird. An einer Mauer wird man über den Khyber-Paß informiert. Vor einiger Zeit mußte der Paß wegen erbitterter blutiger Stammesfehden gesperrt werden. Wer von Jamrud aus zum Paß aufbrechen will, benötigt außer einer amtlichen Genehmigung bewaffnete Begleiter.

Die Straße steigt nach wenigen Kilometern an und führt zwischen kargen Hügeln hindurch. Nach bereits 9 km hat man einen freien Blick auf die grandiose Landschaft. Richtung Peschawar sieht man zwei Straßen: Die eine ist nur für Kraftfahrzeuge zugelassen, auf ihr quälen sich die Lastwagen die Steigung hinauf, die andere ist die ältere Straße, die Mensch und Tier benutzen. Eine kurze Wegstrecke weiter erlaubt der

Der beschwerliche Weg über den Khyber-Paß.

nächste Aussichtspunkt einen Blick auf die **Khyberbahn.**

Das Fort im 30 km von Peschawar entfernten **Shagai** wurde von den Briten erbaut und ist noch heute Sitz des Khyber-Schützenkorps.

Ali Masjid ist mit angeblich nur 5 m die schmalste Stelle des Passes – zwei beladene Kamele kämen demnach nicht nebeneinander hindurch. Nach einer alten Überlieferung besuchte einstmals Hasrat Ali die Ortschaft; daher ihr Name. Obgleich die Straße verbreitert wurde, kann immer nur ein Fahrzeug passieren. Das Fort von Ali Masjid wird militärisch genutzt und kann deshalb nicht besichtigt werden. Zum britischen Friedhof erhalten Besucher nur dann Zutritt, wenn sie verwandtschaftliche Beziehungen zu Soldaten nachweisen können. Die Gräber der 1878 Gefallenen werden nach wie vor gut gepflegt.

Auf der anderen Seite der Schlucht liegt das **Zarai-Tal,** dessen Einwohner, Afridi, damit beschäftigt sind, sich gegenseitig niederzumetzeln. Die Häuser sind von hohen Mauern mit Geschützständen und Wachtürmen umgeben, Tore sind aus explosionssicherem Stahl, und auf den Dächern schieben Männer rund um die Uhr Wache.

Der höchste Punkt des Passes, **Landi Kotal** (1100 m), ist für Touristen die letzte Station. Eine Karawanserei und ein Fort des Khyber-Schützenkorps laden zum Besuch ein, doch allemal interessanter sind die Basare, in denen importiertes Allerlei angeboten wird. In einem Laden findet man nur Kleidung von Marks and Spencer's, in dem anderen Elektrogeräte, Porzellan oder Glas. Geschäfte machen auch Gebrauchtwagen- und die berüchtigten Waffen- und Drogenhändler. Trotz des Krieges in Afghanistan ging der Handel über die Grenzen hinweg ungehindert weiter, denn es heißt hier wie überall: „Geschäft ist Geschäft."

Der Paß endet in **Torkham** an der Durand-Linie, der Grenze zwischen Afghanistan und Pakistan. Hier wurde zwar ein Wohnblock für Touristen gebaut, doch dürfen Ausländer hier seit einiger Zeit nicht mehr einreisen.

Händler in Landi Kotal.

TAKHT-I-BAHI

Von all den buddhistischen Klöstern, die in der Zeit der Gandhara-Kultur entstanden, ist Takht-i-Bahi wohl das schönste. Dieser Ruf ist zum einen darauf zurückzuführen, daß die Anlage außerordentlich gut erhalten ist und behutsam restauriert wurde, zum anderen auf seine wunderschöne Lage. 3 km westlich des neuen Ortes Takht-i-Bahi an der Straße zwischen Peschawar und dem Swat-Tal, südlich des Malakand-Passes gelegen, überragt das Kloster auf einem nördlichen Felsvorsprung in 150 m Höhe die Ebene.

Die ersten wissenschaftlichen Grabungen wurden in den Jahren zwischen 1907 und 1911 von D. B. Spooner im Auftrag der Archeological Survey of India und zwischen 1910 und 1913 von H. Hargreaves vorgenommen. Leider sind die Ergebnisse ihrer Forschungsarbeit nie miteinander verglichen und koordiniert worden, um auch auf diese Weise Erkenntnisse über die Entstehungsgeschichte der Anlage zu gewinnen. Man kann aber trotzdem mit großer Sicherheit davon ausgehen, daß das Kloster im 1. Jh. v. Chr. gegründet wurde und zur Zeit König Kanischkas, als der Hof der vielen Stupas entstand, seine Blütezeit erlebte.

Hauptstupa und Aula stammen aus dem dritten und vierten Jahrhundert; der Hof der drei Stupas dagegen, die Unteren Räume und auch der Offene Hof wurden erst im fünften, sechsten oder gar achten Jahrhundert angelegt.

Hat man erst einmal vom Tal aus das Kloster über die Treppe erreicht, betritt man den eindrucksvollen **Hof der vielen Stupas,** der seinen Namen von den wenigstens 35 Votivstupas erhielt. Diese Stupas wurden vermutlich von Pilgern gestiftet und hier aufgestellt und sind deshalb wahrscheinlich zu ganz unterschiedlichen Zeiten entstanden. Leider ist von den Stukkaturen und anschaulichen Reliefs, die sie einst zierten, nichts mehr erhalten geblieben; dennoch kann man anhand der korinthischen Pfeiler und Gesimse, die in vielen Fällen aufgespürt wurden, die frühere Pracht erahnen.

Der Hof selbst mißt 36 auf 15 m und wird im Norden, Osten und Süden von acht bis neun Meter hohen Mauern begrenzt. Gesäumt sind sie von einer Reihe von 30 Kapellen mit Eingängen zum Hof hin, in denen einst überlebensgroße Buddha-Statuen standen. Als die Archäologen kamen, waren die Dächer sämtlicher Kapellen seit langem eingestürzt, doch wurden sie – zumindest an der Nordseite – völlig restauriert.

Zwischen den Stupas verläuft geradewegs durch den Hof ein gepflasterter Weg, der das im Norden gelegene Kloster mit dem Hauptstupa im Süden verbindet. Als Besucher steht man nun vor der schwierigen Entscheidung, welcher Seite man sich zuerst zuwenden soll.

Fünf Stufen führen zur viereckig angelegten **Klosteranlage.** An drei seiner vier Seiten sind insgesamt 15 Unterkunftsräume für die Mönche eingelassen, wobei jeweils die im Nord- und Südwesten wesentlich größer sind als die übrigen. Da die Räume sehr hoch

Links: Blick über Takht-i-Bahi. **Rechts:** In den unteren Räumen.

und gleichzeitig äußerst schmal sind, wirken sie ausgesprochen klein und verstärken das Gefühl der Isolation, wenn man sich in ihnen aufhält.

Die Mauern sind früher wohl verputzt und farbenprächtig bemalt gewesen, heute jedoch sind sie eintönig mit nur mehr vereinzelten Nischen, in denen die Mönche Öllampen, Bücher oder andere Dinge des täglichen Bedarfs verwahren konnten. Das einzige Fenster im Raum ist klein und weit oben in der Mauer angebracht. Es diente lediglich der Frischluftzufuhr. Der einzige wirkliche Luxus ist ein Wassertank im Südostteil der Anlage, der aus einer Quelle unterhalb des Klosters von Hand gespeist werden mußte.

Ein Durchgang in der Ostmauer führt zu zwei kleinen Höfen, die als Küche und Speiseraum dienten. Vom kleineren Hof, der Küche, aus gelangt man über eine Treppe dorthin, wo, so nimmt man an, ein oberes Stockwerk lag. Hier könnten die Räume für weitere 15 Mönche gewesen sein, so daß das Kloster insgesamt 30 Mönchen Platz bot.

Geht man im Hof der vielen Stupas nicht nach Norden, sondern in Richtung Süden, erreicht man über eine Treppe den in einem 17 mal 13,5 m großen Hof gelegenen **Hauptstupa.** Von ihm ist heute nur noch ein Teil des Fundaments erhalten, der Rest fiel im Laufe der Zeit den zahlreichen Schatzsuchern zum Opfer. Nach Berichten von Sir Alexander Cunningham, der Takht-i-Bahi vor mehr als 100 Jahren besuchte, bestand das Fundament damals noch aus drei Sockeln, die stufenartig übereinandergesetzt waren. Der oberste dieser Sockel war nach Cunningham reichlich mit Säulen verziert – zu dieser Zeit waren Kuppel und Schirmdach des Stupas bereits zerstört. Die viereinhalb Stufen, die zum Fundament und eigentlichen Zugang des Bauwerks hinaufführen, das der Gläubige zunächst umrunden würde, sind Resultat sorgfältiger Rekonstruktion.

Wie der Hof der vielen Stupas ist der **Hof des Hauptstupas** an drei Seiten von Kapellen umgeben. Anfänglich standen auf jeder Seite nur fünf Kapel-

Der Hof der vielen Stupas.

len – zwei von ihnen tragen noch ihr ursprüngliches Kuppeldach, doch wurde der Platz zwischen ihnen später unter dem Druck der steigenden Pilgerzahl mit kleineren Kapellen ausgefüllt. Viele der Pilger machten dem Kloster ein Geschenk.

Die dem Hof zugewandte Seite der Mauern schmückten Halbpfeiler mit kunstvollen korinthischen Akanthus-Kapitellen. In den größeren Kapellen fanden sich Buddha-Statuen, während in den kleineren die Bilder von Heiligen und Königen, Votivstupas oder szenische Darstellungen zu bewundern waren. Wie Sir Cunningham weiter berichtet, fand er in diesem Gebiet bei den Überresten der Statuen immer auch Blattgold, so daß man wohl annehmen darf, daß die Figuren einst mit Gold überzogen waren.

Im Nordwestbereich der Anlage, also westlich des Klosters, liegt die **Aula**, die für die gesamte Gemeinschaft Platz bot – hier fanden die monatlichen Lesungen buddhistischer Texte und Versammlungen statt. Die vier in den Boden eingelassenen Wassertanks sind jüngeren Datums.

Die Wohngebäude sind über den ganzen Hügel verstreut.

Südlich von hier schließen sich die **Unteren Räume** an, deren Dächer mit dem Hof der vielen Stupas auf gleicher Ebene liegen. Diese Räume, die man über eine Treppe von Süden her erreichen kann, liegen jedoch nicht unterirdisch, da sie auf der Westseite durch zwei Torbögen einen Zugang zu einem großen Hof haben. Links und rechts eines Ganges liegen die Räume, die so dunkel und höhlenartig sind wie ein alter Weinkeller.

Die Räume sind unterschiedlich groß, auf der rechten Seite im allgemeinen jedoch größer. Deren Durchgänge sind wiederum durch geradlinige Türstürze abgeschlossen. Sie haben keine Fenster, und deshalb nimmt man an, daß sie einst als Kornspeicher dienten. Die kleineren Zimmer betritt man über einen Torweg, und sie haben entweder Türen oder Fenster, die auf den Hof hinausführen. Hier traf man sich früher wahrscheinlich, um zu meditieren oder zu lernen. Inzwischen beanspruchen Fledermäuse die Räume für sich.

Im **Hof der drei Stupas** im Südwestbereich der Anlage standen, wie der Name bereits andeutet, drei Stupas. Hauptanziehungspunkt ist allerdings die Sammlung der in Takht-i-Bahi gefundenen Skulpturen, die man sämtlich unter einem neugebauten Dach untergebracht hat.

Im Süden schließt sich die über 5 m hohe **Mauer der Kolosse** an. Ihren Namen erhielt sie von sechs gigantischen Fußpaaren auf einem Sockel, die am Fuße der Mauer gefunden wurden und die man für die Reste von über 6 m hohen Buddha-Statuen hält. In dem von Trümmern übersäten Hof fanden die Archäologen zwei Köpfe und weitere Teile der Statuen.

Das Kloster von Takht-i-Bahi war ohne Zweifel von großer Bedeutung – wie man auch an den Steinhäusern auf den umliegenden Hügeln erkennen kann. Sie haben meistens ein oberes Stockwerk, waren außen mit Kalk verputzt und im Inneren reich verziert. Hier und in der Klosteranlage lebte einst eine blühende buddhistische Gemeinde.

DAS SWAT-TAL

Eine Fahrt durch das Swat-Tal gehört zweifellos zu den schönsten und lohnendsten Ausflügen in Nordpakistan. Von Islamabad und Peschawar gibt es täglich Flüge nach Mingora, die etwa dreißig Minuten dauern. Über Land ist man von diesen beiden Städten, von wo aus regelmäßig Busse verkehren, jeweils fünf Stunden unterwegs.

Hinter **Nowshera** verläßt man die Grand Trunk Road und biegt in die Straße nach Swat ab, fährt durch **Mardan** und **Takht-i-Bahi** bis zum **Malakand-Paß.** Früher galt der Anstieg als halsbrecherisches Unternehmen, doch heute ist die Straße gut gesichert, und die Steigung ist leicht zu bewältigen; die kleinen Wasserbäche, die hier und da die Straße kreuzen, sind keine Gefahr mehr. Von einem vor dem Gipfel gelegenen Halteplatz hat man einen atemberaubenden Blick auf das Takht-i-Bahi-Gebirge und die rauhen Agencies Mohamand und Bajaur. Ab hier ging es für Alexander den Großen und sein Heer nur noch bergab.

Unterhalb der heutigen Straße verläuft der alte Maultierpfad, auf dem zu reisen einmal ein waghalsiges Unterfangen war. Auf dem Gipfel steht ein Schrein. Aus den Bussen und Lastwagen werfen die Reisenden Münzen, um so dem Heiligen für die sichere Ankunft oben zu danken. Die Wächter des Schreins transportieren täglich Wasser hierher, eine Handlung, die vom Islam als ein Verdienst angerechnet wird – gemäß dem Koran, der verlangt, daß dem Reisenden Obdach, Wasser und Führung zu gewähren seien.

Die **Malakand-Festung** kontrolliert den Gipfel und seine Zugänge. Wie das daruntergelegene **Dargai-Fort** spielte sie während des Malakand-Aufstandes 1897 eine bedeutsame Rolle. Der junge Winston Churchill war seinerzeit für den Londoner *Daily Telegraph* Berichterstatter vor Ort.

Im Juni jenes Jahres sahen sich alle britischen Garnisonen des Grenzlandes heftigen Angriffen ausgesetzt. Die Stämme der soeben gegründeten Malakand Agency wurden von einem *Sayid* (einem Nachkommen des Propheten Mohammed) angeführt, von den britischen Armeeangehörigen der „Verrückte Mullah“ genannt. Sein wirklicher Name war Hadschi Schoaib Baba. Er predigte den *Dschihad,* den Heiligen Krieg, gegen die Ungläubigen. Zehntausend Pathanen – die meisten waren Yusufzai – sammelten sich zum Angriff. Dargai fiel zwar, aber 1000 Sikhs, die von britischen Offizieren befehligt wurden, hielten die Malakand-Festung, bis die Entsatztruppen aus dem Hauptquartier in Mardan eintrafen.

Batkhela ist der erste größere Ort auf der anderen Seite des Passes. Es ist Verwaltungszentrum und Marktort mit einem reizvollen Tuchmarkt.

Die Straße folgt dem Swat flußaufwärts, vorbei an der Kontrollanlage des **Swat-Kanals,** der zur Bewässerung der fruchtbaren Samah-Ebene Wasser bis nach Mardan befördert. Dieser Teil des Tales ist ein Fest für die Sinne. Im Frühling leuchten die blühenden Orchideen,

Links: Terrassen über dem Fluß Swat. **Rechts:** In weiter Ferne – so nah.

im Sommer liegt der Duft von Honig und Limonen über den Reisfeldern.

In **Chakdara** teilt sich die Straße. Diese Kreuzung ist eine der historisch bedeutsamsten in Pakistan. Der Weg über die Brücke führt zum Lowari-Paß, nach Dir und Chitral. Historiker sind sich heute einig, daß über diesen Weg die meisten Invasionstruppen den Subkontinent betraten; auch Alexander der Große kam 327 v. Chr. über den Lowari-Paß nach Vorderindien.

Die Straße geradeaus in nordöstlicher Richtung führt weiter nach Mingora und ins obere Swat-Tal. Von Khwazakhela führt der Shangla-Paß hinüber nach Besham ins Indus-Tal; auf dem Karakorum Highway gelangt man von dort nach Gilgit, Hunza, den Khunjerab-Paß und nach China.

Dieser Abschnitt gehört zur historischen Seidenstraße, auf der chinesische Pilger schon vor tausend Jahren ins Swat gelangten. Auch für den heutigen Reisenden ist Chakdara ein wichtiger Punkt. Man hat die Wahl: entweder durch die Überquerung des Lowari-Passes nach Chitral im Swat zu bleiben oder über den Shangla-Paß zum Karakorum Highway vorzustoßen. Die Kreuzung wird noch heute von der **Chakdara-Festung** aus überwacht.

Der Churchill-Picket auf dem **Damkot-Hügel** gegenüber der Festung wurde 1896 von den Briten auf den Ruinen einer Befestigungsanlage der Moguln errichtet. Vom Picket hat man ein herrliches Panorama, und es wird deutlich, warum dieser Ort strategische Bedeutung hat. Nicht weniger als sieben Paßstraßen durch die Berge sind von diesem Stützpunkt aus einzusehen und damit zu kontrollieren.

Das von vielen Reisenden besuchte **Chakdara-Museum** erreicht man etwa nach 0,5 km an der Straße nach Dir. Es beherbergt eine Anzahl buddhistischer Statuen von nahegelegenen Ausgrabungsstätten, hinduistische Altertümer und Gegenstände der Volkskunst und des neuzeitlichen Kunsthandwerks.

Zum Lowari-Paß: Die Fahrt von Peschawar nach Chitral (siehe auch: *Vom Karakorum zum Hindukusch*) kann sich je nach Wetterbedingungen bis zu 14 Stunden hinziehen.

Die Straße führt über den **Lowari-Paß,** der mit 3200 m über dem Meeresspiegel nicht sonderlich hoch liegt. Bei Regen und Eis können sich die 47 Haarnadelkurven hinunter nach Chitral selbst für Fahrzeuge mit Allradantrieb als unpassierbar erweisen. Mehrere Kurven sind so eng, daß sie nur durch vorsichtiges Vor- und Zurückrangieren passiert werden können.

Der Paß ist von Ende Mai bis Ende Oktober geöffnet, dann setzen die Schneefälle wieder ein. Die Zeit, in der der Paß offen ist, fällt zu einem großen Teil mit dem Monsun zusammen; so benutzen selbst erfahrene Autofahrer diese Strecke nur mit größter Vorsicht. Fremden ist die Fahrt nach Einbruch der Dunkelheit untersagt.

Von der Brücke bei Chakdara folgt die Straße dem Adinzai nordwärts, überquert den Wuch (oder Uch) und führt dann in das reizvolle **Talash-Tal,** in dem Überreste buddhistischer und hinduistischer Bauwerke noch auf ihre Erforschung warten.

Voller Freude.

An einer der schönsten Stellen des Tales steht der **Madschawar-Baba-Schrein.** Im Westen liegt der Katgalla-Paß. Eine Festungsanlage aus dem 8. oder 9. Jh. n. Chr. wacht über die Paßstraße. Es wird vermutet, daß Alexander der Große in der Nähe eine Schlacht schlug, aus der er siegreich hervorging. Auch der Mogul-Herrscher Babur wählte diesen Weg – und verehelichte sich hier im Januar 1519.

Der Legende nach kam es zwischen Babur und den Yusufzai zu Feindseligkeiten, obwohl sich die Beziehungen durch eine beginnende Freundschaft zwischen Babur und dem Yusufzai-Anführer Malik Ahmad zu verbessern schienen. Als Ahmad sich jedoch einer zweiten Einladung Baburs entzog und statt dessen seinen Bruder Schah Mansur sandte, war Babur dermaßen enttäuscht, daß er mit seinem Heer vor dem Hauptquartier Ahmads erschien.

Als *qalandar* (heiliger Mann) verkleidet, schlich sich Babur in die Yusufzai-Festung. Anläßlich des *Eid-i-qurban,* dem Fest zur Erinnerung an das Abraham-Opfer, fand soeben ein Festmahl statt. Bibi Mubarika, Schah Mansurs Tochter, saß mit anderen Frauen beisammen, als ihr Blick auf Babur fiel; da sie offensichtlich Gefallen an ihm fand, ließ sie ihm etwas zu essen bringen. Babur erkundigte sich nach dem Namen der Wohltäterin und verließ den Ort, allerdings nicht ohne das Gefäß mit der Nahrung hinter dem Haus zu verbergen. Babur befand sich wegen seiner Verliebheit in einer Zwickmühle – er konnte das Haus der Angebeteten weder überfallen, noch konnte er ohne Gesichtsverlust den Rückzug antreten. So nahm er Eheverhandlungen auf. Die Yusufzai gingen darauf nicht ein, leugneten gar die Existenz einer Tochter. Doch Babur berichtete von seinem Besuch und ließ zur Untermauerung seiner Darstellung nach dem Gefäß mit dem Essen schicken. Es wurde gefunden, und die Hochzeit fand statt.

Zweifellos war diese Heirat Babur bei seiner Eroberung Hindustans von großem Nutzen, zumal nicht wenige Yusufzai-Krieger in seinem Heer dien-

Beim Verlassen Mingoras.

ten, das im Jahre 1526 Ibrahim Lodi bei Panipat vernichtete.

Vom Talash-Tal folgt die Straße dem Panchkora in nördlicher Richtung bis nach **Timargarha** (oder Timolgrah, wie es die Einheimischen nennen). Hier kreuzt der Weg, den Babur bei seinem Zug ins Swat benutzte, den Fluß Jandul.

Dir ist die letzte größere Siedlung vor der langen Anfahrt zum Lowari-Paß. Es wird zwar als Stadt bezeichnet, bietet dem Reisenden aber keine geeigneten Übernachtungsmöglichkeiten oder andere touristische Einrichtungen.

Unheilverheißendes liegt über dieser Stadt, Schießereien sind an der Tagesordnung: Schußwechsel zwischen verfeindeten Personen, zwischen Opiumbauern und Drogenpolizei, zwischen rivalisierenden Mudschaheddin-Gruppen, verfeindeten Familien oder zwischen jugendlichen Rowdies, die nichts Besseres zu tun haben. Daß dabei automatische Schußwaffen zum Einsatz kommen, ist nichts Ungewöhnliches. Im Sommer der Jahre 1987 und 1988 wurden die Häuser politischer Gegner mit Raketenwerfern zerstört. Tagelang schwirrten Raketen über das enge Tal. Der Herausgeber dieses Buches wurde während eines solchen Zwischenfalls in seinem Hotelzimmer eingesperrt – offensichtlich zu seinem eigenen Schutz. Der Umgang mit Fremden ist besser als untereinander.

Ins obere Swat: Zurück in Chakdara, verläßt die Straße nach Swat hinter der Stadt den Fluß, führt an Thana oder Thanra vorbei bis zum Polizeikontrollpunkt Landakai, vormals Grenzposten des Fürstentums Swat. Hier beginnt der Anstieg durch terrassierte Felder und Obstgärten. Auf nahezu jedem Hügel stehen verfallene Befestigungsanlagen aus vergangenen Epochen.

Barikot, das alte Bazira, liegt an einer weiteren historischen Route, wo der Karakar-Paß nach Buner und Ambela und die Pässe Mora und Shakot, beide heute nur noch unbedeutende Verkehrswege, sich mit dem Swat-Tal verbinden. Alexander dem Großen gelang es nur mit großer Mühe, diese Stadt einzunehmen.

Die Hänge werden wirtschaftlich intensiv genutzt.

Die buddhistischen Ruinen von **Shingerdar, Gogdara** und **Udegram** liegen ein Stück weiter. In Udegram steht der Schrein des Pir Kuschal Khan Baba, von dem man annimmt, daß er der Befehlshaber des Heeres von Sultan Mahmud von Ghasni war, das im 11. Jh. den Islam nach Swat brachte. Er fiel bei der Eroberung der von Radscha Giri verteidigten Festung auf dem dahinterliegenden Bergrücken.

Mingora (ausgesprochen Min-gaura), die größte Stadt im Swat, liegt 40 km von Chakdara entfernt. In der ganzen Provinz kennt man diese Stadt nur unter dem Namen Swat; über die Jahrhunderte hinweg war sie ein wichtiger Handelsplatz, heute ist sie ein Verkehrsknotenpunkt: Von hier starten Busse, die alle Landesteile ansteuern. Sie fahren ab, sobald der letzte Sitzplatz besetzt ist, und dann geht die Reise fast ohne Pause zum Ziel. Von Mingora nach Karachi ist man drei Tage und zwei Nächte unterwegs.

In der Unterstadt, unweit des Busbahnhofs, ist für Reisende, die aufs Geld achten müssen, alles geboten; hier gibt es preiswerte Hotels, Pensionen, Cafés. Ebenso kann man sich mit billigen, aber köstlichen Snacks wie *pakoras* und *samosas* eindecken.

Auf der gegenüberliegenden Flußseite am Hang liegt die Altstadt. Ein ungeheurer Reiz geht von den Basaren aus. Mingora ist in Pakistan wegen seiner Männersandalen (aus Wildleder mit wollenen Quasten), Wollwesten und Mützen, handgewebten Decken und bestickten Kopftücher bekannt. Traditionelle Swati-Stickereien und alter Silberschmuck aus den Stammesgebieten werden in den Seitenstraßen der Hauptgeschäftsstraße zum Kauf angeboten. Raritäten und Antiquitäten findet man in den oberen Basaren – eine Fundgrube für alle Freunde von Nippes. In der oberen Stadt gibt es eine Reihe guter Hotels, manche von internationalem Standard, und sogar einen Golfplatz hat Mingora vorzuweisen, einen von dem Dutzend des ganzen Landes.

Saidu Sharif ist Mingoras Zwillingsstadt und Sitz der Behörden von Swat.

Herbstliche Wälder laden zum Wandern ein.

Saidu Sharif liegt etwa 2 km südlich von Mingora am Saidu. Die Stadt gilt als *sharif* (heilig) wegen des Grabes *(mazar)* von Abdul Gaffar, einem Sufi aus dem Pathanen-Dorf Jibrai im oberen Swat, der als religiöser Lehrer hoch verehrt wird. Der Schrein seines Grabes ist zu einem beliebten Wallfahrtsort geworden, der Pir Baba im nahegelegenen Buner-Bezirk Konkurrenz macht.

Abdul Gaffar ist die archetypische Messiasfigur, die von Zeit zu Zeit in der Grenzprovinz auftaucht. Geboren im Jahre 1784, lebte er zunächst als Schäfer. Als er eines Tages von einem *pir* hörte, einem Heiligen, der in Beka am Indus lebte, entschloß sich Abdul Gaffar, ihn aufzusuchen und seinen Lehren zu lauschen. Später fing er an, dessen Lehre zu verkünden, wobei er das gesamte Samah durchwanderte.

Er war in den Tod des Khan von Hund verwickelt und mußte nach Gujar Garhi in der Nähe von Mardan und später nach Torderh fliehen. Wohin er auch kam, sammelten sich – wie es scheint, gegen seinen ausdrücklichen Willen – Menschenmassen um ihn, den sie *akhond* (Lehrer) nannten.

Die Straßen Saidu Sharifs werden von blühenden Büschen gesäumt, und die meist im indo-britischen Kolonialstil gebauten Häuser liegen inmitten bezaubernder Gärten und Parks.

Das **Hotel Serena** (früher Swat-Hotel) ist ein besonders stilvolles Gebäude. Einstmals Residenz des Vertreters der britischen Krone, wartet es mit der besten Küche des Tales auf. Nicht weit entfernt steht der Palast der Walis von Swat, den Herrschern des Fürstentums Swat, das 1969 Pakistan angegliedert wurde. Der Ort besitzt auch ein Museum, in dem gandharanische Skulpturen und Produkte heimischen Kunsthandwerks bewundert werden können.

Das **Marghazar-Tal** folgt dem Saidu bis zu dessen Quelle. In der Ferne rückt die **Radscha-Giri-Burg** ins Blickfeld. Marghazar war die Sommerresidenz der Walis. Die gesamte Verwaltung Swats wurde zu dieser Jahreszeit in den **Safed Mahal** (Weißer Palast) verlegt. Geradzu idyllisch liegt der Palast am

Frühling im Swat-Tal.

Ende des Tals. Neben ihm beginnt ein leichter Fußweg entlang eines Baches hinauf zum Gipfel des **Ilam,** der über die Jahrtausende hinweg Hindus und Buddhisten heilig war.

Bis zum Jahr 1947 war er Zielort einer alljährlichen Wallfahrt, die zu Fuß unternommen wurde und auf der sich die Pilger durch Selbstzüchtigung von ihren Sünden reinigten und Gottes Vergebung erhofften. Den Buddhisten ist dieser Gipfel heilig, da einer Legende nach Buddha hier das Leben einer seiner Inkarnationen beendete.

Hinter Mingora verläuft die Straße auf einem Bergvorsprung, der 1926 von britischen Ingenieuren im Auftrag des gerade anerkannten Swats aus dem Felsen gesprengt wurde. Zuvor mußten Reisende sich eines Paddelbootes bedienen, die Höhen zu Fuß erklimmen oder den Fluß zweimal bei Mingora und Fatehpura auf „Selbstmörder-Brücken" überqueren, wie Eric Newby diese in seinem Buch *A Short Walk In The Hindukush* so treffend nennt. Diese Brücken bestehen aus mit Stricken zusammengebundenen Holzstäben und sind an Seilen über das Wasser gespannt. Die Fahrt flußabwärts war relativ problemlos. Man ließ sich auf Flößen aus aufgeblasenen Büffelhäuten treiben und hoffte, ungeschoren durch die Felsen zu kommen.

Bei **Manglaur** führt eine neue Straße bergauf in das bei den Einheimischen beliebte Skigebiet Malan Jabba, das mit österreichischer Hilfe angelegt wurde.

Khwazakhela, etwa 32 km von Saidu entfernt, war früher das größte Handelszentrum im oberen Swat, verlor aber durch den Bau des Karakorum Highway an Bedeutung, der einen Großteil des Durchgangsverkehrs wegzog. Der Ort ist bekannt für Möbel. Hier kann man sich nach antiken Stühlen, Betten und holzgeschnitzten Truhen umsehen. Zum Shangla-Paß und zum Karakorum Highway biegt eine Straße nach rechts ab.

Bei **Fatehpura** läßt man das fruchtbare Ackerland und die Obstplantagen hinter sich. Das Tal verengt sich zu einer Schlucht. **Miandam,** ein Dorf in

Hauptstraße in Bahrein.

Zimmer mit Aussicht

Muambhar Khans „House Rental and Food Shop“ ist weltweit bekannt. Hier kann man so gut wie alles kaufen: Toilettenartikel, Medikamente, Eingemachtes in Gläsern, Essiggurken, abgepackte Süßigkeiten und Kekse, Batterien, Strick- und Stahlwolle, Trockenobst und Nüsse, rohen Zucker und Steinsalz, Mehl und Gewürze. Im Winter gibt es *weskits* (Wollwesten) und handgewebte Decken in leuchtenden Farben aus Madyan.

Die vier Brüder, die den Haushaltswaren- und Lebensmittelladen leiten, sprechen recht gut Englisch und ein paar Brocken aus anderen Sprachen Europas. Einer von ihnen war vor ein paar Jahren in Schweden und hat seither einen Spitznamen weg: „Scandinavia-wallah“ – „der Schweden-Knilch“.

Der Grund, warum der Laden in aller Welt berühmt wurde, ist der, daß man unter der Telefonnummer Madyan (Swat) 89 ein ruhiges Zimmer mit Aussicht bestellen kann. Mundpropaganda machte das Haus bei allen Touristen, die aufs Geld schauen müssen, als preiswerte und anständige Unterkunftsmöglichkeit bekannt.

Volksmusikkundler, Anthropologen und Soziolinguisten nehmen hier Quartier. Die Forschungsarbeiten für mindestens zwei Dissertationen wurden von hier aus vervollständigt – eine davon hatte die Klagegesänge der Pathanen-Frauen zum Thema. Amerikanische Studenten, die in Pakistan an Sprachkursen teilnehmen, kamen über Jahre hinweg jeden Sommer hierher, um vor der unerträglichen Hitze des Tieflandes zu fliehen und um ihr Urdu zu üben – vielleicht auch, um ein bißchen Pushto zu lernen.

Purer Zufall brachte Muambhar Khan zum Vermieten von Zimmern. Zuvor lebte die Familie von der Landwirtschaft. In den späten sechziger Jahren strömten die Hippies ins Swat: zum einen, weil man hier billig an Drogen herankam, zum anderen, weil die Bewohner sehr gastfreundlich sind. In der ersten Zeit campierten die Blumenkinder in der Nähe des Flusses. Der Gedanke daran, daß junge Frauen im Freien übernachten mußten, schreckte Muambhar Khan so sehr, daß er sie, mit der Einwilligung seiner Frau, auf seinem Grundstück zelten ließ. Als Gegenleistung bekam er Geld, und so begann das Geschäft.

Diese Übernachtungsmöglichkeit sprach sich unter den jungen Rucksacktouristen schnell herum, und bald wurde es unmöglich, alle Leute, die einen Platz für die Nacht brauchten, unterzubringen. Manche benötigten einen Schlafplatz für mehr als nur eine oder zwei Nächte. Muambhar Khan ging ein Wagnis ein. Er verkaufte Land am Fluß und verwendete das Geld, um auf einem Grundstück neben dem seinen ein Haus mit sechs Räumen zu errichten. Er ließ Rohre für fließend Wasser verlegen und baute ein Badezimmer mit Dusche sowie eine Toilette mit Wasserspülung ein.

Wie alle traditionellen pathanischen Wohnhäuser besteht auch dieses aus zwei Teilen. Hinter dem Haupttor und hohen Erdwällen liegen die Gästezimmer um einen Innenhof. Der ist so abgeschirmt, daß die Frauen ihrer Hausarbeit nachgehen können, ohne sich verschleiern zu müssen. Die Wohnräume werden von Maulbeerbäumen beschattet.

Später mietete Muambhar Khan ein Ladenlokal an und stattete es mit all den Waren aus, die Reisende wie Ortsansässige brauchten. Das Geschäft mit den Touristen blühte, bis sich das Blatt wendete. Die Kriege in den Nachbarländern brachten den Tourismus praktisch zum Erliegen. Nicht nur die Nachfrage nach einer Unterkunft ließ nach, auch der Laden geriet in Schwierigkeiten. Irgendwie verbreitete sich die Nachricht, daß Muambhar Khan Hilfe brauchte. Schon bald trafen Geldzahlungen ein, manchmal ein paar Francs, manchmal Hunderte von Dollars von ehemaligen Hippies, die hier übernachtet und es zwischenzeitlich zu etwas gebracht hatten. Es ist ihre Art, einem Menschen Dank zu sagen, der ihnen zu einer Zeit, als sie in Not waren, hilfreich die Hand bot: pathanische Gastfreundschaft in ihrer schönsten Form. ■

einem der reizvollen Seitentäler, erreicht man über eine Straße, die etwa zwei Kilometer hinter Fatehpura abzweigt. 1800 m über dem Meeresspiegel gelegen, ist es ein idealer Sommerferienort. Es hat einige annehmbare Hotels, in denen man zu angemessenen Preisen unterkommt. Miandam wartet mit leichten Wanderwegen auf, die durch die Nadelwälder der Berghänge führen; die Luft ist klar und gesund, die Sonnenuntergänge sollen die schönsten in Pakistan sein.

Madyan (seltsamerweise Man-yan ausgesprochen) liegt 8 km von Fatehpura entfernt. Es ist geschäftiges Einkaufszentrum. Madyan hat das beste Angebot an traditionellen Stickereien und handgewebten Tüchern des Tals. Diese Arbeiten entstehen in den Bauernhäusern, die an den umliegenden Berhängen liegen. Die zumeist rosafarbenen Stickereien auf schwarzem Grund sind ausnehmend schön.

Früher waren sie als Mitgift beliebt, heute erwartet man von den jungen Frauen nicht mehr Bettdecken und Kissenbezüge, sondern Videorecorder und Kühlschränke. Es werden zwar immer noch Stickereien angefertigt, aber längst nicht mehr so viele wie in früheren Zeiten. Handwebereien dagegen sind weiterhin sehr verbreitet. Früher bereitete man die Farben noch von Hand aus Wurzeln und Beeren, jetzt greift man zu Chemiefarben.

Kurz hinter Madyan wechselt die Straße ans rechte Ufer. Von hier führt sie an einer Schlucht entlang bis nach **Bahrein,** wo der Daral in den Hauptfluß mündet und ihn in einen reißenden Gebirgsfluß verwandelt. Mit seiner Lage von 1300 m über dem Meeresspiegel liegt Bahrein – wie Madyan – in einer kühleren Zone, was ein *razai* (ein mit Baumwolle gefülltes Oberbett) selbst sommers notwendig macht. Bahrein ist ebenfalls ein beliebter Ferienort. Es macht Spaß, in den Seitenstraßen der Basare herumzustöbern. Die Ladeninhaber sind jederzeit sehr hilfsbereit und zeigen ihre Ware.

Die Häuser der Oberstadt sind aus Holz und mit feinem Schnitzwerk verziert. Der Ort besitzt in zwei Holzmoscheen Beispiele für die traditionelle Bauweise der Region.

Die Straße hinter Bahrein ist zwischen Dezember und April häufig wegen Schneeverwehungen gesperrt, und im Sommer kann sie nach stärkeren Regenfällen für Autos sehr rutschig werden. Die reizvolle Fahrt ins 40 km entfernte Kalam führt den Reisenden manchmal hoch über dem Fluß durch Nadelwälder, manchmal unmittelbar neben einem Wildbach entlang. Durch enge Schluchten kann man gelegentlich den Mankial sehen.

Kalam selbst ist kaum erwähnenswert. Auf der einen Seite des Tals erstreckt sich eine riesige eiszeitliche Moräne wie eine Schutthalde. Ebensowenig tragen die zahlreichen staatlichen Rasthäuser mit ihren rostenden Wellblechdächern zur Verschönerung des Ortes bei. Allein das Hotel Falakshir und das PTDC-Motel machen einen einigermaßen sauberen Eindruck.

Auf der anderen Seite liegt der Markt, eine kunterbunte Ansammlung trübseliger, rauchgeschwärzter und vermo-

Das Swat-Tal ist von Flüssen durchzogen.

dernder Holzbauten. Die Moschee hingegen ist einen Besuch wert. Die aus dem Holz geschnitzten Ornamente ähneln, wie Völkerkundler behaupten, Kalasch-Mustern.

Die Straßen sind durchweg naß und schmierig. Es ist meist kalt, und man hat das Gefühl, als würde es unentwegt regnen. Doch ist es gerade das kühle Klima, das den Reisenden ins obere Swat-Tal lockt, wo er die Hitze und den Staub der Ebene hinter sich zu läßt. Das Gebiet ist auch für Angler und Wanderer eine Attraktion.

Bei Kalam vereinen sich Utrot und Ushu und bilden den Fluß Swat. Beide Wasserläufe sind wegen ihres Fischreichtums bekannt. Anfang dieses Jahrhunderts importierten passionierte britische Angler Eier von Braun- und Regenbogenforellen aus Schottland und Nordengland, um damit die Fischgründe für ihren Sport zu bereichern. Der **Mahadand-See** (auch: Mohodand), etwa 20 km von Kalam im oberen Ushu-Tal gelegen, gilt als einer der ertragreichsten Fischgründe in Pakistan. Die Fahrt hierher von Kalam mit Übernachtung in Utrot, Gabral und Maltitan kann über den PTDC gebucht werden. Reiseunternehmen wie Lords und Waljis in Islamabad, Abenteuerurlaub-Spezialisten, besorgen Angelscheine und Angelgerät. Angler, die ihr eigenes Gerät dabeihaben, können sich im Basar Jeeps oder kleine Pritschenwagen mieten, sie erhalten beim örtlichen PTDC-Büro im Falakshir-Hotel eine Angelerlaubnis.

Wer dem Angelsport nichts abgewinnen kann, hat die Möglichkeit, durch die Wälder der Umgebung Kalams zu wandern, vorbei an rauschenden, kristallklaren Bächen. Das Tal des Ushu ist ausgenommen reizvoll, und hin und wieder erhascht man einen Blick auf den schneebedeckten Falakshir.

Kalam ist Ausgangspunkt für Wanderungen unterschiedlicher Länge und Schwierigkeitsgrade. In dieser zerklüfteten, abgelegenen Bergregion ist es allerdings leichtsinnig, sich ohne Führer und ohne angemessene Ausrüstung auf den Weg zu machen.

Einzeltrekker, die abseits der ausgewiesenen Plätze campieren, setzen sich zudem der Gefahr aus, Opfer von Räubern zu werden – sie spielen mit ihrem Leben. Die Einheimischen machen in solchen Fällen zwar gerne Bären und Leoparden verantwortlich, doch sind die großen Wildtiere im Swat mehr oder weniger ausgerottet.

Aufgrund der krassen Dezimierung des Tierbestandes kann man sich heute glücklich schätzen, wenn man einen Habicht oder einen Igel zu Gesicht bekommt, ganz zu schweigen vom Markhor, einer Bergziege.

Trotzdem muß festgehalten werden, daß das Trekken hier einfach überwältigend ist. Eine beliebte Tour führt über alte Handelspfade durch das Gebirge nach Gilgit und Chitral. Vom Mahadand-See zieht sich der **Kachikani-Paß** über Gletscher und eisige Berggipfel bis nach Laspur an der Straße von Gilgit nach Chitral hinauf.

Wenngleich sich der Kachikani-Paß trotz seiner Höhe von 5700 m nicht mit Himalaya-Pässen messen kann, zieht auch er die Reisenden in seinen Bann.

Links: Alter Mann aus Kalam. **Rechts:** Hoch oben im oberen Swat.

Buddha im Swat-Tal

Kunstinteressierten Menschen hat das Tal von Swat mit seinen buddhistischen Stupas, Klöstern, Felszeichnungen und Statuen einiges zu bieten. Die kostbarsten Objekte werden in den Museen von Chakdara und Saidu Sharif verwahrt.

Etwa vom 2. bis zum 7. Jh. v. Chr. war das Swat-Tal eines der religiösen Zentren Gandharas. Trotz des allgemeinen Niedergangs des Buddhismus in dieser Region war er hier bis ins 16. Jh. hinein von Bedeutung. Die Bevölkerung widersetzt sich hartnäckig den Eroberungszügen Mahmuds von Ghasni und der Moguln. Die Pathanen konnten auch Akbar den Großen – wenn auch nur für kurze Zeit – aufhalten.

In der Blütezeit des Buddhismus gab es allein am Swat-Unterlauf mehr als 1400 Klöster, deren Bedeutung weit über die nationalen Grenzen hinausreichte. Hier entwickelte sich der tantrische Buddhismus, der auch Lamaismus genannt wird. Von Udegram, der damaligen Hauptstadt des Swat, ging Padamsambhava nach Tibet, um dort den Lamaismus zu predigen. Viele der wichtigen *tantras* – Anweisungen für magische Gesten, Klänge und Zeichen – wurden hier verfaßt. Über die Seidenstraße verbreiteten Kaufleute, Pilger und Prediger diese buddhistische Lehre.

Bedeutende Stätten des Buddhismus findet man in Damkot Hill, Chat Pat und Andharan Deri bei Chakdara; Top Dara, Gumbaruna und Nimogram bei Landakai; Gumbat, Shingerdar, Gogdara und Udegram bei Barikot; Butkara und Mount Ilam bei Saidu Sharif und Jehanabad bei Manglaur. Am besten erhalten sind jene in Butkara, Nimogram, Jehanabad und Barikot und sollten deshalb vorrangig besucht werden, obwohl auch die anderen Stätten einiges bieten.

Hinter dem Museum von Saidu Sharif liegt der **Butkara-Schrein.** Der Hauptstupa – *chaitya* oder Schrein – ist von 215 kleineren Stupas und Kapellen umgeben. Der Schrein wurde im 3. Jh. v. Chr. von Kaiser Aschoka für einen Teil der Asche Buddhas erbaut. Während seiner Blütezeit war er das Ziel ganzer Heerscharen von Pilgern, die den Tempel umrundeten, um *punya* zu erhalten, religiöse Verdienste zu erwerben.

Die kleineren Stupas wurden von reichen Pilgern gestiftet, die damit einen Schwur erfüllten und ebenfalls *punya* erlangten. Die ältesten stammen aus dem 1. Jh. v. Chr. Im Laufe der Zeit wurden sie immer kunstvoller gestaltet. Sie erhielten mit Löwen, Adlern, Lilien und Lotosblumen geschmückte Säulen, wurden bemalt und vergoldet. So zierten die berühmten **Kauernden Löwen** nahe des Heiligtums einige der Stupas.

Andere hatten ein Schirmdach, in Südasien Symbol der Königswürde.

Etwa 100 Jahre später entstand nördlich des Schreins eine Vihara, die als Versammlungsraum diente, später zu einem Kloster ausgebaut wurde und schließlich auch die provisorischen Hütten ersetzte, die Bettelmönche noch zu Lebzeiten Buddhas errichtet hatten. Daneben entwickelte sich eine Stadt, in der die Pilger Unterkunft fanden, doch ist sie bisher noch nicht ausgegraben worden.

Der Unterhalt der Anlage, wie auch der umgebenden Stupas und des Klosters, wurde aus Spenden der Pilger finanziert. Sie wurde zweimal umgebaut, wohl fünfmal neu ausgestattet und besaß im 3. Jh. reiche Verzierungen von Reliefs, Stuckgirlanden und Statuen, die vergoldet und bunt bemalt waren. Der Weg um den Tempel herum war mit bunten Glassteinen gepflastert – damals eine Kostbarkeit. Das übliche Holzgeländer wurde durch eine Mauer ersetzt, die mit Buddha-Figuren verziert war. Als der Zustrom der Pilger nachließ, konnten die Unterhaltskosten nicht mehr aufgebracht werden, und das Kloster mußte im 8. Jahrhundert aufgegeben werden.

Fährt man von Mingora aus flußaufwärts, erreicht man **Jehanabad** und den **Sitzenden Buddha.** Ab Manglaur führt die Straße nach Malam Jabba steil hinauf zu dieser vier Meter hohen, vermutlich im 7. Jh. in den Fels geschlagenen Figur, die so gut wie unbeschädigt ist.

Ungefähr 15 km südlich von Mingora erreichen wir **Barikot.** Der Legende nach wurde der gewaltige **Shringerdar-Stupa** von König Uttarasena über Reliquien des Buddhas erbaut. Er stammt aus dem 3. Jh. und glich wohl dem Stupa von Butkara. Alten Schriften zufolge war er mit einer goldenen Kuppel versehen. Die Rekonstruktionsarbeiten lassen allerdings einiges zu wünschen übrig.

Nicht weit entfernt ist der **Elefantenfels.** An dieser Stelle soll der Elefant, der die sterblichen Überreste des Buddhas trug, tot zusammengebrochen sein, und hier wurde er zu Stein. Seine Seele soll als Mensch wiedergeboren worden sein. Bereits 630 wird der Fels von Xuan Zang erwähnt, einem chinesischen Pilger, dem wir viele Kenntnisse über seine Zeit verdanken.

An der Seidenstraße, 7 km südlich von Udegram, ist ein Relief des Buddhas in den Fels geschlagen, und auch in der nahegelegenen **Galagai-Höhle** finden sich Reliefs. Bei der nach zentralasiatischer Art gekleideten Hauptfigur handelt es sich wohl um den Kuschana-König Uttarasena. Die ersten Felsenreliefs von **Gogdara** gestalteten arische Eindringlinge um 1000 v. Chr., während die buddhistischen Arbeiten aus dem 6. oder 7. Jh. stammen. Ein Relief zeigt den Bodhisattwa Papmapani (Lotosblumenträger) mit seinen Begleitern. In **Udegram** waren einst sieben Reliefs von Papmapani auf verschiedenen Felsen zu sehen.

An der Straße von Barikot nach Pir Baba liegt der **Gumbat-Stupa.** Der Zentralraum ist eine quadratische Zelle, die wohl als Meditationsraum diente und wie auch der sie umgebende Rundgang von Tageslicht erhellt wird. In der Nähe sind einige kleinere Stupas und die Ruinen des **Kajar Kot** zu sehen – das Haus der Prostituierten. Wie der Name vermuten läßt, arbeitete man hier sehr diesseitsbezogen.

Links: Kloster Nimogram und Stupa. Oben: Buddha, meditierend oberhalb von Jehanabad.

Nach **Nimogram,** dem am wenigsten zugänglichen Ort, etwa 30 km westlich von Landakai auf einem sehr kargen Hügel gelegen, fährt man am besten mit einem Allradwagen. Das letzte Stück muß man zu Fuß gehen, doch entschädigen neben einem wunderbaren Ausblick drei große Stupas für alle Mühen – normalerweise gibt es nur einen zu sehen. Einer der Stupas ist dem Buddha, einer der Gemeinde *(sanga)* und der dritte *dharma* (Prinzipien) geweiht.

An dieser Stelle gibt es außerdem ein noch nicht freigelegtes **Kloster,** das sich westlich des Swat an einen unzugänglichen Bergrücken klammert. Man sollte dorthin nur mit Führer aufbrechen. Die herrliche Skulptur von Nimogram steht heute im Museum von Saidu Sharif. ■

VOM KARAKORUM ZUM HINDUKUSCH

Es gibt nur wenige Gebiete auf der Erde, wo sich Gebirge mit solch gigantischer Macht erheben wie in den nördlichen Provinzen Pakistans. Über dem Chitral-Tal im Nordosten, an der Grenze zu Afghanistan, regiert der gewaltige Tirich Mir, mit 7708 m der höchste Berg des Hindukusch. Etwa 500 km östlich davon überragt die grandiose Pyramide des K2, mit 8611 m der zweithöchste Berg der Erde, die schroffen Klippen des Inneren Karakorums.

Im Norden trennt das abgelegene Pamir-Plateau Südasien von Zentralasien. Die beiden Kontinente waren einst durch die Karawanenrouten der alten Seidenstraße verbunden, die sich über die Pässe und durch das Haupttal von Hunza ihren Weg bahnten. Im Süden herrscht der Koloß des stolzen Nanga Parbat (8125 m) einsam und allein – die letzte Bastion jener Himalaya-Kette, die die fruchtbaren Ebenen Kaschmirs von den geheimnisvollen Schluchten des Indus trennt.

Die Hochgebirgsregionen des nördlichen Pakistans sind ganz anders als die Himalaya-Ketten im benachbarten Indien und Nepal. Der Monsun erreicht das Karakorum und den Hindukusch nicht mehr, weshalb die Vegetation hier sehr karg ist; nur in den Höhenlagen gibt es einige Niederschläge. In den trockenen und im Sommer extrem heißen Haupttälern ist eine landwirtschaftliche Nutzung des Bodens nur mit künstlicher Bewässerung möglich.

Der geologische Aufbau dieser Gebirge ist ungewöhnlich. Während im Himalaya die Hänge leicht aufsteigen, ragen hier die Berge wie riesige Monolithe Tausende von Metern gleichsam kerzengrade in die Höhe.

Über den Gletschern, die zu den längsten der Welt zählen, erheben sich die höchsten und schwer zugänglichen Berge. Sie umschließen abgelegene Täler, in denen unterhalb der Stein- und Eiswüsten malerische Dörfer in grünen Oasen liegen, als wären sie Strandgut am Ufer eines Zivilisationsmeeres.

Den ersten Bewohnern des Karakorums und des Hindukuschs muß das Land sogar noch unwirtlicher erschienen sein als uns heute. Wer waren diese Menschen, die sich als erste entschlossen, in solch abgelegenen Regionen zu siedeln? Einige der adligen Führer von Hunza und Chitral behaupten, Abkömmlinge von Fabelwesen zu sein, hingegen rühmen sich viele Normalsterbliche in Nordpakistan, direkt von Alexander dem Großen oder Iskander, wie sie ihn nennen, abzustammen, der einst über den Hindukusch nach Vorderindien zog.

Der helle Teint vieler Einwohner, besonders im Norden des Chitral-Tales, mag die Theorie bestätigen, daß einigen Soldaten aus Alexanders Heer die Puste ausging und sie hier zurückblieben. Aber den Ursprung der vielen unterschiedlichen ethnischen Gruppen und Sprachen, die im Norden nach wie vor lebendig sind, erklärt diese Theorie nicht ausreichend.

Die Menschen in den fernen Tälern des Nordens sind mit Sicherheit Nachkommen der unzähligen Invasoren und Einwanderer, die den indischen Subkontinent von Norden her immer wieder überschwemmten – von den Ariern bis zu den Hunnen. Außerdem ist der Einfluß des Südens spürbar, der aus der Zeit nach der Zerstörung der Gandhara-Kultur herrührt, als zuerst Buddhisten, dann Hindus in Richtung Norden, strömten. Die ursprüngliche Bevölkerung wurde weiter in die Berge und die abgelegenen Täler zurückgedrängt. Während einige Völker überlebten, ja sogar eine neue Blütezeit erlebten – zum Beispiel die Hunzakut entlang der Karawanenrouten aus dem Norden –, wurden andere, wie die Kho in Chitral, von einer fremden Macht unterworfen und dem Königreich Dardistan einverleibt, das zu Beginn des 11. Jhs. entstanden war.

Die Menschen in Baltistan im Osten des Landes stammen von den Ariern ab. Im 10. Jh. verknüpfte sich ihre Geschichte eng mit der Tibets, nachdem ihr Land von den Tibetern erobert worden war. Die Tibeter befanden sich später mit den Darden ständig im Krieg, da beide Reiche versuchten, die Vorherrschaft über das Gebiet zu erlangen. Der Islam kam im 12. Jh. nach Dardistan, aber die Missionare aus Kaschmir brauchten weitere 300 Jahre, um die Balti zu bekehren.

Nach dem Niedergang der Zentralmächte zersplitterten die Provinzen in viele kleine Königreiche, jedes mit seinem eigenen mächtigen Herrscher. Es gab zum Beispiel die Thums von Hunza, die Radschas von Skardu und die Mehtars von Chitral. Als im Jahre 1846 die Briten dem Maharadscha Gulab Singh die Kontrolle über Kaschmir übertrugen, erstreckte sich dessen Machtbereich über das gesamte nördliche Gebiet. Die Moslems wehrten sich gegen die Herrschaft der Hindus, konnten die Dogra aber erst 1948 nach dem Abzug der Briten loswerden.

Die Briten begannen sich erst gegen Ende des letzten Jahrhunderts ernsthaft in der Region zu engagieren, als das Vordringen der Russen in Zentralasien eine Gefahr für ihre Vorherrschaft auf dem Subkontinent darstellte. Eine der

Vorherige Seiten: Masherbrum (7821 m) im Karakorum. Sonnenaufgang am Tirich Mir. Hirte aus dem Kaghan-Tal. Unten: Willkommen in den Bergen.

abgelegensten Stationen des Britischen Empire, die Gilgit Agency, wurde Ausgangspunkt einer ganzen Reihe von Expeditionen zur Erforschung und Vermessung des Gebiets.

Männer wie Francis Younghusband und Sir Martin Conway drangen bis in die letzten Ecken dieses furchteinflößenden Landes vor und lieferten nicht nur die ersten detaillierten Landkarten, sondern auch grundlegende Informationen über die ungeklärte Herkunft und die Bräuche der Völker zwischen Karakorum und Hindukusch.

Heute ist die Mehrheit der Einwohner moslemisch und gehört verschiedenen Konfessionen an: den Sunniten, den Schiiten und den Ismaeliten. Der Islam hat jedoch in keiner Weise den animistischen Glauben der Bergvölker zerstört. Für viele Einheimische ist ihr Land nach wie vor eins der Feen und bösen Geister.

Die Gebirge sind allein durch ihre geographische Lage seit Urzeiten sowohl Zuschauer als auch Teilnehmer wichtigster geschichtlicher Entwicklungen. Doch übersteigt das rasante Tempo der jüngsten Veränderungen alles Bisherige. Die Briten gewährten den verschiedenen Königreichen ein hohes Maß an Autonomie – zumindest solange ihre Loyalität zu Kaschmir außer Frage stand. Die Herrscher hatten bis in die siebziger Jahre hinein ziemlich freie Hand, bis das Bhutto-Regime dem ein Ende bereitete. Seitdem spiegeln die Entwicklungen der Provinzen im Norden die Pakistans im allgemeinen wider, Entwicklungen, die unter dem Begriff Modernisierung zusammengefaßt werden können.

Diese Veränderungen in Richtung Modernisierung manifestierten sich im Bau des Karakorum Highway, der entlang der Karawanenrouten der alten Seidenstraße verläuft. Durch den Highway wurde der gesamte Norden dem Handel, dem Tourismus und einer besseren Verwaltung erschlossen. Der daraus resultierende „Fortschritt“ schafft zweifellos Konflikte: Traditionelles und modernes Leben prallen unvorbereitet und hart aufeinander.

Mit dem Jeep im Hindukusch.

Nordpakistan
100 km
U.D.S.S.R.
AFGHANISTAN
Pyandzh
Baroghil - Paß
Gazin
Daspar 6527
Zebak
H I N D U K U S C H
Turiko
Yarkhund
Brep
Yasin
NORTHEF
Chatorkhand
Imi
Tirich Mir 7708
Kosht
Mastuj
Gilgit
Gupis
Pakhor-Paß
Teru
CHITRAL
Reshun
Gakuch
4555 Dorah-Paß
Laspur
Shandur-Paß 3720
Pingal
GHIZAR
Singal
Garam Chashma
Chitral
Barenis
Kachikani-Paß 5700
Chitral
AREAS
(NÖRDLICHE GEB
KAFIRISTAN
Ayun
PROVINCE
Talor Shobi-Paß 5716
Falaksir
AFGHANISTAN
Drosh
PROVINZ
Matiltan
KOHISTAN
Sazin
Gabral
Kalam
Karakorum
Highway
Kamdesh
Lowari-Paß 3200
Mankial
Dassu
Panjkora
Wama
DIR
Dir
SWAT
Indus
Babusar-Paß 4173
GRENZ-
INDUS KOHISTAN
(Panji-Gebirge)
Battikundi
Naran
Asadabad
Kunar
FRONTIER
Kwazakhela
Shangla-Paß
Besham
Kaghan
See
Timargarha
Mingora
Saidu Sharif
Swat
Allam
STAMMES-GEBIETE
Chakdarra
Karakar-Paß
Pir Baba
BLACK-BERG
KAGHAN-TAL
Kawal
Balakot
Dargai
Jowar
Daggar
Kabul
Buner-Paß
Mansehra
Muzaffarabad
Amb
AZAD
Mardan
Ambela-Paß
Charsadda
Tarbela Reservoir
Abbottabad
Khyber-Paß 1067
Landikotal
Swabi
Peshawar
Nowshera
Hund
Nathiagali
Jamrud Fort
WEST
Haripur
Attock
KASHMIR
Zarghun Khel (Darra)
Wah
Taxila
Murree
STAMMES-GEBIETE
Kohat-Paß
Hasan Abdal
Islamabad
Margalla-Paß
Kohat
Rawalpindi
Fatehjang
NORTH-
(NORDWESTL.
Kotli
Thal
POTOHAR-HOCHEBENE
Mandra
Indus
Gujar Khan
Pindi Gheb
Mirpur
Dina
Bannu
Kalabagh
PANJAB
Chakwal
Jhelum
Kharian
Kurram
Daud Khel
Jhelum
Kallar
Mandi Bahauddin
Lala Musa
Patiala 1242
Lakki
Mianwali
Miani
Gujrat

Mintaka-Paß
4755
Pirali
Yarkand
Mogan
Misgar
Dih
4709
Khunjerab-
Paß
CHINA
Sost
Highway
Sai-t' u la
Disteghil Sar
7989
Bazar Dara
Karakorum
HISPAR-
GLETSCHER
Hispar-Paß
Malubiting
Golden
Peak
Haramosh
BIAFO-
GLETSCHER
K2
Godwin Austin
8611
Gasherbrum
Hidden Peak
8068
BALTORO-GLETSCHER
Sasli
Shangus
Dassu
Askoli
Bunji
Rondu
Indus
7821
7195
Lela Peak
Masherbrum
SIACHEN-
GLETSCHER
Karakorum-Paß
5576
Askoro-Paß
KARAKORUM
Shigar
Thalle-
Paß
Halde
Tato
Astore
Khusomik
Karmading
Skardu
Saling
Machalu
8126
Tarashing
Astore
Gol
DEOSAI-
EBENE
HOCH-
Chilim
Shyok
Changlung
LADAKH-
LADAKH
Burzil-Paß
4199
Gurais
JAMMU
&
KASHMIR
Kargil
HIMALAYA
GEBIRGE
Wular See
Srinagar
Leh
Photaksur
Nunkun
7135
Zaskar
Indus
PANJAL-
GEBIRGE
Anantnag
Shupiyan
Zangla
Kharna
Pir Panjal-Paß
3495
UMSTRITTENES GEBIET
von Pakistan beanspruchtes Gebiet
unter indischer Verwaltung
Banihal-Paß
2832
Chenab
Udhampur
Bhadarwah
Jammu
INDIEN

IN DIE BERGE

Kaghan-Tal: Vor dem Bau des Karakorum Highway folgte die Straße von den Ebenen Hanzaras nordwärts nicht dem Lauf des Indus, sondern durchquerte die Berge auf einer direkteren Route von Abbottabad in der Nordwestprovinz. Den Fluß Kunhar entlang führte sie durch das Kaghan-Tal zum **Babusar-Paß** (4150 m), wo sie bei Chilas auf den Indus stieß. Die Landschaft hier unterscheidet sich von der des Hoch-Karakorum, doch die Reise durch das Kaghan-Tal erlaubt eine allmähliche und unaufdringliche Einführung in die Bergwelt Nordpakistans.

Das Kaghan-Tal, an der Nordgrenze des Monsungürtels gelegen, erfreut sich einer mannigfaltigen Vegetation. Die unteren Hänge mit ihren künstlich angelegten Terrassen werden landwirtschaftlich genutzt. In den höheren Regionen wachsen Himalaya-Tannen und -Kiefern, die allmählich von den Schneeflächen der Gipfel abgelöst werden. Wegen der üppigen Flora vergleicht man die Region mit Kaschmir im Osten – ein Geheimtip im Himalaya.

Das Städtchen **Balakot** (900 m) ist das Tor zu dem 150 km langen Tal. Während der Sommermonate ist die Stadt relativ ruhig, denn die Mehrzahl der Einwohner ist in der Landwirtschaft oder im Tourismus talaufwärts beschäftigt. Von Balakot aus windet sich die Straße hinauf in ein enges Tal mit links und rechts senkrechten Hängen, die zum Kunhar abfallen.

Gleich hinter dem Dorf Kawai zweigt eine unwegsame Straße zum **Shogran-Plateau** ab, einem auf 2500 m Höhe gelegenen Hochland, das umringt ist von Bergen. Shogran, zu Deutsch „Wald im Himmel“, bietet wunderbare Wanderwege und Klettermöglichkeiten. Auf die „Hauptstraße“ zurückgekehrt, geht der Aufstieg weiter.

Über dem dichten Wald krallen sich einsame Hütten gegen die Schwerkraft kämpfend an die Berghänge. Die meisten Siedlungen jedoch sind in der Talsohle in der Nähe des Flusses, wo es ausreichend fruchtbares Land für den Ackerbau gibt. Im Sommer kommen viele Touristen aus der Ebene, um die alpine Landschaft zu genießen.

Mittelpunkt des Kaghan-Tals ist zweifellos das Dorf **Naran,** das man nach etwa zwei Drittel des Weges erreicht. Alle Läden der Ortschaft liegen in dem einfachen Basar – typisch für Kleinsiedlungen in diesem Teil der Welt. In den Wintermonaten ziehen die Einwohner mehrheitlich hinunter ins mildere Balakot.

Das Treiben in dem Basar mit seinen Teebuden und einfachen Restaurants gleicht dem eines Bienenkorbes. Friseure drängeln sich neben Bädern, und Eisenwarengeschäfte bieten alles von Zigaretten bis Kerosin. Ein paar Läden führen einheimische Kunstgewerbegegenstände, einschließlich der feinen Holzarbeiten, für die das Tal berühmt ist. Vollgepackte Jeeps rumpeln durch die Gassen und verstärken das allgemeine Chaos. Angeln – dafür benötigt man eine Genehmigung – ist besonders beliebt in dem Tal, denn der Kunhar ist

Lalazar-Plateau und Kaghan-Tal – fast wie in den Alpen.

voller Forellen, die zu den delikatesten auf dem Subkontinent gehören.

Zu den vielen Wanderungen gehört ein Ausflug zum **Saiful-Muluk-See.** Zu Fuß erreicht man ihn in einem halben Tag auf einer Jeep-Straße durch ein Seitental östlich von Naran. Mit dem Jeep dauert die Fahrt eine halbe Stunde. Der See liegt auf einer Höhe von 3000 m, er ist von eindrucksvollen schneebedeckten Gipfeln gesäumt; der **Malika Parbat** (Königin der Berge) ist mit seinen über 5000 m der höchste Berg in Kaghan.

Erfahrene Wanderer können den steilen Weg nördlich des Saiful-Muluk-Sees erklimmen. Gelegentlicher Steinschlag macht die Sache heikel, und man sollte einen Führer engagieren. Aber die Belohnung, die den mutigen Wanderer erwartet, wiegt alle Mühen auf. Ein langer, aber sanfter Abstieg führt zur Hochebene von **Lalazar.**

Inmitten bunter Wiesen und im Schattenspiel alter Bäume liegt ein malerisches Dorf. Das Leben hier scheint seit Jahrhunderten seinen gewohnten Gang zu gehen – mit Kindern, die ein unwiderstehliches Lächeln im verdreckten Gesicht zeigen, und Frauen in bestickten Trachten.

Noch weiter im Tal – zurück an der Hauptstraße und am Kunhar – liegt **Battakundi** (Lalazar erreicht man von hier aus am besten). In ein paar Holzhütten, die den Basar bilden, gibt es das Allernotwendigste zu kaufen.

Diese zerklüftete Wildnis wird von einem Netz alter Pfade und Reitwege durchzogen – Überbleibsel einer Zeit, als der Handel mit Kaschmir noch blühte. Dieser Handel ist nach der Staatsgründung mehr oder weniger zusammengebrochen, aber die alten Wege werden heute noch von Einheimischen und von afghanischen Flüchtlingen auf der Suche nach neuem Weideland genutzt. Diese Bergwelt ist ein Paradies für Wanderer. Hier trifft man auf freundliche Schäfer, die mit dem Erschöpften eine Tasse Tee, wunderbares *dahi* (Joghurt) und *roti* teilen.

Auf der dem Ort gegenüberliegenden Seite des Nebenflusses fällt ein moder-

Unheimlich – Saiful Muluk.

nes landwirtschaftliches Gebäude auf. Es ist ein gutes Beispiel für die neuen Landwirtschaftsprojekte, auf die man überall in Nordpakistan trifft. Sie sind Teil der Bemühungen, die Wirtschaft der Region zu verbessern. Dieses Gebäude ist Standort eines Forschungsprojekts, das von einem deutschen Team geleitet wird; es bemüht sich um die Züchtung einer speziellen Saatkartoffel, ein Produkt, das von den Briten gegen Ende des letzten Jahrhunderts eingeführt wurde.

Weiter oben im Tal liegt der **Lulusar-See** unweit des Dorfes Gittidas. Die zunehmend unwegsamere Straße kämpft sich zum Babusar-Paß hinauf.

Über diesen Paß ohne Führer zu trekken, ist nicht sehr ratsam, denn die Kohistani, die auf der anderen Seite leben, sind Fremden gegenüber sehr reserviert. Die meisten Reisenden werden wohl nach Balakot zurückkehren, sie stoßen in Mansehra wieder auf den Highway. Die Fahrt mit dem Bus von hier nach Gilgit durch die Indus-Schlucht dauert etwa 18 Stunden.

DER KARAKORUM HIGHWAY

Der Monsun ist fast vorbei. Nur noch selten sieht man eine saftig-satte Bergwiese. Vor uns öffnet sich eine andere Welt: die Einöden und schroffen Berge des Karakorum und des Hindukusch.

Auf den **Karakorum Highway** (KKH) stößt man bei **Chilas.** Die Stadt liegt am Südufer des Indus, der sich von hier aus in schmalen Schluchten durch Kohistan frißt. Der Karakorum Highway muß sich seinen Weg durch diese öden Schluchten bahnen.

Zwischen Chilas und Besham im Südwesten hat die Bewegung der Erdoberfläche noch jederzeit sichtbare Folgen. Das Gebiet ist die Kollisionszone der indischen und eurasischen Kontinentalplatten. Durch die Verschiebungen werden Steinschläge ausgelöst, so daß die Straße ständig repariert werden muß. In einem verheerenden Desaster im Sommer 1987 lösten schwere Regenfälle Erdrutsche aus, die ganze Stra-

Nanga Parbat thront über dem Tal.

ßenteile in den Indus spülten. Es dauerte Monate, bis der Schaden repariert war; Touristen mußten aus Gilgit ausgeflogen werden. In diesem Teil der Welt können Ingenieure noch so trickreich bauen, man muß sich letzten Endes den Naturgewalten beugen.

Jetzt erreicht der KKH eine flache Hochwüste, etwa 1200 m über dem Meeresspiegel. Chilas verschwindet fast in dieser Einöde. Die Felsmalereien und Inschriften über dem Indus erinnern an die Völker, die auf ihren Wanderungen hier Station machten – oder auch blieben.

Heute können nur mehr wenige Einwohner auf eine lange Ahnenreihe zurückschauen. Die meisten sind Nachfahren von Straßenräubern, die in der eintönigen Landschaft eine Zuflucht suchten. Die Jahrhunderte hindurch stieß der Fortschritt auf seinem Weg den Indus hinauf in diesem Teil Kohistans immerzu auf Widerstand. Besonders die Briten mit ihren Nachschublinien aus dem Süden hatten in diesem Territorium ihre liebe Not. Aber

Der Fluß als ewiger Begleiter auf dem Karakorum Highway.

sie waren nicht die einzigen, die darüber klagten, von den verhaßten Chilasi dauernd überfallen und ausgeraubt zu werden – wenn nicht Schlimmeres. Wer konnte, versuchte, das Land unter allen Umständen zu meiden. Noch heute steht das Gebiet wegen seiner Fremdenfeindlichkeit in einem schlechten Ruf. Doch, Reisender, hab' keine Angst, das Problem ist lange nicht mehr so schlimm wie in vergangenen Tagen.

Killer-Berg: Im Sommer wird die Schlucht zur Hölle; die nackten Felsen werfen die Sonnenstrahlen unbarmherzig zurück, und es gibt keine Vegetation, die die Hitze mildern könnte. Das Thermometer klettert nicht selten auf 50 °C oder gar mehr. Ein riesiger Berg blockiert den Lauf des Indus und zwingt ihn, Richtung Westen anstatt nach Süden zu fließen. Der Gipfel des **Nanga Parbat** ragt im Südosten stolze 7000 m über den Fluß. Mit seinen 8125 m ist der Berg zwar nicht der höchste, aber zweifellos gehört er mit zu den gewaltigsten der Welt.

Am Rande des Monsungürtels gelegen, treffen den Nanga Parbat immer ein paar Sturmausläufer. Der Gipfel mit einer Silhouette, die an eine schlafende Frau erinnert, erweckt den Eindruck völliger Ruhe. Doch das täuscht, nicht umsonst wird er von den Bergsteigern „Killer-Berg" genannt. Der Schnee, die Lawinen, die Eisbrüche und die gähnenden Abgründe gaben ihm seinen Namen. So manche Expedition endete mit einer Katastrophe. Eine deutsche Bergsteigergruppe, die in den dreißiger Jahren den Aufstieg versuchte, verlor nicht weniger als 17 Mann, als eine riesige Eiswand in sich zusammenstürzte. Hermann Buhl gelang es im Jahr 1953 als erstem, den Gipfel zu erreichen. Sein Alleingang zur Spitze – er schaffte die letzten 1700 m an einem einzigen Tag – ist eine der größten Leistungen in der Geschichte des Bergsteigens.

Märchenwiese: Bei der **Rakhiot-Brücke,** nördlich des Berges, wo der Indus sich nach Westen wendet, zweigt ein Pfad ab, der dem **Daimar-Tal** an der nördlichen Flanke bergan folgt. Vor dem Dorf **Tato** führt ein steiler Pfad den kargen Abhang hinauf. Hinter Tato

Durch den Bau des 1200 km langen Karakorum Highway mitten durch Kohistan, Gilgit und Hunza wurde ein Gebiet Pakistans erschlossen, in das sich bis dahin nur mutige Urlauber vorgewagt hatten. Gemeinsam mit China unternahm Pakistan dieses gewaltige Projekt in den sechziger Jahren dieses Jahrhunderts. Schon der Name „Karakorum“ (schwarze Berge) ließ bis in unsere Zeit den Reisenden an die Gefahren denken, die auf ihn lauerten. Doch bereits seit dem 2. Jahrhundert v. Chr. verlief durch dieses Gebirge eine wichtige Nebenstrecke der Seidenstraße, die China und das Abendland miteinander verband. Buddhistische Prediger aus allen Teilen Gandharas wanderten hinaus, um die Menschen zu bekehren, während Pilger aus China, namentlich Fa-Xian im 5., Song-Yun im 6. und Xuan Zang im 7. Jahrhundert, willkommen geheißen wurden.

Eindrucksvoll geben die Felszeichnungen und -inschriften an der Straße Zeugnis von der Bedeutung, die diese Strecke zu allen Zeiten für die Kultur Pakistans hatte.

Die größte Ansammlung von Felsbildern am Karakorum Highway findet sich rund um **Chilas.** Die Wissenschaftler haben hier u. a. parthische, skytho-sibirische, gräko- und tibeto-buddhistische und islamische Stilelemente sowie Brahmi-, chinesische, tibetische und indische Texte nachweisen können, die zusammengenommen ein lebendiges Bild von der Frühzeit dieser Bergregion geben. Überraschend war vor allem die Entdeckung von hebräischen Inschriften, die vermutlich von jüdischen Händlern aus dem 9. Jh. stammen.

Doch nicht nur die große Anzahl von gemalten und eingeritzten Kreisen, Reitern, Streitäxten und Steinböcken macht Chilas so wichtig, sondern ganz besonders eine ganze Reihe von szenischen Darstellungen. Eine dieser Darstellungen liegt unterhalb von Chilas in der Nähe des Flusses und zeigt einen Herrscher auf einem hohen Sitz. Soldaten in den typischen Gewändern der Skythen bringen ihn zu einem Mann, der in Ketten gefangengehalten wird. Der Sitzende ist unter dem Namen *Moga Radscha* bekannt – es ist Maues, König der Skythen. Der Name des Gefangenen ist *Gopadasa.* Diese Szene stellt die Eroberung des Gebietes durch die Skythen dar.

Ein Stück weiter rechts zeigt eine eingeritzte Zeichnung einen buddhistischen Mönch namens

Steineinritzungen aus dem 3. Jh. entlang der Seidenstraße bezeugen die Verbreitung des Buddhismus in der Region.

Buddharakshita, der mit einem Weihrauchschwenker auf dem Weg zum Stupa ist. Über ihm sieht man einen weiteren Pilger, der an einem Stock auf seiner Schulter ein Wassergefäß trägt – ein Hinweis, daß Pilger aus Zentralasien in diese Gegend kamen.

Legenden werden ebenfalls bildhaft dargestellt. So berichtet eine der Zeichnungen (man findet sie Richtung Osten über dem Butogah links vom Karakorum Highway) vom Selbstopfer des Bodhisattwa *Mahasattwa.* Rechts von einem großen Stupa, zu dessen Seiten Gläubige beten, liegt der Bodhisattwa und bietet einer Löwin seinen Körper an, den sie und ihre Jungen verschlingen. Die Inschrift rechts oben erklärt den Vorgang als *Vyaghrani Dharma Nyayam,* „Pflichterfüllung Tigern gegenüber".

Der „Fels der ersten Predigt", auf der anderen Seite der Talpan-Brücke und etwa hundert Meter östlich, stellt die Geschichte der ersten Predigt des Buddhas in Sarnath dar. Sie zeigt ihn sitzend im Kreis seiner fünf Schüler. Darunter sieht man auf einer Säule das Rad des Gesetzes mit je einem Hirsch zu jeder Seite. Der Buddhismus, wie wir ihn heute kennen, entwickelte sich erst allmählich, wie auch der „Altarfels" etwas weiter westlich verdeutlicht. Der Buddha wird ohne Heiligenschein dargestellt, während *Maitreya* und die beiden Bodhisattwas *Avalokiteswara* und *Manju Sri* sehr wohl einen haben. Zudem findet sich die Inschrift *Vicharati Devadatta Sabodhapati* („Devadatta, der Herr des Wissens, predigt") – Devadatta ist rivalisierender Vetter Buddhas.

Bei allen diesen Darstellungen lassen sich sehr gut die „32 großen und 80 kleinen Merkmale des Vollendeten" studieren, wie sie sich in der Haltung des Buddha – stehend, sitzend, liegend –, in seiner Kleidung und seinen Gesten *(mudras)* manifestieren.

Im Hunza-Tal liegt zwei Kilometer hinter Ganesh linkerhand zwischen Indus und dem Karakorum Highway, der sich hier zum Khunjerab-Paß hinaufwindet, der Heilige Fels von Hunza. Der vierteilige Fels ist als *Haldeikish* oder „Ort der Steinböcke" bekannt; er ist mit Zeichnungen und Inschriften übersät, die aus sehr früher Zeit stammen. Erst nach der Eroberung durch die Tibeter im 8. Jh. hörten die Zeichenaktivitäten auf. Der Name gibt schon einen Hinweis auf die überwiegende Darstellung von Steinböcken; sie sind Zeugnisse der rituellen Steinbockjagd *(thuma saling),* die viele Ethnologen im Zusammenhang mit einem Fruchtbarkeitskult sehen.

Die ältesten Zeichnungen, deren Alter man nicht genau bestimmen kann, befinden sich auf der Ostseite des Felsen Nummer 1. Zweifellos erschien dieser Fels, der über Tausende von Jahren vom Indus geschliffen wurde und in Himmelsrichtung der aufgehenden Sonne steht, den frühen Menschen bedeutsamer als die anderen. Hier sind die ersten Zeichnungen ebenfalls Steinböcke. In späteren Epochen wurde dieses Motiv beibehalten, und so findet man Steinböcke in allen Variationen. Die Steinböcke links und rechts einer Nische im Fels Nummer 2 lassen auf einen rituellen Zweck schließen.

Auch Menschen sind regelmäßig als Jäger, Tänzer oder Reiter zu finden, seltener Bäume, Stupas, Swastiken, Dolche, Seile, Ziegen und Dreizacke. Während der Entstehungszeitpunkt der Bilder nicht genau festgelegt werden kann, ist dies bei den Inschriften präzise möglich.

In Fels Nummer 2 berichtet eine chinesische Inschrift, die aus dem 6. Jh. stammt, vom Besuch eines chinesischen Botschafters der Da-Wei-Dynastie. Erstaunlich ist auch eine Zeichnung auf dem ersten Felsen, die einen Mann in einer für die Kuschana typischen langen Robe und mit Mütze zeigt; er ähnelt den Kuschana-Herrschern, die seit der Zeit Kaiser Kanischkas auf Münzen abgebildet wurden. Links hebt ein Elefant seinen Rüssel, als wollte er dieser hochgestellten Persönlichkeit huldigen. Die Abbildung ist Beleg dafür, daß die Macht der Kuschana selbst bis hierher reichte.

Zwei eindrucksvolle Felsbilder von Buddhas, die aus dem 8. oder 9. Jh. stammen und tibetanische Einflüsse erkennen lassen, weisen darauf hin, daß der Buddhismus in den nördlichen Regionen noch nach dem Niedergang Gandharas Bedeutung hatte.

Den **Satpara-Buddha** findet man am Südrand von Skardu auf dem Weg zum Satpara-See. Eine unwegsame Straße führt hinauf zu den Westufern des Hargissa Nullah, wo der Buddha den Mittelpunkt einer Reihe von Zeichnungen bildet, die in einen alleinstehenden, sechs Meter hohen Felsblock eingeritzt sind. Links und rechts neben dem in Meditationshaltung *(dhyana-mudra)* sitzenden Buddha – die Hände ruhen dabei im Schoß mit den Handrücken nach oben – stehen *Maitreyas,* zukünftige Buddhas.

Etwa 6 km westlich von Gilgit liegt der **Gilgit-Buddha,** den man über einen Pfad erreicht, der links von der Straße nach Punial ins Kargah-Tal abbiegt. Ein gutes Stück über dem Erdboden ist die 3 m hohe Figur in den Fels gemeißelt. Die rechte Hand ruht auf der Brust – eine Pose, die Furchtlosigkeit ausdrückt und als *abhaya-mudra* bezeichnet wird. 13 symmetrisch um den Buddha angeordnete Löcher deuten darauf hin, daß er sich ursprünglich in einem Holzschrein befand. Bekannt ist die Stätte aber für den am Fuße des Hügels gelegenen Stupa Phid-Das, wo man einen herrlichen Blick über das Tal von Gilgit hat. Die Räume unterhalb des Stupas gehörten einst zu einem buddhistischen Kloster. ■

läßt die Hitze langsam nach, hie und da sieht man etwas Grün, manchmal erhascht der Blick Teile des Daimars. Aber erst wenn sich das Tal auf die weite **Fairytale Meadow** (Märchenwiese) öffnet, erscheint die Nordseite in ihrer alle Sinne berauschenden Pracht; beim Anblick des üppig bewachsenen Tales wird man an Kaschmir erinnert. Klare Bäche durchziehen silbern die von Blumen übersäten Wiesen. Kiefernwälder werden von Zwergtannen, ganz oben von Silberbirken abgelöst. Dem erfahrenen Trekker bieten die Flanken des Nanga Parbat unvergleichliche Möglichkeiten. Auf 5400 m öffnet der **Mazeno-Paß** den Zugang zum südlichen Teil des Berges und zum **Rupal-Tal,** über dem ein blanker Fels eindrucksvolle 4500 m hoch in den Himmel ragt.

Flucht vor der Hitze: Zurück am Indus, wendet sich der KKH Richtung Norden und läßt allmählich die sengende Hitze hinter sich. Vom Dorf Bunji aus sieht man den Nanga Parbat drohend über der Schlucht stehen. Vorne lugen die Gipfel des Rakaposhi und des Haramosh hinter dem vorderen Schutzwall Karakorum hervor. Unterhalb, in einem breiten Tal westlich des Highways, liegt Gilgit, Sitz der Regionalverwaltung.

Gilgit (1500 m) ist seit Urzeiten eine wohlhabende Marktstadt. Als vor 2000 Jahren Verbindungen zu China entstanden, wurde das strategisch günstig gelegene Gilgit ein wichtiger Umschlagsplatz an der alten Seidenstraße. Heute ist es Mittelpunkt der nördlichen Regionen Pakistans, wohin nach wie vor die Händler aus Zentralasien kommen und wo die Ebenen des Südens zusammenstoßen. Seit der Eröffnung des Karakorum Highway hat sich die Zahl der Waren und der Menschen, die durch Gilgit kommen, drastisch erhöht. Allein der **Cinema-Basar,** der sich durch die Straßen schlängelt, bietet eine unglaubliche Vielfalt an Waren, vom Allernötigsten, *ghee* zum Kochen etwa, bis hin zu Luxusgütern wie feinste chinesische Seide.

Nach der Sommerernte karrt man wahre Berge von Aprikosen zum Basar, wo sie in Säcke geschaufelt und in den Regalen der Geschäfte gestapelt werden, einerlei ob Lebensmittelladen oder Bäckerei, ob Eisenwaren- oder Buchhandlung, Süßigkeiten-, Zigaretten oder Getränkestand. Restaurants mit ihrem reichhaltigen Angebot sind strategisch gut plaziert.

Mit der Ankunft der ersten Touristen gesellten sich zu den traditionellen Läden plötzlich Geschäfte, die ihr Warenangebot ganz auf die Bedürfnisse der Touristen ausrichteten: Sonnenbrillen, Sonnencreme, Eispickel und haltbare Bergsteigernahrung.

Polo: Die Moschee ist restauriert worden und steht nun in ihrer alten Pracht. Der Ruf zum Gebet wird von den Bergen gespenstisch zurückgeworfen, genauso der Klang der Trommeln und Klarinetten, die die Polospiele begleiten. Das Polospiel kommt aus Zentralasien und wurde von den Persern zu einem Wettkampfsport entwickelt. Das Spiel drang schließlich bis Südwesteuropa, wo es irgendwann seine Bedeutung verlor, und nach Südindien, wo es die Briten wiederentdeckten.

Der Cinema-Basar zieht sich durch ganz Gilgit.

Polo spielt man in den Nordprovinzen wild und hart. Die unglaublich waghalsigen Reitkünste der Spieler werden fast noch von dem Mut mancher Zuschauer übertroffen. Sie sitzen auf dem niedrigen Mäuerchen, von dem der mit hoher Geschwindigkeit anfliegende Ball ins Feld zurückprallt. Das Tempo wird von der Musik gesteuert, die immer lauter wird, je weiter das Spiel fortschreitet. Das Durchhaltevermögen der Pferde ist bewundernswert. Vielleich geben ihnen die Walnüsse und die Maulbeeren, die ihrem Futter beigemischt werden, so viel Kraft.

Polo wurde früher überall in den nördlichen Provinzen gespielt, heute sieht man es nur noch in den Gegenden, die wohlhabend genug sind, um ein Team zusammenstellen zu können, etwa in Gilgit, Chitral und anderen Teilen Baltistans. Das Pferd war seit je ein Statussymbol der Adligen. Heute rekrutieren sich die Spieler aus den Reihen von Polizei und Militär. Als einzige feste Regel gilt: Sechs Spieler pro Mannschaft – aber selbst diese Regel wird außer Kraft gesetzt, sollten es die Umstände erfordern.

Nirgends ist Polo spektakulärer.

Das erste Spiel der Saison findet immer während des Frühlingsfestes Ende März statt. Der Brauch, eine Ziege zu opfern und ihren Schädel als Ball zu benutzen, ist so gut wie ausgestorben. Beobachtet man aber die Vehemenz, mit der der Ball von den Spielern geschlagen wird, könnte man meinen, er sei nach wie vor Sinnbild für das Böse.

Das Gebiet um Gilgit macht deutlich, daß dort Landwirtschaft ohne künstlicheBewässerung nicht möglich wäre – es gibt bei weitem nicht genug Niederschläge in dieser Wüste. Das Wasser für die Bewässerungsanlagen wird von den Bergflüssen abgeleitet. Für die Landwirtschaft besonders geeignet ist das fruchtbare Schwemmland an den Flüssen – grüne Oasen in dem Grau und Braun der Einöde.

Gilgit ist ein Verkehrsknotenpunkt. Linienbusse und Minibusse pendeln auf dem Karakorum Highway und der Route nach Baltistan. Alle anderen Straßen der Region sind nur mit Allradfahrzeu-

gen befahrbar. Abenteurer, die die Berge erkunden wollen, können – wie schon seit Jahrtausenden die Händler, Nomaden und Hirten – das dichte Netz der Pfade benutzen; es liegt in einer der grandiosesten Bergwelten der Erde.

Nach Hunza: Gilgit wird im Norden vom gleichnamigen Fluß begrenzt, der vom Schmelzwasser des **Hindu Raj** gespeist wird. Eine 180 m lange Brükke führt über den Fluß und macht es möglich, auf dem KKH in nur zweieinhalb Stunden nach Hunza zu gelangen. Vor dem Bau der KKH kreuzte die Nordroute den Gilgit und folgte dem rechten Ufer des Hunza.

Diese Strecke führt durch den Ort **Nomal,** wo eine Jeepstraße zum Naltar Nullah und dem **Naltar-Tal** abbiegt. Vor der Kulisse der Sechstausender und am Fuße des Naltars erstrecken sich Nadelbaumwälder. Ein Pfad verläuft durch das Tal nach Norden, durch Dörfer und Weiler zu den fischreichen Naltar-Seen, die von Birken und Weiden gesäumt werden. Weiter oben öffnet sich das Tal auf eine breite Ebene mit Bergen ringsum. Für den erfahrenen Trekker empfiehlt sich der phantastische Obere Naltar.

Über den **Pakhor-Paß** im Nordwesten führt ein Weg über die Pässe und durch die Täler des Hindu Raj nach Chitral und zum Hindukusch, eine Strecke, die in etwa zwei Wochen bewältigt werden kann.

Im Nordosten ist der 5000 m hoch gelegene **Diantar-Paß** das hintere Tor nach Hunza und in einige der abgelegensten Täler des Karakorum. Der Paß ist das ganze Jahr hindurch schneebedeckt, und der schwindelerregende Abstieg auf der anderen Seite ist nicht einfach – aber der Blick vom Gipfel verschlägt einem den Atem.

Vom imposanten Hindu Raj im Westen zu den Batura Peaks im Norden und den Gipfeln von Hunza im Osten scheinen diese enormen Berge wie übergroße Zinnsoldaten am Horizont aufzumarschieren.

Der Abstieg von Diantar nach Hunza ist lang. Man kommt durch gottverlassene Dörfer, keine Menschenseele in

Am Naltar-See.

Sicht, nur das gespenstische Knarren der Türen und das leise Glucksen der Rinnsale – sonst Stille. Manchmal ein Junge, der sich auf einem Pony festkrallt, oder ein zahnloser Schäfer, der Tee und *dahi* anbietet – sonst niemand. Die Erntezeit kommt noch, und außer den Viehhirten ist hier oben niemand.

Die erste feste Siedlung ist das Dorf **Das** tiefer unten im Tal. Von hier führt ein Trail hinauf zu den **Baltar-Wiesen** unterhalb der Südflanke des **Batura-Massivs.** Im Südosten taucht der gewaltige Turm des Rakaposhi auf, und eine Jeepstraße schlängelt sich hinunter nach **Chalt,** gleich über dem Hunza und dem KKH, der sich durch die äußeren Berge des Karakorum gekämpft hat.

Die Jeeps und buntbemalten Lastwagen – sie haben die halbe Strecke von Gilgit nach Hunza hinter sich – rumpeln mit halsbrecherischem Tempo um die Kurven. Die Wanderung durch die Berge hat vier Tage gedauert.

Gegen Ende des letzten Jahrhunderts diente Chalt den Briten als wichtiger Außenposten der Gilgit Agency. Die hier stationierte Garnison unterstützte die Expeditionstruppen, die zu den Thums von Hunza und Nagar unterwegs waren, um sie als Verbündete zu gewinnen, falls die Russen den gefürchteten Vorstoß über den Hindukusch wagen sollten. Beim Nachbardorf Nilt fand im Jahre 1891 die entscheidende Schlacht statt, durch die der Widerstand gegen die britische Präsenz gebrochen wurde. Östlich von Chilt liegen die ehemaligen Königreiche **Hunza** und **Nagar.** Über Hunza am Nord- und Nagar am Südufer ragt der **Rakaposhi** steil über dem Fluß empor.

Er ist der einzige Berg, der geradewegs vom Flußtal zum Gipfel aufsteigt, insgesamt fast 6000 m. Die Straße läuft derart dicht an ihm vorbei, daß sie lange Zeit nicht zu sehen ist. Es mag hier ein paar eindrucksvolle Panoramen geben, den besten Blick auf die Berge hat man jedoch aus der Ferne: etwas oberhalb des Tals auf der Seite Hunzas.

Die Dörfer scheinen an den Berghängen zu kleben. Der KKH verläuft die nächsten 32 km auf der Nagar-Seite,

Froh und traurig gestimmte Kinder.

bevor er auf einer Betonbrücke nach chinesischem Stil über den Fluß nach Norden führt. Die unvermeidlichen Löwen stehen Wache.

Bevor moderne Brücken die Flüsse der Nordprovinzen überspannten, waren es aus Birkenzweigen gedrehte Taue, an denen man sich über das Wasser hangelte. Die Taue waren zu einem Dreieck verbunden, auf dem unteren Schenkel ging man, die beiden anderen dienten als Geländer. In den entlegenen Teilen der Nordprovinzen gibt es diese Brücken immer noch – bei starkem Wind ein überaus kitzliges Unterfangen, sie zu überqueren.

Ein paar Kilometer weiter öffnet sich ein Tal, und ein wunderschönes Naturschauspiel entfaltet sich vor einem. Im Norden thront der **Ultar** (7388 m) über dem Hunza, während im Süden der Rakaposhi (7780 m) das ehemalige Königreich Nagar dominiert. Vor langer Zeit regierte ein einziger Thum (Fürst) die Gebiete Nagar und Hunza, bis eines Tages ein Herrscher beschloß, die Region zwischen seinen zwei Söhnen aufzuteilen. Todfeindschaft entstand zwischen den Söhnen, und der Regent des Hunza-Gebiets wurde getötet. Er hatte nur eine Tochter, aber die Frage der Thronfolge löste sich von selbst: Seine Tochter verliebte sich in ihren Vetter auf der anderen Seite. Man erzählt, er sei jede Nacht über den Fluß zu seiner Geliebten geschwommen. Die Nachfahren dieser Hunza-Fürsten trugen den persischen Titel „Ayeshe", die „Vom-Himmel-Gesandten".

Hunza besteht aus zwei Teilen, dem Norden und dem Süden, deren Bevölkerung einen völlig unterschiedlichen ethnischen Hintergrund hat. Der Südteil, das sogenannte **Kanjut,** wurde von arischen Viehhütern indogermanischer Abstammung besiedelt. Der Einfluß späterer Siedler aus dem Süden kann heute allerdings nicht mehr bestritten werden. Sie sprechen ihre eigene Sprache, *Burashki,* die wohl mit keiner modernen Sprache verwandt ist. Ihre Wurzel bleibt – ähnlich dem Baskischen – weiterhin ein Rätsel.

Weniger rätselhaft ist die Herkunft der Bewohner des nördlichen Hunza, dem sogenannten **Gojhal.** Das Gebiet umfaßt jenseits des Ortes **Gulmit** beide Seiten des Flusses sowie das Land an der Grenze zur chinesischen Provinz Xinjiang und den Pässen des Pamirs. Die Einwohner sind Nachkommen der Wakhan auf der anderen Seite des Pamirs, ihre Sprache ist das *Wakhi.*

Räuber: Hunza war nie vollkommen unabhängig, sondern erkannte immer andere Oberhoheiten an: im Norden die Chinas, im Süden die Gilgits, später diejenige des Dogra-Regimes von Kaschmir. Es liegt strategisch günstig, da es die Pässe kontrolliert, was neben Macht auch Wohlstand mit sich brachte. Die Händler mußten mit ihren Karawanen, die auf dem Weg von Turkestan nach Indien und Zentralasien waren, durch Hunza, wo sie regelmäßig überfallen und ausgeplündert wurden.

Allein die Namen der Hunza-Fürsten ließen die friedlichen Händler vor Angst zittern, einige der Karawanenrouten mußten später aufgegeben werden; daraufhin verließen auch die Bewohner die Gegend. Heute noch sind

Links: Baltit, Festung der Hunzakut. **Rechts**: Der *chonga* dieses Herren ist ebenso handgewebt wie die Kopfbedeckung.

weite Landstriche der Nordprovinzen sehr dünn besiedelt. Hunza wurde durch den Sklavenhandel immer reicher. Es lieferte alles, solange der Preis stimmte. Zu den Stammkunden gehörten Händler aus Badakstan, die sich hier regelmäßig Nachschub besorgten.

Hunza schuf sich so eine relativ autonome Position. Man diktierte jedem, der sich in das Gebiet wagte, die Bedingungen. Eine vorteilhafte Sache, vor allem für die autokratischen Thums. Sie terrorisierten nicht nur die Fremden, sondern auch die eigenen Leute. Die Untertanen lebten in ständiger Angst, in Ungnade zu fallen und an die Sklavenkarawanen verschachert zu werden.

Die Thums verlangten absolute Loyalität, boten allerdings bei Gefahr Schutz nur gegen hohe Bezahlung. Die Gelder wurden schnellstens in die eigene Tasche gewirtschaftet. Die Geschichte des Adels ist gekennzeichnet von Intrigen, Mord und Rache.

Eingezwängt zwischen dem Rakaposhi-Massiv im Süden und dem Fluß im Norden, liegt Nagar im Vergleich zu Hunza strategisch denkbar ungünstig. Die einzige Verbindung zur Außenwelt war Gilgit, auf das man wegen Zucker, Salz und Tuch angewiesen war. Andere lebenswichtige Produkte kamen über Hunza aus Zentralasien, und in Zeiten friedlicher Koexistenz überfielen Räuber aus Nagar und Hunza gemeinsam die Karawanen.

Oase: Aus der Vogelperspektive erkennt man die einzige Erwerbsquelle der Region: ein schmaler Grünstreifen zu beiden Seiten des Hunzas – manchmal streckt er sich vorsichtig die steilen Berghänge hinauf. Die kompliziert terrassierten Felder, von Steinmauern befestigt, und das Labyrinth der aus den Gletschern kommenden Bewässerungskanäle zeugen von der Geduld und der Baukunst, die nötig sind, um in dieser Bergwelt zu überleben.

Die Terrassen werden von schlanken Pappel- und Birkenalleen unterbrochen, die die Saat vor dem Wind schützen. Dazwischen blühen unzählige Maulbeer-, Walnuß- und Aprikosenhaine. Nach der Ernte trocknen die Früchte auf den flachen Dächern der gedrungenen Steinhäuser, sie sind der Vorrat für den Winter. Unvergleichlich die Idylle des Spätsommers, wenn die Sonne das Tal in pures Gold verwandelt und im Hintergrund die Schneegipfel silberfarben funkeln. Dann scheint es unvorstellbar, wie dieses so friedvolle Tal jemals Schauplatz von Gewalt und Schrecken sein konnte.

Durch die Ost-West-Achse des Tales an dieser Stelle haben die Südhänge nördlich des Flusses im Gegensatz zum Nagar mit seinen nach Norden schauenden Steilwänden viel Sonne. Während der Wintermonate dringt in so manches Dorf kein einziger Sonnenstrahl, was die Bewohner von Nagar zwingt, Anbau- und Weidefläche bis hinauf zu den Gletschern auszudehnen, wohin der lange Schatten des Rakaposhi erst am Spätnachmittag kommt.

Auf der Hunza-Seite des Tales ist noch weniger Land für den Ackerbau geeignet. Es konzentriert sich um die „Hauptstadt" von Hunza, das Dorf **Karimabad,** das sich einen Kilometer oberhalb des Karakorum Highway an die Wand des noch unbezwungenen Ultars anschmiegt. Fruchtbares Land ist so knapp, daß für Vieh kein Platz ist. Die Bauern säen Weizen und Mais und legen Obstgärten an.

Hunza ist besonders berühmt für seine wunderbaren Aprikosen. Im Sommer besteht der traditionelle Speiseplan fast ausschließlich aus dieser Frucht, die zudem für den langen Winter getrocknet wird. Im Frühjahr sind die Regale der Häuser und Geschäfte leer – für die Menschen von Hunza besonders schwierige Monate, was sich beispielsweise an der vergleichsweise hohen Kindersterblichkeit ablesen läßt.

In Hunza wird nichts verschwendet. Die Aprikosenkerne werden gemahlen und an das Vieh verfüttert, sogar aus dem Kerninneren wird Öl zum Heizen und zum Schutz der Haut gewonnen. Wegen ihrer Ernährung haben die Hunza den Ruf, sehr alt zu werden. Es darf wohl bezweifelt werden, daß sie tatsächlich länger leben als andere Bewohner der nördlichen Provinzen Pakistans oder der umliegenden Länder. Aber die gesunde Luft und die vitaminreichen Aprikosen leisten sicherlich einen wertvollen Beitrag zur Erhaltung der Gesundheit. Dazu kommt das Gletscherwasser, dessen schlammige Farbe auf einen hohen Gehalt an Mineralien schließen läßt.

Frauen und Männer teilen sich größtenteils die Arbeit, die außerhalb des Hauses gemacht werden muß. Die Frauen tragen Schleier als Zeichen ihrer Zugehörigkeit zur Sekte der Ismaeliten. Im frühen 19. Jh. besuchte der damalige Thum von Hunza den Aga Khan in Afghanistan – seitdem gehört die Bevölkerung von Hunza dieser Religionsgemeinschaft an.

Der jetzige Aga Khan verstand es, sich die Treue der Bewohner von Hunza durch finanzielle Unterstützung ihrer Entwicklungsprojekte auf dem Landwirtschafts- und dem Bildungssektor zu erkaufen. Über fast jedem neuen Vorhaben flattert die Fahne des Aga Khan, und seine Beamten kreuzen in weißen Jeeps auf, um den Fortgang der Projekte zu überwachen. Im örtlichen Kunsthandwerk arbeiten sowohl Männer als auch Frauen, wobei letztgenannte die weißen Wollroben herstellen, die *chogas,* die traditionell von den Männern getragen werden. Im vorrevolutionären Frankreich hatten die weißen Wollschals aus Hunza als Statussymbol höheres Ansehen als die Schals aus Kaschmir.

In Hunza gibt es kaum noch einen Lebensbereich, der nicht durch den ständigen Kontakt mit der Außenwelt beeinflußt ist; das Tempo der Veränderungen hat sich in den letzten Jahren rasant verschärft. Heute wird ein Großteil der Nahrungsmittel aus den Ebenen über den Karakorum Highway importiert. In der Kleidung zeigt sich oft eine geradezu abenteuerliche Mischung aus traditionellen Hüten und modernen Turnschuhen. Die neuen Touristenhotels mit ihrem Versprechen, Reichtum ins Land zu bringen, fressen wertvolles landwirtschaftlich nutzbares Land.

In Nagar gehen die Uhren langsamer. Die Menschen sind immer noch Schiiten, genauso wie vor 700 Jahren, als der Islam zum ersten Mal in die Täler

Das Tal von Nagar wird vom Diran und vom Rakaposhi beherrscht.

kam. Von der gegenüberliegenden Seite des KKH wehen provokativ die schwarzen Gebetsfahnen der Schiiten, ganz als ob sie hinüber zu den Bergen der Ismaeliten winkten.

Trotz aller Neuerungen werden in Hunza noch viele der traditionellen Feste gefeiert, einschließlich des Festes, das den Beginn der Saatzeit markiert, und des *Nauroz*-Festes am Frühlingsanfang. Wenn im Herbst die Hirten von den Almen kommen, feiert man ein weiteres großes Fest.

Manchmal wird ein Schwerttanz vorgeführt – eine Erinnerung an die Zeit der Räuberbanden, als die Bewohner von Hunza wegen ihrer Fechtkunst gefürchtet waren. Am interessantesten aber sind die Zeremonien der Bitans, der Schamanen.

Früher beschützte die Festung von **Baltit** oberhalb von Karimabad die Feudalherrscher Hunzas. In der Architekur der Festung ist der tibetische Einfluß nicht zu übersehen. In der Überlieferung heißt es, daß vor etwa 400 Jahren eine Prinzessin aus Baltistan den Thum geheiratet und die Handwerksmeister als Teil ihrer Mitgift aus der Heimat mitgebracht hat.

Noch bevor man die Festung erreicht, schrecken die gepflasterten Straßen von Baltit mit ihren überwölbten Torwegen, die leicht zu verteidigen sind, auch den wagemutigsten Eroberer ab. Innerhalb der Festung sind es die engen Treppen zu den Wohnquartieren, die dafür sorgen, daß kein Feind den Thum ungesehen erreicht.

In Friedenszeiten konnte der Thum vom Balkon im ersten Stock seiner Festung den herrlichen Blick auf Hunza genießen, doch immer wenn Gefahr drohte, begab er sich wohl aufs Dach, wo die Sicht über sein Reich noch spektakulärer war und ist. Erst im Jahre 1960 hat der Thum diese Festung für immer verlassen und seinen Hauptsitz in den neuen Palast nach Karimabad verlegt, der weiter unten im Tal zu sehen ist. Uneinnehmbarer als Baltit aber noch ist die ältere Festung **Altit** auf einem Felsvorsprung 300 m über dem Hunza.

Bewässerung: Aus der Schlucht des Ultar Nullah hinter Baltit kommt ein Bewässerungskanal, der Hunza mit Frischwasser versorgt. Das Gefälle ist so minimal, daß es manchmal schwerfällt festzustellen, in welche Richtung das Wasser überhaupt fließt. Verfolgt man die nahezu senkrechten Hänge des Nullahs entlang des Kanals, wird deutlich, was für eine Meisterleistung Ingenieure vollbrachten, um das Wasser vom **Ultar-Gletscher** ins Tal zu leiten. Manchmal wird der Kanal an lotrechten Abhängen vorbeigeführt, Tunnel verkürzen die Winkel, und wo immer es nicht anders möglich war, hat man simple Rinnen aus Holz konstruiert. In regelmäßigen Abständen wurden Teiche angelegt, die der Regulation des Wassers dienen. Damit die Dörfer nicht überflutet werden, muß die Wassermenge konstant bleiben.

Etwa 3 km den Nullah hinauf öffnet sich die Schlucht und gibt ein breites Tal frei, auf dessen Kopfseite die Viertausender Ultar 1, 2 und 3 in den Himmel ragen. Linker Hand vervollständigt eine vertikale Gesteinsformation, die unter dem Namen **Ladyfinger Peak**

Ein Schwätzchen auf der Straße.

bekannt ist, ein Amphitheater aus Eis und Stein. Von der Hütte eines Schäfers führt ein steiler Pfad hinauf zu diesem Zweitausender, und von einem Vorsprung auf etwa 1500 m hat man einen Blick auf Hunza und Nagar, der den Atem verschlägt.

Im Süden liegen Rakaposhi und Diran mit dem Band, dem Karakorum Highway, der sich zwischen den grünen Siedlungen an den Ufern des Hunzas hindurchwindet. Über Nagar im Osten erheben sich der Malubiting und der Golden Peak am Kopfe des **Barpu-Gletschers,** dessen gewaltige Westfront für Bergsteiger noch immer eine der großen Herausforderungen im Karakorum ist.

Die Westseite des Golden Peak ist die höchste Wand des Karakorum. Von hier aus sieht man 14 Gipfel über 7000 m.

Im Norden wacht der **Hispar-Gletscher** über ein Land geheimnisvoller Stille. Diese Zunge aus Eis verbindet das Zentralkarakorum mit Baltistan. 1937 schaffte Eric Shapton diese Route genau 50 Jahre nach Francis Younghusband, doch schon seit Jahrhunderten benutzten Händler aus Hunza und Baltistan diesen Weg.

Für den gut akklimatisierten und erfahrenen Trekker ist der Hispar-Gletscher zweifellos der direkteste und spektakulärste Weg in das ehemalige Königreich Klein-Tibet. Tag um Tag umgibt ihn eine Eiswüste, und er erlebt ständig grandiose Panoramen.

Der Karakorum Highway zieht sich nach Norden und windet sich zwischen dem mächtigen **Disteghil Sar** (7885 m) und den eindrucksvollen **Batura Peaks** hindurch nach Westen in Richtung Khunjerab-Paß.

Bei **Gulmit** liegt das landwirtschaftliche Zentrum von Hunza. Die **Pasu Peaks** bilden einen wunderbaren Hintergrund zu den terrassierten Feldern.

Außer dem bekannten Pfad über den Batura-Gletscher zu den Batura und Pasu Peaks bietet die Region Gojhal eine reiche Auswahl an Abenteuer für alle, die die Einsamkeit in den Tälern des abgelegenen **Shimsal-Tals** suchen oder sich verlieren wollen in den Winkeln des noch weiter entfernten **Pamir-Plateaus,** das das Grenzgebiet von Xinjiang umfaßt.

Schamanen

Hoch oben in den Bergen, wo das ewige Eis der Gletscher sich vor den ersten Sommergräsern fürchtet, wo, unberührt von Menschenhand, zarte Blumen blühen, sobald die Winterstürme sich ausgetobt haben, liegt ein Paradies, dessen Reinheit den blinden und tauben Sinnen der Sterblichen immer verschlossen bleiben wird. Dies ist das Reich der Feen, hier bauen sie ihre Schlösser.

Wanderer und Eindringling, paß auf! Die Feen sind empfindsame Kreaturen, die sich trotz ihrer anatomischen Nachteile – ihre Zehen hinten, die Fersen vorne – sehr gut zu wehren wissen.

Verrückt jemand einen Stein von seinem Platz, fällt hier ein Kiesel zu Boden, erwachen die Feen. So unsanft aus dem friedlichen Schlaf geweckt, werden sie ungebärdig. Das Grollen der Lawine, das plötzliche Krachen des Donners sind Zeichen dafür, daß sie in dieser Welt herrschen. Die Trekker aus dem Westen mögen ihre eigenen Vorstellungen von den Ursachen solcher Naturphänomene haben, die Einheimischen jedoch wissen, daß es Zeichen der erzürnten Feen sind und daß es sich auszahlt, freundlich zu den Berggeistern zu sein. Die Einheimischen, die manchmal die Feen stören müssen, bringen ihnen Opfergaben zur Besänftigung dar. Aber auch das zeigt nicht immer die erhoffte Wirkung – und so muß ein Vermittler bemüht werden, der die Feen und ihre Welt besser versteht: der Schamane.

Er ist der Mittler zwischen Dörflern und Feen. Er beschwichtigt die Feen nicht nur, sondern kann sich von ihnen auch die Zukunft weissagen lassen. Sein Wissen über die Heilkraft der Kräuter stammt von den Geistern, die ihm mitteilen, wie eine Krankheit am besten zu behandeln ist.

Es gibt keine „Berufsausbildung" für Schamanen, keiner kann sich bewußt für diesen „Beruf" entscheiden. Das Talent ist entweder ererbt, oder der Schamane wird von den Feen dazu auserwählt. Wenn ein Mann hoch droben in den Bergen weilt, vielleicht seine Ziegen hütet, erscheint ihm eine Fee im Traum, die ihm die Geheimnisse des Schamanismus offenbart. Aber erst nach dem Initiationsritus, an dem alle Dorfbewohner teilnehmen, darf der Schamane seine Arbeit beginnen. Im täglichen Leben spürt er den Einfluß seines neuen Berufes nur wenig, man ruft ihn nur, wenn man ihn braucht: um im Rahmen eines Festes die Zukunft vorauszusagen, sobald eine lange Reise bevorsteht, oder um einen erkrankten Dorfbewohner zu heilen.

Um mit den Feen in Verbindung zu treten, muß der Schamane bestimmten Riten folgen. Zuerst inhaliert er, umringt von den Dorfbewohnern, den Rauch brennender Wacholderzweige oder anderer berauschender Kräuter, bis er vollkommen in Trance ist. Dann setzt das Spiel der Trommeln und Flöten ein, und der Schamane beginnt zu tanzen. Wird der Rhythmus schneller, wird auch der Tanz des Schamanen schneller; den Blick hat er starr auf die fernen Berggipfel gerichtet, wo die Feen wohnen.

Plötzlich werden die Trommeln und das Flötenspiel leise, der Schamane hält inne und lauscht den Klängen der Musik, als ob es eine Sprache wäre, die allein er versteht: Die Feen senden ihre Nachricht durch die Musik. Der Schamane antwortet, er beginnt, mit lauter Stimme zu singen und übersetzt der wartenden Menge die Worte der Feen. Manchmal verläßt seine Seele während dieser Tänze den Körper, und sie reist in weite Fernen. Dann erzählt sein Gesang, was sein inneres Auge erblickt.

Früher hatte der Gesang des Schamanen auch einen politischen Inhalt. Durch die Ekstase geriet er in eine Freiheit, die es ihm erlaubte, alles zu sagen; so auch dem Herrscher, was sein Volk über ihn dachte.

Schamanenglaube war in vielen Gesellschaften der Welt verbreitet. Da der Glaube in den Bergen Nordpakistans noch lebendig ist, spielt der Schamane hier eine bedeutende Rolle. Nur in einer Tatsache spiegelt sich der Einfluß des Islams wider: In früherer Zeit waren auch Frauen Schamanen, heute ist diese Funktion den Männern vorbehalten. ■

NACH BALTISTAN

Von Hunza streckt sich die Hauptkette des Karakorums ostwärts zu ihrem höchsten Punkt, seinem eigentlichen Zentrum: den gewaltigen Felsmassen und Eistürmen in Baltistan.

Man erreicht Baltistan am besten auf der Straße, die dem Indus folgt und südlich von Gilgit vom Karakorum Highway (KKH) nach Osten abzweigt und sich zwischen der Haramosh-Kette und dem Deosai-Plateau hindurchzwängt. Die Straße ist gefährlicher als der KKH – an manchen Orten führt sie entlang bedrohlich aussehender Überhänge. Es ist das Land der Lotrechten, man sucht – ganz schwindlig – nach Halt; die weit höheren Gipfel entziehen sich den Blicken. Erst wenn die Schlucht sich auf die breite Sandebene von **Skardu** öffnet und sich der Blickwinkel wieder vergrößert hat, läßt das beklemmende Gefühl in der Magengrube nach. Die Berggipfel, die das Tal säumen, sind imposant, doch lediglich die äußere Gebirgslinie. Das Herzstück, das „Heiligtum" des Karakorums mit dem K2, Gasherbrum und Broad Peak, ist noch gut 100 km entfernt.

Die Provinz Baltistan kann in drei Teile gegliedert werden: das Verwaltungszentrum um Skardu, dessen Hinterland über das Deosai-Plateau die Verbindung zu Kaschmir bildet; das Gebiet nördlich und östlich von Skardu um die Stadt Shigar, deren Tal sich bis nach Dassu und Askole zieht und dann den Baltoro-Gletscher erreicht; als drittes Gebiet das Tal des Shyok von der Grenze zu Ladakh bis zu seiner Mündung in den Indus bei der Humajun-Brücke 40 km östlich von Skardu. Das Zentrum des Gebietes ist Khapalu. Südlich des Indus liegen die Gebiete Kharmang und Rondu.

So abgelegen die Region auch sein mag, so wurde sie dennoch von Völkern aus allen Teilen der Erde besiedelt. Nach den arischen Hirten, die ihre Herden hierhertrieben, kamen die Buddhisten den Indus über Gilgit herauf;

Vorherige Seiten: Schatten eines Schamanen. Blühende Landschaft am Rande der Karakorum-Wüste. Polo vor mächtiger Kulisse. Unten: Blick von der Skardu-Festung.

Abenteurer aus Hunza und Nagar überquerten den Hispar-Gletscher; Tibeter aus Ladakh folgten dem Lauf des Indus und des Shyok. Es gibt Hinweise, daß früher eine direkte Straßenverbindung zwischen Kashgar und Baltistan existierte, die über das Pamir-Plateau und den Saltoro-Paß östlich des K2 führte. Die Briten fürchteten, diese Straße könnte als weiteres Einfallstor für die Russen dienen, doch ist sie aufgrund des raschen Vordringens der Gletscher schon seit Jahrhunderten für den Verkehr geschlossen.

Wer immer die ersten Einwohner der Region waren, bis ins 15. und 16. Jh., als der Islam mehr und mehr an Bedeutung gewann, hatten die Tibeter zweifellos den größten Einfluß – ein Einfluß, der nach wie vor spürbar ist, vor allem an der Grenze zu Ladakh. Viele Menschen dieser Region sind untersetzt und haben ausgesprochen tibetische Züge. Auch die Architektur enthält tibetische Elemente, und nicht zuletzt die Jak-Herden beweisen den Einfluß des Volkes vom größten Hochland der Erde. Auch die Sprache der Balti, einem freundlichen, glücklichen Volk, ist mit dem Tibetischen verwandt.

Abgesehen von einigen buddhistischen Felszeichnungen bei Skardu ist nur wenig von der Geschichte des Landes überliefert. Einst seien von einem Berg bei Skardu Felsstücke abgebrochen und in den Indus gestürzt. Der Schutt türmte sich bis auf die Höhe der Berge, und es kam zur Bildung eines riesigen Sees, der sich bis nach Karghil hinstreckt. In der Tat scheint es mehrere solcher Naturkatastrophen gegeben zu haben, das letzte Mal Mitte des 19. Jhs., als ein Erdrutsch bei Gilgit das Skardu-Tal verschüttete.

Staub und Dünen: Heute ist das Tal von Skardu 40 km lang und 8 km breit, also recht groß, wenn man es mit der Breite des Indus vergleicht, der durch das Tal hindurchfließt. Er windet sich gemächlich durch die Landschaft voller gewaltiger Sanddünen und hinterläßt hier und da einen ruhigen, blauen See.

Auf einem Felsvorsprung an der Nordseite der Stadt wacht die Festung

Sandsturm in Baltistan.

Kharpoche. Sie wurde von Maqpon Bokha, dem letzten buddhistischen Herrscher, gebaut, der gegen Ende des 15. Jhs. das Königreich Skardu gründete. Die anscheinend uneinnehmbare Festung, geschützt von den Felsen im Westen und vom Indus im Osten und Norden, wurde mit der Ausbreitung des Islams zum Anlaufpunkt der aus Kaschmir einwandernden Siedler. Baltistan festigte sich bald zu einem Staat, und die Fürsten von Skardu konnten nicht nur die Angriffe aus dem Westen, z. B. durch die Chilasi, zurückschlagen, sondern zudem noch die Gebiete Shigar und Khapalu im Osten ihrem Machtbereich einverleiben.

Im 16. Jh. erweiterte der große Ali Scher Khan Baltistan, indem er Ladakh im Osten und Dardistan im Westen angriff und bis nach Chitral vordrang. Seine militärischen Siege sind Legende und gehören in weiten Teilen der nördlichen Provinzen zum Volkskulturgut. Ali Scher Khan hatte erstmals mit den Mogul-Herrschern Kontakt, als 1586 Akbar der Große Kaschmir eroberte. Scher Khan heiratete später die Mogul-Prinzessin Gul Khatoon.

Als der Gatte wieder einmal auf einem Feldzug war, wurde es der Prinzessin in der staubigen, windgepeitschten Öde langweilig, und sie beschloß, einen Palast zu bauen: **Mindoq Khar** entstand. Gleich unterhalb des Palastes legte sie herrliche Terrassengärten an, in denen Wasserfontänen aus dem Marmor sprudelten. Das Problem der Wasserversorgung wurde durch einen eindrucksvollen Aquädukt zum Fluß Sat gelöst. Leider sind davon nur noch Ruinen übrig – der Palast fiel 1840 einem Angriff der Sikhs zum Opfer.

Skardu ist immer noch ein staubiges Pflaster, nach wie vor heult der Wind durchs Tal. Der kleine Basar erwacht nur während des *Muharram*-Festes zum Leben, wenn die gesamte schiitische Bevölkerung an den Feierlichkeiten teilnimmt.

Deosai: In den Bergen, die die Stadt umringen, liegen Geheimnisse verborgen, die sich nur wenigen ausgewählten Menschenaugen offenbaren. Über

Traditionelle Dreschmethode.

den **Satpara-See,** 8 km von der Stadt entfernt, erreicht man das 70 km weite **Deosai-Plateau,** das auf 3500 m Höhe Baltistan mit dem Astor-Tal östlich des Nanga Parbat verbindet.

Es führt zwar eine Straße hinauf, die mit Jeeps bewältigt werden kann, doch empfiehlt sich ein Fußmarsch durch die rauhe, aber schöne Berglandschaft – es ist ein wirkliches Erlebnis. Hier ist das wahre nordpakistanische Hinterland, jenseits der engen Täler. Ungewohnt die Weiträumigkeit, das Panorama, das die Ebene gewährt. Im Süden thront der gewaltige Nanga Parbat am Horizont. Ein Labyrinth von flachen Bächen und Flüßchen durchzieht die Hügellandschaft des Plateaus. Hier ist das Land der Murmeltiere.

In die Ferne: Nördlich und östlich von Skardu erlebt man die Berge des Karakorum in ihrer ganzen Herrlichkeit und ihrem unnachgiebigen Stolz. Nach einer zweistündigen Fahrt mit dem Jeep erreicht man das Tor zu diesem Wunder: das uralte Dorf **Shigar,** versteckt in einem grünen Tal hinter Apfel- und Aprikosenbäumen – der Stolz Baltistans. Im Norden folgt das Tal dem Braldu, der alsbald nach Osten abbiegt. Hier beginnt die Einöde, das „Heiligtum" des Karakorum rückt in greifbare Nähe. Unterhalb des Dorfes **Askole** ist die bedrohliche Schlucht des Braldus letztes Hindernis und Tor zum geheimnisvollen **Baltoro-Gletscher.**

Am Kopf des Baltoro-Gletschers stehen vier der 14 Achttausender, einschließlich des **K2,** mit seinen 8611 m der zweithöchste Berg der Welt. Der Gletscher selbst ist eine in Abgründe stürzende Eismasse, die den Schutt von Jahrtausenden mit sich reißt. Jenseits von Camp Urdukas stirbt die Vegetation. Der Weg den Gletscher hinauf wäre eine Plackerei, gäbe es nicht die spektakulären Granit- und Eisberge, die ihn umstehen. Brach und kalt liegt die schier unendliche Einöde. Darüber die Gipfel, deren bizarre Formen und unvergleichliche Farben eine Erlösung in dieser Wüstenei sind. Kein Wort wird dieser Landschaft gerecht. Die Berge scheinen sich gegenseitig übertrumpfen zu wollen: der gigantische **Gasherbrum 2** frißt vom Himmel, was die **Trango Towers** übriglassen. Der **Paiyu** scheint sich seiner perfekten Form bewußt zu sein.

Der Titel von Gallen Rowells Buch *Im Thronsaal der Berggötter* ist eine gelungene Charakterisierung der Felswelt, die den Baltoro umringt. Das Gletscherwunderland ist nur erfahrenen Bergsteigern zugänglich, andere müssen sich mit dem Blick auf die Gipfel begnügen. Um Baltistan und seine Menschen zu erkunden, kehrt man besser nach Shigar zurück.

Transhumanz: Von einem Felsplateau jenseits der Festung Shigar führt ein ausgetretener Pfad durch ein enges Tal hinauf in Richtung Nordosten. Die Strecke nach **Thalle La** ist ein Beispiel für die vielen Verbindungen zwischen den ansonsten isolierten Tälern in Baltistan. Der Paß verbindet das Shigar-Tal mit dem Shyok östlich von Skardu; zu Fuß ist es ein Drei- bis Vier-Tages-Marsch, für den gut akklimatisierten Trekker ein relativ leichter Ausflug in das Herz Baltistans.

Fährmann auf dem Shyok.

Im Sommer treiben die Hirten ihr Vieh, vor allem Ziegen, in die Berge, denn oberhalb der Dreitausend-Meter-Grenze gibt es ausreichend Niederschläge und genug Weideland. Dann erwachen die Dörfer, die während des Winters verlassen sind. Die Menschen leben von dem Käse und Quark aus der Milch des Viehs sowie von dem Mehl und der Butter, die sie zur Zubereitung von *roti* mitgebracht haben. Sie brauen einen wunderbar starken, mit Pfeffer gewürzten Tee. Als Brennmaterial dienen Tierdung und Reisig; im Sommer sieht man nicht selten alte Männer über die Wiesen wandern und Holz sammeln, das sie mit einem Gestell auf dem Rücken heimwärts tragen.

Der **Thalle-Paß** liegt inmitten von zerklüfteten Sechstausender-Gipfeln. Er selbst ist 5000 m hoch, doch im Spätsommer weicht die Schneegrenze bis auf etwa 200 m unterhalb des höchsten Punktes zurück, wodurch die letzten Meter des flachen Aufstiegs recht leicht werden. Die in der Abendsonne rötlich schimmernden Felswände versperren die Sicht auf den Gipfel des Baltoro, der im Osten liegt. Der lange, aber idyllische Abstieg ins Thalle-Tal führt über Gebirgswiesen, wo klare Quellen und Bäche abwärts plätschern. Weiter unten werden die grünen Hänge langsam grau, und nur ein paar vereinzelte Jaks suchen hier nach Futter. Noch tiefer unten im Tal stößt man wieder auf Felder und Dörfer.

Erntezeit: Mitte September sind im Tal Mais und Weizen herangereift, und die Ernte kann beginnen. Da das Getreide in den höheren Lagen langsamer reift, kommen die Felder in der Talsohle zuerst an die Reihe. Alle Dorfbewohner, die noch irgendwie arbeiten können, sind nun mit der Ernte beschäftigt. Dort, wo sie beendet ist, bleiben goldbraune Stoppelfelder zurück, die zu einem Flickenteppich zusammenwachsen, der sich immer weiter über das Tal und die Hänge ausbreitet.

Die Ernte ist noch nicht beendet, da hat im Dorf das Dreschen bereits begonnen. Das Vieh wird ins Joch gespannt, das mit einem Pfahl verbunden

Thalle-Tal.

ist. Die Tiere drehen sich im Kreise um den Pfahl und zertrampeln dabei das Getreide, das ringsum auf dem Boden verteilt worden ist. Diese archaische Dreschmethode stammt wahrscheinlich aus Ägypten und Babylon, von wo aus sie sich nach Zentralasien ausbreitete. Im Baltistan verwendet man meistens Jaks oder Ochsen für diese Arbeit, doch gelegentlich sieht man auch Pferde eingespannt.

Unterhalb von **Khusomik** sind die Dörfer meist das ganze Jahr hindurch bewohnt. Nach der Ernte bereiten sich alle – die Hirten ausgenommen – auf einen langen Winter vor. Wolle wird gesponnen und dann an den Webstühlen zu Decken und Kleidern weiterverarbeitet. Die alten Männer sitzen dabei, umringt von Kindern, und erzählen immer wieder Geschichten und Sagen aus alten Zeiten.

Ein Garten Eden: Der Pfad verliert sich von Zeit zu Zeit in einem Obstgarten, der Wanderer schwelgt im Duft von Äpfeln und Aprikosen. Zwischen den Dörfern taucht der Weg alsbald wieder auf und verschwindet im nächsten Moment in einem Labyrinth von Bewässerungskanälen. Auf 2000 m Höhe erreicht er den Shyok und die Hauptstraße. Hier ist wieder das Dröhnen der Zivilisation zu hören: Ein Jeep donnert vorbei, verdreckt nach einer sechsstündigen Fahrt von Skardu her.

Das Tal im Osten wird all den enthusiastischen Beschreibungen gerecht, mit denen es von Reisenden bedacht wurde, seit der Earl von Dunmore es Ende des letzten Jahrhunderts als erster Europäer erblickte. Für die Einheimischen ist es ein Paradiesgarten mit dem blauen Shyok, an dessen Ufern fruchtbare Äcker liegen, und gesprenkelt von Dörfern. Eingeschlossen wird die Idylle von mächtigen Granitbergen.

Die Straße führt nun am Nordufer des Flusses entlang, windet sich durch die versprengten Dörfer und vorbei an Felsvorsprüngen, die wie Baldachine über das Wasser des Flusses ragen.

Kurz vor dem Ort **Saling** verkehrt eine Fähre zwischen dem Nordufer und der Stadt Khapalu auf der anderen Sei-

Links: Junge Mutter in Hushe. **Rechts:** Hoch erhebt sich der Lela Peak.

te. Diese Fähren, die schon seit Jahrhunderten den Fluß überqueren, bestehen nur aus einem Holzgitter, das von Tauen zusammengehalten wird und auf mit Luft aufgeblasenen Ziegenfellen schwimmt, die den Passagieren als Sitze dienen. Mit langen Stangen steuert der Fährmann sein Boot an das gegenüberliegende Ufer, wo er etwas weiter flußabwärts anlegt.

Khapalu ist das Zentrum des Shyok-Tals, eine weit verstreute Ansammlung von Häusern vornehmlich im tibetischen Stil, die noch hoch oben an den Berghängen liegen. Der Palast der früheren Radschas von Khapalu überschaut das gesamte Tal.

Der Nachkomme der Radschas bemüht sich, die Tradition lebendig zu halten – möglicherweise dauert deshalb das alljährliche Frühlingsfest, das man in allen Provinzen Nordpakistans kennt, hier drei Tage. Der „Radscha" lädt die örtliche Musikkapelle in den Palast ein, und Gesang und Tanz können beginnen. Eine weitere Attraktion ist das Polospiel, das die Mannschaften der benachbarten Dörfer auf dem Platz unterhalb des Palastes austragen. Von den bewaldeten Hängen über der Stadt hat man einen wunderbaren Blick auf die steil aufragenden Berge im Norden. Man erreicht sie am besten, indem man wieder den Fluß überquert und sich durch das idyllische Hushe-Tal in Richtung **Machalu** aufmacht.

Hushe: Auf etwa 30 km verläuft das Tal genau nach Norden, wo sich der massive **Masherbrum** (7821 m) erhebt. Die riesige Südflanke hebt sich scharf von dem üppigen Grün des Tals ab, das eines der fruchtbarsten Gebiete im ganzen Karakorum ist. Auf den winzigen Feldern wachsen alle Getreidesorten, dazwischen gedeihen Walnuß-, Apfel- und Aprikosenbäume. Gespeist wird alles von einem komplizierten Kanalsystem, das das Wasser aus den Bergen im Tal verteilt.

Bunt gekleidete Kinder schauen neugierig aus den Fenstern der Steinhäuser, fassen sich endlich ein Herz und kommen in einer Schar angerannt. Lachend beobachten die Frauen, die auf den Dächern das Obst zum Trocknen ausbreiten, die Szene.

Ein weitverbreitetes Problem hier ist der Jodmangel, der zu starken Kropfbildungen führen kann.

Bevor die Straße zwischen Shigar und Askole ausgebaut war, ging die direkte Route über **Masherbrum La** durch das Hushe-Tal zum Baltoro-Gletscher. Das Dorf **Hushe** selbst lieferte die nötigen Mannschaften für Gebirgsexpeditionen, und auch heute noch kommen die meisten Träger und Führer aus Hushe. Hier ist die Heimat der unbekannten Helden des Bergsteigens, wie z. B. Abdul Karim, der sicherlich öfter den Aufstieg in die Achttausender gewagt hat als die meisten berühmten Bergsteiger aus dem Westen.

Das Dorf besteht aus ein paar gedrungenen Steinhäusern, die sich in den durch Mäuerchen begrenzten Mais- und Weizenfeldern verlieren; ein Puzzle, das im Schatten der sich auftürmenden Südwand des Masherbrum fast gänzlich untergeht.

Das Gebiet östlich des Giganten bietet einige der besten Wanderwege des

Abdul Karim ist einer der bekanntesten Bergführer des Karakorum.

Nordens. Ganz anders als am Baltoro beeindruckt hier die ausgewogene Schönheit der Landschaft, wo das Eis des Gletschers mit dem Grün der Moränen zu einer Einheit verschmilzt; eine friedvolle Landschaft.

Zentrum des Gebietes ist ein breites Tal östlich von Hushe – der Name übrigens bedeutet „Hagebutte". Tatsächlich ist es im Frühjahr überwuchert von blühenden Sträuchern. Genau östlich davon drängt sich die Nase eines riesigen Gletschers ins Tal. Er gehört zu den majestätischen **K6** und **K7,** die weit in der Ferne liegen. Als die ersten Geographen dieses Land erforschten, nahmen sie häufig an, daß kein einheimischer Name für die Berge existiere. Also gaben sie ihnen Nummern. Für die Kartographen waren die Nummern wesentlich leichter zu behalten, und deshalb ist der Karakorum Sechs auch heute noch der K6.

Im Norden ragt der windungsreiche **Chondogoro-Gletscher** über die Ostflanke des Masherbrum. Auf einer breiten Hochebene über dem Gletscher sind ein paar Steinhütten die Grenzposten der Zivilisation. Nur ein einzelner Schäfer wohnt mit seiner Familie in **Dalsam** weiter oben. Ende September aber steigen alle Dorfbewohner hinauf, um ihre Ziegen und Schafe einzusammeln, die den ganzen Sommer über die Gebirgsweiden durchstreiften. Der Winter bricht im Gebirge schnell herein, und das Vieh muß rechtzeitig ins Tal getrieben werden. Hütehunde gibt es nicht, statt dessen springen flinke Buben neben den Herden her und halten die Tiere mit gezielten Steinwürfen zusammen.

Der Gletscher macht einen Bogen in Richtung Norden und endet auf einer Wiese unter einem 5500 m hohen Kamm, der die Wasserscheide zum Baltoro darstellt. Im Süden kratzt ein bleistiftgerader Siebentausender, der **Lela Peak,** den Himmel. Auf die Trekker mit Eispickel und Krampen, die den steilen Aufstieg zum Gipfel des **Gondoro** (5700 m) nicht scheuen, wartet eine fürstliche Belohnung: ein atemberaubender Blick auf den oberen Baltoro-Gletscher.

Blick von Concordia auf den K2.

Zum Hindukusch

Etwa 400 km weiter westlich des K2 stellt sich ein Hindernis in den Weg, an dem sich jahrtausendelang Invasoren die Zähne ausbeißen mußten. Der gewaltige Hindukusch türmt sich hinter dem Tal von Chitral auf. Die Stadt Chitral erreicht man über zwei Wege. Wählt man den ersten, so muß man nach Gilgit zurückkehren und dem Karakorum Highway folgen, anschließend bei Besham den malerischen **Shangla-Paß** ins Swat-Tal überqueren. Dort führt auch eine Abzweigung nach Dir und zum **Lowarai-Paß.**

Über Stock und Stein: Die zweite, die direkte Route, führt von Gilgit den gleichnamigen Fluß entlang durch den Hindu Raj zum Shandur-Paß und über Mastuj zu den nördlichen Ausläufern des Chitral-Tals: ein gut zwei Tage dauerndes Gerumpel. Ab Gakuch wird diese Strecke besonders schwierig, neben der Straße fallen die Steilhänge nahezu lotrecht in die manchmal Hunderte von Metern tiefen Schluchten.

Aber sicherlich ist es – trotz allem – heutzutage nicht mehr so schlimm wie noch gegen Ende des letzten Jahrhunderts, als Algernon Durand die Reise zu Pferd machte: „... wie schlimm auch der Weg sein mag, solange der Reiter sich auf dem Pfad hält, hält er sich auch auf seinem Pferd; nirgendwo in der Welt, denke ich, reiten Menschen auf solch schlechten Wegen; und dennoch ist der Chitrali kein guter Reiter, sondern er hat nur gute Nerven."

Ungeachtet des Umstands, daß dieser einstige Pfad zu einer Straße ausgebaut wurde, die gerade breit genug für einen Jeep ist, braucht der Reisende auch heute noch eiserne Nerven. Die Passagiere klammern sich besonders dann aus schierer Todesangst fest, wenn sie auf einem Lasten-Jeep fahren, dessen Räder bei überhöhter Geschwindigkeit kaum die Straße berühren – und daneben sich der Abgrund auftut. Manchmal führt die Straße durch eine Marktsiedlung, deren enger Basar gerade breit genug für ein Auto ist.

Wer die Strecke zwischen **Gakuch** und **Gupis** heil hinter sich gebracht hat, kann allmählich aufatmen: Plötzlich öffnet sich das enge Tal auf eine weite Ebene mit Äckern und Wiesen.

Der Fluß schlängelt sich durchs Tal, und die vielen Forellen sind leichte Beute für die flinken Kinder, die sie aus dem Wasser zu pflücken scheinen; gebraten werden die Forellen zum Frühstück gegessen. Die Einwohner sind Ismaeliten. Unschwer sind die vielen Projekte aus der Zeit Aga Khans zu erkennen: neue Straßen, Schulen, Fischteiche und Bewässerungsgräben.

Hinter **Phander** wird die Landschaft unwirtlicher und immer flacher bis hin zum **Shandur-Paß,** wo auf 3720 m der höchste Poloplatz der Welt angelegt wurde. Hier werden im Sommer die rasanten Polospiele zwischen Chitral und Gilgit ausgetragen.

Danach fällt die Straße nach **Mastuj** ab ins Laspur-Tal, wo der Yarkhun nach Süden fließt. Der Fluß bahnt sich seinen Weg vom **Baroghil-Paß,** einem der strategisch und historisch wichtigsten

Links: Mächtig ragt der Tirich Mir empor. **Rechts:** Die Menschen des Chitral sind verschlossen.

Pässe des Hindukusch. In Mastuj gibt es bis auf eine alte Festung kaum etwas zu sehen. Nur der Wind fegt über die dürre, gottverlassene Ebene.

Weit im Westen kann man den **Tirich Mir** (7708 m) erkennen, wie er sich über all die anderen Kämme erhebt. Die Straße folgt dem Mastuj in die oberen Regionen von Chitral.

Das **Chitral-Tal** ist vielleicht das am wenigsten entwickelte Gebiet der Provinzen im Norden. Es liegt eingeschlossen von den Bergen des Hindukusch, dem Hindu Raj im Osten und den Stammesgebieten der Pathanen jenseits des Lowarai-Passes im Süden. In den langen Wintermonaten wäre das Chitral-Tal vollkommen von der Außenwelt abgeschlossen, gäbe es nicht das Flugzeug, das täglich nach Peschawar fliegt – und häufig ausfällt.

Nur wenige Ecken der Welt können sich so vieler Invasionen „rühmen" wie der Hindukusch. Über die Berge und tief in die Täler drangen die Arier, Alexander der Große, Dschingis Khan mit seinen Horden, Timur und viele mehr, nicht zuletzt Emigranten und Hirten. Kein Wunder, daß die stammesgeschichtliche Herkunft der Chitrali noch weitgehend ungeklärt ist.

Die ersten Bewohner des Nordens sind unter dem Namen *Kho* bekannt, und ihre Sprache, *Khowari,* ist eine Mischung verschiedener Dialekte, die in dieser Gegend gesprochen werden. Im Mittelalter führten die Kho ein abgeschiedenes Leben, unberührt von der Entwicklung der Außenwelt, abgetrennt von Nuristan und dem unteren Chitral durch die unwegsamen Täler des Hindukusch.

Als sich der Islam in den größeren Tälern festsetzte, tauften die Muslime dieses mysteriöse Volk *kafir,* Heiden. Sie wurden verachtet und die am stärksten unterdrückte Klasse. Man verkaufte sie als Sklaven und rottete sie nahezu aus. Viele Kho konvertierten zum Islam, und heute gibt es den Stamm der *Kailash* („schwarze Gewänder") von „Kafiristan" nur noch in drei abgelegenen Tälern südwestlich von Chitral und im südlichen Teil des Tales.

Der Herbst ist in Chitral besonders schön.

Die Flüsse, die den Hindukusch entwässern, sind – außer zur Zeit der Schneeschmelze – von leuchtendem Blau. Hinter Mastuj kontrastiert der Fluß wunderbar mit den glänzenden Schneegipfeln über dem Grün und Braun der Ufer. Im oberen Chitral reiht sich Kilometer an Kilometer der fruchtbaren Schwemmlandfelder. Im Herbst färben sich die Weiden und Birken orange und goldfarben, die Täler und einsamen Siedlungen an den Hängen scheinen zu verbrennen, so intensiv glühen die Farben.

Bei **Kosht** mündet der Mastuj in den von Norden kommenden Turikho. Eine Straße zweigt hier ab und führt das **Turikho-Tal** hinauf nach **Mezgol** und weiter nach **Drasan.** Man kann tagelang wunderbar über die Berghänge von Dorf zu Dorf wandern, wo die Menschen seit der Zeit Alexanders des Großen leben.

Reise in die Vergangenheit: Ein Dorf ist von Obstgärten umgeben, auf den Dächern der Lehmhütten trocknet die Ernte, ein Mann pflügt mit seinem Ochsen ein Stoppelfeld, Frauen und Kinder verschwinden hinter den sicheren Mauern ihrer Häuser.

Die Herkunft der Chitrali ist ungewiß.

Im Dorf ist es unheimlich still – bis einer der Dorfältesten den Wanderer herbeiwinkt. Der Mann hat leuchtend ingwerfarbenes Haar und helle Haut. Allmählich wagen sich die Kinder hervor, einige dunkel, andere blond, mit blauen, strahlenden Augen. Da bietet eins von ihnen einen riesigen roten Apfel an – der Bann ist gebrochen.

Die Äpfel in dieser Gegend sind die besten in ganz Pakistan. Auf einmal ertönt aus dem Lautsprecher der einfachen Moschee der Ruf zum Gebet; die Männer verschwinden.

Im Dorf rinnt Wasser durch ein Kanalsystem, das nicht nur zur Bewässerung, sondern auch zum Antrieb von Getreidemühlen dient. Die Mühlen sind so angeordnet, daß sie die Bedürfnisse der Dorfbewohner optimal befriedigen. Die Kanäle schlängeln sich hinunter ins nächste Dorf, um dort Felder und Mühlen mit Wasser zu versorgen. Dergestalt den Menschen helfend, fließt das Wasser über Tausende von Metern hinab ins Tal.

Das Land der Feen: Der Gebirgskamm versperrt die Sicht auf den Tirich Mir, aber man kann ihn über den **Zani-Paß** erreichen, der die Sicht auf die Berge in all ihrer Pracht freigibt. Die Straße führt weiter nach **Shagram** und in den Ort Tirich Mir, bevor sie sich an den Ausläufern des **Barum-Gletschers** an der Südwand des Berges verliert. In den Sagen der Einwohner ist der Tirich Mir die Heimat der Feen.

Freitag nachts kommen die Feen aus dem gesamten Hindukusch zusammen. Man sagt, sie waschen ihre Kleider auf flachen Steinen und mahlen ihren Reis in steinernen Mörsern am Ufer eines Sees, der am Fuß des Berges liegt.

Die Belagerung: Das Dorf **Reshun** liegt weiter unten im Haupttal. Eines der Häuser diente 1895 während der berühmten Belagerung von Chitral als Gefängnis für zwei britische Offiziere. Dieser Zwischenfall erinnert an ein fast vergessenes Kapitel der Geschichte. Im Jahre 1889 knüpften die Briten erste Kontakte zu dem herrschenden *Meh-*

tar, um das strategisch wichtige Grenzgebiet zu stabilisieren.

Die Briten unterhielten freundschaftliche Beziehungen zu besagtem Mehtar, Aman ul-Mulk, der aus einer alten Dynastie stammte, die diese Region seit 350 Jahren beherrschte. Neuerdings war es jedoch zu Auseinandersetzungen mit den Pathanen gekommen. Das Bündnis mit den Briten erwies sich als fruchtbar und brachte die gewünschte politische Ruhe. Erst nach dem Tode des alten Herrschers begann ein erbitterter Kampf um dessen Nachfolge.

Es ist eine Geschichte von Mord und Rache, Verrat und Intrige. Die Erben des Methars metzelten einander nieder, und das Tal wurde schließlich durch einen Zweifrontenangriff der Afghanen und Pathanen verwüstet. Der Rest des Chitrali-Adels mischte mit, um die Briten zu vertreiben. Den heroischen Anstrengungen eines gewissen Hauptmann Kelly ist es zu verdanken, daß die Sache ein schnelles Ende fand. Der Hauptmann hatte zwei schwere Kanonen den Weg von Chitral heraufschleppen lassen. General Low ließ seine Nachhut am Lowari-Paß (nach dem General benannt) Stellung beziehen – und der Friede war wiederhergestellt. Abgesehen von einem dreitägigen Engagement im Dritten Afghanischen Krieg im Jahre 1919 leben die Chitrali seitdem in Frieden.

Geschäftige Stadt: Weiter unten im Tal liegt das Verwaltungszentrum **Chitral.** Am Flußufer wachen die Festung und der Palast des Mehtars. Außerhalb der Mauern steht ordentlich ausgerichtet eine Reihe Kanonen, Zeugnis der britischen Garnison, von deren Soldaten viele die Belagerung nicht überlebten.

Inzwischen ist es ruhig um die Festung geworden. Obwohl die darüberliegende Moschee imposant im Vordergrund des Tirich Mir steht, ist der Mittelpunkt der Aktivitäten von Chitral der **Shahi-Basar.**

Seit der russischen Invasion in Afghanistan hat die Bevölkerung der Stadt, in der Tat des ganzen südlichen Tales, zugenommen. Viele Flüchtlinge leben in Zelten, andere haben in der Stadt eine Wohnung gefunden und sich den Verhältnissen angepaßt. Im Basar findet man eine interessante Mischung aus Einheimischen und Afghanen, von denen sich viele einen Platz in der Wirtschaft erobert haben und Geschäftsinhaber geworden sind.

Man muß feststellen, daß seit der Ankunft der Afghanen Chitral zu einer blühenden Stadt geworden ist. Die Afghanen verkaufen ihre Edelsteine und andere Dinge, die sie aus ihrer Heimat mitbringen konnten. In den bunten Läden werden die berühmten Chitrali-Hüte, *pakol,* und andere Kleidungsstükke, einschließlich *chogas* und Socken, verkauft. Alles wird aus feiner Wolle gearbeitet, der *puttee,* die zu einem Gutteil aus dem Turikho-Tal stammt. In dem Gebiet wird so viel von diesem Material produziert, daß der Überschuß nach Peschawar oder weiter exportiert werden kann. Der *pakol* ist bei Einheimischen und Fremden aus den gesamten umliegenden Bezirken gleichermaßen beliebt.

In den Hindukusch: Von Chitral aus kann man verschiedene Trekking-Tou-

Der Shahi-Basar in der Mittagshitze.

ren in Richtung Grenze unternehmen. Afghanistan ist nicht mehr weit. Eine interessante Route folgt dem Lutkho durch ein enges Tal geradewegs ins Herz des Hindukusch.

Die wunderbare Wanderung verläuft parallel zum sanft rauschenden Fluß bis zum Dorf **Garam Chasma** („warme Quellen"). Mit dem Jeep dauert die Fahrt zwei Stunden. Da die Heilkraft des Wassers weithin bekannt ist, gibt es neuerdings eine Reihe von Badehäusern in der Nähe der Quellen.

Weiter das Tal hinauf führt die Straße in nordöstlicher Richtung über den **Dorah-Paß,** der einst Einfallstor für so manchen Eroberer und wichtig für den Handel zwischen Chitral und Badakstan war. In jüngster Zeit diente der Paß vor allem den Mudschaheddin, die von ihrem Camp in Garam Chasma aus Waffen und Nachschub nach Afghanistan transportierten.

Noch weiter im Norden liegt der Tirich Mir. Da die Feen des Berges nicht gerne gestört werden, sollten sich nur solche Wanderer bis hierher vorwagen, die den Zorn der Fabelwesen nicht fürchten. Im Spätherbst färben sich die Bäume golden, und das Tal wird kalt und dunkel.

Die Kalasch-Täler: Die Täler von **Bumburet, Rumbur** und **Birir,** wo die Kalasch leben, liegen südlich von hier und können von Garam Chasma über den **Utak La** erreicht werden. Für müde Wanderer empfiehlt sich ein Jeep, den man in Chitral mietet.

Die letzten Reste der „heidnischen" Kultur im Hindukusch kämpfen hier ums Überleben. Verbesserungen der Infrastruktur erleichtern die Abwanderung, und der Islam schleicht im Gegenzug unaufhaltsam die Täler hinauf. Der Gebetsruf dringt aus den Lautsprechern an den islamischen Schulen und hallt durch die Täler – das Echo, von den Bergen zurückgeworfen, beschwört die Menschen, ihren Glauben zu ändern; viele geben nach.

Für die wenigen Kalasch, die noch in den Tälern leben, ist es eine Frage der Zeit, wann sie ihre traditionelle Identität aufgeben müssen.

Der Reisanbau wird durch die vielen Flüsse begünstigt.

Die Kalasch

Inmitten der Berge des Hindukusch lebt eine kleine Gruppe von etwa 3000 Menschen, die Kafir („ungläubig") Kalasch genannt werden.

Dieser Stamm hat seine eigene Sprache, Religion und Tracht. Ihr polytheistischer Glauben hat nur wenig mit dem Islam gemein, und man nimmt an, daß sein Ursprung in der frühen wedischen Religion liegt. Die Kalasch verehren nicht nur einen Gott. Obwohl sie an einen einzelnen Schöpfer glauben, weist ihre Religion daneben viele weitere Götter und Geister auf, denen jeweils eine bestimmte Macht oder Aufgabe zugeordnet ist. Zwei besonders hoch angesehene Götter sind *Mahandeo,* der Kriegergott, Wächter über Felder, Tiere und andere Gemeingüter, sowie *Jestak,* die das Haus, die Familie und das Eigentum beschützt. Die Rituale, in denen Tiere geopfert werden, sind ein wesentliches Element des Brauchtums.

Es gibt viele Theorien, wie die Kalasch in ihre Hochtäler gelangt sein könnten. Eine besagt, sie seien Nachfahren der Stämme, die sich Alexander dem Großen anschlossen, obwohl es keinen Hinweis gibt, daß er jemals durch diesen Teil der Welt zog. Eine andere wiederum will Spuren griechischer Herkunft in der Kultur und der Physiognomie der Kalasch entdecken. Vom linguistischen Standpunkt gesehen läßt sich eine Verbindung zu den Indo-Ariern herstellen, die im 2. Jahrtausend vor Christus diese Region erreichten. Die Kalasch sind wie andere Völker im Hindukusch hellhäutig und rotwangig, manche sind blond und haben blaue Augen. Wo immer sie herkommen, sie, die „Heiden", leben wie auf einer Insel inmitten einer islamischen Welt.

Die Frauen tragen auffallend lange, schwarze Gewänder, die von einem mit Kaurimuscheln verzierten Gürtel zusammengehalten werden. Das Kleid bauscht sich über der Taille und fällt als weiter Rock nach unten. Der ebenso auffallende Kopfschmuck besteht aus einer Kappe mit großen Troddeln und einer Schleppe über der Schulter – alles reich verziert mit Muscheln. Die Kaurimuschel war einst in Nordindien ein Zahlungsmittel; muschelgeschmückter Kopfputz und Gürtel sind also zugleich ein Zeichen für Wohlstand und Reichtum.

Früher dienten außerdem unzählige Halsketten aus Korallen, Elfenbein und Süß- sowie Salzwasserperlen als Schmuck, heutzutage jedoch ist vieles davon verschwunden. Wahrscheinlich wurde der Schmuck verkauft, denn er taucht ab und an in Touristenläden in Swat und sogar im weit entfernten Peschawar auf. Die Kalasch sind arm, viele Frauen tragen offensichtlich seit Jahren ein- und dasselbe Kleid, und einige Trachten werden gar in den Touristenzentren zum Verkauf angeboten. Ehedem trugen die Kalasch-Frauen Schuhe, heute sind sie nicht selten gezwungen, barfuß zu gehen oder billige, in Chitral gefertigte Sandalen zu tragen.

Auch die Kalasch-Männer besaßen eine traditionelle Tracht. Durch den verstärkten Kontakt zur Außenwelt tragen sie jetzt eher die weitverbreiteten *kurta* und den *shalwar.*

Bei wichtigen Festlichkeiten der Kalasch spielen Musik und Tanz eine große Rolle. Es gibt vier Feste: eins im Frühjahr *(Joshi),* eins zur Erntezeit Mitte Juli *(Uchau),* eins im Herbst zur Trauben- und Walnußernte *(Pul)* und ein letztes zur Sonnenwende, das ab Mitte Dezember etwa zehn Tage lang begangen wird *(Chaumos).* Man tanzt außerdem bei Geburten, bei Totenfeiern und bei Hochzeiten. Die Frauen tanzen allein – ein Schauspiel, das die Mengen anlockt. Tanzende Frauen sind immer noch eine Sensation für diejenigen, die es nicht gewohnt sind, gleich mehrere Frauen ohne Schleier zu sehen.

Die Wachstumsperiode in den Bergen ist sehr kurz, aber es gelingt den Kalasch dennoch, Mais, Weizen, Hirse, Kohl, Karotten und anderes Gemüse und Früchte wie Maulbeeren, Aprikosen, Äpfel, Birnen und Pflaumen anzubauen. Kleine Mengen Bergreis werden gepflanzt, und –

wie in Hunza und dem oberen Chitral – ist man auf künstliche Bewässerung angewiesen. Eine wichtige Einnahmequelle ist der Export von Walnüssen. Aber mit der fortschreitenden Armut haben die Kalasch ihr Land und ihre Bäume an die Siedler im Tal verpfänden müssen.

Um das wenige fruchtbare Land im Tal nicht zu vergeuden, bauen die Kalasch ihre Häuser am Hang übereinander. Das Dach eines Hauses bildet die Veranda des darüber gelegenen. Ist der Hang sehr steil, hat das Haus zwei Stockwerke, um den Platz optimal auszunutzen. Auf den flachen Dächern werden Früchte zum Trocknen ausgelegt.

Türen und Schwellen der Häuser sind mit Schnitzereien verziert. Die wahrscheinlich sehr alten Muster – meist in runden Schneckenhauslinien – sind entweder geschnitzt oder als Brandmalerei ausgeführt. Die Häuser sind innen sehr dunkel, ihr Boden besteht aus festgestampfter Erde. Gekocht wird auf einem offenen Herd, die Wände sind folglich rußgeschwärzt.

Ein bestimmter Platz des Dorfes ist den Männern vorbehalten: Hier liegt der Schädel eines Schafbocks mit enormen Hörnern zusammen mit einem Haufen anderer Schafsknochen: der Opferplatz. Den Göttern und Ahnen werden Ziegen geopfert. Jeder Mann bietet mindestens einmal im Jahr ein Opfer dar. Frauen sind von diesen Ritualen strikt ausgeschlossen, nicht einmal die Nähe der Opferplätze dürfen sie aufsuchen. Sie können auch nicht das Fleisch geopferter Tieren essen, schon gar nicht das männlicher Ziegen. Sie dürfen weder auf die Weiden noch in die Ziegenställe. Tierhaltung ist Männersache, Sache der Frauen ist die Feldarbeit. Da man glaubt, daß die Bienen männlichen Geschlechts sind und der Bienenstock eine perfekte Abbildung der männlichen Welt darstellt, ist es Frauen verboten, Honig zu essen. Reinheitsgebote bestimmen das Leben der Frauen, schränken ihre Bewegungsfreiheit, die Nahrungsmittel, ja sogar ihre Arbeit ein. Besucher sollten sich dementprechend freundlich, aber zurückhaltend Frauen gegenüber zeigen.

<u>Links</u>: Ein Kopfschmuck aus Kaurimuscheln.
<u>Oben</u>: Bedrohte Lebensformen.

Geburt und Menstruation sind besonders unrein: Neben dem nächsten Fluß steht eine Hütte, die sogenannte *bashali,* mit einem Steinfußboden und ein paar Geräten. Während der Menstruation ziehen sich die Frauen für fünf Tage in die *bashali* zurück; danach baden sie, wechseln die Kleider, waschen und flechten ihr Haar. Bereits Flechten und Kämmen gelten als unrein; Kämme werden deshalb am Fluß aufbewahrt. *Bashali* heißt auch der Opferaltar für die Göttin Dezalik, der man bei Geburten huldigt.

Ehen arrangieren die Eltern noch während der Kinderzeit ihrer Nachkommen. Der Mann bezahlt einen Brautpreis an die Familie des Mädchens. Eine Mitgift erhält die Frau aber gewöhnlich erst nach zehn Jahren Ehe, wenn sie sich bewährt hat. Sind die Frauen unglücklich verheiratet, können sie „ungestraft“ mit einem Liebhaber davonlaufen und später mit der Familie die Scheidung aushandeln.

Bei den Kalasch gilt der Tod als Erlösung. So verlaufen die Todesfeiern immer fröhlich. Früher fertigte man Särge aus Walnußholz, deren Seiten aus Schiebetüren bestanden, ähnlich einem altmodischen Fernsehschrank. Auf einem Friedhof der Kalasch werden die Särge nicht vergraben, und so ließen sich früher die reichen Leute Holzpuppen fertigen, die neben dem Sarg wachten. Heute passiert es immer wieder, daß pietätlose Menschen die Kalasch-Gräber entweihen, indem sie die Deckel der Särge aufbrechen und die Schädel zum Fotografieren herausnehmen. Die Särge sind in Museen zu besichtigen.

Einige Kalasch konvertieren freiwillig zum Islam, andere dagegen halten an ihrem Glauben fest und müssen gewärtig sein, daß ihre Kultur zum Untergang verdammt ist. Die Konvertiten stehen dem Islam gleichwohl kritisch gegenüber, und nicht selten praktizieren sie weiterhin die traditionellen Riten der Kalasch. Praktische Gründe spielen beim Übertritt zum Islam ebenfalls eine Rolle, denn der angenommene Glaube erleichtert den ohnehin armen Kalasch den Handel mit der islamischen Welt. ■

MIRINDA
PEP
№ 3191

213

BREMNER

Der Grund für die englischen Kolonialherren, eine Eisenbahn zu bauen, war nicht, die Infrastruktur des Subkontinents zu verbessern, sondern um eine schnelle und einfache Verkehrsverbindung zwischen den wichtigsten Ballungsgebieten herzustellen; die erste Eisenbahnlinie sollte die Reisezeit auf dem letzten Abschnitt der Fahrt von England nach Delhi und Kalkutta verkürzen. Später verlegte Strecken dienten in erster Linie militärischen Zwecken.

Eine Landreise nach Indien war im letzten Jahrhundert eine große Strapaze. Die englischen Reisenden sehnten den Tag herbei, da von Calais bis Kalkutta eine durchgehende Zugverbindung bestehen würde. Das erste Dampfschiff, das 1842 von Southampton um das Kap der Guten Hoffnung nach Kalkutta fuhr, benötigte noch drei Monate, wobei allein 28 Tage in Häfen verbracht wurden, um die Kohlevorräte aufzufüllen. Die politische Situation erlaubte damals keine Schienenverbindung mit dem Nahen Osten, so daß die Möglickeit, von Alexandria in Ägypten mit dem Dampfschiff nach Karachi und von dort mit der Eisenbahn weiterzureisen, sehr reizvoll wirkte.

Den Indus entlang: Nachdem in der Hauptstadt der britischen Kolonialmacht, in London, die Scinde Railway Company zum Bau der 174 km langen Schienenstrecke am rechten Ufer des Indus gegründet worden war, wurden 1855 die Arbeiten am ersten Abschnitt aufgenommen; die Strecke war bis Kotri geplant. Es sollte noch weitere 34 Jahre dauern, bis mit der Fertigstellung der Lansdowne Bridge zwischen Sukkur und Rohri das letzte Verbindungsstück der rund 1980 km langen Strecke von Karachi nach Delhi fertiggestellt war. Die Schienenverbindung Delhi–Kalkutta war bereits im Jahre 1864 eingeweiht worden.

Beim Bau der Schienentrassen durch die Provinzen Sindh und Pandschab stießen die Eisenbahngesellschaften auf unvorhergesehene Probleme. Darauf verweist allein schon die lange Bauzeit. So mußte beim Bau einer Brücke über den Indus der stark schwankende Wasserstand berücksichtigt werden, und man mußte bedenken, daß die Wüste von Überschwemmungen bedroht wird, sobald der Fluß über die Ufer tritt.

Der Ingenieur John Brunton beschreibt, wie bei der Einweihung der Strecke von Karachi nach Kotri im Jahre 1861 die einheimische Bevölkerung auf die Dampfeisenbahn reagierte: „Noch nie zuvor hatten die Bewohner von Scinde eine Lokomotive gesehen. Sie hatten zwar schon gehört, daß sie von einer unsichtbaren Macht bewegt werde, doch ging ihnen das über den Verstand. Also fürchteten sie sich vor ihr, die sie für ein Machwerk des Teufels hielten; sie nannten die Lokomotive *shaitan* (Satan)." Während des Sepoy-Aufstandes brachten die Aufständischen zwar einen Bahnhof der East India Line in ihre Gewalt, doch wagten sie nicht, den Lokomotiven zu nahe zu kommen. Sie standen ehrfurchtsvoll in einigem Abstand um sie herum und wagten nur, sie mit Steinen zu bewerfen.

„Als ich eine Testfahrt machte, drängten sich die Einwohner Karachis staunend drum

Vorherige Seiten: Diese Eisenbahn stammt aus Manchester. Khojak-Tunnel in Belutschistan. Links: Die Louise-Margaret-Brücke existiert nicht mehr. Oben: Eisenbahnerabzeichen.

herum. Ich fuhr selbst – natürlich ganz langsam! –, denn ich hatte Angst, es könnte bei all der Aufregung ein Unglück geschehen. Damit das Gleis freigemacht würde, ließ ich das Signalhorn ertönen, und im selben Augenblick stieben die neugierigen Zuschauer schreiend vor dem 'Teufel' davon und stürzten auf ihrer Flucht übereinander."

Die Eisenbahn war insofern ein großer Segen, als die Gleise parallel zu den gefährlichsten Stellen im Delta des Indus verliefen, wo der Tidenhub des Arabischen Meeres den Fluß noch merklich steigen läßt. In einer Zeit, als die Eisenbahn noch nicht existierte, waren die Reisenden mit einem der Schiffe der Indus Steam Flotilla bis ins tausend Kilometer entfernte Multan ungefähr fünf Wochen unterwegs. Die Fahrt dauerte deshalb so lange, weil die Schiffe wegen der schlecht und undeutlich markierten Fahrrinnen des Nachts nicht weiterfahren konnten.

Als nächstes wurde im Jahre 1862 die Strecke Lahore–Amritsar in Betrieb genommen. Sie wurde von der Eisenbahngesellschaft Panjab Railway unterhalten. Sie baute ebenfalls den 400 km langen Abschnitt von Multan nach Amritsar, wo sie mit dem im Jahre 1865 eröffneten Teilstück nach Delhi zusammenkam.

Der Bahnhof in Lahore war vorübergehend als Kopfbahnhof gebaut worden, doch sollten die Züge durchfahren können, sobald die Strecke zwischen Rawalpindi und Peschawar, die damals erst noch in Planung war, fertiggestellt sein würde. Das wichtigste Teilstück war die im Jahre 1865 eingeweihte Strecke nach Multan; von Kotri bis Multan indessen mußten die Reisenden nach wie vor mit dem Schiff fahren.

Erst 13 Jahre später, als nämlich die Indus Valley State Railway eröffnet wurde, konnte man endgültig auf die Schiffsverbindung verzichten. Zu dieser langwierigen Verzögerung war es gekommen, weil über den Sutlej und den Beas Brücken gebaut werden mußten. (Unter anderem entstand die Empress Bridge, die nach der Königin Victoria benannt wurde.) Erschwerend kam hinzu, daß von den an dem Bau beteiligten Arbeitern, etwa 6000 Mann, zeitweise über die Hälfte der Bauzeit wegen einer Pestepidemie arbeitsunfähig waren.

Doch selbst nach der Eröffnung der Indus Valley State Railway mußten zwischen Sukkur und Rohri immer noch Fähren den Transport der Züge über den Indus übernehmen. Eine durchgehende Verbindung zwischen Karachi und Kalkutta existierte erst ab dem Jahre 1889 nach der Fertigstellung der Lansdowne Bridge – damals die längste Auslegerbrücke der Welt. Die Kritiker waren sich in ihrem Urteil über diese „mon-

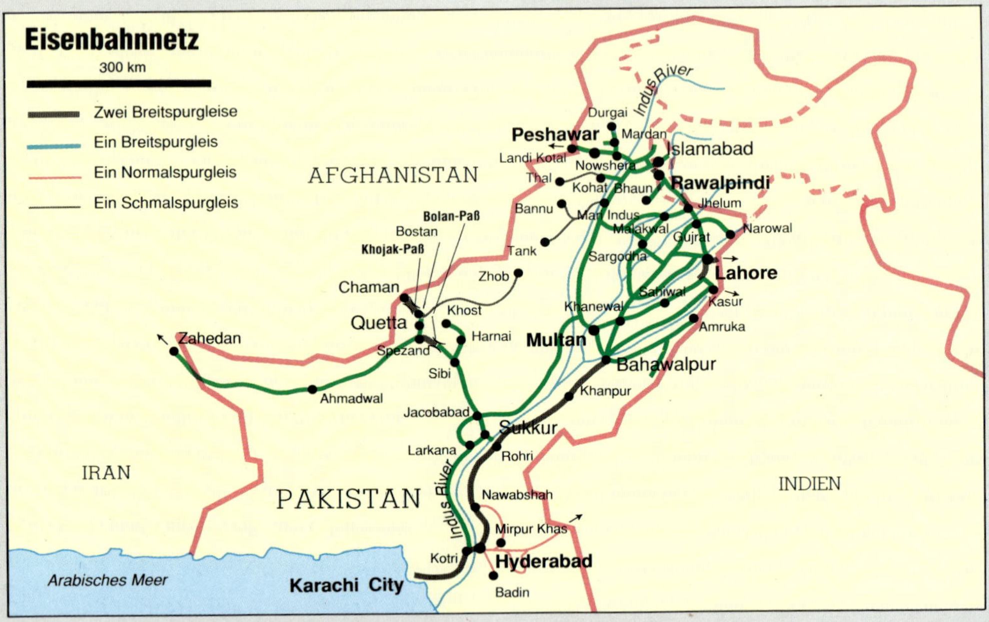

ströse Konstruktion“ einig; es fiel vernichtend aus: Die Brücke, so hieß es, sei „weder technisch noch architektonisch gelungen“. In der Tat unterschied sich die Lansdowne Bridge deutlich von den anderen Brücken der North Western Railway. Letztere waren durchaus Meisterwerke der Ingenieure; einige von ihnen waren nachträglich verstärkt worden, damit sie auch größeren Belastungen standhalten konnten. Sie standen bereits seit über hundert Jahren im Dienst der Eisenbahngesellschaften.

Bis zur Staatsgründung Pakistans wurden nahezu alle Teile der Dampflokomotiven in Großbritannien angefertigt, und zwar in Industriestädten wie Glasgow oder Manchester, und dann in einer Fabrik in Moghalpura bei Lahore zusammengebaut. Wesentlich problematischer als die Produktion von Lokomotiven erwies sich die Beschaffung von Brennmaterial, da weder die Kohlevorkommen des Landes sehr umfangreich waren noch die abgebaute Kohle von guter Qualität war. Während die Heizkessel der ersten Lokomotiven mit Kohle aus Südwales geheizt wurden, ließ man in den Wäldern um Changa Manga südwestlich von Lahore das Feuerholz für die Züge schlagen, die durch eben diese Landstriche ratterten.

In späterer Zeit wurde Kohle aus Minen herbeigeschafft, die bis zu zweitausend Kilometer entfernt und nahe der Gleise von East India Railway lagen. Bei einem Verbrauch von täglich 3500 Tonnen Kohle wurden die Lokomotiven im Süden des Landes bald auf Öl umgestellt, das aus den Golfstaaten importiert werden mußte. Auch die Motoren der Dampflokomotiven, die heute noch das Land durchqueren, werden mit Öl betrieben.

Eine weitere Schwierigkeit war die Versorgung mit Wasser. Oftmals mußte es von den Gebirgsflüssen abgeleitet und über weite Strecken in die an den Gleisen liegenden Wassertanks gepumpt werden.

Langsam den Bolan-Paß hinauf.

Strategisch wichtige Strecken: Um Überfälle der Russen auf britisches Hoheitsgebiet zu verhindern und um der brenzligen Situation in den Stammesgebieten an der Grenze zu Afghanistan Herr zu werden, ließ die Regierung eine Bahnstrecke westlich von Lahore bauen. In den fünf Jahren zwischen 1871 und 1876 entstanden an der Panjab Northern State Railway Richtung Nordwesten Brücken über die Flüsse Ravi, Chenab und Jhelum. Die Brücke über den Indus bei Attock, das letzte Verbindungsstück der Strecke Peschawar–Bombay–Kalkutta, wurde fünf Jahre später fertiggestellt. Der Bau dieser Brücken stellte die Ingenieure vor immens schwierige Aufgaben. Ein Beispiel: Im Winter ist der Chenab lediglich einen halben Kilometer breit, im Sommer jedoch fünfeinhalb Kilometer, und der Wasserpegel steigt um drei Meter.

Einige der Sehenswürdigkeiten des Landes liegen an der Bahnstrecke, die von Karachi über Lahore, Rawalpindi und Islamabad nach Peschawar führt. So verläuft die Bahnlinie zwischen Kotri und Sukkur an dem Westufer des Indus. Sie eignet sich für einen Abstecher nach Moendscho Daro, eine der bedeutendsten Städte der frühgeschichtlichen Induskultur. An der gleichnamigen Bahnstation erwartet den Besucher allerdings kaum mehr als eine Unzahl von Ton-

gas. Man kann indessen auch von Lakarna aus mit dem Taxi zum 28 km entfernten Ausgrabungsgelände fahren. Harappa – eine andere Stadt jener frühen Kultur des Subkontinents – erreicht man vom Bahnhof Sahiwal zwischen Khanewal und Lahore aus, nach Taxila – 35 km nordöstlich von Rawalpindi – kommt man über den gleichnamigen Bahnhof.

Dampflokomotiven: All denjenigen, die sich leidenschaftlich für Dampfeisenbahnen interessieren, sei Malakwal zwischen Peschawar und Lahore empfohlen. Die kleine Ortschaft hat dem Touristen kaum etwas zu bieten, und dementsprechend klein ist das Angebot an Unterkünften. Doch hier stehen die letzten 4-4-0er-Lokomotiven der Welt (zweiachsige Drehgestellmaschinen, deren vier Antriebsräder von Zylindern in Bewegung gesetzt werden, die direkt mit dem Rahmen verschweißt sind). Diese prächtigen Maschinen aus der Fabrik Beyer Peacock, North British und Vulcan Foundry werden nur noch auf Nebenstrecken vor Personenzüge gekoppelt. Sie können möglicherweise noch einige Jahre um eine Umstellung auf Dieselfeuerung herumkommen.

Richtung Grenze: An kaum einer anderen Bahnlinie des indischen Subkontinents liegen ähnlich viele Tunnel, Viadukte und Brücken wie an der Strecke durch Belutschistan und die North West Frontier Province in Richtung afghanisch-pakistanische Grenze. Es sind technische Meisterleistungen. Ingenieure und Arbeiter führten einen ständigen Kampf gegen die Naturgewalten dieses kargen, gebirgigen Landes: Nach der Schneeschmelze und nach Wolkenbrüchen verwandeln sich die Gebirgsbäche in reißende Flüsse; die Bahntrassen mußten nicht nur gegen Flüsse, sondern auch gegen Erdbeben gesichert, Ausrüstung und Baumaterial aus Großbritannien herangeschafft werden. Es herrschte ein Mangel an Fachkräften, und die Arbeiter waren der Gefahr ausgesetzt, schwer zu erkranken oder gar zu verdursten. So starben nach der Fertigstellung der Strecke bei der Durchquerung der Wüste im Sindh 1915 mehr als 30 britische Soldaten im Zug an Hitzschlag, während zur selben Zeit ein anderer Zug – weniger als 500 km entfernt – auf der Strecke von Bostan nach Fort Sandeman (Zhob) in einer Schneeverwehung steckenblieb und einzelne Passagiere Erfrierungen erlitten, bevor sie gerettet werden konnten.

Spurweiten: Die Erschließung des Landes erwies sich für die Eisenbahngesellschaften also als ein äußerst schwieriges Unterfangen. In manchen Landesteilen verlegte man schmalspurige Gleise, die billiger waren als die Normalspurgleise und die in den Bergen eine enge Kurvenführung gestatten. Da auf dem gesamten indischen Subkontinent der Wind häufig sehr stürmisch ist, wurden auf den Hauptstrecken Großspurgleise verlegt, um die Sicherheit zu erhöhen. Noch heute findet man in einigen Waggons, meist Schmalspurbahnen, den Hinweis, bei Sturm die Fenster geschlossen zu halten.

Statt der in Europa üblichen 1421 mm Spurweite der Gleise machte Lord Dalhousie (Generalgouverneur in Indien von 1848 bis 1856) 1676 mm zur Norm, um in ganz Indien ein einheitliches Schienennetz zu haben. Sein Nachfolger, Lord Mayo, konnte sich für dieses Konzept nicht erwärmen: „Wenn wir viel zu transportieren haben, nehmen wir einen Elefanten, haben wir wenig, nehmen wir einen Esel."

Die Strecke zum Khyber-Paß: Eine der schönsten Zugfahrten, die hinauf zum Khyber-Paß, ist nach vielen Jahren wenigstens theoretisch wieder möglich. Bis Anfang der achtziger Jahre war die Strecke für Ausländer offiziell gesperrt. Im Dezember 1984 wurde der Betrieb für die Dauer der Kämpfe zwischen der Armee und den ansässigen Stämmen eingestellt – seitdem fielen einige Brücken Sabotageakten zum Opfer. Da jahrelang nur ein einziger Zug pro Woche vom Paß zurückfuhr, galt es als unwahrscheinlich, daß der Betrieb wieder aufgenommen wird. 1993 jedoch wurden die alten Lokomotiven wieder mit Kohle geschürt, aber bereits ein Jahr später wegen erneut aufflammender Kampfhandlungen aufs Abstellgleis zurückgefahren. Ob die Strecke geöffnet ist, erkunde man am besten selbst vor Ort. Folgende Zahlen verdeutlichen den Wert dieser Strecke, ob sie geöffnet oder geschlossen sein mag: An der 40 km langen Strecke liegen 92 Brücken, 34 Tunnel mit einer Gesamtlänge von fünf Kilometern und vier Umkehrstationen, von denen aus die Züge im Zickzackkurs den Berg erklimmen.

Die Idee, eine Bahn zum Khyber-Paß zu bauen, entstand im Zweiten Afghanischen Krieg (1878–1879), als es die Brücke über den Indus bei Attock noch nicht gab. Gutachten zeigten, daß das Vorhaben auf große Schwierigkeiten stoßen würde. Bis 1901 wurde die North Western Railway daher nur um 14 km vom Peschawar–Cantonment bis zum Fort in Jamrud erweitert, das über den Zugang zum Paß wachte. Nach neuerlichen Auseinandersetzungen mit Afghanistan im Jahr 1919 ließ Colonel Hearn ein neues Gutachten erstellen. Darin wurde eine Bahnlinie zum Paß für realisierbar gehalten.

Schon im folgenden Jahr wurde mit den Arbeiten begonnen. In seinem Bericht schildert Ingenieur Victor Bayley, welche Mühen es kostete, den Pathanen die Zustimmung für den Bau abzuringen. Ohne sie wäre das Vorhaben von Beginn an zum Scheitern verurteilt gewesen, selbst wenn der Paß militärischen Schutz erhalten hätte. Im Gespräch mit einem der Stammesführer

Links: Weichensteller am Bostan-Knotenpunkt.
Oben: Gruppenbild mit Eisenbahn.

bewies Bayley Humor ganz im Stile Rabelais'. Er sagte, daß die Pathanen wegen der Eisenbahn ihre Raubzüge nicht einstellen müßten: „Aber Subehdar Sahib, dies wird keine gewöhnliche Eisenbahn. Wegen der starken Neigung müssen die Züge langsam fahren. Sie sind randvoll mit Waren und fahren direkt an Ihrer Haustür vorbei. Die Sultan Khel sind gefürchtete Räuber und Plünderer – das ist doch eine Einladung!"

Schließlich stimmten die Pathanenstämme zu und arbeiteten sogar selbst beim Bau mit. Doch auch dabei traten die Feindseligkeiten der Stämme offen zutage, und bestürzt berichtete Bayley von Haß und von Brutalitäten. Irgendwie gelang es ihm aber, daß die Männer die Baustelle als neutrale Zone ansahen, in der keine Zwischenfälle geduldet wurden.

Im Jahre 1925 war die Strecke nach Landi Kotal fertig. Der Bahnhof war mit seinen zahlreichen Rangiergleisen und Bahnsteigen für die Züge mit nur drei Wagen, die einmal pro Woche hinauffuhren, vollkommen überdimensioniert. 1929 waren im Fort allerdings ein britisches und drei indische Infanteriebataillone, außerdem eine indische Gebirgseinheit, eine Artillerieabteilung und die Funkerabteilung der Brigade stationiert. Zwischen 1926 und 1932 fuhren zwei Züge pro Woche in das drei Kilometer von der Grenze entfernte Landi Khana, wo man schon Vorbereitungen für eine Erweiterung nach Torkham und eventuell nach Afghanistan traf.

Bevor der Betrieb völlig eingestellt wurde, war die Khyber-Bahn eine Touristenattraktion. Das Hotel Khyber-Intercontinental bot sogar ein Zweitagespaket an: Fahrt mit der Khyber-Bahn, Mittagessen im Restaurant der Pakistan Tourist Development Corporation in Torkham und Besichtigung eines der befestigten typischen Stammeshäuser. Landi Kotals Ruf als Drogenumschlagplatz und der Krieg in Afghanistan jedoch schreckten die Touristen bald ab.

Eine Fahrt von Nowshera (40 km östlich von Peschawar) nach Durgai ist zwar landschaftlich weniger reizvoll, doch gibt sie einen Eindruck von den militärisch genutzten Bahnstrecken. Der Bahnhof ist von hohen Mauern umgeben, über die Gleise können Gitter geschoben werden, und auf dem Bahnsteig steht ein Blockhaus, das ebenso der Verteidigung dient wie ein großes Fort. (Wie gefahrvoll einst das Leben in der NWFP war, verdeutlicht eine Gedenktafel in der Dreifaltigkeitskirche in Murree für den bei einem Einsatz am 18. Oktober 1897 gefallenen Major Richard Dyneley Jennings-Bramly.) Der Zug hält in Takht-i-Bahi, das wegen seiner buddhistischen Klosteranlage Touristen anzieht.

Die Bahn in Belutschistan: Auf dieser Bahnlinie wurde die Dampfeisenbahn schon vor langer Zeit von Dieselloks abgelöst. Gemeint ist die ehemalige Bahnlinie der Kandahar State Railway von Ruk Junction (30 km nordwestlich von Sukkur an der Linie Karachi–Lahore) nach Sibi und Quetta. P.S.A. Berridge, der die Geschichte der

North Western Railway dokumentierte, räumt ihr eine Sonderstellung ein: „Die Geschichte dieser Linie hat keine Parallele zu den anderen Bahnstrecken in Indien. Es ist die Geschichte von einem entsetzlichen Durcheinander zu Baubeginn, von extremer Hitze und eisiger Kälte und von einem Erfolg, der sich nur durch den Mut und die Entschlossenheit der Erbauer, in dieses menschenfeindliche Gebiet eine Bahnlinie hineinzuverlegen, erklären läßt. ... Die Bahn, die noch heute in Betrieb ist, ist ein Meilenstein in der Geschichte der Eisenbahn."

Seit Abschluß des Vertrages von Jacobabad mit dem Khan von Kalat 1876 hatte sich

Quetta zu einem militärischen Vorposten entwickelt. Für den Bau der Eisenbahn spielten neben der Furcht vor einer russischen Invasion auch viele Menschen eine Rolle, die in der Kacchi-Ebene zwischen Jacobabad und Sibi ums Leben kamen. 1879 wurden die Arbeiten aufgenommen, und nach nur 101 Tagen war der Schienenweg verlegt. Der weitere Abschnitt durch die Berge bis Quetta sollte sich als wesentlich schwieriger erweisen. Die Strecke mußte ab Sibi durch zahlreiche Täler bis auf eine Höhe von 1780 m geführt werden. Die Streckenführung der Sindh Peshin State Railway (SPS), der ersten Bahn von Sibi nach Quetta, wurde über Khost und Bostan gewählt, da hier das Chappar Rift Valley einen natürlichen Durchlaß bietet. Zwischen 1883 und 1887 waren mehr als 1500 Mann und sogar Elefanten am Werk und dabei oft Angriffen ansässiger Stämme ausgesetzt.

Als zur Einweihung der Strecke im März 1887 der erste Zug nach Quetta fuhr, wurde die Brücke kurz vor dem Chappar Rift Valley nach der Herzogin von Connaught Louise Margaret benannt, die ihr am 27. März 1887 einen Besuch abstattete. Sieht man sich die Pfeiler der nicht mehr benutzten Brücke an, die man heute nur über eine holprige Straße erreicht, kann man nicht glauben, daß sich jemals ein Mitglied der königlichen Familie an diesem abgeschiedenen Ort aufgehalten hat. Auf dem Weg hierher gibt es kaum eine Siedlung, die man als Dorf bezeichnen könnte.

Bei Mudgorge, einem dieser trostlosen Flecken, rutschten die Schienen nach Regen- oder Schneefällen regelmäßig den Hang hinab. Nachdem auch ein Streckenabschnitt im Chappar Rift Valley weggespült wurde, gab man die SPS auf, und selbst heute fahren nur selten Züge nach Khost, wo noch Kohle abgebaut wird.

Links: Blick aus dem Zug. Oben: Drei dieser Lokomotiven waren nötig, um die Quetta-Expreß-Züge den Bolan-Paß hinaufzuziehen.

Über den Bolan-Paß: Der Bau der zweiten Strecke nach Quetta und der Hauptlinie, die die Stadt mit Karachi verbindet, wurde 1885 in Angriff genommen; die heutige Linienführung ist das Ergebnis einer dritten Strekke, die die Überquerung des Passes bei jedem Wetter ermöglichen sollte. Der erste Schienenweg wurde auf nacktem Fels verlegt und zwei Jahre später bei einer Überschwemmung zerstört; Überflutungen sind auch dafür verantwortlich, daß die zweite Linie aufgegeben wurde – von der Bahn aus kann man noch heute Reste sehen: Tunnel und Brücken. An der heutigen Strecke erkennt man, wie gerechtfertigt die Lobeshymne von Berridge gewesen ist: Vier Jahre vor dem verheerenden Erdbeben in Quetta konnten ihr 1931 selbst schwere Erdstöße keinen Schaden zufügen.

In der Dozan-Schlucht kreuzt die Bahn auf einer Länge von 6,5 km ganze neunmal die Schlucht. Doch in den alten Tagen der Dampfeisenbahn war eine Fahrt durch diese Schlucht eher wegen der extremen Steigung ein unvergeßliches Erlebnis. Insgesamt vier Lokomotiven – zwei vorne und zwei hinten – benötigte ein Zug, um seine neun Wagen das acht Kilometer lange Steilstück hinaufzubringen; im Bahnhof von Mach waren Schilder angebracht, die die Passagiere davor warnten, auf den anfahrenden Zug aufzuspringen, da er wegen der vier Triebwagen eine enorme Beschleunigung hatte. Seit dem Jahr 1966 werden zwar keine Dampflokomotiven, sondern nur mehr Dieselloks eingesetzt, doch ist eine Fahrt auf dieser Strecke noch immer ein einzigartiges Erlebnis, das sich jeder Pakistan-Reisende gönnen sollte.

Zur Grenze: In Bostan, einem einsamen Ort inmitten einer kargen Hügellandschaft, treffen die Züge über den Bolan-Paß und die der SPS aufeinander, und eine Linie zweigt zur afghanischen Grenze ab. Als 1888 die Bauarbeiten begonnen wurden, hatte man die Idee, die Strecke bis Kandahar zu führen, verworfen und das Projekt in Chaman Extension Railway umbenannt. Diese Strecke zu bauen, war mindestens ebenso schwierig wie die über den Bolan-Paß: Für den Bau des 3912 m langen Khojak-Tunnels mußte man 65 Waliser engagieren, die beim Severn-Tunnel Erfahrung mit wasserhaltigen Schichten gesammelt hatten; im Winter starben viele Arbeiter an Lungenentzündung und Typhus; für den Khojak-Tunnel mußten vor Ort 19 Millionen Ziegel gebrannt werden, und weitere fünf Tunnel warteten noch auf ihren Bau – das kunsvolle Portal des Shelabagh-Tunnels ziert eine Banknote.

Kurz vor der afghanischen Grenze endete die Linie in Chaman, wo man ein Material-Depot für eine eventuelle Verlängerung der Strecke bis Kandahar anlegte. Die Linie wurde zwar überwiegend aus strategischen Gründen gebaut, doch transportierte ein Zug Tag für Tag Obst aus Afghanistan nach Madras und Kalkutta.

Als letzte der 1676-mm-Bahnen entstand die Nushki Extension Railway, um während des Ersten Weltkriegs die Truppen entlang der ostpersischen Postenkette versorgen zu können. Sie steht in dem zweifelhaften Ruf, die einsamste Eisenbahn der Welt zu sein. Da ihr Weg durch extrem heiße Gebiete führt, mußten die Loks mit zusätzlichen Wassertanks versehen werden. Jahrelang wurde der „Speisewagen“ in der Werbung hervorgehoben, doch serviert man nur Curry und Chapati, und er sollte wohl die Versorgung sichern für den Fall, daß der Zug in der Wildnis einmal liegenblieb.

Soweit das Auge reicht, sind schwarzes Gestein und gelegentlich ein Flecken braungelber Erde oder Sand zu sehen. Die Strecke könnte neue Bedeutung gewinnen, falls es einmal zu einem Anschluß des kurzen Teilstücks im Iran an das Schienennetz des Nachbarlandes kommen sollte.

Außer den Gleisen im Westen bis Mirphur Khas, östlich von Hyderabad, wurden alle auf eine Spurweite von 1676 mm umgestellt. Früher reichte dieses Netz bis Delhi, Radschastan und sogar Bombay, doch seit der Abspaltung von Indien fahren die Dampfeisenbahnen nur noch bis Nawabshah im Sindh und bis Khokhropar an der indisch-pakistanischen Grenze.

Alle, die das Außergewöhnliche lockt, sollten einmal eine Fahrt mit einer der drei Schmalspurbahnen unternehmen, die an der Grenze zu Afghanistan für militärische Zwecke gebaut wurden. Touristische Sehenswürdigkeiten liegen zwar nicht an der Strecke, doch führt sie durch eine reizvolle Landschaft. Züge fahren nur noch selten, und auf der 300 km langen Strecke zwischen Bostan und Zhob werden sogar nur noch Güterzüge für den Transport des Chromerzes aus Muslimbagh eingesetzt. Wenn sich die politische Lage im Grenzgebiet verbessern sollte, wird der Personenverkehr eventuell wieder aufgenommen, und die Besucher können sich von den Obstgärten und den schneebedeckten Gipfeln dieser Landschaft bezaubern lassen.

Weiter im Norden gabelt sich die aus Mari Indus kommende Linie bei Laki Marwat in zwei Strecken: Die eine führt nach Bannu, die andere nach Tank. Die nördliche der beiden Schmalspurlinien verbindet den für 1676-mm-Bahnen angelegten Bahnhof des Cantonments von Kohat mit Thal. Ausländern ist der Aufenthalt in Thal verboten, weshalb sie eine Station vorher aussteigen müssen. Wer diese Station verpaßt, wird von den Thal Scouts eine Station später in Gewahrsam genommen.

Bei einer Zugfahrt in Pakistan kann man aber nicht nur atemberaubende Landschaften entdecken, sondern auch viele Bekanntschaften schließen. So sagt Paul Theroux auf den ersten Seiten in *The Great Railway Bazaar:* „Ich war auf der Suche nach Zügen, was ich fand, waren Menschen.“

Links: Diesel-Loks sind längst kein ungewohnter Anblick mehr. Oben: An den Schranken muß Geduld geübt werden.

APA GUIDES

Reisetips

Bozell

FÜR LEUTE, DIE DEN WERT DER ZEIT ZU SCHÄTZEN WISSEN.

Bevor Sie sich für eine Patek Philippe *Abb. 1* entscheiden, sollten Sie ein paar grundsätzliche Dinge wissen. Anhand von Stichworten wie Präzision, Wert und Zuverlässigkeit erklären wir Ihnen, warum die Uhr, welche wir für Sie anfertigen, vollkommen anders ist als alle anderen Uhren.

"Pünktlichkeit ist die Höflichkeit der Könige", pflegte Louis XVIII. zu sagen.

Wir glauben in aller Bescheidenheit, daß wir beim Thema Pünktlichkeit auch den Ansprüchen der Könige gewachsen sind. So haben wir unter anderem ein mechanisches Laufwerk hergestellt, das in vollkommener Übereinstimmung mit dem gregorianischen Kalender die Schaltjahre der nächsten fünf Jahrhunderte berücksichtigt: Es fügt den Jahren 2000 und 2400 jeweils einen Tag hinzu, überspringt aber die Jahre 2100, 2200 und 2300 *Abb. 2*. Allerdings sollte so eine Uhr von Zeit zu Zeit neu justiert werden: Denken Sie bitte alle 3333 Jahre und 122 Tage daran, die Uhr um einen Tag vorzustellen, damit sie wieder mit der Himmels-Uhr übereinstimmt. Solche Dimensionen erreichen wir natürlich nur, weil wir bei der Herstellung jeder Uhr, also auch Ihrer, zu den absoluten physikalischen, wenn nicht metaphysischen Grenzen der Präzision und des Machbaren vorstoßen.

Fragen Sie bitte nicht "wieviel?"

Versetzen Sie sich einmal in die Welt der Sammler, die bei Auktionen Höchstpreise bieten, um eine Patek Philippe zu erwerben. Vielleicht schätzen sie die Einzigartigkeit der Feinmechanik und des Laufwerks, vielleicht die Schönheit einer Patek Philippe oder weil es eine Rarität ist. Wir glauben jedoch, daß hinter jedem Mehrgebot von US$ 500'000.– auch die Überzeugung steht, daß eine Patek Philippe, selbst wenn sie 50 Jahre oder älter ist, auch für zukünftige Generationen noch mit äußerster Präzision arbeiten wird. Falls wir nun in Ihnen den Wunsch nach einer Patek Philippe geweckt haben, versichern wir Ihnen folgendes: Die Uhr, die wir für Sie herstellen, wird besagten Sammlerstücken technisch noch überlegen sein. Schließlich ist es bei uns Tradition, daß wir laufend nach noch perfekteren mechanischen Lösungen für höchste Zuverlässigkeit und perfekte Zeitkontrolle suchen. Darum wird Ihre Patek Philippe über Neuerungen verfügen *Abb. 3*, von denen die Meisteruhrmacher, welche diese großartigen Armbanduhren vor 50 Jahren schufen, nicht einmal zu träumen wagten *Abb. 4*. Gleichzeitig sind wir natürlich bestrebt, Ihre Finanzkraft nicht über Gebühr zu strapazieren.

Besitz als Erlebnis.

Stellen Sie sich vor, heute wäre der Tag, an dem Ihnen Ihre Patek Philippe überreicht wird. Das Gehäuse birgt die Huldigung des Uhrmachers an das Geheimnis "Zeit". Er hat jedes Rädchen mit einer Kehlung versehen und es zu einem strahlenden Ring poliert. Die Platten und Brücken aus Gold und kostbaren Legierungen sind fein gerippt. Kleinste Oberflächen wurden facettiert und auf das Mikron genau geschliffen. Ganz zum Schluß, nach monate- oder jahrelanger Arbeit, prägt der Uhrmacher ein kleines Zeichen in die Hauptbrücke Ihrer Patek Philippe: das Genfer Siegel – die höchste Auszeichnung großer Uhrmacherkunst, verliehen von der Regierung des Kantons Genf *Abb. 5*.

Äußerlichkeiten, die innere Werte verheißen. *Abb. 6*.

Wenn Sie Ihre Uhr bestellen, legen Sie zweifellos Wert darauf, daß deren Äußeres die Vollendung und die Eleganz des Uhrwerks im Innern widerspiegelt. Darum ist es gut für Sie zu wissen, daß wir Ihre Patek Philippe exakt nach Ihren Wünschen künstlerisch gestalten können. Unsere Graveure sind beispielsweise in der Lage, ein subtiles Spiel von Licht und Schatten auf die goldene Rückseite unserer einzigartigen Taschenuhren zu zaubern *Abb. 7*. Wenn Sie uns Ihr Lieblingsbild bringen, fertigen unsere Emailleure davon eine Miniatur mit den feinsten Details an *Abb. 8*. Unsere Gehäusemacher sind stolz auf die perfekt guillochierte Lunette ihrer Armbanduhr und unsere Kettenschmiede auf ihr kostbares Geschmeide *Abb. 9* und *10*. Wir möchten Sie noch auf die Meisterschaft unserer Goldschmiede aufmerksam machen und auf die Erfahrung unserer Edelsteinspezialisten, wenn es darum geht, die schönsten Steine auszuwählen und einzupassen *Abb. 11* und *12*.

Es gibt Dinge, die bereiten schon Freude, bevor man sie besitzt.

Sicher verstehen und schätzen Sie es, daß Uhren, wie wir sie herstellen, immer nur in begrenzter Stückzahl gefertigt werden können. (Die vier Calibre 89-Uhren, an denen wir zur Zeit arbeiten, benötigen neun Jahre bis zur Fertigstellung.) Darum wollen wir Ihnen nicht versprechen, daß wir Ihren Wunsch sofort erfüllen können. Die Zeit, während der Sie auf Ihre Patek Philippe *Abb. 13* warten, ist jedoch die schönste Gelegenheit, sich in Gedanken über die philosophischen Dimensionen der Zeit zu ergehen.

Falls Sie weitere Informationen zu einer bestimmten Patek Philippe Uhr oder zur Uhrmacherkunst im allgemeinen wünschen, würden wir uns freuen, Ihnen weiterzuhelfen. Schicken Sie uns Ihre Visitenkart

Abb. 1: Eine klassische Patek Philippe in ihrer dezenten Schönheit.

Abb. 2: Eine der 33 Komplikationen der Calibre 89 ist ein Satellitenrad, das alle 400 Jahre eine Umdrehung macht.

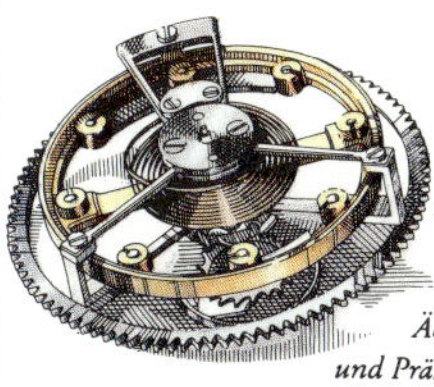

Abb. 3: Bis heute die fortschrittlichste mechanisch regulierte Vorrichtung: Patek Philippe Gyromax demonstriert die Äquivalenz von Einfachheit und Präzision.

Abb. 4: Armbanduhren von Patek Philippe, links um 1930, rechts von 1990. Echte Uhrmacherkunst hat Tradition und Zukunft.

Abb. 5: Das Genfer Siegel wird nur Uhren verliehen, welche dem hohen Standard der Uhrmacherkunst entsprechen, wie sie in der Genfer Gesetzgebung verankert ist.

Abb. 6: Ihre Freude am Besitz einer kostbaren Patek Philippe ist das höchste Ziel all jener, die an ihrer Entstehung mitarbeiten.

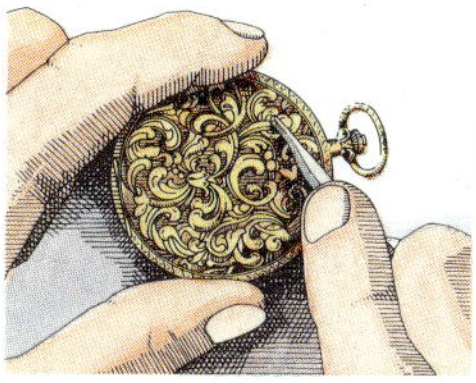

Abb. 7: Eine zeitlose Arabeske ziert eine zeitlose Patek Philippe.

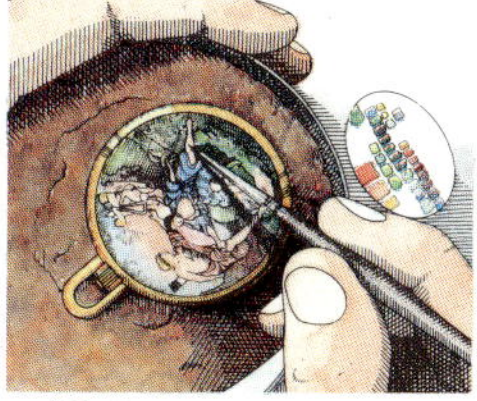

Abb. 8: Vier Monate lang arbeitet ein Künstler täglich sechs Stunden, bis eine Email-Miniatur auf dem Gehäuse einer Taschenuhr vollendet ist.

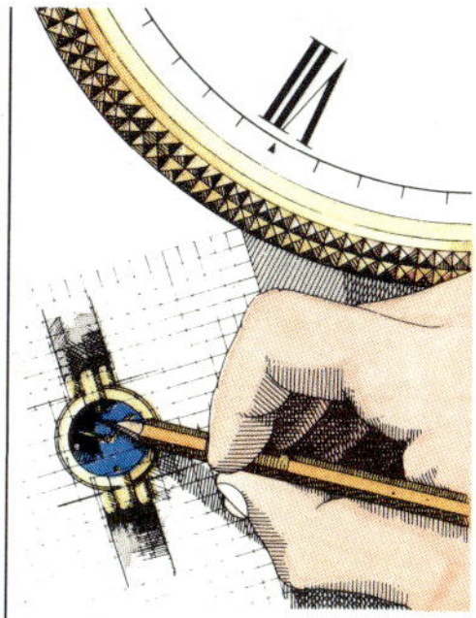

Abb. 9: Harmonie im Design als Symbiose von Schlichtheit und Perfektion an einer Calatrava Damenarmbanduhr.

Abb. 10: Der Kettenschmied formt mit Kraft und Feingefühl das Band für eine Patek Philippe.

Abb. 11: Goldene Ringe: ein Symbol für vollendete Einheit.

Abb. 12: Daran erkennen Sie den wahren Meister des Edelsteines: Er bringt die ganze Schönheit seiner wertvollen Steine vollendet zur Geltung.

PATEK PHILIPPE
GENEVE

Abb. 13: Das diskrete Zeichen jener Leute, die den Wert der Zeit zu schätzen wissen.

mit dem Vermerk «Bücherkatalog», damit wir Ihnen ein Verzeichnis unserer Publikationen zustellen können. Patek Philippe, 41 rue du Rhône, 1204 Genf, Schweiz, Tel. +41 22/310 03 66.

REISETIPS

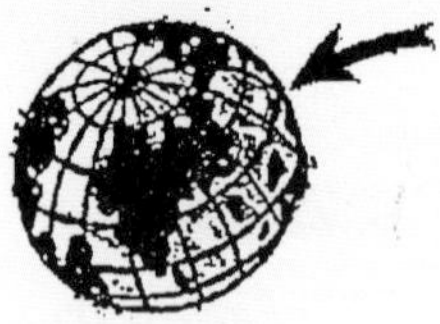

Landeskunde

Verwaltung

Pakistan ist eine Republik, Staatsreligion ist der Islam. Die Landeshauptstadt war ab 1947 Karachi, seit 1959 ist es Islamabad.

Pakistan ist in vier Verwaltungsprovinzen unterteilt: Belutschistan, die Nordwestprovinz (North West Frontier Province; NWFP), Sindh und Pandschab. Die jeweiligen Provinzhauptstädte sind Quetta, Peschawar, Lahore und Karachi. Pakistanischer Verwaltung unterstellt sind die Northern Areas und Teile Kaschmirs, die nach der Unabhängigkeit Pakistans angegliedert wurden. Die Northern Areas sind in die Verwaltungsbezirke Daimer (Indus Kohistan), Gilgit (einschließlich Hunza und andere alte Gebirgskönigreiche) und Baltistan (einschließlich Skardu, Shigar, Khapalu, Karmang und Rondu) eingeteilt. Das Chitral-Tal wird von der Nordwestprovinz, die Northern Areas werden seit 1974 von Islamabad aus zentral verwaltet.

Daneben existieren noch sieben föderativ verwaltete Stammesgebiete, in denen das pakistanische Gesetz nicht gilt. Die Regierung Pakistans gesteht, wie früher die Kolonialherren, diesen Gebieten die Selbstverwaltung zu. Touristen dürfen diese Gebiete zum größten Teil nicht betreten.

Die Provinzen sind in eine Anzahl von *commissioner's divisions* gegliedert; jede „division" setzt sich aus Distrikten zusammen, die wiederum in sogenannte *tehsils* unterteilt sind.

Pakistan ist ein Staat mit föderativer Struktur. Das Parlament besteht aus zwei Abgeordnetenhäusern. Das Unterhaus ist die Nationalversammlung, deren Mitglieder vom Volk direkt gewählt werden; die Legislaturperiode beträgt fünf Jahre.

Die Nationalversammlung bestimmt die politische Tagesordnung, stimmt dem Haushaltsetat zu und verabschiedet Gesetze. Sie wählt den Premierminister aus den Reihen ihrer Abgeordneten, während wiederum der Premierminister die Minister für sein Regierungskabinett aus Mitgliedern der Nationalversammlung auswählt.

Das Oberhaus bildet den Senat. Die Mehrzahl seiner Mitglieder wird von den Provinzen entsandt, die ihre eigenen Regierungen und gesetzgebenden Versammlungen besitzen.

Wirtschaft

Die tragende Säule der Wirtschaft Pakistans ist die Landwirtschaft; am wichtigsten ist der Weizen, weitere Anbauprodukte sind Reis, Mais, Hirse, Gerste, Hülsenfrüchte, Zuckerrohr, ölhaltige Samen, Tabak, Früchte und Gemüse. Wirtschaftlich sinnvoll wurde der Anbau vieler dieser Erzeugnisse erst durch die großflächige Bewässerung der Ebenen des Indus und seiner Nebenflüsse im Pandschab.

Da die Textilindustrie Pakistans wichtigster Industriezweig ist, spielt der Baumwollanbau eine nicht minder große Rolle. Andere Industriezweige, sei es im Bereich der Nahrungsmittelverarbeitung, sei es im Maschinenbau, wachsen zum Teil sehr schnell.

Doch alle Exporterlöse zusammen bringen nicht so viele Devisen ins Land wie die Überweisungen der Pakistani, die im Ausland, namentlich der Golfregion, arbeiten. Der Iran und der Irak müssen ihre vom Krieg zerstörten Länder wieder aufbauen, und in Pakistan hofft man, daß weiterhin pakistanische Arbeitskräfte gefragt sind. Viele Familien, gerade die der ärmeren Bevölkerungsschicht, sind auf das Geld angewiesen, das aus dem Ausland nach Hause geschickt wird.

Geographie & Klima

Pakistan liegt auf der Nordhalbkugel zwischen dem 23. und dem 38. Breitengrad, es bildet den nordwestlichen Teil des indischen Subkontinents. Das Land ist mit einer Fläche von 796 095 km² mehr als doppelt so groß wie Deutschland.

Die Nachbarn Pakistans sind der Iran im Westen, Afghanistan im Nordwesten, China im Nordosten und Indien im Osten. Die Grenze hat eine enorme Länge: So ist allein die pakistanisch-afghanische Grenze, die sog. Durand-Linie, 2240 km, die indisch-pakistanische Grenze immerhin noch 1600 km lang.

Das Land bietet erstaunliche geographische Kontraste.

1. Die Gebirge des Nordens und das Himalaya-Vorgebirge. Insgesamt vier Gebirgszüge stoßen im Norden aufeinander: Karakorum, Pamir, Himalaya und Hindukusch. Eine Anzahl von Bergen, die zu den höchsten der Welt gehören, liegt innerhalb eines Kreises von 360 km Durchmesser. Nicht weniger als 82 Berggipfel erreichen eine Höhe von über 7000 m. Hier befinden sich einige der längsten Gletscher der Erde außerhalb der Polarzonen. Riesige Täler, die in nordsüdlicher Richtung verlauten, verbinden die Hochgebirge mit den Vorgebirgen. Erwähnt seien das Swat- und das Kaghan-Tal.

2. In den Vorgebirgen liegen die Erholungsorte, wohin die Menschen vor der Sommerhitze der Ebenen fliehen. Die rings um die Erholungsorte liegenden „hills", die mit ihrer Höhe kaum mehr unseren Vorstellungen von „Hügeln" entsprechen, bilden ein atemberaubendes Panorama.

3. Einige Gebirgsketten liegen in den Nordwestgebieten, namentlich das Safed Koh und das Sulaiman-Gebirge.

4. Das Belutschistan-Plateau ist karg und unfruchtbar, eine Einöde mit Geröllblöcken und vereinzelt grünen Tälern, in denen Obst angebaut wird.

5. Das ebenfalls karge Potohar-Plateau liegt südlich der Northern Mountains, im ersten Moment wirkt diese Landschaft befremdend.

6. Unmittelbar südlich davon ragen die zerklüfteten Berge der Salt Range in den Himmel.

7. Hinter dem Jhelum erstrecken sich die Ebenen des Pandschab mitsamt den Kanalkolonien. Da das Gebiet zwischen dem Jhelum und dem Sutlej intensiv bewässert wird und während der britischen Kolonialherrschaft neue Siedlungen entstanden – auch heute entstehen noch welche –, ist es dicht besiedelt.

8. In der Provinz Sindh wird der Indus sehr träge. Deshalb hat er hier über die Jahrhunderte hinweg Schwemmstoffe ablagern können, so daß heute sein Wasserspiegel über dem umliegenden Land liegt. Das Ufer fällt steil vom Indus ab, der das Land, wenn er über die Ufer tritt, schwer verwüstet. Dämme sollen das Land vor den gefürchteten Überflutungen schützen.

9. Wo nicht bewässert wird, ist das Land eine Wüste. Die Thar-Wüste, eine

APA GUIDES

APA-FARBSET-NUMMERN

Für die Sammler von Apa Guides:

Was hat das kleine Dreieck auf dem Buchrücken der Apa Guides zu bedeuten? Wenn Sie einen vollständigen Satz Apa Guides besitzen und die Bücher in der Nummernfolge 100 bis 300 nebeneinander stellen, wird Ihr Regal in den sieben Farben des Regenbogens bunt erstrahlen. Ihr Buchhändler weiß, wie Sie die Serie als ganze erwerben – Sie können sich aber auch direkt an den Verlag wenden.

Nordamerika

160 Alaska
100 Boston
184C Chicago
243 Florida
240 Hawaii
269 Indianerreservate
275 Kalifornien
237 Kanada
275A Los Angeles
243A Miami
237B Montreal
100 Neuengland
184G New Orleans
184F New York City
133 New York State
180 Nordkalifornien
147 Pazifischer Nordwesten
184B Philadelphia
172 Rocky Mountains
275B San Francisco
184D Seattle
161 Südkalifornien
186 Texas
173 USA Der Südwesten
184H USA Nationalparks West
184 USA Special
237A Vancouver
184A Washington DC

Lateinamerika und Karibik

150 Amazonas
260 Argentinien
188 Bahamas
292 Barbados
251 Belize
217 Bermuda
127 Brasilien
260A Buenos Aires
151 Chile
281 Costa Rica
118 Ecuador
213 Jamaika
162 Karibik
282 Kuba
285A Mexico City
285 Mexiko
249 Peru
156 Puerto Rico
127A Rio de Janeiro
116 Südamerika
139 Trinidad & Tobago
198 Venezuela

Europa

158A Amsterdam
220 Andalusien
167A Athen
107 Baltische Staaten
219B Barcelona
109 Belgien
135A Berlin
178 Bretagne
109A Brüssel
144A Budapest
213 Burgund
291 Côte d'Azur
238 Dänemark
135 Deutschland
135B Dresden
142A Dublin
135F Düsseldorf
148A Edinburgh
155 Elsass
123 Finnland
209B Florenz
135C Frankfurt
154 Frankreich
148B Glasgow
279 Gran Canaria
167 Griechenland
166 Griechische Inseln
124 Grossbritannien
135G Hamburg
142 Irland
256 Island
209 Italien
141 Kanalinseln
122 Katalonien
135E Köln
189 Korsika
165 Kreta
124A Lissabon
258 Loiretal
124A London
201 Madeira
219A Madrid
157 Mallorca & Ibiza
117 Malta
101A Moskau
135D München
187 Neapel
158 Niederlande
111 Normandie
120 Norwegen
263 Österreich
149 Osteuropa
124B Oxford
154A Paris
115 Polen
202 Portugal
114A Prag
153 Provence
177 Rhein, Der
209A Rom
101 Russland
130 Sardinien
148 Schottland
170 Schweden
232 Schweiz
261 Sizilien
219 Spanien
101B St. Petersburg
264 Südtirol
112 Teneriffa
210 Toskana
114 Tschechische Rep. & Slowakei
174 Umbrien
144 Ungarn
209C Venedig
267 Wales
183 Wasserwege in Europa
263A Wien
226 Zypern

Naher Osten und Afrika

268 Ägypten
208 Gambia & Senegal
252 Israel
236A Istanbul
215 Jemen
252A Jerusalem
214 Jordanien
268A Kairo
270 Kenia
235 Marokko
259 Namibia
265 Nil, Der
204 Ostafrika Natur
257 Südafrika
113 Tunesien
236 Türkei
171 Türkische Küste

Asien/Pazifik

272 Australien
206 Bali
246A Bangkok
211 Birma
234 China
247A Delhi, Jaipur, Agra
169 Great Barrier Reef
193 Himalaya, Western
196 Hongkong
247 Indien
128 Indien Erlebnis Natur
143 Indonesien
278 Japan
266 Java
203A Katmandu
300 Korea
145 Malaysia
272B Melbourne
203 Nepal
293 Neuseeland
287 Ostasien
205 Pakistan
234A Peking
222 Philippinen
250 Rajasthan
159 Singapur
105 Sri Lanka
207 Südasien
212 Südindien
262 Südostasien
150 Südostasien Natur
272 Sydney
175 Taiwan
246 Thailand
278A Tokio
218 Unterwasserwelt Südostasiens
255 Vietnam

Einöde aus Sanddünen, die der Wind gebildet und geformt hat, erstreckt sich bis nach Indien.

Am stärksten vom Monsun betroffen sind die zentralen und nördlichen Regionen des Pandschab, die Vorgebirge des Himalaya um Murree, Kaghan und Swat; die nördliche Grenze liegt etwa auf der Höhe des Nanga Parbat, einem der ersten Achttausender des Himalaya. Ausläufer des Monsuns erreichen gelegentlich den Sindh. In den übrigen Gebieten Pakistans sind die Niederschlagsmengen gering, im Jahresdurchschnitt unter 250 mm. Der äußerste Norden, der Westen und der Süden Pakistans sind eine Einöde, die Bewässerung der Felder ist in der Landwirtschaft die conditio sine qua non. Die Felder der Ebenen des Pandschab und des Sindh bilden das größte künstlich bewässerte Gebiet der Erde.

Die heißesten Monate sind der Juni und der Juli. In den unteren Indus-Ebenen und einigen Teilen Belutschistans steigen die Temperaturen bis 50 °C; Sibi in der Karachi-Ebene gilt als der heißeste Ort Asiens. Im Sommer sinken die Temperaturen im ganzen Land selten unter 35 oder 40 °C. Ausnahmen sind das Swat- und das Kaghan-Tal, wo die Hitze durch die schweren Regenfälle gemildert wird. In den Bergen des Karakorums wird es so unerträglich heiß wie in den Ebenen, weil die Sonnenstrahlen vom kargen Boden reflektiert werden; in der Indus-Schlucht sind Temperaturen von 45 °C keine Seltenheit. Erst ab einer Höhe von 2500 m beginnt die Temperatur, kontinuierlich zu sinken.

Im Winter kühlt es in den Ebenen ab, die Temperaturen liegen bei 20 °C. In den Bergen wird es eisig, in den Gebirgsregionen des Nordens herrscht klirrende Kälte; in den Tälern von Hunza und Baltistan sinken die Temperaturen auf minus 20 °C.

Zeitzone

Die „Pakistan Standard Time" entspricht der mitteleuropäischen Zeit plus fünf Stunden. Im Winter wird es gegen 17 Uhr, im Sommer gegen 20.30 Uhr dunkel.

Reiseplanung

Anreise

Der Flug von Frankfurt nach Karachi dauert 7 Stunden, von Zürich 7,5 Stunden, von New York 17,5 Stunden, von Hongkong 5,5 Stunden, von Jeddah 3,75 und von Abu Dhabi 1,75 Stunden.

Karachi wird von verschiedenen internationalen Fluggesellschaften angeflogen; Pakistan International Airways (PIA) verbindet Pakistan mit den wichtigsten Städten der Welt und unterhält ein dichtes Netz nationaler Flugrouten. Im deutschsprachigen Raum bietet PIA Direktflüge von Frankfurt und Zürich nach Karachi. Islamabad läßt sich aus dem Ausland über Frankfurt und London direkt anfliegen (mit PIA bzw. Britsh Airways), bei allen anderen Flügen muß man umsteigen; letzteres gilt auch für Flüge nach Lahore. Auf Flughäfen können Travellerschecks eingelöst werden. Geldwechselquittungen sollten unbedingt bis zur Ausreise aufbewahrt werden.

Mit dem Auto

Pakistanbesucher dürfen für eine Dauer von höchstens drei Monaten ein Kraftfahrzeug zollfrei in das Land mitbringen. Voraussetzungen sind ein Zollpassierschein für Kraftfahrzeuge und die schriftliche Versicherung, daß das Fahrzeug während des Aufenthalts in Pakistan nicht verkauft wird.

Sollten sich die politischen Verhältnisse nicht grundlegend ändern, werden weiterhin nur wenige Touristen über den Iran oder Afghanistan nach Pakistan einreisen können. Der Grenzübergang von Iran nach Pakistan und umgekehrt ist für Touristen mit Visum für den Iran möglich. Gleiches gilt für China. Der Grenzübertritt nach Afghanistan ist derzeit (Stand Mai 1996) nicht möglich. Eine Verbindungsstraße zwischen Iran und Pakistan führt über den Khajak-Paß und an Chaman und Quetta vorbei, eine andere Möglichkeit ist die Straße nach Taftan.

27 km von Lahore entfernt liegt Wagah, ein pakistanisch-indischer Grenzort. Da sich das politische Klima zwischen beiden Ländern in einem ständigen Auf und Ab befindet, ist dieser Grenzübergang mal geöffnet, dann wieder, vor allem bei Unruhen im indischen Pandschab, geschlossen. Derzeit ist er dreimal pro Woche geöffnet. Genaueres erfährt man bei der pakistanischen Polizei oder direkt vor Ort.

Zunehmend beliebter wird der Karakorum Highway, der Pakistan mit China verbindet. Diese Straße ist zwischen Mai und November täglich von 11 bis 16 Uhr geöffnet. Die reine Fahrzeit zwischen Taxkorgan, der letzten Stadt auf chinesischer Seite, und Sost, der ersten auf pakistanischer, beträgt rund fünf Stunden; die Abwicklung der Grenzformalitäten kann einige Zeit dauern. Seit kurzer Zeit ist es Touristen gestattet, den Karakorum Highway auf pakistanischer Seite ohne Erlaubnis bis zur Batura-Brücke zu befahren. Dennoch kann es nicht schaden, sich zuvor bei der örtlichen Polizeidienststelle zu informieren. Da die Straße sehr hoch liegt und es deshalb sehr kalt sein kann, sollten empfindlichere Touristen diese Strecke meiden.

Es ist prinzipiell ratsam, sich während der Gestaltung der Reiseroute und noch einmal kurz vor der Einreise nach Pakistan zu erkundigen, welche Grenzübergänge gegenwartig passierbar sind.

Mit der Bahn

Sollte sich die politische Stituation zwischen Iran und Afghanistan einerseits und Pakistan andererseits in nächster Zeit nicht entspannen, bleibt dem Bahnreisenden bloß die Schienenverbindung nach Indien. (Nur eine verschwindend geringe Zahl von Menschen reist über den Iran nach Pakistan ein.)

Reisezeit

Eine pauschal gültige Antwort auf die Frage nach der besten Resisezeit kann man nicht geben. Man sollte jedoch versuchen, extreme Hitze oder Kälte zu meiden. Wer die großen Ebenen bereist, sollte im Winter und Frühling fahren. In Moendscho Daro, in der Thar-Wüste und im Westen des Landes kann es im Hochsommer unerträglich heiß werden. Das ist wiederum die beste Reisezeit für die nördlichen Berge – nur in den Tälern sind die Temperaturen sehr hoch. Da die Monsunausläufer nur selten die Gebiete nördlich des Nanga Parbat streifen, dauert die Saison in den Bergen recht lang – vorausgesetzt, man ist nicht kälteempfindlich. Trekking ist bis in den späten Oktober und Anfang November möglich. In den Bergen gehört der Herbst zu den schönsten Reisezeiten.

Visum & Paß

Besucher aus Deutschland, Österreich und der Schweiz benötigt einen gültigen Reisepaß und ein Visum. Das Visum erhält man bei der pakistanischen Botschaft im jeweiligen Land. Für die Ausstellung des Visums wird eine Gebühr erhoben (40 DM; Stand: Mai 1996). Das Visum gilt ab dem Einreisedatum für drei Monate.

Ein Visum, das mehrmaliges Einreisen ermöglicht, hat fünf Monate Gültigkeit. Nach der ersten Einreise darf man innerhalb eines Jahres beliebig oft nach Pakistan einreisen normalerweise sind es sechs Einreisen.

Manche Regionen dürfen nicht ohne spezielle Genehmigung betreten werden; das gilt beispielsweise für Gebiete in den Provinzen NWFP und Belutschistan.

Währung

Die Landeswährung ist die Rupie (pR), sie wird in 100 Paisa unterteilt. Im Umlauf sind Münzen im Wert von 1, 2, 5, 10, 25 und 50 Paisa sowie Banknoten im Wert von 1, 5, 10, 50 und 100 Rupien.

Devisenbestimmungen

Ausländische Währung in Form von Bargeld oder Schecks darf man in beliebiger Höhe importieren, jedoch nur 100 Rupien ein- bzw. ausführen. In eine Fremdwährung zurückgetauscht werden dürfen nicht mehr als 500 Rupien. Da bei der Zollkontrolle gelegentlich Umtauschquittungen verlangt werden, sollten diese bis zur Ausreise aufbewahrt werden.

Banken

Die Zentralbank des Landes ist die State Bank of Pakistan. Andere inländische Banken sind neben anderen die Allied Bank of Pakistan, die Habib Bank und die Muslim Commercial Bank. Ausländische Bankunternehmen, wie die American Express, die Grindlay's, die Bank of Credit and Commerce International, haben ihre Zweigniederlassungen in den wirtschaftlich starken Städten des Landes, etwa in Islamabad und Karachi.

Öffnungszeiten: Mo-Do 9-13 Uhr sowie Sa und So 9-11 Uhr. Freitags sind die Banken geschlossen. Die Öffnungszeiten ändern sich an Feiertagen, während des Fastenmonats Ramadan und an allzu heißen oder kalten Tagen. Geld wechseln kann man auch in vielen Hotels.

Travellerschecks: Am sichersten ist das Reisegeld in Form von Travellerschecks. Konvertierbar sind Schecks, die in Pfund Sterling, DM oder Dollar ausgestellt sind. Das Einlösen von Travellerschecks ist überall problemlos, in entlegenen Gebieten teilweise problemloser als in Islamabad. In Regionen mit einem hohem Bevölkerungsanteil von Auswanderern ist es am einfachsten. Zwar kann man in vielen Hotels Geld wechseln, doch haben die Banken günstigere Wechselkurse.

Wer sich Geld nachschicken lassen will, der läßt sich am besten per Einschreiben einen Bankwechsel zuschikken. Diese Art des Geldtransfers ist schneller als eine Überweisung von Bank zu Bank. In Pakistan arbeitet das Fernschreibnetz sehr langsam.

Andere Methoden des Geldtransfers, wie beispielsweise Geld telegrafisch zu ordern, dauern teilweise sehr lange. Man kann auch vom Postscheckkonto Geld abheben.

In den größeren Städten akzeptieren einige Luxushotels Kreditkarten. Die pakistanische Habib Bank stellt Kreditkarten aus.

Wechselkurs: Die pakistanische Währung ist an den Dollar gekoppelt. Die Umrechnungskurse werden jeden Tag von der State Bank of Pakistan bekanntgegeben.

Gesundheitsvorsorge

Cholera- und Gelbfieberimpfungen sind dann Pflicht, wenn man aus einem Epidemiegebiet einreist. Ratsam ist eine Schutzimpfung gegen Typhus, Tetanus und Polio. Manche Ärzte empfehlen eine Gammaglobulin-Impfung gegen Hepatitis, andere eine Immunisierung gegen Tollwut – die Meinungen über die Notwendigkeit bestimmter Impfungen sind sehr unterschiedlich. Aber in jedem Fall sollte man sich vor Malaria schützen (für Erwachsene gibt es Tabletten, für Kinder Sirup). *Achtung:* Die Malariavorsorge beginnt bereits zwei Wochen vor der Reise, kümmern Sie sich also rechtzeitig darum. Jeder Reisende sollte sich der Aids-Gefahr bewußt sein und, für den Fall der Fälle, Kondome einstecken.

Medikamente: In den Apotheken erhält man die meisten Medikamente rezeptfrei. Wer jedoch ein bestimmtes Medikament regelmäßig einnehmen muß, sollte vorsorglich eine ausreichende Menge mitbringen.

Arzneimittel für Kinder sind fast überall rezeptfrei erhältlich. Als Malariaprophylaktikum gibt es einen Sirup, der von den meisten Kindern ohne Nörgelei geschluckt wird.

Ein Shampoo gegen Läuse ist sicherlich nicht überflüssig, das gängige Läusemittel heißt in Pakistan Caladryl. Wer schnell schwitzt oder während der heißen Jahreszeit fährt, sollte Puder gegen Hitzepickel dabeihaben. Ebenfalls nützlich sind Salztabletten.

Touristen, die häufig mit dem Auto oder dem Bus reisen, sollten ein Erste-Hilfe-Set parat haben und wissen, wie man es gebraucht.

Das weitverbreitetste „Problemchen" ist die Magen-Darrn-Verstimmung. Zwarkann man Tabletten gegen Übelkeit bereits daheim kaufen, doch erhält man die verschiedensten Mittel auch in Pakistan. Falls sich die Beschwerden medikamentös nicht beseitigen lassen, muß ein Arzt konsultiert werden. Der kann die Ursache – zum Beispiel Amöben oder resistente Bakterien schnell diagnostizieren und ein spezifisch wirksames Medikament verschreiben. Meist gehen Magen-/Darmverstimmungen ohnehin nach einer kurzen Anpassungszeit rasch vorüber.

Große Hitze wird häufig unterschätzt. Sie führt nicht nur zu Sonnenbrand, sondern auch zu Hitzschlag und physischer Erschöpfung. Selbst Menschen, die Sonne gewöhnt sind, sollten sich in acht nehmen. Das gilt insbesondere in den nördlichen Bergre-

Wohin Sie auch fahren, wir sind schon da.
Von Aschaffenburg bis Simbabwe, Hertz ist auf der ganzen Welt für Sie da.
Mit über 500.000 Mietwagen in mehr als 150 Ländern und 5000 Stationen, von denen 2000 an Flughäfen sind, ist bei Hertz eines sicher: Zum richtigen Zeitpunkt das richtige Auto zum richtigen Preis.
Das einzige, was dabei Standard bleibt, ist ein äußerst freundlicher Service.
Kein Wunder, daß uns die Verbindung aus unglaublichen Preisen und unschlagbarem Service zu einem der führenden Autovermieter weltweit gemacht hat.
Wenn Sie mehr von Hertz wissen möchten, fragen Sie Ihr Reisebüro oder bei Hertz direkt.
Große Qualität. Kleine Preise.
Hertz
Hertz rents and leases Fords and other fine cars.

gionen, wo die Sonne viel stärker ist, als man annimmt; Sonnenschutzcreme mit Faktor 8 oder 10 einstekken! Wer einen Sonnenbrand hat, freut sich über eine kühlende Lotion.

Gesundheitswesen

In den Städten gibt es ausgezeichnete Arzte; viele von ihnen sind im Westen ausgebildet und haben einen entsprechenden Abschluß. Sie lassen Patienten selten lange warten, diagnostische Tests werten sie in eigenen Laboratorien aus. Chirurgische Eingriffe werden gelegentlich in der Praxis vorgenommen. Die Gebühren bewegen sich in einem vernünftigen Rahmen. In den Krankenhäusern oder Polikliniken nimmt man sich schnell und gewissenhaft der Patienten an, doch lassen Pflege und Nachbehandlung zu wünschen übrig.

Kleidung

Beim Kofferpacken sollte bedacht werden, daß sich die Pakistani in der Mehrzahl zum Islam bekennen. Entsprechend sollten Sie bei Ihrer Kleiderauswahl die moslemischen Vorschriften berücksichtigen.

...für Frauen: In den Großstädten können Frauen Blusen und Kleider nach westlicher Mode tragen. Enge Kleidungsstücke sollte man aber tunlichst vermeiden. Am wohlsten fühlt man sich in Kleidern mit langen oder zumindest halblangen Ärmeln und einem Schal. Jeder Reisende sollte seine Kleidung den jeweils klimatischen Gegebenheiten anpassen.

Gewöhnlich tragen die pakistanischen Frauen einen *salwar kameez,* ein Kostüm oder eine Art Kleid aus einem langen Hemd und weiten Hosen. Zu diesem Kleidungsstück gehört ein Chiffonschal, *chunni* oder *dupatta* genannt. Einen *salwar kameez* kauft man entweder von der Stange oder läßt ihn sich, nachdem man den Stoff selbst ausgesucht und gekauft hat, von einem Schneider nähen. Es werden etwa 4 m^2 Stoff verarbeitet. Die Tuchhändler verfügen über ein vielfältiges Angebot an Stoffen und sind gerne bereit, den Käufer über die herrschende Mode aufzuklären und ihn über das für die jeweilige Saison geeignetste Material zu beraten. Die Schneider arbeiten schnell und sind billig. Fabrikgefertigte Kostüme findet man in allen größeren Städten; auf die größte Auswahl stößt man in Karachi. Die Kleidung sollte bequem und luftig sein. Mit dem *chunni* läßt sich der Kopf leicht bedecken und das Gesicht vor direkter Sonneneinstrahlung schützen.

Der pakistanische *salwar* ist bequemer zu tragen als der anderer Länder; wer auf abendländische Kleidung nicht verzichten will, sollte zumindest ein langärmeliges Hemd und weite Hosen tragen. (In enger Kleidung schwitzt man sehr schnell.)

...für Männer: Obwohl mittlerweile viele pakistanische Männer westliche Mode bevorzugen. bleibt das beliebteste Kleidungsstück eine einfache Version des *salwar kameez* oder eine *kurta* zusammen mit einem *salwar.* Die *kurta* ist ein langes weites Hemd, das man entweder fabrikgefertigt kauft oder sich nähen läßt.

Der *salwar kameez* ist und bleibt in Pakistan die praktischste Reisekleidung für Männer und Frauen.

...für Kinder: Kinderkleidung kauft man am besten von der Stange, denn in Pakistan nähen die Mütter die Kleidung der Kinder. Der eine oder andere Schneider mag jedoch aus Gefälligkeit bereit sein, dies oder das zu nähen.

Die Kleidungsstücke der Mädchen sind oft hübsch verziert und die Farben wunderschön – allerdings selten farbecht! Die Knaben- und Männeranzüge haben häufig exotisch klingende Markennamen („Leeds“ hört sich in den Ohren eines Rawalpindi ausgesprochen romantisch an). Neben der pakistanischen Kleidermode kann man auch farbenfrohe afghanische Kostüme und westliche Kleidung kaufen.

Auf eine Kopfbedeckung sollte keiner verzichten. Sehr geeignet ist der *Sindhi cap.* Er wird in verschiedenen Farben hergestellt, mit kleinen Spiegeln verziert und sieht fesch aus. Oder Sie kaufen sich ein *chitrali,* ein altmodischer, in braunen Tönen gehaltener Kopfputz, den die Männer im Norden des Landes oder die Mudschaheddin mit einem gewissen Stolz tragen.

Das Schuhwerk richtet sich nach den geplanten Aktivitäten. In den Städten trägt man am besten Sandalen. Die Angebotspalette für Frauen ist breit, sie reicht von Sandaletten, die einen Steg zwischen den Zehen haben, bis hin zu Schuhen nach westlicher Mode.

Männer tragen gern Peshawari-Sandalen, die aus dickem Leder gefertigt werden. Überall kann man Slipper, Sandalen oder Halbschuhe kaufen; manche Schuhe sind mit Gold- und Silberfäden, mit Quasten oder Stickereien verziert.

Konventionelle Schuhe kann man problemlos kaufen, Bata-Schuhgeschäfte und andere Geschäftsketten findet man überall. Die angebotenen Schuhe sind passabel und haben eine für ihren Preis gute Qualität. Dagegen lassen sich Schuhe der oberen Konfektionsgrößen schwieriger auftreiben.

Wer sich häufiger auf dem Lande aufhält, sollte an festes flaches Schuhwerk denken. Die Wege sind hier häufig steinig, und das Gestrüpp am Wegrand ist dornenreich.

In den Wintermonaten und in den Bergen ist man auf einen warmen Pullover (einen Wintermantel), Handschuhe, eine Wollmütze und einen Schal angewiesen.

In Pakistan kann man sich Wollwesten und *chogas,* lange Wollmäntel, kaufen, ebenso Decken oder handgestrickte Waren.

Wäscherei und chemische Reinigung

Dieser Service wird in den meisten Hotels angeboten, in den großen als Expreßdienst.

Friseur

In den Städten und vielen Hotels gibt es Schönheitssalons und einige gute Friseure. Die begehrtesten Friseure sind die chinesischen. Viele von ihnen haben eine solide Ausbildung abgeschlossen, manch einer im Ausland.

Ausrüstung

Da viele Swimmingpools der Luxushotels jedermann offenstehen, lohnt es sich, Badezeug einzustecken.

Seife und Handtücher sollte man mit auf die Reise nehmen, denn nicht alle Hotels stellen diese zur Verfügung; beides kann man auch in Pakistan kaufen. Nicht weniger nützlich sind ein Waschbeckenstöpsel, ein eigenes Bettlaken oder ein Schlafsack.

Alle Arten von Haarshampoo, Kosmetika und Toilettenartikel – darunter die gängigen westlichen Marken – lassen sich ebenfalls in den größeren Städten kaufen.

Sonnenschutzmittel sind schwierig aufzutreiben, damit sollte sich jeder vor der Abreise eindecken.

Damenbinden sind nicht unbedingt in der Drogerie, aber in nahezu allen Supermärkten oder Gemischtwarenläden gängige Ware. Wer auf Tampons nicht verzichten will, muß sich vor Reiseantritt damit eindecken. Dasselbe gilt für Watte, Nagelfeilen und Sicherheitsnadeln.

Zoll

Touristen dürfen neben der persönlichen Habe – dazu zählen Parfums, eine Kamera, ein Kassettenrekorder und eine Schreibmaschine – 200 Zigaretten, 50 Zigarren oder ein halbes Pfund Tabak zollfrei importieren. Die Einfuhr von Alkoholika ist verboten. Wer trotzdem alkoholische Getränke mitbringt, kann sie beim Zollamt gegen eine Empfangsbestätigung hinterlegen; er erhält sie bei der Ausreise zurück. Die bei der Taschenkontrolle entdeckten Alkoholika werden sofort beschlagnahmt.

Import und Export

Zuständig für die Erteilung von Verkaufslizenzen und für die Ausfuhr ist der *Chief Controller of Imports and Exports.*

Aufenthaltverlängerung

Ein Touristenvisum gilt für die Dauer von höchstens drei Monaten. Verlängerungen für einen kurzen Zeitraum kann man bei den *Passport Offices* in Islamabad, Karachi, Lahore, Peschawar und Quetta beantragen. Die Dauer der gewährten Verlängerung liegt ganz im Ermessen des Beamten, der den Antrag bearbeitet. Nicht jeder Beamte verfährt dabei großzügig.

Abreise

Die Flughafensteuer beträgt auf Flughäfen für internationale Flüge 200 Rupien und auf Flughäfen für nationale Flüge 10 Rupien. Ausreisende müssen weitere 500 Rupien berappen.

Wissenswertes

Religion

In Pakistan ist der Islam Staatsreligion, der über den Koran das öffentliche und private Leben der Pakistani maßgebend beeinflußt.

In der *masjid,* der Moschee, versammeln sich die gläubigen Moslems zum Gottesdienst. Vor dem Betreten einer jeden Moschee werden die Schuhe ausgezogen. Das gilt auch für Besucher. Meistens kann man die Schuhe in einer dafür vorgesehenen Ecke oder Nische deponieren, in großen und vielbesuchten Moscheen werden diese von Angestellten beaufsichtigt.

Die Gottesdienste finden am Freitag statt. Aus diesem Grund sollte man für Moschee-Besichtigungen einen anderen Tag wählen.

Sitten und Gebräuche

Das Umherreisen in Pakistan ist für Frauen ohne Begleitung sicherlich problematischer als für Männer. Mütter mit Kindern haben es leichter, sie werden eher respektiert, und Kinder sind in mancher Situation eine Art Eintrittskarte. Da in Pakistan eine alleinreisende Frau das Moralempfinden verletzt, fahren pakistanische Frauen nur in Ausnahmefällen ohne Begleitung. Frauen, die allein unterwegs sind, müssen deshalb besonders in den Grenzgebieten sehr vorsichtig sein. In manchen Teilen der Welt haben Männer merkwürdige Vorstellungen von den westlichen Frauen und ihrer „Freiheit“. Pakistan bildet da keine Ausnahme. Man sagt den westlichen Frauen einen unersättlichen Appetit auf Sex nach, und manche Männer glauben, Zurückhaltung sei eine Form von Beleidigung. Zwangsläufige Folge dieser Fehldeutung sind mehr oder weniger eindeutige Aufforderungen. Und dieses krasse Mißverständnis der westlichen Freiheit hat sich mit dem Einzug von Videorekordern und Pornofilmen in die Dörfer nicht gerade abgebaut.

Die pakistanischen Männer geben sich zur Begrüßung die Hand. Das trifft – mit Ausnahmen – auch auf die Frauen zu: falls sie vertraut miteinander sind. Hin und wieder umarmt man sich zur Begrüßung. Männer gehen auf der Straße häufig Hand in Hand; das bedeutet nicht zwangsläufig mehr als Freundschaft. Ebenso gehen Frauen Hand in Hand. Die obere Schicht der Pakistani, die sogenannten *Super Paks,* sind mit den britischen Gewohnheiten, Bräuchen und Moralvorstellungen bestens vertraut. Während sie schnell auf Fremde zugehen, bleiben die Menschen der Mittel- und der Unterschicht eher auf Distanz. Sehr religiöse Menschen meiden zumeist den Kontakt mit westlichen Frauen.

Ganz im Sinne des islamischen Sittenkodex leben im Haus die Geschlechter getrennt; Männer und Frauen haben ihre eigenen Wohnräume.

Wenn Sie einer Einladung zum Abendessen folgen, essen Sie vorher eine Kleinigkeit. Das eigentliche Essen wird erst sehr spät serviert – zwischen 23 und 24 Uhr!

Gewöhnlich wird ein Buffet gereicht, man bedient sich selbst. Das Essen kündigt den Aufbruch an, anschließend verlassen die Gäste das Haus.

In einem Punkt unterscheidet sich Pakistan von den anderen Ländern Asiens: Bettler sind viel seltener anzutreffen. Da die meisten schwere körperliche Arbeiten tatsächlich nicht ausführen können, sollten Sie ihnen nur selten das erbetene Almosen verweigern. Nur in wenigen Gebieten, wie beispielsweise Multan, ist Betteln vergleichsweise stärker verbreitet, aber auch hier hält es sich in Grenzen.

Insgesamt ist die pakistanische Art zu betteln zurückhaltender als die in anderen asiatischen Ländern. Als Tourist wird man seltener angesprochen und um Geldwechsel gebeten. Pakistani drängen ihre Hilfe nicht auf. Doch falls man sich an sie wendet, sind sie sehr hilfsbereit. Das geht soweit, daß sie einen Fremden meilenweit begleiten, um sich zu überzeugen, daß er sicher ans Ziel kommt.

Maße und Gewichte

Die Maße und Gewichte, die in Pakistan gebraucht werden, sind ein Sammelsurium unterschiedlicher Systeme. So benutzt man noch Einheiten, die in grauer Vorzeit auf dem Subkontinent verwendet wurden; daneben kennt man das Dezimalsystem und das britische System; zum Beispiel sind Entfernungsangaben nicht immer eindeutig, es können Meilen oder Kilometer gemeint sein. Kürzere Entfernungen werden von Pakistani oft in Achtelmeilen angegeben. Eine Meile entspricht 1,6 km, und 3,3 feet passen in einen Meter. Die Entfernungs- und Höhenangaben in diesem Buch sind Kilometerangaben. Die Schuhgrößen wurden von den Briten übernommen. Früchte und Gemüse werden in Kilogramm oder in Teilen davon abgewogen.

Die alten indisch-pakistanischen Maßeinheiten haben heute keine große Bedeutung mehr. Detailliert auf sie einzugehen, würde nur Verwirrung stiften. Zwei Einheiten seinen jedoch erwähnt: *crore* und *lakh*. Ein *lakh* entspricht der Zahl 100 000, und ein *crore* ist 100 *lakh*. Diese beiden Zahlwörter werden nur noch von der Finanzwelt und bei statistischen Angaben benutzt.

Ein *gaz* entspricht 0,9 Metern (einem yard). *Char gaz* (vier *gaz*) benötigt man durchschnittlich für einen *salwar kameez* der Frauen.

Elektrizität

Wie in Deutschland beträgt die Netzspannung in Pakistan 220 bis 240 Volt (Wechselstrom). Doch machen die häufigen Stromausfälle die Benutzung von Elektrogeräten zu einer zweifelhaften Angelegenheit. Hotels stellen Kerzen oder Paraffinöllampen zur Verfügung. Vergessen Sie nicht eine Schachtel Streichhölzer! Steckdosen können sich gelegentlich als Problem erweisen (Reisestecker mitnehmen), und hier und da ist ein Spannungsstabilisator notwenig. Batterien sind überall erhältlich. Achten Sie auf das Verbrauchsdatum!

Geschäftszeiten

Geschäfte und Ämter haben am Freitag geschlossen, manche Ämter auch am Samstag. Die meisten Geschäfte haben im Sommer von 7.30 bis 14.30 und im Winter von 9 bis 16 Uhr geöffnet. Die Schalterstunden der Ämter sind im Sommer von 8.30 bis 14 und im Winter von 9 bis 14.30 Uhr.

Banken sind normalerweise von 9 bis 13 Uhr geöffnet. Die Öffnungszeiten kleinerer Läden schwanken. Gewöhnlich öffnen sie gegen 9 Uhr; im Sommer gehen die Ladentüren früher auf und bleiben während der großen Tageshitze verschlossen. Danach wird das Geschäft wieder bis etwa 20 Uhr geöffnet.

Feiertage

Man unterscheidet zwei Arten von Feiertagen: Auf der einen Seite stehen die islamischen Feiertage und auf der anderen Seite die historisch begründeten. An speziellen Bankfeiertagen bleiben die Schalter geschlossen, Geschäfte und Läden haben geöffnet.

Nationalfeiertage

23. März: Der *Pakistan Day* erinnert an die Pakistanische Resolution, die im Jahre 1940 in Lahore bekanntgegeben wurde. Damals wurde Pakistan als eigenständiger islamischer Staat proklamiert.

1. Mai: Tag der Arbeit.

1. Juli: Bankfeiertag.

14. August: Tag der Unabhängigkeit. Man feiert die Gründung Pakistans im Jahre 1947.

6. September: *Defence of Pakistan Day*. Er erinnert an den indisch-pakistanischen Krieg im Jahre 1965.

11. September: Todestag des *Quaid-i-Azam*, M. A. Jinnah.

9. November: *Iqbal Day*. Geburtstag des Allama Iqbal.

25. Dezember: Geburtstag des Qaid-i-Azam.

31. Dezember: Gesetzlicher Feiertag.

Moslemische Feiertage

Diese Feiertage richten sich nach dem islamischen Mondkalender; er ist 13 Tage kürzer als der gregorianische. Durch diesen Unterschied fallen die Feiertage von Jahr zu Jahr auf ein anderes Datum in unserem Kalender.

Muharram ist der erste Monat des islamischen Jahres, und in ihm erinnert man sich des Todes Imam Hussains. Besondere Bedeutung hat dieser Feiertag für die Schiiten; es ist eine Zeit des Klagens. An *ashura*, am 10. Tag des Monats, erreicht das Fest seinen Höhepunkt. In den Städten finden große Prozessionen und gelegentlich Geißelungen mit Ketten und scharfen Klingen statt. Touristen sollten sich nicht allzu sehr ins Geschehen verwikkeln lassen, denn hin und wieder – am ehesten in Peschawar und Skardu – kann ein bißchen Fremdenfeindlichkeit durchbrechen.

Ramadan ist der Fastenmonat der Moslems. Während des Fastens sollen die dreißig Tage des Propheten wiedererlebt werden, die er in einer Höhle meditierend verbrachte. Man feiert seine göttliche Erleuchtung, die er am Ende als Belohnung für seine Hingabe erlangte. In dieser Zeit werden tagsüber weder Speisen noch Getränke verkauft. Ausnahmen werden in einigen großen Hotels und in manchen Restaurants gemacht. Das Reisen ist in dieser Zeit schwierig. Touristen sollten in der Öffentlichkeit weder essen noch rauchen und in den Restaurants nach Anbruch der Dunkelheit Moslems den Vortritt lassen.

Der letzte Tag des Fastenmonats ist der **Eid-ul-Fitr**, ein Feiertag, an dem alle Geschäfte geschlossen bleiben.

An **Eid-ul-Zuha** gedenkt man Abrahams Bereitschaft, seinen Sohn Isaak Gott zu opfern. Zentraler Ritus dieses Festes ist die symbolische Schlachtung eines Schafes oder einer Ziege. Das Fleisch wird mit Freunden und Bekannten geteilt und als Almosen gegeben.

Während dieser beiden Festtage spendet man den Armen Essen, Kleidung und Geld. Die Einwohner einer Ortschaft versammeln sich in festlicher Garderobe auf den Straßen, um gemeinsam zu beten. Die Menschen umarmen sich und rufen sich *eid mubarak* zu. An diesem Tag und während der folgenden Tage werden Freunde und Verwandte besucht.

Das **Eid-ul-Azha** markiert das Ende der *hadsch (haj)*, der Pilgerreise nach Mekka. Jeder Moslem will einmal in seinem Leben nach Mekka pilgern. Die PIA bietet in dieser Zeit *hadsch*-Sonderflüge nach Mekka an; die Folge sind Verspätungen, und die großen Flughäfen platzen aus allen Nähten. Touristen sollten sich dies bei der Reiseplanung stets vor Augen halten.

An **Eid-i-Milad-un-Nabi** (Friede sei mit ihm) wird der Geburtstag des Propheten gefeiert.

Shab-i-Mairaj ist der Tag, an dem der Prophet in den Himmel aufstieg.

Shab-i-Barat ist eine Art Allerseelen zum Gedenken der verstorbenen Gläubigen.

Medien

Zeitungen

Es gibt eine Anzahl von Zeitungen und Zeitschriften, die in Urdu oder anderen Dialekten erscheinen. Die wichtigsten Zeitungen sind *Nawa-waqt, Jang, Mashriq, Imroz* und *Wafaq.*

International gefragte Zeitungen und Zeitschriften erhält man in den Buchläden der Städte und den Foyers der Luxushotels. In allen Großstädten werden englischsprachige Zeitungen gedruckt.

Allein in Karachi wird ein halbes Dutzend Zeitungen verlegt: *Dawn, Morning News* und *Business Recorder* sind Morgenblätter, *The Daily News, Star* und *Leader* Abendblätter. *The Pakistani Times* wird in Rawalpindi herausgegeben, *The Muslim* in Islamabad, *The Khyber Mail* und die *Frontier Post* in Peschawar und die *Baluchistan Times* in Quetta.

Es gibt lesenswerte Nachrichtenmagazine und Journale, die sowohl in englischer als auch in anderen Sprachen erscheinen. Das breiteste Angebot der pakistanischen Presse erhält man in den Buchläden der Städte, in denen neben Belletristik interessante Veröffentlichungen über die Geschichte des Landes verkauft werden.

Fernsehen

Die pakistanische Femsehstation sendet ihre Programme in Farbe, die Sendezeit beginnt etwa um 17 und endet gegen 23 Uhr. Die Nachrichten werden um 18.05 Uhr in Arabisch, um 19 Uhr in Englisch und um 21 Uhr in Urdu gesprochen. Das restliche Programm ist leichte Kost: Quizsendungen, in denen Geschäftsleute Preise aussetzen (sehr beliebt), und Spielfilme flimmern neben älteren Schinken und O-Ton-Serien über den Bildschirm. In Diskussionsrunden erhitzen sich die Gemüter, an Folkloreabenden wird den Zuschauern gute pakistanische Musik vorgestellt.

Post

Landauf, landab findet man Briefkästen, Postämter und insgesamt 310 Telegrafenämter. Wer seine Briefe nicht in den Hauptpostämtern aufgibt, sollte sie vorsichtshalber per Einschreiben verschicken.

Ein Datapost-Dienst existiert mit der Bundesrepublik, Großbritannien, den Niederlanden, der Türkei, den Vereinigten Emiraten, Japan, Ägypten, Neuseeland, Oman, Schweden, Griechenland, Quatar Norwegen, Frankreich, Kuweit, den USA und Bangladesch. Alle Sendungen, die mit dem Datapost-Dienst verschickt werden, sind registriert und vor etwaigem Verlust relativ sicher.

Für Briefe und Pakete bis 10 kg ist ein Nacht-Zustelldienst eingerichtet worden, *Airex* genannt, der allerdings nur zwischen Rawalpindi, Islamabad, Lahore, Peschawar, Faisalabad, Multan, Sukkur, Quetta und Karachi existiert.

Das reguläre Paketdienstnetz deckt dieselben Städte ab und stellt am selben Tag zu. Ebenfalls gute Dienste leistet der *Urgent Mail Service,* der in 57 Städten Pakistans Filialen hat.

Telefon & Fax

Telefonverbindungen sind selbst in einige abgelegenen Orten vorhanden. Zwischen bestimmten Städten kann man direkt wählen; mancherorts ist die Direktwahl auch nach Übersee möglich. Jede größere Stadt hat ein öffentliches Fernsprechamt und ein Telegrafenamt, meist in der Nähe des Hauptpostamtes gelegen. Manche Hauptpostämter sind in den Großstädten rund um die Uhr geöffnet. In Städten wie Gilgit, wo das Hauptpostamt unter Armeeverwaltung steht, muß man sich auf lange Wartezeiten einstellen, denn jeder einzelne Anruf wird zunächst einmal mit Islamabad verbunden und dann weitergeschaltet – so etwas kann Stunden dauern. Telefongespräche, die man vom Fernsprechamt des kleinen Städtchens Chitral aus führen will, werden schneller vermittelt.

Für den Notfall

In Pakistan wird Sicherheit großgeschrieben, aus europäischer Perspektive oft übertrieben groß. Bewaffnete Sicherheitsbeamte bewachen Banken, Flughäfen und verschiedene andere öffentliche Gebäude. In manchen Gegenden, namentlich Diplomatenvierteln, herrscht geradezu eine Überpräsenz von Sicherheitskräften; in der Nähe von militärischen Einrichtungen (einige mittelalterliche Festungsanlagen gehören dazu) und von Brücken wirkt ihre Gegenwart schon penetrant. Dasselbe gilt für die Straßen um Kahuta, wo sich das pakistanische Atomforschungszentrum befindet. Es versteht sich von selbst, daß das Gelände nicht betreten werden darf.

Kriminalität

Der Tourist ist in Pakistan vor Überfällen im Grunde relativ sicher, ausgenommen in manchen ländlichen Gegenden, namentlich der Nord Western Frontier Province, wo das pakistanische Gesetz gar nicht oder nur sehr eingeschränkt gilt; dort sollte man nicht ohne einheimische Begleitung reisen. Um Drogenhandel und -konsum mache man, wie überall auf der Welt, am besten einen großen Bogen.

Zwar sind die meisten Pakistani ehrliche Menschen, doch sollte man Wertsachen immer dicht am Körper tragen (Geld in einem Geldgürtel) oder an einem sicheren Ort, zum Beispiel einem Hotelsafe, aufbewahren. Fundbüros kennt man in Pakistan nicht; wenn Sie etwas verloren haben, müssen Sie sich an die Polizei wenden.

Notrufnummern

In Pakistan gibt es, anders als in Europa, keine Sammelnummer für Notfälle. Man muß sich die Telefonnummer der örtlichen Polizeidienststelle geben lassen oder sie aus dem Telefonbuch heraussuchen.

Karachi	
Krankenhaus	729719
Polizei	222222
Notarzt	224400
Unfall/Polizei	233331
Krankenwagen	536281
Feuerwehr	724981
Lahore	
Krankenhaus	60822
Polizei	54444
Unfall/Polizei	53333
Krankenwagen	52070
Feuerwehr	310354
Islamabad	
Krankenhaus	840381
Polizei	823333
Notarzt	63333
Unfall/Polizei	63333
Krankenwagen	63031
Feuerwehr	62545

Peschawar

Krankenhaus	76211
Polizei	64213
Notarzt	73333
Unfall/Polizei	75222
Feuerwehr	75666

Quetta

Krankenhaus	73053
Polizei	70554
Notarzt	73333
Unfall/Polizei	70666
Notarzt	75666, 71087, 683432, 225225

In allen 5 Städten:

Telefonauskunft	17
Fernsprechvermittlung	109
Fernsprechauskunft	108

Bemerkung: Alle Botschaften sind in Islamabad ansässig *(siehe unten).*

Nützliche Adressen

Diplomatische Vertretungen Pakistans

IN DEUTSCHLAND

Botschaft: Rheinallee 24, 53173 Bonn, Tel. 0228/955 31 20

Konsulate:

14193 *Berlin,* Höhmannstr. 13, Tel. 030/826 70 17

28203 *Bremen,* President-Kennedy-Platz 1, Tel. 0421/367 82 33

40212 *Düsseldorf,* Königsallee 30, Tel. 0211/32 92 66

60386 *Frankfurt,* Wächterbacherstr. 83, Tel. 069/42 10 12

20354 *Hamburg,* Warburgstr. 50, Tel. 040/44 11 13-0

80336 *München,* Rückertstr. 1, Tel. 089/53 48 80

IN ÖSTERREICH

Botschaft: Hofzeile 13, 1190 Wien, Tel. 01/36 73 81, Fax 36 73 76

Konsulat: Schneeburggasse 74, Innsbruck, Tel.

IN DER SCHWEIZ

Botschaft: Bernastr. 47, 3005 Bern, Tel. 031/352 29 92, Fax 351 54 40

Konsulat: Höschgasse 78, 8008 Zürich, Tel. 01/382 23 82, Fax 382 28 58

Diplomatische Vertretungen in Pakistan

DEUTSCHLAND

Botschaft: Ramma 5, Diplomatic Enclave, Islamabad, Tel. 051/21 24 12, Fax 051/21 29 11

Konsulate:

Karachi: F-95, Khayaban-e-Roomi, Block 7, Clifton, Tel. 021/587 37 82, Fax 021/587 40 09

Lahore: 60, Main Gulberg, Lahore, Tel. 042/57 10 76, Fax 042/576 06 95.

ÖSTERREICH

Botschaft: 13, 1st Street, F 6/3, P.O. Box 1018, Islamabad, Tel. 051/20137

SCHWEIZ

Botschaft: Street 6, Diplomatic Enclave, G-5/4 Islamabad, P.O. Box 1073, Islamabad, Tel. (051) 21 10 60, Fax (051) 21 89 05

Sprache

Die Landessprache Pakistans ist Urdu, in den Provinzen spricht man verschiedene Dialekte – z. B. Pandschabi, Pashto, Sindhi und Baluchi.

Amtssprache ist Englisch, das auch von der gebildeten Schicht gesprochen wird. Selbst in abgelegenen Gebieten findet sich jemand, der Englisch spricht.

Urdu gehört zur indogermanischen Sprachfamilie und ist mit den Sprachen Nord- und Westindiens verwandt. Einfluß auf das Vokabular hatten auch Persisch, Arabisch und in neuerer Zeit das Englische.

Nützliche Wörter und Redewendungen

Friede sei mit dir	*salaam aleikum*
Antwort: Auch mit dir	*wa aleikum as salaam*
Hallo	*hello*
Auf Wiedersehen	*khuda hafiz*
Danke	*shukria*
Wie heißt du?	*aapka nam kya heyh?*
Ich heiße ...	*mera nam ... heyh.*
Wie geht's?	*aapka (tumhara) kya hal heyh?*
Mir geht es gut	*teekh heyh, teekh takh*
Ja	*ji han*
Nein	*nahin*
Ich spreche kein Urdu	*main Urdu nahin bol sakta*
Sprechen Sie Englisch?	*kya ap Anglesi bolte heyn?*
Ich verstehe nicht	*main nahin samjhta*
Das möchte ich nicht	*main yeh nahin chahta*
Was ist das?	*yeh kya heyh?*
Was kostet das?	*yeh kitnay paise heyh?*
Wieviel wollen Sie?	*kitnay chahiye?*
Bitte geben Sie mir ...	*meherbani kar ke mujhe deejiye*
Genug	*bas*
Bitte/Nichts für ungut	*koi baat nahin*
Gut	*achha*
Sehr gut	*bahut achha*
Stop	*tehriya, rukh jao*
Gehen	*challiye*
Warten Sie hier	*yahan intazar kariye*
Nach links	*baien challiye*
Nach rechts	*daien challiye*
Weiter geradeaus	*sidha challiye*
Wie weit?	*kitni dur?*
Wasser	*pani*
Eis	*barf*
Heiß	*garam*
Haben Sie heißes *Wasser?*	*aapka pas garam pani heyh?*
Kalt	*thanda*
Blau	*neela*
Schwarz	*syah*
Weiß	*sufaid*
Grün	*sabz*
Rot	*lal*

Zahlen

Null	*sifar*
1	*ek*
2	*do*
3	*teen*
4	*char*
5	*panch*
6	*che*
7	*saat*
8	*aath*
9	*nau*
10	*das*
11	*gyara*
12	*bara*
13	*tera*
14	*chaudra*
15	*pandra*
16	*sola*
17	*saatara*
18	*aathara*
19	*unees*
20	*beess*
25	*pachees*
30	*teess*

40	*chaleess*
50	*pachas*
60	*saath*
70	*sattar*
80	*assi*
90	*navvay*
100	*ek sau*
1000	*ek hazar*

Besondere Hinweise

Kinder

Kinder sind in Pakistan gerngesehene Gäste. Die Bevölkerung ist äußerst kinderlieb und verwöhnt auch die Kinder ausländischer Gäste.

Behinderte

Es gibt keine speziellen behindertengerechten Einrichtungen – z. B. Toiletten (wenn es überhaupt welche gibt). Manche Gegenden Pakistans lassen sich im Rollstuhl beim besten Willen nicht bewältigen. Diese Hinweise sollen aber nicht abschrecken, schon manch ein Behinderter gehörte zu einer Bergsteigergruppe. Prinzipiell jedoch gilt, daß Behinderte es nicht so schwer haben wie in anderen Ländern. Die Pakistani sind hilfsbereite Menschen – sei es gebrechlichen alten oder behinderten Menschen gegenüber. Wenn Behinderte Freunde und Verwandte besuchen, ergeben sich niemals unüberwindliche Probleme.

Wenn man sich rechtzeitig an die Fluggesellschaften wendet, stellen diese an den Flughäfen Rollstühle bereit. Außerdem organisieren sie Hilfskräfte, die einem bei der Bewältigung der Formalitäten helfen.

Fotografieren

In Pakistan gibt es zwar viel zu fotografieren, doch sollte man vor bestimmten Gebäuden und Anlagen den Apparat in der Tasche lassen:

1. Militärische Einrichtungen: Dazu gehören alte Festungsanlagen wie Attock und Bala Hissar in Peschawar. Man vergewissere sich vorher.

2. Flughäfen und Brücken: Dieses Verbot sollte strikt eingehalten werden, will man ernsthaften Schwierigkeiten aus dem Weg gehen.

Die meisten Reiseführer behaupten, daß sich inbesondere die Frauen auf dem Lande nur ungern fotografieren lassen – selbst dann, wenn sie bereits Kontakte mit Expeditionsgruppen hatten. Das heißt nicht, daß man nicht gelegentlich auf Menschen trifft, die fotografiert werden wollen, ja, die auf einer Aufnahme bestehen. Oftmals sind Porträtfotos im Fall gegegenseitiger weiblicher Hilfe erwünscht. Richten Touristen in den Grenzgebieten die Kamera auf eine Frau, kann das fatale Folgen haben. Davon einmal abgesehen, gilt es ja auch in unseren Breiten als unhöflich, Menschen ohne ihre Einwilligung zu fotografieren.

Polaroid-Kameras haben den Vorteil, daß die Bilder sofort fertig sind und die fotografierte Person die Freude über das Bild teilen kann. Farbfilme kann man zwar in den Städten kaufen, doch leider haben sie nicht die beste Qualität. Wer seine Filme in Pakistan entwickeln läßt, muß mit unterschiedlichen Ergebnissen rechnen. Diafilme sind nur selten aufzutreiben.

Das Hauptproblem während des Fotografierens ist das grelle Tageslicht. Die besten Bedingungen herrschen frühmorgens bis 10 Uhr und am späten Nachmittag, etwa ab 15 bis 16 Uhr. Das Tageslicht um die Mittagszeit nimmt den Objekten ihre Räumlichkeit und den Farben ihre Leuchtkraft – die fertigen Bilder sind eine Enttäuschung. Landschaften verlieren auf diesen Fotos jeden Reiz, sehen geradezu verunstaltet aus, und Europäer wirken oftmals wie weiße Gespenster. Die Schatten sind tiefschwarz und tauchen bei mangelnder Sorgfalt an den falschen Stellen auf. Ratsam ist auf jeden Fall ein Tageslichtfilter.

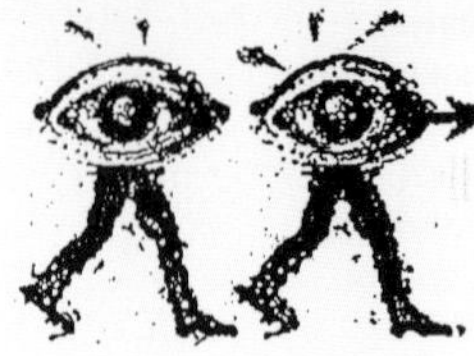

Unterwegs

Landkarten

Die Buchläden und die Kioske in den Foyers der Luxushotels Islamabads und Lahores verkaufen Landkarten der Provinzen und Stadtpläne der wichtigsten Städte. Sie werden von verschiedenen Druckereien hergestellt und vertrieben. Grundlage sind die Karten des Landesvermessungsamtes.

Dieses Amt, *Survey General of Pakistan,* befindet sich in Faizabad an der Murree Road zwischen Islamabad und Rawalpindi. Dort kann man ebenfalls Karten bekommen.

Landkarten und Stadtpläne erhält man auch beim *PTDC,* das außerdem Informationsbroschüren über Sehenswürdigkeiten bereithält. Die Karten sind nicht sehr groß und nicht sehr ausführlich – sie sollen den Besucher auf die allerwichtigsten Straßen hinweisen und auf die Sehenswürdigkeiten und Reize des Landes aufmerksam machen. Straßennamen müssen dabei nicht zwangsläufig mit denen der Karte übereinstimmen.

Wem gutes Kartenmaterial wichtig ist, sollte sich bereits vor der Reise eindecken.

Orientierung

Die Polizei, dein Freund und Helfer: Der Tourist, der versucht, den Weg durch eine fremde Stadt allein zu finden, wird binnen kurzer Zeit selbst mit einer guten Straßenkarte einige Probleme haben, denn es gibt kaum Straßenschilder oder andere Orientierungshilfen. Existieren Straßenschilder, sind sie in Urdu geschrieben: Wenden Sie sich an die Polizei, die Ihnen äußerst hilfsbereit den Weg zeigt. Manche Polizisten winken eine Rikscha oder Tonga an den Straßenrand und informieren den Fahrer über das Ziel des neuen Fahrgastes. Wer sich auf einer Polizeistation nach dem Weg erkundigt, verläßt vielleicht die Wache zusammen mit einem Polizisten, der ihn, um einen erneuten Irrweg sicher auszuschließen, bis ans Ziel begleitet.

Mit dem Flugzeug

Flughäfen gibt es in Bannu, Bhagtanwala, Chitral, Dera Ismail Khan, Faisalabad, Gwadar, Gilgit, Hyderabad, Islamabad, Jacobabad, Jiwani, Karachi, Kohat, Lahore, Mianwali, Moendscho Daro, Multan, Nawabshah, Pasni, Peschawar, Punjgur, Quetta, Rahim Yar Khan, Saidu Sharif, Skardu Sukkur, Talhar und Zhob. Weitere Flughäfen sind geplant.

Flüge in die Northern Areas (nach Gilgit, Skardu und Chitral) verlaufen nicht immer reibungslos. Verspätungen wegen schlechter Wetterverhältnisse sind keine Seltenheit. Wer hier reist, sollte nicht erst auf den letzten Drücker zurückfliegen – schon gar nicht, wenn er am nächsten Tag Pakistan verlassen muß. Flüge werden manchmal für einen oder auch mehrere Tage storniert.

Die Flugpreise sind relativ niedrig. Da Kurzflüge von der Regierung subventioniert werden, ist der Flug von Gilgit nach Skardu kaum teurer als die Busreise zwischen beiden Städten. Und eindrucksvoll ist es, wenn die Berge zunächst unterhalb der Maschine liegen und dann kurze Zeit später neben ihr in den Himmel aufragen.

Auf allen Flughäfen Pakistans wird für Inlandsflüge eine Flughafensteuer von 10 Rupien erhoben.

Mit dem Zug

Die Bahntrassen folgen den Flußläufen. Da die Züge in allen Städten und an Orten, die in irgendeiner Weise bedeutsam sind, halten, kommt man nur langsam voran. Dennoch stellen sie ein ausgezeichnetes Verkehrsmittel dar. Die Eisenbahnlinien sind eine Spitzenleistung der Ingenieure. In Pakistan müssen die Lokomotiven Flüsse überqueren und über Berge klettern.

Für die Eisenbahnfans ist eine Reise mit einer alten Dampflokomotive ein aufregendes Erlebnis. Wer Lokomotivhallen besichtigen möchte, wende sich zwecks Erlaubnis entweder an den örtlichen *Divisional Superintendent* oder ans Hauptquartier der Pakistanischen Eisenbahn in Lahore.

Die Züge bieten verschiedene Klassen: mit und ohne Klimaanlage, erste und zweite Klasse.

Im Sommer sollte man auf die Annehmlichkeit einer Klimaanlage nicht verzichten. Da die Züge überfüllt sind, ist eine Vorabreservierung ratsam. Sitzplätze und Schlafwagenabteile erfordern ebenfalls eine Reservierung, Bettzeug wird auf Anfrage bereitgestellt. Fahrgäste der ersten Klasse erhalten eigenes Bettzeug. Beachten Sie bitte, daß erste Klasse nicht Schlafwagen bedeutet. Schlafwagenplätze müssen separat reserviert werden!

Man sollte sich für die Dauer der Reise mit Proviant eindecken. Zwar kann man sich im Zug mit dem Nötigen versorgen, die Essensqualität läßt jedoch zu wünschen übrig – abgesehen vom „afternoon tea“-Service, der ausgezeichnet ist.

Touristengruppen werden auf Wunsch spezielle Erste-Klasse-Waggons zur Verfügung gestellt. Diese *first class tourist cars* haben eigene Küchen, Waschräume und Schlafzimmer. An jedem Bahnhof stehen diese Wagen bereit, die Leihdauer ist unbegrenzt. Pakistan Railways bietet fertige Touren-Pakete und spezielle Exkursionen an. Nähere Informationen erhalten Sie vom *Chief Marketing Manager.*

Ermäßigung erhalten Studenten, Gruppen auf Bildungsreise, Touristen, Sportgruppen, Jugendorganisationen usw. Damit werden die Bahntarife äußerst günstig.

Mit dem Bus

Busreisen durch Pakistan gelten nicht zu Unrecht als äußerst anstrengend und gefährlich; mit unliebsamen Überraschungen muß gerechnet werden.

Staatliche Busunternehmen: Die Busse der staatlichen Unternehmen verkehren zwischen den großen Städten; ihre Stationen sind die G.T.S.-Busbahnhöfe. Je geringer das Verkehrsaufkommen auf den benutzten Strecken ist, desto häufiger fahren die Busse. Sie sind schnell und zuverlässig. Die Fahrpreise sind niedrig. In Belutschistan sind die Fahrpreise nach Straßenbelag und -typ gestaffelt; so unterscheidet man beispielsweise nach Schotterstraßen, Berg- und Wüstenstraßen. Die hier fahrenden Busse werden von der NATCO (Northern Area Travel Company) betrieben.

Flying Coaches: Neben dem genannten Busunternehmen gibt es eine Anzahl privater Busgesellschaften, von denen einige in der Tat nicht gerade einladend sind, andere dagegen – wie die Flying Coaches – empfehlenswert. Es handelt sich um Kleinbusse mit Klimaanlage, die ihre eigenen Busstops haben. Sie sind zwar teurer als die staatlichen, aber für einen westlichen Geldbeutel immer noch billig. Die schnellen Fahrzeuge halten regelmäßig an bestimmten Restaurants, wo man sich die Beine vertreten, einen Snack zu sich nehmen oder sich in den Toiletten erfrischen kann. Trotz der Stops an den Restaurants ist es ratsam, sich vor der Fahrt mit Reiseproviant zu versorgen.

Transporter *(transit vans):* In und zwischen den Städten verkehren unterdessen unzählige Transporter des Modells Ford Transit. Diese „Flying Coaches des kleinen Mannes“ nehmen bis zu 14 Passagiere auf, sie klappern meistens die Busstationen der Privatlinien ab. Daneben existieren noch andere Minibusmodelle.

Andere Transportmittel

Rikschas: Der *Scooter rickshaw* ist ein motorbetriebenes dreirädriges Fahrzeug. Ein Taxameter ist zwar meist vorhanden, funktioniert aber leider nur selten, so daß das verlangte Fahrgeld oft in keinem Verhältnis zur gefahrenen Strecke steht. Am besten handelt man vor dem Antritt der Fahrt einen Preis aus. Läßt der Fahrer nicht mit sich handeln, winken Sie ein anderes Fahrzeug herbei. Häufig nähern sich dann mehrere Taxis gleichzeitig, und Sie können die preisgünstigste Wahl treffen. In einer Rikscha hat eine europäische Durchschnittsfamilie (Eltern und zwei Kinder) Platz, wenn es dann auchetwas eng zugeht. Oftscheint die Rikscha das einzig verfügbare Transportmittel in derNähe zu sein, wenn man sich in irgendeinem Winkel einer Stadt verirrt hat. Es ist immer wieder erstaunlich, wie schnell die Rikschafahrer ihren Weg durch das Straßenlabyrinth finden.

Taktvolle Fahrer vermeiden jedes Aufsehen vor den Luxushotels, weniger sensible jagen noch ein paar Stufen die Eingangstreppe hoch – und sogleich wundern sich die anderen Gäste des Hauses, auf welch billige

Art und Weise Sie sich durch die Stadt chauffieren lassen. Um dergleichen Peinlichkeiten zu vermeiden, erkundige mansich im Hotel nach einer Seitenstraße oder wähle einen markanten Punkt in der Nähe seines Hotels.

Suzukis: Seit die Japaner eine Suzuki-Fabrik in Karachi errichtet haben, zählen die Suzuki-Pickups zu den beliebtesten Nahverkehrsmitteln der Stadt und der umliegenden Ortschaften. Der Wagen ist für acht Passagiere gedacht, doch da man sich hinten irgendwie festhalten kann, fahren selten weniger als 10 oder 12 Personen mit. Diese Pickups sind billig, eine Fahrt von einem zum anderen Ende der Stadt kostet nicht mehr als zwei Rupien.

Tongas sind Einspänner, die in Karachi „Victorias" genannt werden. Fahrpreis vorher vereinbaren.

Taxis: Auch hier den Fahrpreis vorab aushandeln. Die Taxameter funktionieren selten.

Jeeps: Sie sind die Verkehrsmittel der Northern Areas, wodie Straßen für Busse zu eng werden. Sie sind weder billig noch bequem noch fahren sie nach Fahrplan. Die Fahrgäste quetschen sich mit dem Gepäck ins Fahrzeug und klammern sich fest, so gut es eben geht."Staatliche" Jeeps nehmen jederzeit jeden mit, „private"- die teurer sind – suchen sich ihre Fahrgäste aus Furcht vor Räubern aus.

Mit dem Auto

Die Straßen sind besser, als viele glauben. Einige sind ausgezeichnet, andere sehr gut.

Leihwagenvermietungen gibt es nur in Karachi. In den anderen Städten Pakistans kann man sich kein Selbstfahrauto mieten; zum Auto wird dort immer ein Fahrer mitgemietet. Sollte es bei der Verhandlung über die Mietbedingungen zu Schwierigkeiten kommen, wenden Sie sich an einen Polizisten, der dann vermittelt.

Das pakistanische Fahrverhalten ist etwas ungewöhnlich. Wer sich hinter das Steuer setzt, sollte folgende Punkte beachten (Mitfahrer haben es leichter, da sie im entscheidenden Moment nicht zu handeln, sondern nur die Augen zu schließen brauchen.): Die Pakistani fahren nicht schnell, aber gefährlich. Auf dem North Circular, auf der M 25 oder dem Highway 66 können Sie sicher fahren, aber fahren Sie nicht auf der GT Road – jedenfalls nicht, ohne vorher von einigen Stellen aus den Verkehr beobachtet zu haben. Man erkennt dann einen Rhythmus – eine Art Verkehrstango. Die Straßen sind zumeist in Urdu und nur wenige in Englisch ausgeschildert. Für die Entfernungsangaben gelten manchmal Kilometer, manchmal Meilen – die Entscheidung liegt ganz bei Ihnen.

In den Städten scheint man sich einig zu sein, daß Autos nicht schneller als 30 bis 50 km/h fahren; uneinig ist man sich, wann man wie nach links abbiegen darf. In Islamabad biegt man auch bei roter Ampel nach links ab – sofern die Straße frei ist. In Lahore wiederum biegt man bei roter Ampel nicht ab auch dann nicht, wenn die Straße frei ist. Das gleicheVerhalten in Islamabad hätte ein Hupkonzert zur Folge; biegt man in Lahore bei roter Ampel ab, sollte man sich vorher nach der Polizei umschauen.

Achten Sie auf Hindernisse im Verkehr. Dazu zählen „schlafende Polizisten" (Steinbrocken zur Verlangsamung des Verkehrs, die den Chassisboden entlangratschen, eine unvergeßliche Erfahrung!) oder kleine Mauern, die urplötzlich in der Straßenmitte auftauchen und als Verkehrsteiler dienen. Manchmal haben die Straßen extrem scharfe, fast rechtwinklige Kurven. Mit solchen Wegbiegungen muß man überall rechnen! Für Verdruß sorgen auch Bahnübergänge, wo Schiene und Straße nicht immer auf einer Höhe liegen, oder Straßen, die in einem miserablen Zustand sind. Nur eine Minderheit der Pakistani scheint sich etwas aus Sicherheitsgurten zu machen.

Besonders gefährlich sind Nachtfahrten. Viele Fahrzeuge haben kein funktionierendes Rücklicht, Ochsenkarren sowieso nicht, an ihnen fehlt alles. Dasselbe gilt manchmal für Lastwagen. Obwohl ihnen ein anderes Fahrzeug entgegenkommt, schalten viele Fahrer das Fernlicht nicht ab. Bei Regen und Schnee erschweren fehlende Wegmarkierungen das Fahren.

Die Bergstraßen erfordern ein gewisses Können vom Fahrzeuglenker, viele Strecken sind gefährlich. Die Haarnadelkurven sind so eng, daß der erste Versuch oft scheitert; dann muß man mehrmals vor- und zurücksetzen. Nicht jeder Motor ist übrigens für Bergtouren geeignet. Und die Wartung von Fahrzeugen in Pakistan entspricht nicht europäischen Maßstäben.

Übrigens: Die Lichthupe eines entgegenkommenden Fahrzeugs bedeutet nicht „nach Ihnen", sondern „weg da"! Es heißt: „Jetzt komm' ich, ich weiche nicht!" Aufpassen muß man, wenn ein Fahrzeug blinkt. Blinken heißt: Gleich passiert etwas. Entweder will der Fahrer überholen, rechts abbiegen oder links ausweichen, um für Sie Platz zum Überholen zu machen. Was immer der Fahrer will, Mißverständnisse können fatale Folgen haben.

An den Brücken über die wichtigsten Flüsse wird eine Gebühr verlangt. Halten Sie eine oder zwei Rupien bereit. Ausländern ist es untersagt, in der Nacht außerhalb der Hauptstädte mit dem Auto zu fahren. Aber wer will auch schon nachts über Straßen fahren, die lebensgefährlich und vor Überfällen nicht sicher sind?

Toiletten

Das Leben ist für Männer immer leichter als für Frauen: nicht anders in Pakistan! Männer, die weite *salwars* und *kurtas* tragen, hocken sich zum Wasserlassen neben den nächsten Abwasserkanal; in Pakistan erleichtern sich die Männer in der Hocke.

Frauen sollten es vermeiden, auf diese Art Wasser zu lassen. Allerdings sind öffentliche Toiletten rar. Einige findet man in Hotels, in Restaurants und auf Ämtern. Beamte führen in dringenden Fällen zu stillen Örtchen.

Abgesehen von den Luxushotels gibt es in den meisten anderen öffentlichen Toiletten kein Papier. Die pakistanischen Abwasserrohre sind für Papier auch gar nicht ausgelegt. In allen Toiletten befinden sich ein Kleiderhaken und ein Eimerchen voll Wasser. Das Wasser dient dem Reinigen. Dazu benutzt man die linke Hand, denn mit der rechten wird gegessen.

Auf dem Land kann die Toilettenfrage für das weibliche Geschlecht tatsächlich zum Problem werden. Sind in der Nähe gerade keine Zuckerrohr- oder Obstplantagen, versucht man, das Geschäft zumindest möglichst diskret zu verrichten.

Neuere Tankstellen sind mit Toiletten und Waschräumen ausgerüstet, die, ebenso wie die der Hotels und Restaurants an den Straßen, allen Reisenden offenstehen.

Unterkunft

In Pakistan stehen den ausländischen Gästen ausreichend viele Hotels und verschiedene andere Unterkünfte zur Verfügung. Einige befinden sich in historischen Gebäuden, in denen die Geister längst verstorbener Kolonialoffiziere über der gedeckten Tafel zu schweben scheinen. In den Gästehäusern, die abgelegen in den Bergen liegen, kann man die Teetanzveranstaltungen der dreißiger Jahre miterleben. Einige Hotels wirken recht unhygienisch, andere – manchmal billigere – bieten etwas fürs Geld. Lassen Sie sich die Zimmer zeigen und wählen Sie! Die Hotels können ihr Aussehen ändern-was vorkurzem nochein freundliches, sauberes Haus war, hat vielleicht unterdessen den Besitzer gewechselt, der mit einem anderen Verständnis für das Hotelgewerbe arbeitet oder arbeiten läßt; manche Hotels ruhen sich auf den einmal erworbenen touristischen Lorbeeren aus und sind bald wieder heruntergekommen.

PTDC-Hotels & Motels

Die PTDC führt einige Hotels und Motels, die rund um die wichtigsten Touristenzentren liegen. Ebenfalls von ihr geleitet werden Luxus- und VIB-Sommerhäuser. Buchen kann man die PTDC-Unterkünfte des Nordens in Zimmer 30, Flashman's Hotel, The Mall, Rawalpindi, Tel. 66 231,68 776, 64 811. PTDC-Hotels, die im Süden des Landes liegen, werden über das *Hotel Metropole,* Abdullah Haroon Road, Karachi, Tel. 51 61 51, 51 03 01, gebucht.

Hotels

Das Ministerium für Kultur, Sport und Tourismus veröffentlicht jährlich ein Verzeichnis, in dem alle Hotels aufgelistet sind. Im folgenden werden einige Hotels der wichtigsten Touristenorte angeführt.

Sindh

Hyderabad

City Gate Hotel, gegenüber dem Zentralgefängnis, Tel. 31 677, 31 744, 31 198, 31 707.
Fataz Hotel, Thandi Sarak, Tel. 24 425-29.
New Indus Hotel, Thandi Sarak, Tel. 25 276, 23 997.

Jacobabad

Mehran Hotel, Tower, Jacobabad, Tel. 23 66.

Karachi

• *Luxushotels (RS 1000-6000)*
Avari Towers Hotel, Fatima Jinnah Road, Tel. 52 52 61.
Holiday Inn, 9 Abdullah Haroon Road, P.O.Box 104 44, Tel. 52 01 11, 52 20 11.
Hotel Taj Mahal, Sharah-e-Faisal, Tel. 52 02 11.
Karachi Sheraton Hotel, Club Road, Tel. 52 10 21.
Pearl Continental Hotel, Club Road, Tel: 51 50 21.

•*Mittelklassehotels (RS 500-1000)*
Metropole, Club Road, Tel. 51 20 51.
Midway House, Karachi Airport, Tel. 48 03 71.
Beach Luxury Hotel, Moulvi Tamizuddin Khan Road, Tel. 55 19 31/7.

• *Preiswerte Hotels*
Mehran, Shahrah-e-Faisal, Tel. 51 13 87.
Sarah, Para Street, Saddar, Tel. 52 71 60-2

Larkana

Mehran Hotel, New Station Road, Tel. 232 74.
Mohenjo-daro Tourist Inn, Old Station Road, Tel. 224 82.

Sukkur

Inter Pak Inn, Sikkur Barrage, Tel. 830 51

Pandschab

Attock

Indus View, G.T. Road, Attock Khurd.

Bahawalpur

Erum Hotel, The Mall, Circular Road, Tel. 42 91, 47 30.
Humera Hotel, Multan Road, Tel. 59 59, 48 40.

Dera Ghazi Khan

Shamilmar Hotel, Fareedi Bazaar, Tel. 21 04-5

Faisalabad

Faisalabad Serena, Club Road, Faisalabad, Tel. 309 72, 320 23.
Midway, P-35 Midway St, Kutchery Bazaar, Tel. 245 95, 341 25.
Rays Hotel, Allama Iqbal Road, Nähe Flying-Coach-Stop, Tel. 240 06.
Ripple, 18 A People's Colony, Tel. 49 99 73, 419 09.

Gujranwala

Gujranwala Hotel, Gondalanwala, Adda Gujranwala, Tel. 84 69, 846 31.

Gujrat

Faisal Hotel, G.T. Road, Tel. 30 88.
Melody Road, Railway Road, Tel. 37 51, 46 51-2.

Islamabad

• *Luxushotels (RS 1000-4000)*
Holiday Inn, Aga Khan Road, Shalimar 5, Tel. 82 61 21-35.
Islamabad Hotel, Municipal Road, Civic Centre Ramna 6, Tel. 82 73 11.

• *Mittelklassehotels*
Ambassador, Shahrah-i-Suhrawardy, Tel. 82 40 11.
Dreamland Hotel, Peschawar Mor, I & T Centre, G-9/4.

• *Preiswerte Hotels*
East West Motel, Nähe Rawal Dam, Tel. 82 61 43, 82 69 83.
Blue Star Hotel, T and T Colony, Tel. 85 28 10, 85 27 17.

Lahore

• *Luxushotels (Rs 1000-4000)*
Pearl Continental, Shahrah-i-Quaid-i-Azam, Tel. 699 31.
Hilton International, Shahrah-i-Quaid-i-Azam, Tel. 31 02 81.

• *Mittelklassehotels*
Faletti's Hotel, Egerton Road, Tel. 30 36 60.
Hotel International, Upper Mall, Tel. 87 02 81.
Ambassador Hotel, 7 Davis Road, Tel. 30 18 61-8.
Shalimar, Liberty Market, Gulberg, Tel. 87 03 31-3.

• *Preiswerte Hotels*

Liberty, Liberty Market, Gulberg, Tel. 87 52 32.

Orient, 74 Maclead Road, Tel. 22 39 06.

Uganda, 45 Maclead Road, Tel. 560 07.

MULTAN

Hushiana, Chowk Kutcheri, Tel. 435 20, 420 26, 435 36.

Sindbad, Nishtar Chowk, Bahawalpur Road, Tel. 722 94-6.

Mangol, L.M.Q. Road, Dera Adda, Tel. 301 64.

Shezan Residence, Kutchery Road, Tel. 302 53-6.

Silver Sand, 514 Railway Road, Tel. 330 61, 330 62.

MURREE HILLS

Cecil's Hotel, Mount View Road, Murree, Tel. 22 47, 22 57.

Blue Pines and Murree Inn's Hotel, Cart Road, Murree, Tel. 22 33, 22 30.

Bright Lands Hotel, Imtiaz Shaheed Road, Murree, Tel. 22 70.

Mall View Hotel, Jinnah Road, Murree, Tel. 20 75.

Green's Hotel, Nathiagali, Tel. 544.

Pines Hotel, Nathiagali, Tel. 505.

Valley View, Nathiagali, Tel. 506.

RAWALPINDI

• *Luxushotels (Rs 1000-4000)*

Pearl Continental, The Mall, Tel. 660 11, 627 00.

Shalimar, Nähe The Mall, Tel. 629 01.

• *Mittelklassehotels (RS 400-1000)*

Flashman's Hotel, PTDC, The Mall, Rawalpindi, Tel. 648 11.

Kashmir Wala's Tourist Inn, The Mall, Tel. 58 31 86-4.

• *Preiswerte Hotels*

Gatmell's Motel, Airport Road, Tel. 650 47/651 23.

Rawal Hotel, Committee Chowk, Tel. 701 21.

Sand Hills Hotel, Murree Road, Tel. 706 51-2.

New Kamran Hotel, Kashmir Road, Tel. 58 20 40.

Belutschistan

QUETTA

Bloom Star, Steward Road, Tel. 751 78, 701 77.

Gul's Inn, hinter der Jinnah Road, Tel. 701 70, 701 75.

Hotel City Baluchistan, Prince Road, Tel. 706 47.

New Lourdes, Staff College Road, Tel. 701 68-9.

ZIARAT

PTDC Motel, Tel. 15.

North West Frontier Province

ABBOTTABAD

Sarban Hotel, The Mall, Tel. 23 76 78.

Springfield Hotel, Mall Road, Tel. 48 34/47 70.

DERA ISMAIL KHAN

Midway Hotel, Indus River Bank, Tel. 29 00, 31 00.

Jan's Hotel, North Circular Road, Tel. 39 25, 39 26.

DIR

New Khyber Hotel, Timgara, Distrikt Dir, Tel. 713.

KOHAT

Green Hill Hotel, Hangu Road, Tel. 2220, 2577.

PESCHAWAR

• *Luxushotels (Rs 1000-4000)*

Pearl Continental, Khyber Road, Tel. 76 361.

• *Mittelklassehotels*

Dean's Hotel, 3 Islamia Road, Tel. 764 81.

Green's Hotel, Saddar Rd, Tel. 760 35.

Jan's Hotel, Islamia Road, Tel. 769 39.

• *Preiswerte Hotels*

Galaxie, Khyber Bazaar, Tel. 727 38.

Kamran, Khyber Bazaar, Tel. 723 45.

Khyber, Saddar Bazaar.

Swat-Tal

SAIDU SHARIF & MINGORA

Swat Serena Hotel, Saidu Sharif, Tel. 42 15, 45 04.

Pameer, GT Road, Mingora, Tel. 49 26, 43 06.

Marghazar Hotel, Saidu Sharif Road, Marghazar, Tel. 57 14.

BAHREIN

Abshar, Tel. 22.

Bahrein, Tel. 33.

Delux, Tel. 15.

MIANDAM

PTDC Motel, Tel. 10.

Pameer Guesthouse, Tel. 1.

Karashma, Tel. 4

Miandam, Tel. 11.

MAYDAN

Madyan, Tel. 4599.

Mountain View, Tel. 7.

Nisar, Tel. 441.

KALAM

PTDC Motel, Tel. 14. Buchung auch im PTDC-Büro Rawalpindi.

Falakshir, Tel. 10.

Khalid, Tel. 6.

Heaven Breeze, Tel. 5.

Kaghan, Karakorum Highway & Northern Areas

KAGHAN VALLEY

Taj Mahal Hotel, Kaghan Road, Balakot.

Park Hotel, Kaghan Road, Balakot.

Lalazar, Kaghan, Tel. 22.

Vershigmoom, Kaghan, Tel. 12.

Lalazar, Naran, Tel. 1.

PTDC Motel, Naran. Buchung über das PTDC-Büro Rawalpindi.

BESHHAM

PTDC Motel. Buchung über das PTDC-Büro Rawalpindi.

CHILAS

Shangrila Midway, Tel. 69.

Chilas Inn, Tel. 187.

CHITRAL

Mountain Inn, Ataliq Bazaar.

PTDC Tourist Complex. Buchung über das PTDC-Büro Rawalpindi.

GILGIT

Gilgit Serena Lodge, Jutial, Tel. 23 30/1, 39 60/1.

Chinar Inn, PTDC Hotel, Chinar Bagh, Tel. 25 62, oder über das PTDC-Büro Rawalpindi buchen.

Hunza Inn, Babar Road, in der Nähe des Chinar Garden, Tel. 28 14.

Park Hotel, Airport Road, Tel. 26 79

Hunza

Serena Lodge, Karimabad.
Hill Top, Karimabad, Tel. 10.
Rakaposhi View, Karimabad, Tel. 12.
Tourist Park Hotel, Karimabad, Tel. 45.
Mountain View, Karimabad, Tel. 17.

Skardu

Shangrila Tourist Resort, Kachura Lake, Skardu.
K2, PTDC Motel; Buchung über das PTDC-Büro Rawalpindi.

Jugendherbergen

Die Adresse der *Pakistan Youth Hostel Association* lautet 110 B-3, Gulberg III, Lahore. Die Häuser der Gesellschaft können von Mitgliedern der Internationalen Jugendherbergsorganisation benutzt werden.

Jugendherbergen liegen in den folgenden Städten: Abbottabad, Balakot, Kaghan Valley, Burban, Ketas, Khanpur, Lahore, Naran, Shogran, Taxila und Islamabad.

In den Großstädten stehen auch Häuser des **YMCA** und des **YWCA**.

Andere

Die **Pakistan Railways** stellt in allen größeren Städten den Reisenden, die erster Klasse oder in einem Waggon mit Klimaanlage fahren, *retiring rooms* über Nacht zur Verfügung.

Die **Heilsarmee** hat in Lahore und Karachi zwei gute Herbergen:
Salvation Army Hostel, 35 Fatima Jinnah Road, Lahore.
Salvation Army, Frere Road, Karachi.

Essen & Trinken

Die Küche

Dal, Linsen, ißt man praktisch zu jedem Essen. Am weitesten verbreitet sind orangefarbene Linsen, die zu einer dickflüssigen Suppe gekocht werden. Für den armen Teil der Bevölkerung sind Linsen das Hauptgericht, für den reicheren Teil eine Beilage.

Pathans ist ein Gericht aus Fleisch und Kartoffeln. In Pakistan verzichtet man nur selten auf Fleisch, und Vegetarier haben es überall schwer, an die von ihnen bevorzugten Mahlzeiten zu kommen. Gut gemeinte Gastfreundschaft kann für die Betroffenen zu unangenehmen Situationen führen.

Kebabs werden in allen Variationen angeboten. Die besten erhält man an den Restaurantbuden am Straßenrand. *Shami kebab* ist Hackfleisch auf Spießen. *Boti* bedeutet soviel wie „dicke Fleischstücke", und *chappli* heißt „schuhsohlenförmig" *(Chappli kebab* ist eine Art gutgewürzter Hamburger.).

Der *chappli kebab* stammt aus der Nordwestprovinz und ist besonders gut in Nowshera. An der Bara Road nach Peschawar steht eine Kebab-Bude mit einem fröhlichen, wohlgenährten Verkäufer, dessen Kebab erste Klasse sind. Auf Wunsch von Kindern verwendet er weniger Chili als sonst! *Chappli kebab* schmecken ausgezeichnet mit *naan,* Brot, das man an der nächsten Bude kauft. Dieses so zusammengekaufte Mittagessen genießt man im Park von Peschawar unter mächtigen, schattenspendenden Bäumen.

Die folgende Liste der häufigsten Nahrungsmittel soll dem Reisenden helfen, sich in der Speisekarte Pakistans ein wenig zurechtzufinden.

alu	Kartoffeln
anda	Ei
badam	Mandel
bheja	Hirn
biryani	Reis mit Fleisch und Gemüse
chai	Tee
chapatti, naan, paratha	Brot
chini	Zucker
dahi	Yoghurt
dudh	Milch
firni	Milchreispudding
gajjar	Mohrrübe
gajrela, gajjar halwa	Süßigkeit aus Karotten
gobi	Kohl
gosht	Fleisch
burra gosht	Rindfleisch
chota gosht	Hammelfleisch
gurda	Niere
halwa	Süßigkeit in verschiedenen Farben und Geschmacksvarianten
kaleji	Leber
keema	Hackfleisch
khir	Reispudding
koftas	Fleischklößchen
maghaz	Hirn
nargisi koftas	Fleischklößchen mit Ei. *Nargis* ist eine Narzissenart.
masala	gewürzt
macchli	Fisch
mattar	Erbsen
murgh	Huhn
nimbu	Zitronen
palak	Gemüse, Spinat
pani	Wasser
paneer	Käse
phulgobi	Blumenkohl
seb	Apfel
sag	Spinat, Senfpflanze
shahi tukre	Nachspeise aus Brot, Milch und Nüssen

In Pakistan erhält man Knabberzeug und Schleckereien, die auch im Westen verbreitet sind: Biskuits (in unendlich vielen Variationen), Waffeln, Käsekekse, Ingwernüsse (sehr delikat) und Vanilleeis; kräftiges Teegebäck und Bourbon-Kekse.

Kartoffelchips findet man in allen erdenklichen Richtungen. Es gibt noch viele andere in Tüten abgepackte Snacks (z. B. gewürzte Kichererbsen), die hier nicht alle erwähnt werden.

Wer ohne die westliche Küche nicht mehr auskommt, der ist auf die Luxushotels angewiesen; die Speisen haben einen hohen internationalen Standard und sind billig – für westliche Portemonnaies.

Es existieren eine Reihe ausländischer Restaurants – sehr beliebt sind die chinesischen, die man überall und in Karachi besonders häufig findet. In Islamabad und in Peschawar gibt es jeweils ein Eislokal, das Eis in Islamabads „Yummy's" ist vorzüglich.

In den Luxushotels hat man zum Frühstück eine enorme Auswahl an Speisen wer will, kann sich für den ganzen Tag sattessen.

Grundsätzlich sollte man einen Bogen um Speisen machen, die auf einer Heizplatte warmgehalten werden. Keiner weiß, wie lange sie dort schon gestanden sind.

Will man die Wahl des Restaurants vom rein gesundheitlichen Standpunkt aus fällen, so speise man so häufig wie möglich in Fünf-Sterne-Hotels oder in den *dabbas,* den Raststätten der Lastwagenfahrer. In Pakistan achten die Lastwagenfahrer sehr auf das Wohlbefinden ihres Magens! Das Esseneiner *dabba* ist also frisch, und es schmeckt.

Getränke

Erfrischungsgetränke: Erfrischungsbuden stehen überall, angeboten werden die Getränke in Dosen, Flaschen und in Pappkartons. Einige der Getränke sind international bekannt: Coca-Cola, Pepsi, Sprite, 7 Up, Fanta, andere nur national: Team, Qais.

Shezan ist in Flaschen abgefüllter Mangosaft. Apfel-, Orangen-, Zuckerrohr- und Mangosäfte werden häufig in Pappkartons auf Märkten und am Straßenrand verkauft. Die Säfte werden an Ort und Stelle gepreßt. Aber aufpassen! Ratsamer ist es, die Früchte zu kaufen und selber zu schälen.

Flaschen werden gegen Pfand zurückgegeben, die anderen Packungen werden leider oft bei voller Fahrt aus dem Autofenster geschleudert.

Wasser: Jeder rät, trink's nicht. Am Schluß trinkt's jeder. Mineralisiertes und mit Kohlensäure versetztes Wasser, zumal von Eisen befreit, wird man vergebens auf dem Land suchen. In Städten dagegen wird man mittlerweile fündig – falls Sie aufs Land fahren, decken Sie sich damit ein.

Man kommt immer wieder in Kontakt mit ungenießbarem Wasser, das auch die Einheimischen nicht trinken. Auf der anderen Seite ist das Wasser von Islamabad absolut sauber. Wenn man das noch abkocht, konzentriert man nur die Wasserreinigungschemikalien. Das Wasser im Norden ist auch sauber. In Peschawar wiederum ist die Wasserversorgung ein ernstes Problem, denn das alte Versorgungssystem ist damals nicht für die heute hier lebenden Menschenmassen konzipiert worden. Und offene Abwasserkanäle durch die Stadt machen die Sache nicht besser. Am ungefährlichsten sind die Erfrischungsgetränke aus der Flasche, Tee und Kaffee. Im Handel für Reiseausrüstung werden außerdem Jod- und Desinfektionstabletten angeboten.

Alkoholika: Alkohol darf nach Pakistan nicht eingeführt werden. Nichtmoslemische Besucher, die Alkohol trinken wollen, müssen sich eine Erlaubnis besorgen, um in Hotels oder lizensierten Geschäften Alkoholika kaufen zu können.

Unternehmungen

Pauschalreisen

In Pakistan hat sich der Massentourismus noch nicht zu einem eigenem Industriezweig entwickeln können, doch steigt die Zahl der Pauschalreisen stetig. Organisiert werden sie von PIA und einigen anderen Veranstaltern. Auch immer mehr ausländische Reiseveranstalter nehmen Pakistan in ihr Programm auf. Die Rundreisen, die nur sechs oder sieben Tage dauern, verlaufen leider oft hektisch – kein Wunder bei den zurückzulegenden Entfernungen! Während einer Sechs-Tage-Tour können Karachi, Lahore, Rawalpindi, Islamabad, das Taxila-Museum, Peschawar und der Khyber-Paß besucht werden; aber Zeit für Müßiggang bleibt da kaum.

Im Programm der Veranstalter befinden sich die unterschiedlichsten Angebote, Rundreisen zu historischen und/ oder buddhistischen Stätten, Touren zu den Schreinen religiöser Mystiker, Aktivurlaub – in erster Linie Squash und Golf -, Lachsfang und Wildschweinjagd.

Viele Abenteuerferien und -touren finden im Norden statt, darunter Jeepsafaris nach Gilgit, Hunza, Skardu usw.

Selbstverständlich kann bei diesen Abenteuertouren keine hundertprozentige Sicherheit garantiert werden (wie es teilweise verlangt wird). Aber welcher Abenteurer sucht auf einer Trekking-Tour die Sicherheit der eigenen vier Wände? Sicherlich geht es bei einer „Family Summer Escapade in Swat" ruhiger zu als beim „Rakaposhi-Nanga Parbat adventure package". Im Süden des Landes werden Trips von Karachi nach Moendscho Daro, Quetta, Ziarat, Multan und Lahore organisiert. Winters bietet sich die Teilnahme an Wüstensafaris an. Pakistantouren lassen sich gut mit Reisen durch andere Länder, z. B. China oder Sri Lanka, kombinieren.

Trekking

Wie in den anderen Gebieten des Zentralhimalaya ziehen in den letzten Jahren mehr und mehr Trekking-Karawanen durch die Bergregionen – trotzdem hat sich der Massentourismus in Pakistan nicht in dem Maße entwickelt wie in Nepal. Der Himalaya hat sich als Hauptmagnet für die Touristen Pakistans herausgestellt. Diese Tatsache spiegelt sich darin wider, daß zwischen Islamabad und Peschawar die Trekking-Veranstalter wie Pilze aus dem Boden schießen und Touren mit allem Drum und Dran für wenige bis mehrere Tage anbieten. Auch im Ausland nehmen zunehmend mehr Veranstalter Trekking-Touren oder Abenteuerurlaub in den Northern Areas in ihr Programm auf. Die bekanntesten Reiseveranstalter für Trekking sind:

Pakistan Tours Limited (PTL), Flashman's Hotel, The Mall, Rawalpindi, Tel. 648 11.

Travel Waljis Ltd.,10 Khayaban-i-Suhrawardy (Aapara Market), P.O. Box 1088, Islamabad, Tel. 283 24/6.

Hunza Treks and Tours, No. 253, 23rd Street, E7, Islamabad, Tel. 285 58.

Karakoram Tours, Baltoro House, 19th Street, f 7/2, Islamabad, Tel. 291 20.

Die Entwicklung im Bereich des Abenteuerurlaubs verlief nicht völlig unabhängig von der pakistanischen Regierung, die Richtlinien und Faltblätter und jede Menge Lesematerial herausgegeben hat (wohl auch, um eine gewisse Kontrolle auszuüben). Was früher ein Geheimtip unter Bergsteigern war, ist heute erklärtes Ziel der Trekker, die in Massen in die ökologisch sensible Bergwelt einbrechen.

Die Angebote unfassen ein großes Spektrum: kurze Spaziergänge an den Flußufern, mehrere Tage dauernde Gewaltmärsche über Bergpässe in die abgelegensten Dörfer oder zu den Basislagern der höchsten Gipfel.

Die meisten Menschen, die sich für einen Trekking-Urlaub entschieden haben, buchen bei einem spezialisierten Veranstalter, der Zelte, Träger, Nahrungsmittel und Köche organisiert; der Trekker braucht nur noch zu trekken. Die Mindestlöhne der Träger sind von der pakistanischen Regierung vorgeschrieben, doch schaut man sich einmal an, wieviel sie erhalten und wieviel man selbst für die Tour bezahlt hat, weiß man, wer den Gewinn einstreicht. Die eigentliche Knochenarbeit wird nur mit einem Bruchteil entlohnt – das meiste bleibt beim ausländischen Reiseunternehmen.

Die Mehrzahl der Männer eines einzigen Dorfes können an einer solchen Expedition teilnehmen. Das kann nicht folgenlos bleiben. Wo der Tourismus zunächst einmal nur ein Zubrot ist, entwickelt er sich über kurz oder lang zur Existenzgrundlage der Bergdörfer. Die Expeditionen der Alpinisten benötigen zwar weit mehr Träger als die Trecking-Touren, doch leisten die vielen kleinen Trekking-Gruppen auf ihre Weise ihren Beitrag zur Veränderung der Lebensbedingungen der Einheimischen und der Berge angefangen beim Müll, der um die frequentierteren Camps zurückgelassen wird.

Einige Trekker erkunden die Berge lieber auf eigene Faust, ohne Träger, ohne Koch, die Ausrüstung auf dem eigenem Rücken. Einen Führer kann man in Gilgit, Chitral oder Skardu gegen Entgelt anheuern. Wer völlig selbständig lostrekken will, unterwegs aber seinen Entschluß ändert, der kann sich in den Dörfern an die Einwohner wenden, die nur allzu gerne mit einem Träger oder Führer weiterhelfen.

Diese Art des Trekkens ist sicherlich die erlebnisreichste, denn wo sonst der Führer oder die Träger den Kontakt zu den Einheimischen herstellen, muß man nun selbst diesen Kontakt suchen, beispielsweise, um einen Schäfer um Hilfe zu bitten oder um den Dorflehrer zu fragen, ob man sein Zelt im Dorf aufstellen darf. In der Regel wird das Campieren gestattet. Doch sollte man sehr bedachtsam mit den Einheimischen umgehen, denn alte Traditionen und Verhaltensmuster, die von Fremden erwartet werden, wie wir sie von Ausländern erwarten, haben sich trotz des wachsenden Tourismus erhalten. Maßvolles Benehmen ist natürlich gerade dann notwenig, wenn Trecker-Gruppen von den Einheimischen aufs herzlichste ins Haus eingeladen werden.

Einschränkungen

Für welche Art des Trekkens man sich auch entscheidet, bestimmte Gebiete dürfen nicht betreten werden. Das gilt für einige Grenzregionen, zum Beispiel für den Siachen-Gletscher oder für Teile des nördlichen Hindukusch. Andere Gebiete dürfen ausschließlich in Begleitung eines Regierungsbeamten *(liason officer)* durchquert werden. Überdies benötigt man eine Erlaubnis, die zu erhalten selbst schon ein Abenteuer und außerdem teuer ist. Der Regierungsbeamte braucht seinen eigenen Träger, und diese wollen obendrein verköstigt werden. Vorschriften regeln den Verpflegungssatz der angeheuerten Männer. Die bekannteste Sperrzone ist der Baltoro-Gletscher. Wer hier ohne Erlaubnisschein aufgegriffen wird, wird auf eigene Kosten mit einem Armeehubschrauber aus dem Gebiet geflogen. Für die Armee ist das kein Problem, auf dem Siachen-Gletscher stehen ausreichend viele Hubschrauber bereit.

Die meisten Trekking-Routen der Northern Areas liegen in den sogenannten *open zones*, in denen man die atemberaubende Schönheit der Berge, sei es des Karakorum, sei es des Hindukusch, ebenso genießen kann wie in den Sperrgebieten, den *restricted zones* – eine Ausnahme bildet der Baltoro-Gletscher. Das Trekker-Elysium Pakistans ist die Strecke von Tirich Mir ins Hushe Valley. Für die *open zones* wird keine Erlaubnis benötigt (allerdings mit Einschränkungen, was die Kletterhöhe betrifft). Für die *restricted zones* (Chitral, Gilgit und Skardu) erhält man in der Regel eine Erlaubnis innerhalb von 24 Stunden. Erkundigen Sie sich am besten vor Ort bei der Tourismusbehörde oder bei de Polizei.

Das Ministerium für Kultur, Sport und Tourismus in Islamabad gibt jährlich eine Broschüre mit offiziellen Routenlisten heraus, ergänzt durch Hinweise auf zu durchquerende Zonen und die erforderlichen Formalitäten. Diese Broschüre erhält man beim

Tourism Division, College Road, F-7/2 Sector, Islamabad

Pakistan Tourism Development Corporation, F-7/4, Islamabad

Man kann auch die pakistanischen Botschaften und PIA-Agenturen anschreiben.

Saison

Die beste Zeit, durch die Northern Areas zu trekken, ist von Juli bis Oktober. In den Tälern beginnt die Saison bereits Ende März/Anfang April. Viele Routen verlaufen über hochgelegene Pässe, und die gefährlichen Schneewächten verschwinden nicht vor Juli/August, wenn die Schneegrenze auf 4500 m steigt. Der Herbst ist in den Bergen zwar wunderschön, aber in den höheren Regionen bereits sehr kalt.

Höhe & körperliche Tauglichkeit

Die Reaktionen auf große Höhen sind individuell verschieden. Selbst ein körperlich durchtrainierter Mensch kann in großen Höhen überraschenderweise ernsthafte Probleme kriegen, während sein Begleiter, der in den tieferen Regionen schnell schlapp machte, plötzlich ungeahnte Kräfte zeigt. Es ist für jeden Körper schwer, sich auf die ungewohnten atmosphärischen Verhältnisse binnen so kurzer Zeit einzustellen. Lustlosigkeit, Kopfschmerzen und Übelkeit sind die möglichen Folgen – Reaktion des Körpers auf die mangelnde Sauerstoffversorgung des Gehirns – und die ersten Anzeichen der Höhenkrankheit.

Nach einer Zeit der Akklimatisierung stellt sich der Körper auf die veränderten Druckverhältnisse ein, wobei die Umstellungsdauer individuell variiert. Es ist für jeden einzelnen wichtig, die Reaktion seines Körpers auf die veränderte Umwelt zu beobachten und sofort umzukehren, falls die Vorboten der Höhenkrankheit auftreten. Das ist natürlich für Mitglieder einer großen Gruppe schwierig, besonders wenn Termine, wie z. B. Rückflugzeiten, einzuhalten sind. Am besten beugt man der Höhenkrankheit vor, indem man vor einem Anstieg auf 4000 m eine Woche in 3000 m Höhe verbringt. Wer noch höher steigt, sollte zunächst ein paar Tage auf einer Höhe von 4000 m bleiben. Einen Höhenunterschied von 3000 m in 2 Tagen bewältigen zu wollen, ist unverantwortlicher Leichtsinn.

Ausrüstung

Das Essen muß gekocht werden, also braucht man einen kleinen Kocher. Gaskocher sind geeignet, doch wird ihr Einsatz eingeschränkt durch die Ersatzpatronen, die man mitschleppen muß. Eine bessere Lösung mag ein Kocher sein, der eine auswechselbare Düse für verschiedene flüssige Brennstoffe hat. Sowohl Benzin als auch Paraffinöl ist in den Northern Areas überall erhältlich, da es die Einheimischen für ihre Lampen verwenden.

Einige Trekker benutzen nur einen Biwak-Schlafsack als Schutz für die Nacht. Für den regenarmen Sommer und Herbst ist das ausreichend. Wer ein Zelt mitnimmt, sollte darauf achten, daß es leicht ist und so wenige Heringe wiemöglich benötigt.

Im September können die Nachttemperaturen bei einer Höhe von 4500 m auf 20 °Celsius unter Null rutschen. Der Schlafsack muß demnach sehr warm halten können. Gruppen, die im Sommer die 3000 m nicht überschreiten, benötigen im Grunde nichts Besonderes.

Die Kleidung sollte nicht zu schwer sein. Den ständig wechselnden Temperaturverhältnissen paßt man sich am besten an, indem man viele Lagen dünner Kleidungsstücke trägt, die man variieren kann. Zuunterst trägt man Thermo-Unterwäsche, darüber andere warme Wäsche und eine Felljacke, einen wind- und wasserfesten Overall; das reicht für die Verhältnisse, in die die meisten Trekker vorstoßen. Das Schuhwerk muß selbstverständlich gut eingelaufen sein. Wenn man einen Aufstieg zu Gipfeln unter 6000 m in Angriff nimmt, sollte man eine feste Einlage als Steigeisenersatz tragen.

Unbedingtes Muß ist eine gute Sonnenbrille mit möglichst 100 % UV-Strahlen-Absorption, denn die gleißenden Lichtreflexe der Gletscher und Schneefelder können im schlimmsten aller Fälle zu Schneeblindheit führen. Sonnenschutzcreme für das Gesicht ist ebenso unerläßlich.

Orientierung

Die meisten der Trekking-Routen durch die Northern Areas – abgesehen von denen, die auf die Gipfel derkleineren Berge und zu den Basislagern führen – folgen den jahrhundertalten Pfaden der Schäfer und Händler. Besonders die Strecken über die Hauptpässe, z. B. der Weg über den Thalle La, sind, selbst wenn die letzten Meter durch Schnee führen, sehr gut markiert. Trotzdem braucht man einen Kompaß und eine genaue Landkarte. Oft kreuzen oder gabeln sich die Wege, und es ist nicht immer klar, welcher der richtige ist. Die besten und auch überall erhältlichen Karten der Northern Area sind die der US-Army, die das Gebiet in den fünfziger und sechziger Jahren kartografiert hat. Die Serie „US 502" ist auf den neuesten Stand gebracht und in Farbe nachgedruckt worden. Im Umlauf befinden sich auch Karten von bestimmten Bergen, die von Expeditionen erarbeitet wurden – namentlich deutschen und japanischen. Wer mehr und genauere Informationen über erhältliche Karten braucht, wende sich an Geschäfte, die sich auf Karten aller Art spezialisiert haben.

Sehr nützliche Dienste leistet auch ein Höhenmesser. Mit ihm kann man nicht nur die Höhe ablesen, sondern auch Wetterumschwünge erkennen. Ist die abends angezeigte Höhe über Nacht „gestiegen", dann ist bereits schlechtes Wetter aufgezogen, oder es ist schlechtes Wetter im Anzug.

Wenn Sie einen Gletscher übersteigen wollen, sollten Sie unbedingt einen Führer mitnehmen.

Bergsteigen

Bergsteiger benötigen eine Erlaubnis vom *Department of Tourism.* Die Anträge müssen 90 Tage, ein Antrag für den K2 sogar ein Jahr vorher eingereicht werden. Außerdem werden Gebühren erhoben.

Fünf Gipfel haben eine Höhe von über 8000 m und 82 von über 7000 m. Einige Berge sind noch nicht bezwungen worden.

Träger kann man mieten. Für Notfälle existiert ein Helikopterservice.

Andere Aktivitäten

Camel-Safaris: Über Wüstensafaris und verschiedene Transportmöglichkeiten, Jeeps oder Kamele, informiert die Verwaltung des Lal Sohanra National Parks. Diese Safaris finden allerdings nur im Winter statt.

PTDC

Weitere Hinweise auf Möglichkeiten, wo man was unternehmen kann, erhalten Sie von der *Pakistan Tourist Development Corporation.* Ihre Büros findet man in den größeren Städten und den Touristenzentren. Abgesehen vom Hauptsitz in Islamabad befinden sich PTDC-Informationscenter in

- Karachi, Hotel Metropol
- Lahore, Faletti's Hotel
- Peschawar, Dean's Hotel
- Rawalpindi, Flashman's Hotel
- Saidu Sharif, Swat Serena Hotel

Die PTDC unterhält außerdem einige kleinere Motels.

Zwar unterhält die PTDC keine Büros im Ausland, doch wird sie meist von einheimischen Agenturen vertreten, die die PTDC-Informationsbroschüren und Landkarten vorrätig haben und die außerdem Auskunft geben können. Auch die PIA-Büros im Ausland halten Informationen über Pakistan bereit.

Kulturelles

Museen

Die meisten Museen öffnen im Winter von 8.30 bis 12 Uhr und von 14 Uhr bis eine Stunde vor Sonnenuntergang. Im Sommer öffnen sie von 8 bis 12 Uhr und von 14 Uhr bis eine Stunde von Sonnenuntergang. Die wichtigsten Hotels in Pakistan sind:

- *Bahawalpur* Museum
- *Bambhore, Thatta:* Archäologisches Museum.
- *Bhit Shah,* Hyderabad, Sindh: Im Bhitshah Cultural Centre (Schah Abdul Latif Memorial Centre) gibt es ein Museum und ein Kulturzentrum.
- Faisalabad: Landwirtschaftliches Museum.
- *Harappa:* Archäologisches Museum.
- *Hyderabad:* Festungsmuseum, Festung Pucca; Landeskundliches Museum der Provinz Sindh.

- *Islamabad:* Lok Virsa – Nationalmuseum für Folklore und Kulturerbe; Nationalmuseum.
- *Karachi:* Pakistanisches Nationalmuseum; Naturgeschichtliches Museum; Qaid-i-Azam Geburtshaus, Museum.
- *Lahore:* Allama Iqbal Museum; Festungsmuseum; Zentralmuseum; Faqir Khana Museum; Heiliges Museum der Badshahi-Moschee; Museum für Naturwissenschaft und Technologie; Zoologisches Museum.
- *Mardan:* Guide's Mess, Museum und Friedhof.
- *Moendscho Daro:* Archäologisches Museum.
- *Peschawar* Museum.
- *Rawalpindi:* Armeemuseum.
- *Saidu Sharif:* Archäologisches Museum.
- *Sialkot:* Bibliothek und Museum am Geburtsort des Allama Iqbal.
- *Taxila:* Archäologisches Museum.
- *Umarkot:* Archäologisches Museum.

Daneben existiert noch eine Privatsammlung, die Mir Nur Muhammad Talpur, einem der wichtigsten Talpur-Herrscher, gewidmet ist. Sie wird heute von seinen Erben verwaltet und gehört Dr. Mir Nur Muhammad Talpur von Hyderabad; wer die Sammlung besichtigen möchte, muß vorab einen Termin ausmachen. (Tel. 259 81)

In der Gegend um Bannu entseht ein Museum, das allerdings noch in der Entwicklungsphase steckt. In ihm sollen neue archäologische Funde ausgestellt werden. Leider ist nicht bekannt, wann das Museum eröffnet werden soll.

Kunstgalerien

Kunstgalerien sind in Pakistan eine Rarität. In **Islamabad** unterhält der *Pakistan National Council of Arts* (Idara Saqafat-i-Pakistan) zwei Galerien.

- **National Art Gallery,** House No 73, Street No 22, F 6/2 Islamabad.
- **Gallery Sadequain,** Street 25, F 6/2.

In **Karachi**:

- **Fayzi Rahmain Art Gallery,** Denso Hall, Bunder Road.
- **Arts Council of Pakistan,** Ingle Road.
- **The Gallery,** Sindhi Muslim Housing Society, hinter Drigh Road.
- **Pakistan Art Institute,** P.E.C.H.S.
- **Pakistan Art Gallery,** hinter Lal Kothi und Drigh Road.
- **Indus Gallery.** Drigh Road.

Viele Künstler gehen von Haus zu Haus und zeigen ihre Werke den Mietern – in der Hoffnung, etwas verkaufen zu können.

Einige Kunstwerke werden auch in Luxushotels und Restaurants ausgestellt. Manchmal ist der Grillroom mit den käuflichen Werken eines einzigen Künstlers dekoriert.

Konzerte

Vielleicht entwickelt sich diese Kultursparte in der Zukunft noch. Derzeit führt sie ein Schattendasein. Die wenigen Konzertveranstaltungen werden in der Zeitung angekündigt.

Einige Konzerte werden von Kulturinstituten wie den American Centres oder den British Councils organisiert, doch sind sie leider sehr begehrt, und die Türen öffnen sich einem nur mit Einladungskarte. Mit viel Glück können Sie an eine solche kommen.

Kino

Es gibt zwar unzählige Kinos in Pakistan, doch entsprechen die gezeigten Filme nicht jedermanns Geschmack. In Islamabad werden auch ausländische Produktionen aufgeführt; halten Sie Ausschau nach Filmfestivals.

Nachtleben

In Pakistan – nicht einmal in Islamabad, eher schon in Lahore – kann von einem regen Nachtleben, das mit dem unsrigen vergleichbar wäre, nicht die Rede sein, von Restaurantbesuchen einmal abgesehen. Wenn schon, dann spielt sich nächtliches Treiben innerhalb der heimischen vier Wände ab oder aber bei Verwandten, Freunden und Bekannten. Sollte man sich dennoch einer der spärlichen Nachtvergnügungen hingegeben haben, Achtung: Taxi- und Rikschafahrer stellen häufig den Fahrbetrieb bei Sonnenuntergang ein (z. B. Peschawar). Und Nachtwanderungen durch pakistanische Großstädte empfehlen sich nur bei genauer Kenntnis der Gegenden, die man schon aus Sicherheitsgründen besser durchfahren hätte.

Melas & Feste

Wenn auch ein euroamerikanisches großstädtisches Nachtleben in Pakistan unbekannt ist, heißt das keineswegs, daß die Pakistani Kinder von Traurigkeit wären. Im Gegenteil, es existieren eine Vielzahl von *melas:* ausgelassene Festlichkeiten, die Jahrmarkt, Zirkus, Pilgerfahrt, Teufelsaustreibung, Trance und Verzückung, Trommelwirbel und Dudelsackpfeifen zu einer unvergleichlichen Mischung verschmelzen. Die aufregendsten *melas* sind diejenigen, die zu Ehren der heiligen Sufis abgehalten werden. Die Termine für die meisten Festspiele und Jahrmärkte sind an den islamischen Kalender gebunden, der sich nach dem Mondjahr richtet; die Termine verschieben sich also von Jahr zu Jahr.

Ereignisse anderer Art sind die Pferde- und Rinderschauen. Jährlich findet Anfang März in Lahore die *National Horse and Cattle Show* statt; der genaue Termin wird erst wenige Monate im voraus bekanntgegeben. Dasselbe gilt für die *Horse and Cattle Show* in Sibi im Februar.

Volksfeste mit Volkstänzen markieren die verschiedenen Jahreszeiten. In den Northern Areas feiert man im März die Frühlingsfeste. Zu gleicher Zeit findet in Lahore das *Basant-Festival* statt, an dem die Menschen unzählige Drachen steigen lassen.

Einkaufen

In den wichtigsten Städten, aber selbst in abgelegeneren Ortschaften kann man sich mit fast allem versorgen, was man für das tägliche Leben und die Reise braucht. Moderne Einkaufszeilen in den Großstädten bieten alles, was das Kundenherz begehrt. In den alten Basaren haben sich Handwerker und Händler eingerichtet, vielerorts sind Basare nichts anderes als eine Ansammlung unzähliger Geschäfte – Schuhgeschäfte, Buch- und Krämerläden usw.

Chiniot

Intarsienarbeiten. Geschnitzte Schachspiele und bezaubernde Möbel.

Chitral

Puttee – handgestrickte Wollsachen. *Chogas* – ein warmes langes Wollgewand (das Vorbild des Kleides), das in weichen Brauntönen gehalten bleibt, mit schwarzen Stickarbeiten. *Pakols* – die für diese Stadt typischen Hüte, die wie Pfannkuchen aussehen. Handgewebte Wolldecken. Taschen Schuhe und Sandalen. Musikinstrumente, wertvolle Steine und alte Waffen, Kriegsgerät aus militärischen Horrorkabinetten für unverbesserliche Militaristen und überschüssige, gebrauchte Armeeausrüstung (Bergstiefel, Schlafsäcke, Decken etc.)

Faisalabad

Hier gibt es Haushaltsartikel -Leinenbettwäsche, Tagesdecken, bestickte Wollkleidung, Lederschuhe, Strumpfwaren und wollene Unterwäsche.

Hunza

Chogas und bestickte (Frauen-)Hüte, getrocknete Früchte – hauptsächlich Maulbeeren und Aprikosen.

Hyderabad

Bestickte Armbänder, Lackmöbel, handgewebte Kleider – typisch sind *sousi, ajrak* und *rilli*. *Chaddars* – farbenprächtige Schals. Fußringe und für den Sindh typische Stickereien, beispielsweise *khusso* – mit eingewirkten Spiegelchen.

Islamabad

Threadlines Gallery ist ein staatlich subventioniertes Geschäft mit kunsthandwerklichen Waren. Die Profite der *Behboob Boutique* und von *APWA Handicrafts* werden wohltätigen Zwecken zugeführt. Die Waren, die hier verkauft werden, sind von hoher kunsthandwerklicher Qualität und nicht teuer.

Verkauft werden hübsche Silberschmiedearbeiten, Messing-, Kupfer-, Onyxwaren und Holzschnitzereien, bestickte Taschen, Kissen, Hüte und andere Kleidungsstücke (teilweise bedruckt), Tages- und Tischdecken, Servietten, Halsbänder; *namdahs* sind eine Art bestickte Filzdecke mit Tier- und Pflanzenmotiven. Batikarbeiten und Wandbehänge mit liebevoll gestalteten Motiven, Stickereien, die zur Zierde des Ausschnitts von Kleidern und Kitteln dienen, *kaftans*, Schals, *salwar kameez*, Baumwollwesten, *chogas*, bestickte Hüte – einige mit *shisha* (Spiegelstickereien) und Mützen aus Baumwolle, Spielzeug, Schuhe und Stammesschmuck – und vieles mehr. Ein wahres Schatzhaus! In anderen Geschäften gibt es Teppiche, Schmuck, Bücher, Videos und Kassetten (mit westlicher Popmusik), Haushaltsartikel, Parfums, Kosmetika, Trainingsanzüge, Sweat- und T-Shirts sowie Uhren. In Islamabad erhält man praktisch alles, was das Herz begehrt.

In fast allen Städten gibt es Menschen, die Sachen flicken. Im Westen ist dieses Gewerbe nahezu in Vergessenheit geraten. Halten Sie Ausschau nach dem *mochi* oder seinem „Geschäft“ irgendwo an einer Straßenekke oder unter einem Baum. Manche reparieren für ein paar Rupien Schuhe, die sie anschließend auf Hochglanz bringen, andere haben sich auf die Reparatur von Uhren spezialisiert; oder sie machen beides.

Wer gerne gebrauchte Kleider trägt, kann ein paar schöne Schnäppchen machen im:

- Juma Basar (Freitagsmarkt)
- Itwar Basar (Sonntagsmarkt)
- Mangal Bazaar
- Aabpara
- Karachi Company.

Kaghan

Bestickte Schals und Hemden. Holzschnitzereien (aus Walnußholz), wollene Decken und Teppiche.

Karachi

Kupfer-, Messing-, Onyx- und Lackarbeiten, von Hand bedruckte Stoffe, Tagesdecken mit Applikationen, Stikkereien, mit Spiegeln bestickte Kleidung- Sindhi-Folklorekleidung. An einigen Plätzen in Pakistan kann man alte Stickereien, alten Schmuck, Gold- und Silberschmiedearbeiten, Hemden, *salwar kameez* und *saris* kaufen. Seide und handgewebte Teppiche aus dem Iran, Afghanistan, Kurdistan und Belutschistan werden angeboten.

Lahore

Messingwaren, Holzschnitzereien, Artikel aus Elfenbein oder Kamelleder, Töpferwaren, Schals, Kleider, Schleier *(chunnis)*, Sandalen – bestickt nach traditioneller Art. Seide, *saris*, Parfums und Kosmetika (Kajalstifte), Teppiche, Decken und Bücher.

Multan

Die typischen Schuhe – *khussa*. Stikkereien auf allen Kleidungsstücken. Steingut- und bemalte Töpferwaren, Artikel aus Kamelleder (z. B. Lampenschirme). Teppiche, Produkte aus Holz, besonders Lackwaren. Überhaupt bietet Multan ausgezeichnete Einkaufsmöglichkeiten.

Murree

Einige Geschäfte haben sich auf die Touristen spezialisiert. Jede Menge an Souvenirs, Spielzeug (einiges aus der Gegend, anderes importiert), Schals, *namdahs* und Stoffe sind im Angebot. Die Pelzmützen und -mäntel werden vom heimischen Handwerk fabriziert.

Peschawar

Peshwari chappals – die bekannten Schuhe der Pathanen. Sie sind eine Art Sandale mit gekreuzten Lederriemen, durch einen Fersengurt am Fuß befestigt. Trotz des harten Leders sind sie sehr bequem. Gürtel, Pistolenhalfter und Patronengurte. Messing- und Kupferwaren. Decken, Schals, Vögel, Früchte, Stoffe, Glocken und Spielwaren, Haarbänder, alte Waffen, Militärabzeichen, alte Münzen, Stammesschmuck, Lapislazuli, Lederwaren, handbedruckte Stoffe, weite Schals. Hier ist die beste Gelegenheit, sich nach Art der Purda-Frauen mit einer den ganzen Körper verhüllenden *burqa* einzukleiden. Man kann sich des Eindrucks, kleinen schwarzen wandelnden Säulen gegenüberzustehen, kaum entziehen. Angeboten werden außerdem Holzartikel, Intarsia, Möbel und Töpferwaren.

Rawalpindi

Einlegearbeiten in *shisham*- und Walnußholzmöbel. Silberarbeiten aus Kaschmir. Stickereien auf Schals und Jacken, in *kurtas* und *kaftans*. *Potohari jhutis* und *chappals* (Sandalen), Rohrwaren, Leder, Wanderstöcke. Teppiche aus Kaschmir und Bokhara. Kosmetika, Stoffe und alle erdenklichen Haushaltswaren.

Swat

Handgewebte Decken, Schals, bestickte Kleider, Silberschmiedearbeiten, wertvolle Steine, Stammesschmuck und getrocknete Früchte.

Skardu

Handgewebte Wollkleidung, bestickter Leinenstoff, Jacken, *chogas*, Silber, Schnitzereien und Holzlöffel.

Taxila

Töpfe, geschnitzte Mörser.

Thatta

Manuell bedruckte und gefärbte Stoffe, Perlenarbeiten, Halsketten, Ringe und Ketten, Kleidung mit Stickereien.

Ziarat

Kunsthandwerkliche Shisha-Arbeiten-Spiegelstickereien auf den verschiedensten Artikeln.

Anmerkung: Touristen dürfen aus Pakistan alle exportierbaren Waren im Wert von 75 000 Rupien ausführen. Wer in Fremdwährung zahlt, benötigt eine Exportgenehmigung. Verwahren Sie sorgsam alle Umtauschquittungen, um Scherereien mit den pakistanischen Behörden oder denen im eigenen Land zu vermeiden.

Sport

Für Zuschauer

Die beliebteste Sportart in Pakistan ist Cricket. Einige beachtenswerte Hokkeymannschaften hat das Land hervorgebracht (Feldhockey), viele Badminton- und Squashchampions stammen aus Pakistan.

Im Norden des Landes spielt man sommers Polo, in Chitral werden einige Wettkämpfe ausgetragen. In Gilgit findet im November ein Turnier statt.

Es werden auch Shows wie die *Lahore Horse and Cattle Show* veranstaltet, in deren Rahmenprogramm traditionelle Sportarten, wie z. B. das Zeltaufbauen *(tent pegging)*, ausgetragen werden.

Im Sindh und in Belutschistan sind Pferde- und Kamelrennen, in der Frontier Area der Hahnen- und Wachtelkampf sehr beliebt, doch wird man letzteren kaum beiwohnen können, es sei denn, man ist eingeladen worden. Die Wetten sind sehr hoch.

Für Aktive

Die meisten Sportarten, an denen man teilnehmen kann, werden über Clubs organisiert, von denen sich einige gute in den Städten angesiedelt haben – Karachi, Lahore, Quetta, Islamabad, Rawalpindi, Abbottabad und Peschawar.

In Karachi kann man segeln, ein Karachi Boat Club existiert. Hochseefischen ist auch möglich.

In anderen Städten verfügen die Clubs über Anlagen für Golf, Tennis, Cricket, Squash und andere Hallensportarten. Es gibt Reit-, Flug- und Jachtclubs. An manchen Orten kann man sich ein Pferd ausleihen -Ansprechpartner sind die Reitclubs.

Gelegentlich stößt man auf „inoffizielle“ Spielplätze, auf denen Cricket oder Fußball gespielt wird – besonders in Islamabad.

Fischfang: Der Norden eignet sich besonders gut für den Fischfang, um Gilgit, Swat und Chitral liegen lachsreiche Gewässer. Man benötigt eine gebührenpflichtige Erlaubnis. Angelruten werden gelegentlich ausgeliehen.

Jagd: Die meisten wildlebenden Arten, unter ihnen Schneeleopard und Moschustiere, werden in Pakistan durch die Naturschutzbehörden geschützt. Strengstens verboten sind das Jagen mit Netzen und Fallen, das Wildern und die Ausfuhr von Wildtieren. In einigen Gegenden – namentlich dem Pandschab – darf man Wildschweine jagen.

Schwimmen: Die meisten Luxushotels haben Swimmingpools. In schnellen und wilden Gebirgsflüssen sollte man nicht schwimmen. Auch das Schwimmen in anderen Flüssen kann nicht empfohlen werden, Unterwasserströmungen sind unberechenbar. Im Indus leben Wasserschlangen und Krokodile. Die Mißachtung dieser Warnungen führt immer wieder zu vermeidbaren Unglücken und Todesfällen.

Skifahren, Mountain-Biking: Diesbezüglich wenden Sie sich bitte an ein PTDC-Büro.

Wassersport: Floß-, Kajak- und Kanufahren sind an ausgewiesenen Stellen möglich.

1. Auf dem Indus von Jaglot nach Thalot.
2. auf dem Kunhar von Naran bis Kaghan.
3. Swat – von Bahrein nach Saidu Sharif.
4. Chitral.
5. Hunza – von Aliabad nach Gilgit.

Für Expeditionen benötigt man erstens eine Erlaubnis vom Ministerium für Kultur, Sport und Tourismus, und zweitens muß ein Regierungsbeamter die Expedition begleiten.

Marathon: Der Himalaya-Marathon wird seit 1985 veranstaltet. Der Marathon startet in Skardu auf einer Höhe von 2300 m, nach zwei Tagen haben die Teilnehmer das Ziel Dasu erreicht und eine Strecke von 80 km zurückgelegt. Während eines fünftägigen Marathons muß der 5127 m hohe Askoro-Paß überwunden werden. Nicht grundlos gilt der Himalaya-Marathonlauf als „das schwierigste Rennen der Welt“.

Literaturhinweise

Allahs irdischer Garten. Ein Lesebuch der Urdu-Literatur. Verlag im Waldgut, Frankfurt 1989

Bernhard, Wolfram: *Ethnische Anthropologie von Afghanistan, Pakistan und Kaschmir.* Fischer Verlag, Frankfurt 1991

Jamie, Kathleen: *Im Licht der Gipfel.* Rowohlt, Reinbek 1994

Schimmel, Annemarie: *Berge, Wüsten, Heiligtümer.* Beck Verlag, München 1995

dies.: *Der Islam im indischen Subkontinent.* Wissenschaftliche Buchgesellschaft, Darmstadt 1992

dies.:*Die Welt des Islam. Zu den Quellen des muslimischen Orients.* Walter Verlag, Darmstadt 1995

dies.: *Mystische Dimensionen des Islam. Die Geschichte des Sufismus.* Diederichs Verlag, München 1992

Zameezad, Adam: *Das dreizehnte Haus.* Klett-Cotta, Stuttgart 1991

Visuelle Beiträge

Erik Bergendahl 304
Gilles Blanchez 84
Chris Bonington 122/123, 325
British Library 45, 48, 50, 53, 57, 203, 206, 236, 237, 238, 338, 341
British Museum 37, 172
Beryl Dhanjal 202, 204, 216, 226, 228, 229
Alain Evrard 20/21, 24, 88, 89, 176/177, 209, 213
Piero Fantini 153R, 316/317
Wolfgang Fritz 43, 65, 99, 105, 108R, 119, 121, 148L, 152, 212L, 212R
Heinz Grosse Titel, 18/19, 27, 78, 79, 94, 102, 103, 110, 113, 118, 120, 128/129, 134/135, 136, 139, 145, 149, 150, 154, 157, 159, 164R 165, 166, 170, 171, 175, 193, 194, 197, 198, 199, 217, 218, 227, 232/233, 239 242, 243, 244, 245, 252, 262, 266, 267 312, 336/337
Ara Güler 9, 44, 49, 74/75, 82, 83, 90, 93, 101, 130, 142, 151, 160, 168, 182, 187, 189, 196, 200, 201, 208, 211, 251, 253, 278, 280, 283, 347
Tony Halliday 47, 54, 186, 222, 270, 271, 273, 281, 286, 287, 294, 299, 300, 306, 313, 322, 323R, 324, 328
Hans Höfer 22, 86, 91, 124/125, 144, 256, 260, 295, 307, 308, 311, 318, 319, 326, 330
Jimmy Holmes 31, 71, 138, 162, 220, 258, 302, 305, 320, 321, 323L
Simon Hughes 41, 51, 52, 104, 111L, 143 146, 148R, 211, 215, 219, 224, 225, 246/247, 248/249, 263, 264, 269, 327, 331, 332
Javaid Khan 72/73, 76/77, 85, 96/97, 109, 126/127, 184, 190
Anthony Lambert 334/335, 339, 342, 343, 344, 345, 346
Lyle Lawson 1, 14/15, 81, 106/107, 114, 268, 274, 275, 276, 282, 285, 290/291, 301, 314, 315, 329
Hermann Maier 40, 116/117, 292/293
Ministry of Information, Islamabad 25, 28, 33, 34, 35, 42, 56, 58, 59, 60, 61, 62/63, 64, 68, 69, 108L, 174, 261
Christine Osborne 16/17, 111R, 112, 115, 141, 156, 158, 161, 163, 164L, 167, 169, 207, 221, 223, 230/231, 235, 240, 241, 250, 265, 284, 309
Pakistan Tourism Development Corp. 95, 191
Alan Palmer 192, 195, 272, 279, 333
Ernst Steiner 26, 29, 36, 38/39, 98, 140, 153L, 155, 173, 178-179, 277, 348
Topham Library 66, 67, 80
Victoria and Albert Museum 46, 55
Bill Wassman 87, 92, 298

Karten Berndtson & Berndtson

Design KonzeptV. Barl

Register

A

B

C

D

E

F

G

H

I

J